W0095843

Über den Verfasser

Raymond Boudon, geboren 1934, ist Professor der Soziologie an der Universität Paris-Sorbonne.

Neuere Veröffentlichungen:
Effet pervers de l'ordre social, Paris 1979, P.U.F.
Logik gesellschaftlichen Handelns: eine Hinführung zur Soziologischen Denk- und Arbeitsweise, Darmstadt, Neuwied 1980, Luchterhand
Les Méthodes en sociologie, Paris 1984, P.U.F.
La Place du désordre. Critique des théories du changement social, Paris 1984, P.U.F.
L'Inégalité des chances, Paris 1985, Hachette
Soziologische Stichwörter, Wiesbaden 1985, Westdeutscher Verlag (zusammen mit F. Bourricaud)

Raymond Boudon

Ideologie

Geschichte und Kritik
eines Begriffs

Aus dem Französischen
von Monika Hübner

rowohlts enzyklopädie

rowohlts enzyklopädie

Herausgegeben von Burghard König

Redaktion Wolfgang Müller
Deutsche Erstausgabe
Veröffentlicht im Rowohlt Taschenbuch Verlag GmbH,
Reinbek bei Hamburg, April 1988
Copyright © 1988 by Rowohlt Taschenbuch Verlag GmbH,
Reinbek bei Hamburg
Die Originalausgabe erschien 1986 unter dem Titel
«L'idéologie. L'origine des idées reçues»
in der Librairie Arthème Fayard, Paris
«L'idéologie. L'origine des idées reçues»
© 1986 by Librairie Arthème Fayard
Umschlaggestaltung Werner Rebhuhn
Satz Sabon (Linotron 202)
Gesamtherstellung Clausen & Bosse, Leck
Printed in Germany
2680-ISBN 3 499 55469 0

Inhalt

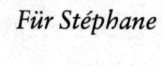

Für Stéphane

Bei der Erklärung eines Phänomens darf man laut Pater Malebranche niemals die auslösenden Momente vergessen.

Das auslösende Moment zu diesem Buch war eine Frage, die mir Raymond Aron nach einem Vortrag über «Die jüngsten Fortschritte der Soziologischen Theorie» gestellt hat. Ich hatte wieder einmal die Ansicht vertreten, daß die individualisierenden Methoden in den Augen der Soziologen neuerlich an Ansehen gewinnen und daß sie, so wie die Dinge liegen, durchaus zu einem besseren Verständnis der sozialen Phänomene beitragen können. Vor Arons letzter Frage hatte ich mich am meisten gefürchtet: Und wie ist das mit den kollektiven Überzeugungen, kann man auch sie nach den Prinzipien des methodischen Individualismus erklären?[1] Ich erinnere mich, daß mir diese Frage unangenehm war, obwohl ich sie erwartet hatte. Ich beschloß jedenfalls, sie nicht zu beantworten, da mir klar war, daß man sie unmöglich in einigen wenigen Sätzen behandeln konnte. Was ich allerdings noch nicht wußte, war, daß meine Antwort die Form eines Buches annehmen würde.[2]

Tourgeville, August 1985

PROLOG

1
Eine Frage (unter anderen)
zur Ideologie

Der große deutsche Soziologe Max Weber hat einmal geschrieben, daß
– wolle man irgendein soziales Phänomen erklären – man versuchen
müsse, es auf die individuellen Verhaltensweisen zurückzuführen, die
dafür verantwortlich sind. Außerdem müsse man diese Verhaltensweisen als «rational» ansehen. Nur wenn diese Art der Erklärung versage,
sei es angebracht, irrationale Elemente zur Beschreibung des Verhaltens der sozial Handelnden zu verwenden. Sind diese methodischen
Prinzipien auch auf das Phänomen der Ideologie anwendbar? Zumindest auf den ersten Blick scheint diese Behauptung gewagt zu sein.

Das spontane soziale Denken würde dies jedenfalls nur schwerlich
zugeben, da es einem Prinzip folgt, das demjenigen Webers genau entgegengesetzt ist. Wenn es mit einem sozialen Phänomen konfrontiert
wird, neigt es manchmal unwiderstehlich dazu, dieses als das Produkt
irrationaler Verhaltensweisen zu interpretieren. Oft wird diese irrationalistische Interpretation erst nach einer mehr oder weniger langen
Diskussion aufgegeben – wenn sie überhaupt aufgegeben wird bzw.
aufgegeben werden kann.

Zur Untermauerung dieser Feststellung könnten unzählige Beispiele
angeführt werden. Ich werde nur kurz auf ein einziges eingehen, das ich
aufs Geratewohl ausgewählt habe.[3]

In den sechziger Jahren beauftragt die indische Regierung eine amerikanische Universität von Ruf damit, die geeignetsten Mittel zur Senkung der Geburtenrate herauszufinden. Zunächst arbeiten die Wissenschaftler einen Beobachtungsplan aus, so wie es sich gehört. In
bestimmten Dörfern im Pandschab verteilen sie die Pille zur Empfängnisverhütung, während andere Dörfer den Status von Kontrollgruppen
erhalten: Man will sichergehen, daß der eventuelle Geburtenrückgang

in den Dörfern, wo die Pille ausgegeben wurde, auch wirklich auf die Pille und nicht auf irgend etwas anderes zurückzuführen ist.

Die Ergebnisse des Experiments sind durchweg negativ. Die Geburtenziffern sinken, aber in beiden Fällen in genau demselben Maß, das heißt in den Dörfern, die die Pille erhalten haben ebenso wie in jenen, die sie nicht erhalten haben. Dieser Geburtenrückgang kann also nicht auf die Pille zurückgeführt werden. Da er in beiden Gruppen von Dörfern gleichermaßen beobachtet wird, schließt man daraus, daß die Pille keinerlei Wirkung gezeitigt hat. Und sofort interpretieren die Wissenschaftler dieses Ergebnis mit Hinweisen auf die Verbundenheit des indischen Bauern mit seinen jahrhundertealten Traditionen, auf seine ablehnende Haltung Neuerungen gegenüber, auf sein Mißtrauen gegenüber fremden Produkten und auf seinen Widerstand gegenüber der Vorstellung, natürliche Vorgänge künstlich zu beeinflussen. Das Verhalten der Inder wird also schlicht und einfach interpretiert als durch soziale Kräfte bestimmt, die sich der Kontrolle des Individuums entziehen. Aufgrund dieser Diagnose wird folgendes Mittel vorgeschlagen, um Abhilfe zu schaffen: Die indischen Bäuerinnen sollen davon überzeugt werden, die Pille zu nehmen. Man dürfe dabei aber nicht allzu direkt auf die Vorteile der Pille hinweisen, denn ein derart irrationales Wesen wie der indische Bauer wäre rationalen Argumenten sowieso nicht zugänglich. Angebrachter erscheint es, sie indirekt mit Freundlichkeit zu überzeugen. Die Anthropologen schlagen vor allem vor, in den Beratungsteams soweit wie möglich Inder einzusetzen, da die Inderinnen sicher eher bereit wären, die Pille zu nehmen, wenn sie ihnen von einem Landsmann und nicht von einem weißhäutigen Fremden vorgeschlagen wird. Gesagt, getan.

Diese neue «Kommunikationsstrategie» scheint – auf den ersten Blick jedenfalls – außerordentlich wirksam zu sein. Sogleich steigt die Zahl der Haushalte, die sich bereit finden, den kleinen Pillenvorrat anzunehmen, den die indischen Wissenschaftler ihnen anbieten, steil an; und die Zahl der Dorfbewohner, die sich mit der Empfängnisverhütung einverstanden erklären, klettert bis auf 90 Prozent.

In Wirklichkeit wollten die Dorfbewohner sich jedoch lediglich für die Freundlichkeit der Forscher revanchieren. Schließlich kommen diese von weit her! Sie scheinen so eifrig darauf bedacht zu sein, ihnen einen Gefallen zu erweisen, daß es ausgesprochen unhöflich wäre, sie vor den Kopf zu stoßen: Man nimmt die Pillen also an und geht sogar so weit zu behaupten, man sei von den Vorteilen der Empfängnisverhütung überzeugt. Aber sobald die Wissenschaftler den Indern den Rükken kehren, entledigen sie sich der Pillen.

Aber warum? Um den Grund zu erfahren, bräuchten die Wissenschaftler lediglich den Bauern zuzuhören, sie haben ihn nämlich denjenigen Wissenschaftlern, die neugierig genug waren, sie danach zu fragen, ohne Umschweife erklärt: Je mehr Kinder sie haben, desto besser geht es ihnen. Und das stimmt. Bei den wirtschaftlichen Verhältnissen, die im Pandschab herrschen, kostet ein Kind nicht viel. Es kostet nicht viel, es aufzuziehen und medizinisch zu versorgen, auch seine Ausbildung ist nicht teuer. Ein Kind erlaubt dem Bauern im Gegenteil, die Produktivität auf seinem Land zu steigern, und es erspart ihm die Einstellung eines teureren Lohnarbeiters. Wenn es außerhalb arbeitet – was oft vorkommt –, dann trägt sein Lohn zu den Familieneinkünften und damit zur Finanzierung der Erziehung seiner jüngeren Geschwister bei.

Wenn es also den Wissenschaftlern nicht gelingt, die indischen Bauern von ihrem Standpunkt zu überzeugen, dann nicht deshalb, weil diese das Opfer eines unausrottbaren Aberglaubens wären. Ihr Verhalten in bezug auf die Geburtenrate erscheint im Gegenteil durchaus verständlich und, zieht man die Gegebenheiten ihrer Umwelt in Betracht, auch rational.

Dieses Beispiel veranschaulicht sehr gut die beiden Vorschläge, die ich weiter oben zur Erklärung eines sozialen Phänomens gemacht habe: Zum einen kann man zeigen, daß sie das Ergebnis eines verständlichen und in diesem Sinne rationalen Verhaltens ist. Aber auf der anderen Seite läßt die *spontane* Erklärung eines Phänomens Verhaltensweisen oft als irrational erscheinen. Gegen diese Interpretation sind Sozialwissenschaftler offensichtlich nicht besser gefeit als Laien.

Soll man den Aberglauben also eher den Wissenschaftlern unterstellen? Man ist jedenfalls versucht, das zu tun. Eine Untersuchung, die den indischen Bauern als rational Handelnden darstellte und den westlichen Wissenschaftler als Individuum voller Vorurteile, das diesen Unterentwickelten gönnerhaft die neuesten Errungenschaften westlicher Technik bringt, hätte bei einem bestimmten Publikum sicher großen Erfolg. Aber ebenso wie man die Hypothese umgehen kann, die Bauern hätten die Pille aus Aberglauben abgelehnt, kann man die Annahme vermeiden, die Wissenschaftler hätten sich aus Aberglauben an diese Hypothese geklammert. Erstens stammten diese Wissenschaftler aus einem Land, wo es nun einmal «irrational» *ist*, viele Kinder zu haben.

In Frankreich und in den Vereinigten Staaten ist die Ausbildung lang und kostspielig, selbst wenn sie im Prinzip kostenlos ist. Das Gesundheitswesen ist dort kostenaufwendig. Außerdem können die Jugendlichen und jungen Leute oft nicht unentgeltlich bei ihren Eltern wohnen, nicht nur deswegen, weil das mit ihrer Unabhängigkeit unvereinbar wäre, sondern weil sie aufgrund ihrer Arbeitsstelle woanders wohnen müssen. Diese Analyse braucht nicht weiter ausgeführt zu werden; als Folge unterschiedlicher sozialer Kontexte ist ein irrationales Verhalten im ersten Kontext rational im zweiten und umgekehrt. Auf jeden Fall ist es verständlich, wenn die Wissenschaftler ihre Aufgabe mit der Vorstellung angegangen sind, daß es in «einer modernen Gesellschaft irrational ist, viele Kinder zu haben» und daß sie ohne weiteres die logische Folge davon akzeptiert haben: «Modernisierung und Entwicklung schließen eine Senkung der Geburtenrate ein.»

Sie waren zweifellos um so geneigter, die Richtigkeit dieser Folgerung zu akzeptieren, als die indische Regierung und die indischen Wissenschaftler, denen sie zur Seite standen, derselben Meinung waren. Denn sie führten ihre Studie natürlich auf Betreiben der indischen Regierung durch. Das Ziel der Regierung bestand in einer Senkung der Geburtenrate. Warum aber waren Regierung und einheimische Forscher sich über dieses politische Ziel einig? Der Grund dafür liegt auf der Hand: Die hohe Geburtenrate, die damals in Indien herrschte, war *effektiv* eine der Hauptursachen für die Armut und die wirtschaftliche Stagnation. Aufgrund eines seinerzeit von Malthus beschriebenen Effektes vermehrte sich die Bevölkerung in einem schnelleren Rhythmus als die verfügbaren Nahrungsmittel. Die hohe Geburtenrate war also auch *objektiv gesehen* von Übel. Daher ist nicht schwer zu begreifen, daß die politischen Verantwortlichen und die Intellektuellen versucht haben, Abhilfe zu schaffen.

Ganz offensichtlich bestand in Indien ein Widerspruch zwischen der individuellen Rationalität und der kollektiven Rationalität: Die Bauern hatten *gute Gründe,* am traditionellen Modell der Großfamilie festzuhalten, auch wenn sie dadurch zur wirtschaftlichen Stagnation und damit auch zu ihren eigenen Schwierigkeiten beitrugen. Aber jeder Bauer konnte für sich unschwer feststellen, daß er sich in eine schwierige Situation bringen würde, wenn er das traditionelle Modell der Großfamilie aufgab, ohne damit zur Beseitigung der allgemeinen Armut beizutragen, außer in ganz geringem Maß.

Um eine solche Untersuchung für die Wissenschaftler überhaupt durchführbar zu machen, hätten folgende Voraussetzungen erfüllt sein müssen:

1. Die Wissenschaftler hätten die Gegebenheiten ihrer eigenen Situation vergessen müssen, die sie die Relation zwischen Kleinfamilie und Modernisierung als selbstverständlich ansehen ließen;

2. sie hätten vorgefaßte Meinungen vergessen müssen, die den Bauern im allgemeinen und den indischen Bauern im besonderen als ein jahrhundertealten Traditionen verbundenes Individuum darstellen;

3. sie hätten ihre professionellen Gewohnheiten bzw. die theoretischen Orientierungen vergessen müssen, denen sie gewöhnlich bei ihrer Arbeit folgen: Für einen Soziologen, einen Ethnologen oder einen Anthropologen ist es selbstverständlich, daß Gruppen von Menschen je nach sozialem Kontext auch unterschiedlichen Traditionen gehorchen;

4. sie hätten die relativ ausgeklügelten begrifflichen Instrumente beherrschen müssen, die es erlauben, jene Fälle, in denen individuelle und kollektive Rationalität einander gegenüberstehen, deutlich von den Fällen zu unterscheiden, wo diese beiden Arten von Rationalität konvergieren; Ethnologen, Soziologen und Demographen sind jedoch im Gegensatz zu vielen Wirtschaftswissenschaftlern, Mathematikern und Philosophen mit diesen begrifflichen Instrumenten kaum vertraut[4];

5. sie hätten sich dem Einfluß ihrer indischen Gesprächspartner entziehen müssen, das heißt dem Einfluß der Behörden und der Wissenschaftler, die ebenfalls dazu neigten, das Verhalten der Bauern für «irrational» zu halten und dadurch ihre eigene Auffassung von der Situation noch bestärkten;

6. sie hätten hinreichend über die Gegebenheiten informiert sein müssen, die für das soziale und wirtschaftliche Umfeld der Bauern charakteristisch sind.

Es wäre zugegebenermaßen äußerst unwahrscheinlich gewesen, diese sechs Bedingungen auf einmal und schnell zu erfüllen. Und so war es dann auch. Deshalb mußte man die «Konfrontation mit der Wirklichkeit» – das heißt das klägliche Scheitern des Programmes – abwarten, um die Untersuchung unter neuen Voraussetzungen zu wiederholen.

Insgesamt beruht weder das Verhalten der Bauern noch die erste Interpretation dieses Verhaltens von seiten der Wissenschaftler – so falsch sie auch gewesen sein mag – auf Aberglauben und Irrationalität. Die erste Regung der Forscher bestand jedoch darin, das Verhalten der

Bauern als irrational zu interpretieren. Und die erste Regung des Beobachters zweiten Grades, der das Scheitern der Wissenschaftler feststellt, besteht darin, sie für abergläubisch zu halten.

So verdient Webers Rat, den ich anfangs erwähnte, Beachtung, auch bei einer Untersuchung des Aberglaubens und der Ideologie. Denn wie uns das eben angeführte Beispiel zeigt, ist der *Homo ideologicus* vielleicht gar nicht so irrational, wie man oft zu glauben geneigt ist. Das ist zumindest die zentrale These, die ich in diesem Buch zu untermauern versuchen werde. Hinzuzufügen wäre noch, daß der Begriff der Rationalität hier im weitesten Sinne verstanden wird.

Soweit ich meine eigenen Beweggründe beurteilen kann, würde ich sagen, daß dieses Buch in meiner Vorstellung eine Reihe fortsetzt, die mit «Inégalité des chances» [5] beginnt. In diesem Buch habe ich zu zeigen versucht, daß es für die Untersuchung eines Systems makroskopischer Gegebenheiten, nämlich einen Überblick über die soziale Mobilität, unumgänglich ist, das System als das anzusehen, was es tatsächlich *ist*: die von der Aneinanderreihung einer Unzahl individueller Verhaltensweisen in der Statistik hinterlassene Spur. Diese individuellen Verhaltensweisen sind natürlich nicht Handlungen wirklichkeitsfremder Individuen bzw. abstrakter Rechner, sondern gesellschaftlich verorteter Individuen, das heißt Individuen, die in erster Linie einer Familie, aber auch anderen sozialen Gruppen angehören und die nicht nur über wirtschaftliche, sondern auch über kulturelle Ressourcen verfügen. Außerdem werden diese Individuen nicht nur vor abstrakte Wahlen gestellt, sondern vor Wahlen, deren Grenzen im Gegenteil von besonderen Institutionen festgelegt sind – wie zum Beispiel im Falle des Schulsystems – oder durch Zwänge, die sich aus Angebot und Nachfrage nach bestimmten Qualifikationen ergeben wie im Falle der Berufswahl.

Natürlich kann man diese Individuen unmöglich jedes für sich betrachten. Man muß sie vielmehr in Typen einteilen, denen man unvermeidlich idealisierte Verhaltenslogiken zuschreibt. In jedem Fall muß man sich gemäß dem Ratschlag Webers jedoch bemühen, das individuelle Verhalten so zu rekonstruieren, daß es verständlich wird und – außer in Extremfällen – darauf verzichten, es als das Ergebnis irrationaler Kräfte zu interpretieren.

Nach Abschluß dieser mikroskopischen Phase der Untersuchung muß die individuelle Verhaltenslogik lediglich noch *verdichtet* werden; es muß gezeigt werden, daß auf makroskopischer Ebene genau jene globalen Erscheinungen wiederzufinden sind, die erklärt werden sollen.

Seit ich «Inégalité des chances» geschrieben habe, bin ich also überzeugt, daß die sogenannte individualisierende Methode grundlegend für die soziologische Analyse ist. Denn selbst dann, wenn es sich um die Untersuchung von Erscheinungen auf einer Ebene hoher Komplexität handelt – auf der Ebene einer nationalen Gesellschaft zum Beispiel –, darf man nicht vergessen, daß es sich bei diesen Erscheinungen lediglich um die Spuren handelt, die mikroskopische bzw. individuelle Verhaltensweisen auf makroskopischer Ebene hinterlassen haben.

Die individualisierende Methode ist natürlich nicht neu. Der Philosoph Karl Popper hat schon vor langer Zeit deutlich darauf hingewiesen, wie wichtig sie für die Sozialwissenschaften ist.[6] Wenn er aber praktische Beispiele dafür anführt, entnimmt er sie immer dem Bereich der Wirtschaft und gibt zu glauben vor – wenn er nicht tatsächlich daran glaubt, was wahrscheinlicher ist –, daß sie außer bei den Wirtschaftswissenschaftlern bisher nirgendwo wirklich Beachtung gefunden hat. Webers Plädoyer zugunsten der individualisierenden Methode wäre danach also lediglich von den Wirtschaftswissenschaftlern beachtet worden.[7]

In «La Place du désordre»[8] habe ich das Gebiet der sozialen Mobilität verlassen und mich den Erscheinungen der Entwicklung und des sozialen Wandels zugewandt, denn die Entwicklung ist ebenso wie die Mobilität ein im wesentlichen makroskopisches Phänomen: Von Entwicklung kann man nur in bezug auf eine Gesellschaft oder auf eine Gruppe von Gesellschaften sprechen. Mein Ziel war nicht, eine neue Entwicklungstheorie aufzustellen, sondern anhand von Fakten die Bedeutung der individualisierenden Methode für dieses Gebiet auszuloten.

Ich glaubte, aus dieser Untersuchung den Schluß ziehen zu können, daß sich ohne Schwierigkeiten eine ganze Anzahl Forschungsvorhaben skizzieren ließen, die sich dieser Methode bedienen. Denn wie komplex die Erscheinungen von Entwicklung und Stagnation, von sozialem Wandel oder von sozialer Unbeweglichkeit auch sind, und obwohl sie auf einer makroskopischen Ebene vorliegen, kann man sie dennoch als das interpretieren, was sie tatsächlich auch *sind*, nämlich die Wirkung individueller – und verständlicher – Handlungen.

«Effets pervers et ordre social» war eine weitere Etappe in dieser Reihe.[9] Durch die Zusammenstellung neuartiger Forschungen und analytischer Texte wollte ich mit diesem Buch die Bedeutung einer klassischen Idee für die Soziologie und für das politische Handeln betonen: Ich meine die Idee, daß die Aneinanderreihung oder – wie ich lieber sagen möchte – die *Verfestigung* von rationalen Verhaltensweisen nicht beabsichtigte und manchmal unerwünschte Wirkungen haben kann.

Mit der Studie über Ideologie wollte ich also zunächst einmal diese Reihe von Werken fortführen. Ebenso wie das Thema des sozialen Wandels eine große Herausforderung für die individualisierende Methode darstellt, handelt es sich dabei doch um makroskopische Erscheinungen, bedeutet auch das Thema der Ideologie eine Herausforderung für sie, allerdings von ganz anderer Art: Angenommen, man würde den Begriff der Ideologie anhand des Wahrheitskriteriums definieren, ist es dann vernünftig, in der Übernahme von falschen Ideen eine *verständliche* Handlung zu sehen? Ist es nicht – wie viele Theoretiker vorschlagen – plausibler, darin die Auswirkungen von starken Gefühlen, von Fanatismus oder von verzerrter Wahrnehmung zu sehen, die entweder von Eigennutz, von Konflikten zwischen Gruppen oder von den Spannungen im Individuum selbst hervorgerufen werden, die das soziale Leben erzeugt?

Diese Kräfte, die sich der Kontrolle des Individuums entziehen, dürfen natürlich nicht unberücksichtigt bleiben. Ich glaube jedoch – das zumindest versuche ich in diesem Buch zu zeigen –, daß man den Rat Webers auch im Hinblick auf das Problem der Ideologie befolgen kann. Das heißt, ich werde versuchen, das Festhalten an vorgefaßten Meinungen als einen Typ des Verhaltens wie andere auch zu analysieren und mich bemühen, darin eine verständliche Verhaltensweise zu sehen, wobei dem Irrationalen jedoch der Platz eingeräumt wird, der ihm zukommt. In seinen Arbeiten zur Religionssoziologie hat Weber übrigens versucht, diesen Rat selbst zu befolgen.

Als ich an diesem Buch arbeitete, wurde ich jedoch auch noch von anderen Beweggründen geleitet.

In «La Place du désordre» bin ich indirekt und fast ohne es zu merken auf das Problem der Ideologie gestoßen: Die von den Sozialwissenschaften entwickelten Modelle sind zwangsläufig immer Vereinfachungen der Realität. Dort, wo eine Erscheinung eine Vielzahl von Handelnden ins Spiel bringt und eine Vielzahl von Handlungen vereinigt, begnügen sich der Soziologe und der Wirtschaftswissenschaftler oft mit der Betrachtung von zwei Klassen von Handelnden (wie zum Beispiel Produzenten und Verbraucher) und schreiben ihnen verein-

fachte Verhaltenslogiken zu. Ein solches Modell kann die Realität natürlich nur annähernd darstellen. Und was für Wirtschaftswissenschaft
und Soziologie gilt, gilt ebenso für die Geschichtswissenschaft. Der
Biograph beschließt zum Beispiel oft, sein Modell so darzustellen, als
hätte es tatsächlich auf ein letztes Ziel hin gelebt.[10] In den Sozial- und
Humanwissenschaften schafft jede Interpretation oder jede Erklärung
eine Distanz zwischen sich und der Realität, die ungeheuer groß sein
kann. Meistens ist sich aber weder der Autor der Untersuchung oder
der Erklärung noch sein Leser dieser Distanz bewußt. Man muß dann
zu erklären versuchen, warum dies so ist, wobei man sich aber vor
nichtssagenden Hypothesen in acht nehmen und statt dessen zeigen
sollte, daß dieses fehlende Bewußtsein genau wie andere Haltungen
verständlich sein kann.

Ich werde noch oft auf diese Frage zurückkommen. Ich will aber jetzt
schon betonen, daß eine direkte Beziehung zwischen diesen Bemerkungen und dem Problem der Ideologie besteht: Ideologien beruhen nämlich oft auf einer realistischen Interpretation von Interpretationen oder
Erklärungen, die ihrerseits eine gewisse Distanz zur Realität wahren.
Wenn wir dem nachgehen, wird es also leichter verständlich, warum
die Ideologien sich oft auf eine wissenschaftliche Argumentation stützen und warum sie weitgehend ein normales Produkt dessen sind, was
Kuhn «normale Wissenschaft» genannt hat.[11]

In «La Place du désordre» hatte ich also unbewußt einen Weg einge-
schlagen, an dessen Ende sich das Problem der Entstehung von Ideologien abzeichnete.

Ich muß aber zugeben, daß einige meiner Beweggründe auch auf
ganz bestimmte Umstände zurückzuführen waren. Wenn man sich die
Entwicklung der Geisteswissenschaften in den letzten dreißig Jahren
kurz vor Augen führt, dann schwindelt einen, wenn man an all die
Ideen denkt, die ebenso schnell verschwanden wie sie entstanden. Genügt es, als Beispiel für die Kurzlebigkeit dieser Erscheinungen die
Mode anzuführen? Ich glaube nicht, daß dieser Vergleich mit der Mode
sehr aufschlußreich ist, noch halte ich ihn für berechtigt. Schon wenn
wir unsere ganz persönliche Erfahrung zu Rate ziehen, erkennen wir,
daß wir uns nicht in derselben Art eine Idee zu eigen machen, wie wir
uns für ein Möbelstück, ein Kleidungsstück oder ein Gemälde begei-
stern. Der Glaube läßt sich nicht auf den persönlichen Geschmack zurückführen; und das Gefühl dafür, ob etwas richtig ist, nicht auf das
Gefühl dafür, ob etwas schön oder angenehm ist.

Ich habe dieses Problem in «Effets pervers» [12] angeschnitten und die Vermutung geäußert, dieses Kommen und Gehen der Ideen sei im Gegensatz zu dem, was sich in der Kleidermode abspielt, eher das Resultat von Kommunikationseffekten als von einfachen Imitationseffekten. Die Kategorie des Effekts scheint mir sehr wichtig zu sein, denn Effekte spielen eine entscheidende Rolle bei der Verbreitung der Ideologien. Sie tragen außerdem dazu bei, daß falsche Ideen sich leicht festsetzen können, ohne daß dabei von so etwas wie Verblendung derer die Rede zu sein braucht, die sie sich zu eigen machen.

Natürlich war auch ich für das empfänglich, was ich den wahren Reiz des Themas «Ideologie» nennen würde, ein Reiz, der ganze Ströme von Tinte hat fließen lassen. Dieser Reiz hat zweifellos tiefgehende metaphysische Gründe. Denn ganz im Gegensatz zum Sprichwort gibt man nur ungern zu, daß irren menschlich ist. Die gesamte klassische Philosophie ist im Gegenteil ein einziges Bemühen, den Irrtum auszuschließen und ihn unerklärlichen Kräften zuzuschreiben, die es zu beherrschen gilt. Diese Haltung dem Irrtum gegenüber ist nun auf die moderne Form des Irrtums übertragen worden, die eine Ideologie in den Augen vieler Leute darstellt. Deshalb kündigt man auch in regelmäßigen Abständen das Ende der Ideologien an. Man hat es Mitte der sechziger Jahre lauthals verkündet, und heute wird es von neuem ausgerufen. In der Weimarer Republik, ein paar Jahre vor der Machtergreifung Hitlers, hatte Mannheim es auf seine Art verkündet: Die Verbreitung der Ideen und die Konkurrenz zwischen den Intellektuellen, bemerkte er damals, sorgten dafür, daß die wahren Ideen über die falschen triumphierten. Wenn die Tradition wesentlich mit einer Monopolisierung der Wahrheit einherging, so war im Gegensatz dazu die Moderne seiner Meinung nach durch die Konkurrenz der Intellektuellen untereinander und damit durch die Öffnung von Diskussion und Debatte gekennzeichnet.[13] Man muß dem Andenken Mannheims jedoch Gerechtigkeit widerfahren lassen und hinzufügen, daß er diesen optimistischen Standpunkt sehr bald aufgegeben und nicht erst den Höhepunkt des Nationalsozialismus abgewartet hat, um seine Haltung zu ändern.[14]

Aber das Bedürfnis, den bösen Geist der Ideologie zu vertreiben, ist so groß, daß kein historisches Dementi bisher ausgereicht hat, um die Prophezeiung vom Ende der Ideologien Lügen zu strafen. Außerdem will man bei diesem Thema nicht auf einen Evolutionsglauben verzichten, der unwiderstehlich an den wissenschaftsgläubigen Evolutionismus erinnert, der seinerzeit das Ende der Religionen angekündigt hatte.

Und schließlich stellt auch das Durcheinander bei den Diskussionen über Ideologie eine Art intellektuelle Herausforderung dar und weckt das Bedürfnis, dort ein bißchen Ordnung zu schaffen. Ich weiß nicht, ob mir dies gelungen ist, ich habe es jedoch zumindest versucht.

Auf jeden Fall habe ich versucht, mich an folgendes zu halten: Ich wollte unter allen Umständen vermeiden, einer ideologischen Theorie der Ideologie zu verfallen. Es ist unnötig, darauf hinzuweisen, daß diese ihrem Wesen nach selbstmörderische Versuchung von den Theoretikern nicht immer vermieden wird und daß die Art des Themas selbst sie im Gegenteil zu einer immer wieder drohenden Gefahr macht. Sobald man Ideologie polemisch definiert (als Ideen des Gegners), entgeht man dieser Versuchung ganz bestimmt nicht. Wenn man in der Ideologie lediglich jene Ideen sieht, «die uns so sehr geschadet haben» – um eine Formulierung zu parodieren, die seinerzeit in ganz Frankreich zu hören war –, dann stößt man unweigerlich auf die Schwierigkeit, erklären zu müssen, durch welches Wunder so offensichtlich schädliche Ideen sich so leicht bilden und durchsetzen konnten.

Da ich mir dieser Fallen bewußt war, habe ich sie zu vermeiden gesucht und mich strikt an meine Fragestellung gehalten (Warum glaubt man so leicht an zweifelhafte oder falsche Ideen?), ohne jemals zu behaupten, daß der Irrglaube von jener Kirche ausginge, der wahre Glaube allein in dieser zu finden sei.

Das bedeutet meiner Meinung nach keineswegs, daß alle Theorien gleich gut sind. Wie man noch sehen wird, habe ich es mir keineswegs nehmen lassen, die Unrichtigkeit, ja sogar die Lächerlichkeit mancher Theorien anzuprangern, die dennoch eine Zeitlang eine große Rolle spielten und dazu beitrugen, falsche Ideen zu legitimieren. Manche dieser theoretischen Gebäude können leicht nach dem Wahrheitskriterium beurteilt werden, andere dagegen weniger leicht. Im Schlußkapitel werde ich auf diesen Punkt zurückkommen.

Wenn ich hier versuche, mich aller Werturteile zu enthalten, so schließt dies jedoch nicht aus, daß ich nicht persönliche Überzeugungen besäße. Ich habe mich lange Zeit dem Liberalismus näher gefühlt als jeder anderen Ideologie, und zwar aus positiven Gründen, auf die ich hier nicht näher eingehen will, da wir mittlerweile über eine ganze Bibliothek verfügen, die sich mit der Bedeutung und der Lebenskraft der Tradition des liberalen Denkens unter dem Gesichtspunkt des Verständnisses der sozialen Phänomene und dem des sozialen Handelns befaßt.[15]

Allerdings auch aus negativen Gründen, da ich manchmal den Eindruck habe, daß diejenigen, die die richtigen Meinungen gepachtet zu haben glauben, zu sehr zu dem Schluß neigen, sie besäßen *ipso facto* das Monopol auf die Wahrheit.

Dieses Buch ist aber keinesfalls ein *engagiertes* Buch. Ich möchte noch einmal betonen, daß ich lediglich zur soziologischen Theorie der Ideologien meinen bescheidenen Beitrag leisten wollte und mich dabei an eine einzige Fragestellung gehalten habe: Warum glaubt man so leicht an falsche oder zweifelhafte Ideen?

Man wird sich vielleicht darüber wundern, daß ich in der Einleitung zu einem Buch, das sich mit Ideologie zu befassen verspricht, bisher noch keinen «Ismus» erwähnt und (außer sehr beiläufig) weder vom Nationalsozialismus noch vom Faschismus, Marxismus oder von der Dritte-Welt-Theorie gesprochen habe. Das ergibt sich aus einer Entscheidung, die ich im folgenden umfassend erläutern werde. Ich weise aber schon jetzt darauf hin, daß bei einem so schwierigen Thema eine systematische Gliederung der Fragen unbedingt notwendig ist. Es ist unmöglich, ernsthaft über den Nationalsozialismus zu sprechen, ohne Hitlers Machtergreifung zu berücksichtigen. Für diese Frage ist aber in erster Linie der Historiker zuständig. Und Hitlers Weltanschauung kann man nur dann analysieren, wenn man vorher seine Biographie untersucht hat. Für diese Frage sind Historiker und Psychologen zuständig. Auch die Analyse des Fanatismus fällt vor allem in den Zuständigkeitsbereich des Psychologen. Der Soziologe muß versuchen zu verstehen, warum der trivialisierte sozial Handelnde, der vom *Homo sociologicus* repräsentiert wird, so leicht falschen oder zweifelhaften Ideen anhängt. Ohne sein Einverständnis könnte eine Ideologie sich nicht nur unmöglich halten, sondern gar nicht erst etablieren. Diese Frage ist entscheidend für das Verständnis des Phänomens Ideologie, obwohl sie nur einen eng begrenzten Aspekt anspricht.

Ich habe zunächst zu zeigen versucht, daß die Ideologien eine «natürliche Zutat» des sozialen Lebens darstellen, und schließlich, daß sie nicht entstehen, *obwohl* der Mensch rational ist, sondern *weil* er rational ist. Deshalb bin ich der Meinung, daß die Prinzipien der Weberschen Methodologie auf diesen Aspekt des sozialen Lebens ebenso anwendbar sind wie auf alle anderen Aspekte auch. Die vorgefaßten

Meinungen, aus denen die Ideologien bestehen, können mit anderen Worten also als *verständliche* Ideen angesehen und sollten auch als solche untersucht werden, selbst wenn man dann zugeben muß, daß auch dem Irrationalen bei ihrer Entstehung und Verbreitung ein Platz eingeräumt werden muß.

Um aber diesen Beweis zu führen, muß die Tatsache berücksichtigt werden, daß der sozial Handelnde sozial verortet ist und daß die Welt nicht von allen Standpunkten aus gleich erscheint. Außerdem hängt das, was man von einem Standort aus sieht, von dem ab, was man weiß und was man nicht weiß.

Darüber hinaus habe ich zu zeigen versucht, daß Ideologien ein natürliches und normales Nebenprodukt der Sozialwissenschaften sind: nicht hauptsächlich insofern, als Ideologien nicht wissenschaftlich wären oder von den Regeln abwichen, die normalerweise das wissenschaftliche Vorgehen kennzeichnen, sondern insofern, als sie sich ihnen unterwerfen. Natürlich kommt es vor, daß die Sozialwissenschaften von diesen Regeln abweichen und damit zur Bekräftigung von Ideologien beitragen können. Sie können Ideologien aber auch in ihrem normalen Gang hervorbringen oder bestärken. Der Grund dafür liegt nicht in ihrer Unfähigkeit, ebenso exakt wie die Naturwissenschaften zu sein. Auch diese vorgefaßte Meinung ist falsch, denn die Sozialwissenschaften können ebenso wissenschaftlich sein wie die Naturwissenschaften.

Daß die Sozialwissenschaften den Ideologien Vorschub leisten können – selbst dann, wenn sie sich an ihre Regeln halten –, hat zwei Gründe. Der erste, der sowohl den Natur- als auch den Sozialwissenschaften eigen ist, liegt darin, daß sie nicht anders können, als Bilder von der Wirklichkeit zu entwerfen, die von den tatsächlichen Gegebenheiten abweichen. Der zweite Grund trifft nur die Sozialwissenschaften: Er liegt in dem, was man ihre natürliche Exoterik nennen kann.

Wie dem auch sei, ich hoffe, ein wenig dazu beigetragen zu haben, die meiner Meinung nach wichtigste Frage der soziologischen Theorie der Ideologien zu beantworten: Woher kommt es, daß falsche und zweifelhafte Ideen glaubhaft sind?

Dieses Buch ist in drei Teile gegliedert. Da es um einen so unbestimmten Begriff wie den der Ideologie geht, war es unumgänglich, ihn zunächst einmal zu definieren. Da es sich außerdem um einen Begriff handelt, über den schon viel Tinte verspritzt worden ist, konnten die theoretischen Arbeiten über ihn nicht einfach ignoriert werden, wobei sich wie von selbst die Frage stellte, welche Typen der Erklärung das Phänomen Ideologie bisher gefunden hat. Bei einem solchen Thema würde ein Buch, das sich als ein absoluter Anfang präsentiert, verdächtig erscheinen. Alle diese Fragen werden in den Kapiteln 2 bis 4 des ersten Teils behandelt. Die vier folgenden Kapitel (5 bis 8), die den zweiten Teil bilden, behandeln den Hauptgegenstand dieses Buches, nämlich den Ursprung der vorgefaßten Meinungen. Sie stellen eine «begrenzte» Theorie der Ideologie auf. Ich habe mit ihr aufzuzeigen versucht, daß die sozial Handelnden oft gute Gründe haben, zweifelhafte oder falsche Ideen anzunehmen und daß der Glaube an Ideologien nicht in erster Linie überwältigenden Gefühlen, Fanatismus oder Verblendung zuzuschreiben ist. Zur besseren Veranschaulichung wird diese Theorie im dritten Teil, Kapitel 9, auf zwei Ideologien angewandt, nämlich auf die Entwicklungstheorie und die Dritte-Welt-Theorie. Es war nicht zu vermeiden, daß die Diskussionen im ersten Teil abstrakter sind als im zweiten und dritten Teil. Daher kann der eilige Leser, dem nicht viel an einem Durchgang durch die großen klassischen Theorien der Ideologie liegt, diesen ersten Teil überfliegen.

Ich weise darauf hin, daß ich manche Fragen, die für jegliche Theorie der Ideologien wichtig sind, die ich aber unmöglich ausführlich im laufenden Text behandeln konnte, in den Anmerkungen besprochen habe. So führen viele Theorien der Ideologie zum Beispiel implizit oder explizit den Begriff des «Unbewußten» ein. Das ist nicht weiter verwunderlich, denn die Versuchung ist groß, aus dem ideologischen Menschen ein irrationales Wesen zu machen, das schlecht kontrollierten Trieben gehorcht. Der Begriff des Unbewußten ist aber ebenso wie seine Varianten («falsches Bewußtsein» usw.) nicht einfach zu handhaben. Ich habe in einigen Anmerkungen versucht, die Grenze zu ziehen zwischen dem legitimen und dem nicht legitimen Gebrauch dieses Begriffs.

Bevor ich nun zu meinem eigentlichen Thema komme, scheint es mir unerläßlich zu sein, einen wichtigen Punkt hervorzuheben, den ich bisher eher nebenbei behandelt habe: Wenn ich die Hypothese aufstelle, daß der kollektive Glaube an falsche Ideen oft durch die Annahme eines *rationalen Homo sociologicus* erklärt werden kann, verstehe ich den Begriff der Rationalität in einem weiten Sinn; er deckt sich also nicht mit der eingeschränkten Bedeutung, in der er manchmal gebraucht wird.

Die erste in den Sozialwissenschaften feststellbare Auffassung von Rationalität kann man als *utilitaristisch* bezeichnen. Sie nimmt an, daß der rational Handelnde Ziele verfolgt, die seinen unmittelbaren Interessen entsprechen, und daß er die geeignetsten Mittel anwendet, um sie zu erreichen. Diese Art Rationalität ist im sozialen Leben natürlich von großer Bedeutung. Sie wird durch die erste Phase des oben angeführten Beispiels veranschaulicht: Die indischen Bauern lehnen die Pille ab, da es aufgrund ihres wirtschaftlichen Kontextes in ihrem Interesse liegt, eine zahlreiche Nachkommenschaft zu haben. Wenn im englischen Sprachraum von *rational choice* die Rede ist, dann ist oft diese utilitaristische Auffassung von Rationalität gemeint.

Natürlich ist diese Auffassung viel zu eng, um sie zu verallgemeinern. Das wird bei den Fällen klar, in denen es nicht angebracht ist, nach den *Zielen* zu fragen, um das Verhalten eines Handelnden zu erklären, der sich so oder so verhält oder der diese oder jene Überzeugungen annimmt. Betrachten wir zum besseren Verständnis noch einmal unser eingangs erwähntes Beispiel: Die Wissenschaftler stellen die Diagnose, daß die indischen Bauern Opfer eines Aberglaubens sind. Sie haben natürlich versucht, eine richtige Diagnose zu stellen, um dadurch ihre Kampagne wirksamer zu gestalten. Dieses Ziel erklärt aber in keiner Weise den *Inhalt* der Diagnose. Anders ausgedrückt: Die Diagnose der Wissenschaftler ist weder im Rahmen der utilitaristischen Auffassung von Rationalität noch im Rahmen dessen, was wir nach Weber «Zweckrationalität» nennen wollen, erklärbar. Heißt das, daß die fragliche Diagnose überhaupt nicht erklärbar ist? Ganz sicher nicht, da die Wissenschaftler – wie ich zu zeigen versucht habe – im Gegenteil *gute Gründe* hatten, sie zu stellen.

Wenn ich also von «Rationalität» spreche, verstehe ich diesen Begriff in einem erweiterten Sinne, der sich aus meinen bisherigen Ausführungen hinreichend klar ergibt. Ich werde Webers Rat, von dem ich ausgegangen bin – nämlich den Handelnden als rational anzusehen –, in folgendes Postulat übersetzen: Das Verhalten (Einstellungen, Überzeugungen usw.) des Handelnden erklären heißt, die *guten Gründe* herauszuarbeiten, die ihn zu diesem Verhalten (diesen Einstellungen und Überzeugungen usw.) veranlaßt haben – wobei ich zugebe, daß diese Gründe durchaus utilitaristisch oder zweckorientiert, daß sie aber auch anderer Art sein können.

Man wird mir vielleicht entgegenhalten, daß ich bei einer so weitgefaßten Definition Gefahr laufe, dem Begriff der Rationalität jede Bedeutung zu nehmen. Ich glaube jedoch nicht, daß dem so ist. Bei näherer Überlegung ist mein Postulat nämlich sehr restriktiv, da es von vornherein ausschließt, daß man das Verhalten eines Handelnden anders als durch die *Gründe* erklären kann, die er selbst anführen könnte, wenn er Zeit und Lust zu dieser Introspektion hätte. Dadurch sind zahlreiche erklärende Verfahren und Hypothesen ausgeschlossen, die in den Sozialwissenschaften häufig angewandt werden und implizit oder explizit voraussetzen, daß der Handelnde ohne sein Wissen durch Kräfte manipuliert werden kann, die sich seiner Kontrolle entziehen.[16]

ERSTER TEIL

2
Was ist Ideologie?

Betrachtet man die Literatur, die zum Begriff der Ideologie und zur Erklärung des Phänomens Ideologie vorliegt, dann überkommt einen das unwiderstehliche Gefühl, daß dort vor allem ein großes Durcheinander herrscht.[17] Die Definitionen des Begriffes variieren von Autor zu Autor, und die Erklärungen des Phänomens beruhen auf ganz unterschiedlichen Prinzipien. Insgesamt hat man den Eindruck, daß dasselbe Wort zur Beschreibung einer Vielzahl von Erscheinungen – nicht nur einer einzigen – dient und daß die Theorien der Ideologie einander im Hinblick auf einen Gegenstand widersprechen, den sie auf unterschiedliche Art und Weise definieren. Das bedeutende Korpus, das die Theorien darstellen, gleicht folglich oft einem Dialog zwischen Leuten, die aneinander vorbeireden.

In diesem Kapitel werde ich mich mit der Definition des Begriffes «Ideologie» befassen: Kann man in der Unzahl von Definitionen, die bisher geliefert wurden, einige Typen ausmachen? Kann man sich vernünftigerweise für eine bestimmte Definition entscheiden?

Sehen wir uns als Beispiel einige klassische Definitionen an, zuallererst die berühmte Marxsche Definition in «Die deutsche Ideologie»:

«Die Produktion der Ideen, Vorstellungen, des Bewußtseins ist zunächst unmittelbar verflochten in die materielle Tätigkeit und den materiellen Verkehr der Menschen, Sprache des wirklichen Lebens. Das Vorstellen, Denken, der geistige Verkehr der Menschen erscheinen hier noch als direkter Ausfluß ihres materiellen Verhaltens. (...) Wenn in der ganzen Ideologie die Menschen und ihre Verhältnisse wie in einer Camera obscura auf den Kopf gestellt erscheinen, so geht dies Phänomen ebensosehr aus ihrem historischen Lebensprozeß hervor, wie die

Umdrehung der Gegenstände auf der Netzhaut aus ihrem unmittelbar physischen.»[18]

Die Ideologien sind hier also die falschen Vorstellungen – sie erscheinen auf den Kopf gestellt –, die der «materielle Verkehr» den Menschen eingibt bzw. notwendigerweise eingibt. Der Kapitalist betrachtet den Profit zum Beispiel als natürliche Belohnung für das Kapital. Ebenso neigt der Proletarier dazu, seinen Lohn als normal anzusehen.[19] Weder dem einen noch dem anderen ist die Wahrheit vollständig klar, die Marx selbst im «Kapital» dargelegt zu haben glaubte: daß nämlich der *Profit* dem Mehrwert entspricht, der durch die Ausbeutung des Arbeiters entsteht und daß der Lohn dem um den Mehrwert verringerten Arbeitswert entspricht.

Mein Anliegen ist nicht, die Marxsche[20] Theorie der Ideologien hier im Detail zu behandeln. Auch werde ich vorerst all jene Diskussionen beiseite lassen, zu denen Marx' Texte zur Ideologie den Anstoß gegeben haben,[21] und nur einen Punkt berücksichtigen: In den meisten seiner theoretischen Texte zu dieser Frage definiert Marx die Ideologien als *falsche Vorstellungen*, die ihr «materieller Verkehr» den sozial Handelnden eingibt.

Wie schon oft bemerkt wurde, ist die Theorie der Ideologien eines jener Kapitel, bei dem die marxistische Tradition am uneinheitlichsten zu sein scheint. Die Behauptung, daß Lenins und Marx' Definition kaum etwas miteinander zu tun haben, ist keine Übertreibung. Für Lenin[22] sind Ideologien Ideensysteme bzw. Theorien, die die Protagonisten des Klassenkampfes für ihre Zwecke benutzen. Sie können natürlich mehr oder weniger wahr oder mehr oder weniger falsch sein; sie sind vor allem aber mehr oder weniger *nützlich*. Ihr Nutzen hängt nicht unbedingt von ihrer Wahrheit ab. Darüber hinaus können alle Klassen ihre Ideologien haben.

Zur Vervollständigung dieser beiden kurzen Beispiele aus der marxistischen Tradition mag folgender Text von Louis Althusser dienen:

«Es genügt, sehr schematisch zu wissen, daß eine Ideologie ein (seine eigene Logik und seine eigene Strenge besitzendes) System von Vorstellungen (Bildern, Mythen, Ideen oder Begriffen, je nachdem) ist, das im Schoß einer gegebenen Gesellschaft mit einer geschichtlichen Existenz und einer geschichtlichen Rolle begabt ist. Ohne auf das Problem der Beziehungen einer Wissenschaft zu ihrer (ideologischen) Vergangenheit einzugehen, können wir sagen, daß die Ideologie als System von

Vorstellungen sich von der Wissenschaft darin unterscheidet, daß die praktisch-gesellschaftliche Funktion sich in ihr gegen die theoretische Funktion (oder Erkenntnisfunktion) durchsetzt.

(...) In jeder Gesellschaft stellt man also unter bisweilen sehr paradoxen Formen die Existenz einer ökonomischen Aktivität an der Basis, die Existenz einer politischen Organisation und die Existenz ‹ideologischer› Formen fest (Religion, Moral, Philosophie etc.). *Die Ideologie als solche ist also in organischer Weise Teil jeder gesellschaftlichen Gesamtheit.* (...) Die menschlichen Gesellschaften scheiden die Ideologie aus wie ein Element oder eine Atmosphäre, die für ihre Atmung, für ihr geschichtliches Leben unerläßlich sind.» [23]

Es war mir wichtig, das Zitat in seiner ganzen Länge an dieser Stelle wiederzugeben, damit der Leser selbst über Althussers Auffassung urteilen kann. Die Ideologie besteht für diesen Autor im Grunde aus der Gesamtheit der Vorstellungen, Auffassungen und Ideen, die nicht mit dem Etikett «Wissenschaft» versehen werden können. Sie sind weder wahr noch falsch. In jedem Fall befriedigen sie nicht in erster Linie ein Bedürfnis nach Erkenntnis; sie sind jedoch unerläßlich, denn sie sind ebenso lebensnotwendig für das gesellschaftliche Leben wie die Atemluft für den Menschen. Althusser begnügt sich damit, mit einer Handbewegung die Idee zurückzuweisen, daß die Wissenschaften selbst von unwissenschaftlichen Sichtweisen beeinflußt sein könnten.

Wenn ich kurz die marxistische Tradition angesprochen habe, so natürlich deshalb, weil der Begriff «Ideologie» sich vor allem innerhalb dieser Tradition entwickelt hat. Interessanterweise scheinen die klassischen Soziologen vom Ende des 19. Jahrhunderts – ob es sich nun um Max Weber, Pareto oder Durkheim handelt – alle das Wort «Ideologie» sorgfältig zu vermeiden.[24] Vielleicht, weil sie der Meinung waren, es stünde in zu enger Verbindung mit der marxistischen Tradition, und weil sie dem Marxismus sehr kritisch gegenüberstanden. Jedenfalls ist Pareto der einzige unter diesen drei großen Soziologen, der der Ideologie wirklich Beachtung geschenkt hat.

Wenn sie jedoch darauf verzichtet haben, den Begriff «Ideologie» zu verwenden, dann vielleicht deshalb, weil selbst innerhalb der marxistischen Tradition widersprüchliche Definitionen dieses Begriffes unschwer zu finden sind, von denen die einen sich des Wahrheitskriteriums bedienen und die anderen nicht.

Seit der glorreichen Epoche Durkheims, Webers und Paretos hat der Begriff der Ideologie sich aber dennoch durchgesetzt. Er wird heute als klassischer Begriff angesehen und bezeichnet ein Kapitel der Sozialwissenschaften, dessen Existenz und Bedeutung heute niemand mehr in Frage stellt.

Sehen wir uns also an, wie einige moderne, nicht-marxistische Soziologen den Begriff der Ideologie definieren. Ich werde mich hier auf einige wenige Beispiele beschränken, denn ich will hier nicht mehr als einen Überblick über die Vielfalt der von den verschiedenen Autoren gelieferten Definitionen geben. Diese Autoren haben sich alle intensiv mit dem Phänomen Ideologie beschäftigt. Es ist nicht meine Absicht, mich erschöpfend mit den Definitionen des Begriffes »Ideologie« auseinanderzusetzen.

Hören wir zunächst, was Raymond Aron dazu zu sagen hat: «Die politischen Ideologien vermischen immer in mehr oder minder glücklicher Weise faktische Behauptungen und Werturteile. Sie drücken gleichzeitig eine Weltanschauung und einen zukunftsgerichteten Willen aus. Sie fallen nicht direkt unter die Alternative wahr oder falsch, sie gehören noch weniger zur Ordnung des Geschmacks oder der Farben. Die im letzten Sinn gültige Philosophie und die Stufenleiter der Neigungen sind mehr Gegenstand des Gesprächs als des Beweises oder der Widerlegung; die Analyse der augenblicklichen Fakten verwandelt sich mit dem Ablauf der Geschichte und der Kenntnis, die wir von ihr gewinnen. Die Erfahrung berichtigt nach und nach die doktrinären Konstruktionen.»[25]

Bei diesem Zitat handelt es sich offensichtlich um eine der ausgefeiltesten und am besten durchdachten Passagen in «Opium für Intellektuelle». Aron nimmt hier die berühmte Unterscheidung aus der «Nikomachischen Ethik» wieder auf, nach der manche Gegenstände in den Zuständigkeitsbereich der Diskussion – der Dialektik im aristotelischen Sinn – und andere in den der Demonstration fallen. Aristoteles sagt in etwa, es sei absurd, in der Ethik genauso zu argumentieren wie in der Mathematik und umgekehrt.[26] Dieser aristotelischen Unterscheidung setzt Aron eine spätere Unterscheidung auf, die Hume einprägsam formuliert hat: Die Tatsachenaussagen sind beweisbar, die Werturteile nicht. Ideologien bestehen nun aus Tatsachenaussagen und aus Werturteilen. Deshalb gehören sie wohl – obwohl sie «nicht direkt unter die Alternative wahr oder falsch fallen» – *indirekt* in diese Kategorie, denn man kann nicht beweisen, ob ein Werturteil wahr oder falsch ist, man kann jedoch prüfen, ob es richtig ist. Bei den Tatsachenaussagen kann man hingegen beweisen, ob sie wahr oder falsch sind, das gibt natürlich auch Aron zu.[27]

Diesen Anklängen an Aristoteles und Hume fügt Arons Text noch einen diskreten Verweis auf den deutschen Historismus hinzu. Vielleicht hat er im vorletzten Satz («die Analyse der augenblicklichen Fakten verwandelt sich mit dem Ablauf der Geschichte und der Kenntnis, die wir von ihr gewinnen») ganz speziell an Karl Mannheim gedacht. Denn, wie wir weiter unten noch Gelegenheit haben werden auszuführen, die Wahrnehmung einer historischen Gegebenheit ist laut Mannheim immer selbst eine historische Gegebenheit, die von der historischen Position des Beobachters abhängt.

Ich wende mich nun einem wichtigen Text zu, nämlich dem bemerkenswertesten Teil des Artikels «Ideologie» der «International Encyclopedia of the Social Sciences». Er ist nicht nur deshalb wichtig, weil diese Enzyklopädie auf dem Gebiet der Sozialwissenschaften eine Art offizielles Nachschlagewerk darstellt, sondern auch aufgrund des Rufes ihres Autors Edward Shils.[28]

Für Shils ist die Ideologie eine Variante der tatsachenbezogenen und normativen Überzeugungssysteme (wir finden hier die Unterscheidung zwischen Tatsachenaussagen und Werturteilen wieder), die in jeder menschlichen Gesellschaft florieren. Im Vergleich zu den *Weltanschauungen* (was im englischsprachigen Raum *outlooks* genannt wird) erkennt man eine Ideologie daran, daß sie eindeutig formuliert ist. Sie ist aber auch verschlossener, strenger und Neuerungen gegenüber resistenter. Sie wird mit emotionalem Engagement verkündet und verfochten, und jene, die sie sich zu eigen machen, müssen sich ihr bedingungslos unterordnen. Mit den «geistigen Systemen und Strömungen» (zum Beispiel Existentialismus, Pragmatismus oder Hegelscher Idealismus) haben Ideologie gemeinsam, daß sie ebenfalls auf expliziten oder systematischen geistigen Fundamenten beruhen. Die geistigen Systeme und Bewegungen unterscheiden sich von den Ideologien aber dadurch, daß sie erstens Neuerungen gegenüber offener sind, und zweitens sie von ihren Anhängern keine bedingungslose Unterordnung verlangen.

Shils schlägt außerdem vor, Ideologien und *Programme* (zum Beispiel die Bürgerrechtsbewegung) einander gegenüberzustellen, da diese begrenztere Ziele verfolgen als die Ideologien.

Insgesamt gesehen unterscheiden sich die Ideologien von anderen

Überzeugungssystemen durch ihre Stellung gegenüber acht Kriterien.
Sie sind an folgenden Merkmalen zu erkennen: 1. an ihrer eindeutigen
Formulierung; 2. an ihrem Willen, Anhänger um eine tatsachenbezo-
gene oder normative Überzeugung zu scharen; 3. an ihrem Bemühen,
sich von anderen vergangenen oder zeitgenössischen Überzeugungssystemen zu unterscheiden; 4. an ihrer Verschlossenheit Neuerungen gegenüber; 5. an der Intoleranz ihrer Vorschriften; 6. an der gefühlsbe-
tonten Art, in der sie verkündet werden; 7. an der bedingungslosen
Unterordnung, die sie verlangen; 8. an ihrer Verbindung zu Institutionen, deren Aufgabe darin besteht, die fraglichen Überzeugungen zu
festigen und anzuwenden.

Weiter unten in seinem Text führt Shils noch eine wichtige Präzisie-
rung ein: Im Gegensatz zu Marx will er Ideologie nicht anhand des
Wahrheitskriteriums definieren. «Keine Ideologie hat jemals die diszi-
plinierte Suche nach der Wahrheit – mit Hilfe wissenschaftlicher Verfahren und in der für die moderne Wissenschaft charakteristischen Gei-
steshaltung (*mood*) – als eine ihrer Pflichten angesehen.»[29] Übrigens ist
laut Shils der Marxismus die einzige Ideologie, die «einen bedeutenden
wissenschaftlichen Inhalt»[30] vorzuweisen hat. So ist in Shils' Augen die
ideologische Tätigkeit trotz ihres systematischen Charakters von ganz
anderer Natur als die wissenschaftliche Tätigkeit.

Eine erste Schwierigkeit der Position Shils' liegt natürlich darin, daß
sie ihn dazu führt, im Marxismus eine Ausnahme zu sehen, wo doch
seine Definition von Ideologie auf den Marxismus besonders zuzutref-
fen scheint. Das andere Problem folgt aus der Behauptung, der Marxismus sei die einzige Ideologie, die sich auf einen bedeutenden wissenschaftlichen Inhalt berufen könne. Sie erscheint ziemlich willkürlich,
denn auch der Liberalismus stützt sich auf eine Anzahl wissenschaftlicher Werke – von «Der Wohlstand der Nationen» von Adam Smith
bis zu den Arbeiten von Hayek. Der moderne Konservatismus wird,
wie Nisbet[31] definitiv nachgewiesen hat, von der Soziologie genährt.
Und wenn man die zweifellos weniger umfassenden modernen Ideologien betrachtet, die aber dennoch einen beträchtlichen gesellschaftlichen und politischen Einfluß ausgeübt haben – wie die Entwicklungstheorie, auf die ich noch zu sprechen kommen werde[32] –, dann wird
man unschwer feststellen, daß sie sich auf ein umfangreiches Korpus
wissenschaftlicher Theorien stützen.

Aber wie dem auch sei, wir halten fest, daß die Tätigkeit des Ideologen in Shils' Augen eher der eines Propheten oder eines religiösen Refor-

mators als der eines Wissenschaftlers gleichkommt. Für Marx ist der Ideologe jedoch ein – wenn auch pervertierter – Wissenschaftler.

Es ist interessant, daß Parsons, mit dem Shils bei mehreren Veröffentlichungen zusammenarbeitete, seinerseits eine ähnliche Definition der Ideologie liefert wie Marx: «Das wesentliche Kriterium der Ideologie besteht in der Abweichung von der wissenschaftlichen Objektivität. (...) Das Problem der Ideologie taucht dann auf, wenn das, was man glaubt, im Widerspruch zu dem steht, was wissenschaftlich korrekt festgestellt werden kann.»[33]

In der Hoffnung, daß dieser Überblick das Durcheinander deutlich an den Tag bringt, das in den Diskussionen über die Definition von Ideologie herrscht, will ich zum Schluß an einen Text erinnern, der manchen als Markstein in der Theorie der Ideologien gilt. Er stammt von Clifford Geertz.[34]

Geertz' Definition läßt sich am einfachsten durch ein bezeichnendes Beispiel einführen, das er selbst verwendet.

Als dem amerikanischen Senat das berühmte sogenannte Taft-Hartley-Gesetz vorgelegt wurde, dessen Ziel es war, den Gewerkschaften einen Teil ihrer Kontrollgewalt über die Einstellung von Arbeitern zu entziehen, sprachen die Gewerkschaften von *slave labor law* («Versklavungsgesetz»). Soziologen stellten diese Reaktion damals als perfektes Beispiel für die Neigung der Ideologen dar, die Wirklichkeit in unangemessener Weise zu vereinfachen. Einer unter ihnen, nämlich Sutton[35], wurde durch seinen Vorschlag berühmt, in der Ideologie eine Verzerrung der Wirklichkeit zu sehen, die dazu dient, die psychischen Spannungen zu reduzieren, denen die sozial Handelnden ausgesetzt sind. Die Reaktion der Gewerkschaften auf das Taft-Hartley-Gesetz schien ihm ein gutes Beispiel für diesen Verzerrungsprozeß zu sein:

«Die Ideologie hat die Tendenz, klar und einfach zu sein, selbst wenn diese Einfachheit und Klarheit dem diskutierten Gegenstand in keiner Weise gerecht werden kann. Die ideologische Bildwelt betont die Umrisse und hebt die Kontraste zwischen schwarz und weiß noch zusätzlich hervor. Der Ideologe übertreibt und karikiert wie der Zeichner von Comic strips. Im Gegensatz dazu würde die wissenschaftliche Beschreibung eines sozialen Phänomens wahrscheinlich differenziert und eventuell unklar sein. Die Ideologie der Gewerkschaften will uns glauben machen, das Taft-Hartley-Gesetz sei ein Versklavungsgesetz. Untersucht man das Gesetz leidenschaftslos, dann verdient es diese Bezeichnung natürlich nicht. Bei einem Versuch, seine Vorteile objektiv zu sehen, müßte man jede seiner Verfügungen einzeln betrachten. Welches Wertsystem man dieser Untersuchung auch zugrunde legt – selbst wenn es sich um das Wertsystem der Gewerkschaften handelt –, sie würde in jedem Fall zu einem differenzierten Urteil führen. Differenzierte Urteile sind jedoch nicht Sache der Ideologie. Sie sind zu kompliziert und zu ungewiß. Die Ideologie ist es sich schuldig, das Gesetz als unteilbares Ganzes zu betrachten und ihm einen Namen zu geben, der Arbeiter, Wähler und Parlamentarier auf einen Nenner bringen kann.»[36]

Geertz' Reaktion auf diesen Text von Sutton ist sehr heftig: Für ihn hat Sutton nämlich die Reaktion der Gewerkschaften überhaupt nicht verstanden. Da er fest davon überzeugt ist, daß Ideologie immer eine Verzerrung der Wirklichkeit ist, oder – in Parsons' Worten – eine Abweichung von den Wahrheiten, die eine wissenschaftliche Untersuchung herauszufinden vermag, hat Sutton das Wesentliche übersehen. Ihm ist nicht aufgefallen, daß die Gewerkschaften ein klassisches rhetorisches Verfahren angewandt haben, als sie das Taft-Hartley-Gesetz als «Versklavungsgesetz» bezeichneten. Man darf in diesem Ausdruck lediglich eine Metapher sehen. Sie gibt nicht eine verzerrte Wahrnehmung der Wirklichkeit wieder, sondern sie muß eher als Handlung – genauer gesagt als symbolische Handlung (*symbolic action*) – angesehen werden, die mobilisieren soll. Sutton selbst erkennt dies in gewisser Weise an, wenn er die Funktion der Ideologie anspricht, Anhänger um sich zu scharen.

Kurz, eine Ideologie darf laut Geertz nicht als verzerrte Wahrnehmung oder Erkenntnis aufgefaßt werden. Wenn man darauf besteht, «Ideologie» abhängig von der Erkenntnis definieren zu wollen, dann macht man übrigens zwangsläufig einen polemischen Begriff daraus, denn was für den einen Erkenntnis ist, ist für den anderen Ideologie und umgekehrt. So hielt Marx sich selbst für einen Wissenschaftler, Adam Smith aber für einen Ideologen, während die Liberalen in Marx einen Ideologen sahen und in Adam Smith einen Wissenschaftler. Wenn man also will, daß der Begriff der Ideologie im wissenschaftlichen Diskurs einen Sinn hat, dann muß man ihm laut Geertz seinen polemischen Charakter nehmen, den er annimmt, sobald Ideologie und Erkenntnis einander gegenübergestellt werden. Das ist durchaus möglich, Geertz selbst liefert mit seiner Analyse der Reaktion der Gewerkschaften auf das Taft-Hartley-Gesetz ein anschauliches Beispiel für diese Sichtweise von Ideologie. Sobald man Ideologie abhängig vom Begriff der symbolischen Handlung definiert, das heißt abhängig von dem Komplex von Handlungen, für den die aristotelische Rhetorik ein Beispiel ist, dann hat der Begriff der Ideologie seinen polemischen Charakter verloren. Dann – und nur dann – kann der Begriff «Ideologie» Anspruch darauf erheben, einen wirklichen Gegenstand der wissenschaftlichen Analyse zu beschreiben. Die umfangreiche Literatur, die von den Funktionen und den gesellschaftlichen Verwendungsformen der Metapher und anderer rhetorischer Verfahren handelt, liefert im übrigen den Beweis für diese Behauptung.

Kurzum, man darf laut Geertz «Ideologie» nicht mehr in Abhängigkeit von «Wissenschaft» definieren, wenn man will, daß dieser Begriff innerhalb des wissenschaftlichen Diskurses Sinn behält. Im Sinne Althussers muß man anerkennen, daß die «Erkenntnisfunktion» der Ideologie gegenüber ihrer «praktisch-gesellschaftlichen Funktion» eine untergeordnete Rolle spielt.

An dieser Stelle will ich die verschiedenen Definitionen kurz erläutern, die ich im Schaubild S. 34 dargestellt habe. Ich habe diese Definitionen anhand von zwei Kriterien eingeteilt: marxistische Tradition/ nicht-marxistische Tradition, Definition abhängig/unabhängig vom Wahrheitskriterium. Das Interessante an dieser Darstellungsweise liegt darin, daß sie das Fehlen einer Verbindung zwischen den beiden Kriterien an den Tag bringt, denn in beiden Traditionen wird Ideologie entweder in bezug auf das Wahrheitskriterium oder ohne Bezug darauf definiert.

Bei der Einordnung Arons in dieses Schaubild habe ich gezögert. Wenn auch kein Zweifel darüber besteht, auf welcher Ebene er einzuordnen ist, so können Zweifel bei der Spalte aufkommen. Ich habe mich schließlich dazu entschlossen, ihn in die linke Spalte einzuordnen, und zwar aus zwei Gründen: Erstens weil seine Definition darauf hinweist, daß die Ideologien indirekt unter die Alternative wahr oder falsch fallen, und zweitens, weil die Polemik von «Opium für Intellektuelle» belegt, daß er die Ideologien, die er dort anprangert, als falsch betrachtet und sich damit das Recht zuerkennt, Ideologien anhand des Wahrheitskriteriums zu beurteilen.

Ich habe die Theoretiker, die das Bewußtsein als Spiegelung betrachten, ohne Namen zu nennen auf der ersten Ebene der linken Spalte eingeordnet, da sie alle annehmen, die Vorstellungen der sozial

Definitionstypen von Ideologie

Arten der Tradition	Abhängig vom Wahrheitskriterium	Unabhängig vom Wahrheitskriterium
marxistische Tradition	MARX: Ideologie als falsche Wissenschaft	LENIN: Ideologie als Waffe im Klassenkampf
	DIE THEORETIKER, DIE DAS BEWUSSTSEIN ALS SPIEGELUNG BETRACHTEN	ALTHUSSER: Ideologie als unerläßliche Atmosphäre zur sozialen Atmung
nicht-marxistische Tradition	ARON: Ideologie fällt nicht direkt, sondern indirekt unter die Alternative wahr oder falsch	GEERTZ: Ideologie als symbolische Handlung
	PARSONS: Ideologie ist Abweichung von der wissenschaftlichen Objektivität	SHILS: Ideologie als besonderer Typus eines Überzeugungssystems

Handelnden seien einerseits der Reflex ihrer Lage und andererseits, daß der Soziologe sich über die Streitenden stellen oder – wenn man Platons Gleichnis vorzieht – sich von der Höhlenwand lösen und so die Illusionen der sozial Handelnden entschlüsseln kann.

Auch wenn in der Diskussion über die Definition von Ideologie ein ziemliches Durcheinander zu herrschen scheint, dreht sie sich, wie man sieht, allein um folgende Frage: Muß man die Ideologie abhängig vom Wahrheitskriterium definieren oder nicht? Bei der Beantwortung dieser Frage sind alle von mir zitierten Autoren – ich glaube sogar, alle Autoren, die man dazu zitieren könnte – in zwei gegensätzliche Lager einzuordnen, wobei die einen die Frage bejahen, während die anderen sie verneinen. Nur Aron sagt weder definitiv ja noch definitiv nein.

Abgesehen von diesem Durcheinander sind die *Begriffe,* um die es geht, jedoch klar. Bleibt nur die Frage, welche der beiden Antworten die bessere ist.

Selbstverständlich kann eine Definition nicht bewiesen werden. Man kann lediglich für sie oder gegen sie argumentieren.

Aber bei dieser Frage wie auch bei anderen sollte man vorgefaßten Ideen gegenüber vorsichtig sein. In manchen Fällen läßt sich nämlich durchaus der Beweis erbringen, daß eine Idee falsch ist. So würde zum Beispiel niemand damit einverstanden sein, den Menschen als dreibeiniges Tier zu definieren (es sei denn, man gibt wie das Orakel von Delphi zu erkennen, daß man mit der Bedeutung des Wortes «Bein» spielt), Unglücklicherweise gehört der Begriff «Ideologie» im Gegensatz zum Begriff «Mensch» nicht zu einer Klasse von Gegenständen, die als leicht identifizierbar gelten können, *bevor* man sie zu definieren versucht hat. Deshalb kann man sich in diesem Fall nicht auf einen Vergleich mit der Wirklichkeit stützen (der Mensch hat zwei Beine, nicht drei), um diese oder jene Definition von Ideologie zu akzeptieren oder zu verwerfen.

Man darf aber nicht übersehen, daß die Diskussionen über das Wort «Ideologie» viel dazu beigetragen haben, den Begriff diffus erscheinen zu lassen. Für jene, die dieses Wort geschaffen, akzeptiert, verwendet und popularisiert haben, entsprach er nämlich durchaus einer Wirklichkeit, und zwar einer Wirklichkeit, die sie als neu wahrnahmen. Zweifellos war diese Wirklichkeit eher eine eigentümliche historische Wirklichkeit, als daß sie einer Klasse von Gegenständen entsprach. Daher kann sie nicht durch das Genus proximum oder durch die Differentia specifica definiert werden. Auf der anderen Seite muß man jedoch zugeben, daß sie nicht schwer zu erkennen ist. In der Tat kommt das Wort «Ideologie» genau zu dem Zeitpunkt auf, nimmt seine heutige Bedeutung an und verbreitet sich, als Ende des 18. und Anfang des 19. Jahrhunderts die Bemühungen zunehmen, auf Vernunft und Wissenschaft eine Gesellschaftsordnung zu gründen, die bisher allein auf Tradition zu beruhen schien.

Mein erstes Argument zugunsten einer Definition vom Typ Marx-Aron-Parsons ist also ein zugleich historisches und logisches Argument. Ursprünglich bezeichnet das Wort «Ideologie» eine Realität, und zwar die der immer wichtigeren sozialen Rolle, die die wissenschaftliche Argumentation beim Nachdenken über das Politische und das Soziale spielt. Nehmen wir also an, man behielte diese ursprüngliche Definition bei und bezeichnete mit dem Begriff «Ideologie» jenen Komplex von Theorien, die beanspruchen, uns über das Politische und das Soziale Auskünfte zu geben, indem sie sich auf ein wissenschaftliches

Vorgehen oder zumindest auf ein angeblich wissenschaftliches Vorgehen stützen. Daraus folgt natürlich, daß die Ideologie sehr wohl unter die Jurisdiktion der Alternative wahr oder falsch fällt.

An dieser Stelle ist ein kurzer Exkurs in die Geschichte des Wortes «Ideologie» unumgänglich. Bekanntlich wurde das Wort von Destutt de Tracy Ende des 18. Jahrhunderts geschaffen. Bei diesem Autor bezeichnet es die Wissenschaft von der Entstehung der Ideen, die er begründen wollte. Als er den Begriff der Ideologie prägte, wollte Destutt de Tracy also damit eine Disziplin bezeichnen, deren Gegenstand die Ideen sein sollten, so wie die Mineralien Gegenstand der Mineralogie sind und so wie die Erde Gegenstand der Geologie ist. Inhalt und Orientierung dieser Disziplin könnten sich nach ihm direkt von sensualistischen Ideen inspirieren lassen, so, wie sie im berühmten Statuenmodell Condillacs zusammengefaßt waren: Condillac hatte beweisen wollen, daß seine Statue, wenn er ihr nur den rudimentärsten der Sinne, den Geruchssinn, verleihen würde, bis zu den abstraktesten Ideen vorstoßen könnte. Destutt de Tracy wollte Condillacs Hinweise ausführen und die Ursprünge der Ideen in Sinneseindrücken analysieren. Und wenn er lieber von *Ideologie* als von *Psychologie* sprach, dann deshalb, weil die Wurzel dieses Wortes in seinen Augen eine religiöse Konnotation zu haben schien.

Ursprünglich hatte das Wort «Ideologie» eine heute fast völlig aufgegebene Bedeutung, zumindest wenn man die Marxsche Theorie der Ideologie einmal beiseite läßt, die teilweise an Destutt de Tracys Vorhaben anknüpft. Auch Marx versucht nämlich zu zeigen, daß die Ideen das Resultat von Wahrnehmungen sind, die von den materiellen Lebensbedingungen verursacht werden. Aber wenn man diese (übrigens sehr entfernte) geistige Verwandtschaft zwischen Condillac und Destutt de Tracy einerseits und Marx andererseits nicht berücksichtigt, dann ist die ursprüngliche Bedeutung des Wortes «Ideologie» heute ganz verschwunden. Sie ist zweifellos deshalb veraltet, weil der Sensualismus und inzwischen auch der Materialismus veraltet sind.

Offenbar hat Napoleon dem Wort «Ideologie» ganz zufällig seine moderne Bedeutung verliehen. Er bezeichnete Destutt de Tracy und Volney, die sich seinen Plänen, ein Kaiserreich zu errichten, entgegengestellt hatten, verächtlich als *Ideologen*. Damit gab er zu verstehen, daß all jene, die man als solche bezeichnen konnte, die *reale* Politik durch abstrakte Vorstellungen – wie man später sagte – ersetzen wollten. Von da an wurden mit dem Begriff «Ideologie» die ebenso abstrakten wie zweifelhaften Theorien bezeichnet, die angeblich auf der Vernunft oder auf der Wissenschaft beruhten, eine Gesellschaftsordnung zu entwerfen und das politische Handeln zu bestimmen suchten. Auch Marx hat dem Begriff diesen Sinn verliehen, wobei er vielleicht von Hegel beeinflußt wurde, der das Wort nur ein einziges Mal gegen Ende seines Lebens verwendet und ihm dieselbe Bedeutung gegeben hat wie Napoleon.[37]

Wenn sich das Wort in dieser Bedeutung eingebürgert hat und sogar zum sanktionierten Begriff geworden ist, dann deshalb, weil es einer Realität entsprach: Von Locke über Rousseau bis zu Adam Smith hat sich nach und nach eine Idee durchgesetzt, nämlich daß es möglich, nützlich und legitim sei, die Gesetze des Sozialen zu erforschen, so wie Newton die Naturgesetze erforscht hatte. Locke schreibt in diesem Zusammenhang: «Wenn andere uns eine so treffliche und klare Darstellung von anderen Teilen der Natur geben könnten, wie er [Newton] von dieser unserer Planetenwelt und den bedeutendsten bemerkbaren Erscheinungen derselben (...), so dürften wir hoffen, mit der Zeit zuverlässigere und sicherere Kenntnisse über verschiedene Gebiete dieser staunenswerten Maschine zu erhalten, als wir bisher hatten erwarten können.»[38] Montesquieus berühmte Definition klingt wie ein Widerhall dazu: «In ihrer weitesten Bedeutung sind die Gesetze die notwendigen Bezüge, wie sie sich aus der Natur der Dinge ergeben. In diesem Sinne haben alle Wesenheiten ihre Gesetze. Die Gottheit hat ihre Gesetze, die materielle Welt hat ihre Gesetze, die über den Menschen stehenden Intelligenzen haben ihre Gesetze, die Tiere haben ihre Gesetze, der Mensch hat seine Gesetze.»[39] Der immer wieder zitierte Hinweis Adam Smiths auf die «natürliche Ordnung der Dinge» verrät ähnliche Ambitionen.

Die Geschichte des Wortes «Ideologie» zeigt also, daß es dazu gedient hat, einen Ehrgeiz zu bezeichnen: den Ehrgeiz, die Gesellschaftsordnung *wissenschaftlich* zu begründen.

Gleichzeitig wies die pejorative Bedeutung, die das Wort von Napoleon bis Marx und von Marx bis Aron und vielen anderen beibehielt, darauf hin, wie illusorisch dieser Ehrgeiz erschien.

Die traditionelle Bedeutung des Wortes «Ideologie» entspricht also einer *Wirklichkeit,* auch wenn diese Wirklichkeit nicht ebenso leicht identifiziert oder von anderen Wirklichkeiten unterschieden werden kann, wie der Mensch als Zweibeiner von den anderen Tieren unterschieden werden kann. Diese Art von Begriff hat einen Namen und wird klassisch als *Idealtyp* bezeichnet. So sind zum Beispiel die Begriffe «absolute Monarchie» oder «Kapitalismus» Idealtypen, denn ebenso wie der Begriff der Ideologie in seiner traditionellen Bedeutung bezeichnen sie historische Singularitäten. Übrigens tauchen diese Idealtypen im allgemeinen zuerst in der Rede der sozial Handelnden selbst auf und werden erst danach von den Historikern, Soziologen oder Wirtschaftswissenschaftlern übernommen. Das war bei dem Begriff der Ideologie ebenso der Fall wie bei den beiden anderen auch.

Mein zweites Argument zugunsten dessen, was ich von nun an die *klassische* oder *traditionelle* Definition von Ideologie nennen will, greift einen Einwurf auf, den ich schon der Auffassung Shils' gegenüber angedeutet habe.

Shils behauptet, der Marxismus sei die einzige große Ideologie, die einen bestimmten wissenschaftlichen Inhalt aufzuweisen hat. Ich erinnere aber noch einmal daran, daß die meisten Ideologien des 19. und 20. Jahrhunderts – die bedeutenden ebenso wie die weniger bedeutenden – eine wissenschaftliche Argumentation enthalten. Das gilt für den Marxismus, wie Shils eingesteht. Es ist zum Beispiel schwierig, die Marxsche Analyse der Krise des Feudalismus, so wie sie in «Das Elend der Philosophie» durchgeführt wird, nicht für eine ernst zu nehmende Übung in Wirtschaftsgeschichte zu halten. Marx' Analyse ist sogar so wenig anfechtbar, daß Keynes sie in ihren wesentlichen Punkten übernommen hat.[40] Und selbstverständlich illustriert das «Kapital» eine Art wissenschaftliches Vorgehen (was natürlich nicht heißt, daß alle dort aufgestellten Thesen richtig sind).

Über den Liberalismus könnte man natürlich dasselbe sagen. Sehen wir uns Lockes berühmtes Argument zum Privateigentum an: Wenn das Individuum kein Recht auf Privateigentum hat, also um die Früchte seiner Arbeit gebracht wird, wird es kaum einen Anreiz zur Arbeit sehen. Hier handelt es sich um einen Lehrsatz, der strenger nicht hätte bewiesen werden können. Dasselbe gilt für die Abschnitte aus «Der Wohlstand der Nationen», in denen Adam Smith nachweist, wie unheilvoll Kolonien vom Standpunkt des Mutterlandes aus sind[41], oder in denen er die Nachteile der «Theorie der komparativen Kosten» von Ricardo untersucht, in dessen Augen der Außenhandel ein insgesamt gesehen positives Spiel ist, von dem beide Seiten profitieren. Was für den wirtschaftlichen Liberalismus gilt, gilt ebenso für den politischen

Liberalismus, also für eine Doktrin, die sich ebenfalls auf ein Korpus von klassischen Lehrsätzen stützt.

Um jedem Mißverständnis vorzubeugen: das soll nicht heißen, daß ich weder dem Marxismus noch dem Liberalismus recht geben will (obwohl die Debatte über den Inhalt und die relative Gültigkeit von Ideologien in keiner Weise Gegenstand meines Buches ist, werde ich im 10. Kapitel gelegentlich auf diesen Punkt zurückkommen). Ich will nur jetzt schon festhalten, daß – im Gegensatz zur Ansicht Shils' – der Marxismus nicht die einzige Ideologie ist, die sich auf einen «bedeutenden wissenschaftlichen Inhalt» stützen kann. Diese Ansicht ist um so merkwürdiger, als Shils das genaue Gegenteil eines Marxisten ist; in Wirklichkeit entstand sie zweifellos aus dem Bemühen heraus, sich selbst und seine Leser davon zu überzeugen, daß Ideologien eher so begriffen werden müssen wie religiöse und nicht wie wissenschaftliche Lehren. Deshalb behandelt er den Marxismus wie eine Ausnahme, die die Regel bestätigt. Es fällt aber um so schwerer, dieses Zugeständnis gelten zu lassen, als einerseits der Liberalismus offensichtlich auch auf wissenschaftlichen Lehren beruht, und andererseits, diese Lehren zweifellos fundierter sind als diejenigen, die dem Marxismus zugrunde liegen. Denn wenn es zum Beispiel auch schwierig ist, Lockes Lehrsatz über das Recht auf Privateigentum oder Ricardos «Theorie der komparativen Kosten» zu widerlegen, so bereitet es kaum Schwierigkeiten, das Kernstück des Marxschen Denkens, die Mehrwerttheorie, zu widerlegen.[42]

Wie ich schon kurz erwähnt habe, wurde auch der moderne Konservatismus – eine *diffusere* Ideologie als die beiden oben genannten – oder zumindest einige seiner Varianten aus wissenschaftlichen Lehren gespeist, und zwar aus Lehren, die in den Bereich der Soziologie gehören.

In der Tat haben die Soziologen der klassischen Epoche – vor allem Max Weber, Durkheim und Pareto –, indem sie die soziale und die soziologische Bedeutung der Phänomene Autorität, Charisma, soziale Rangordnung, Status und Solidarität betonten, dazu beigetragen, der atomistischen und egalitaristischen Sicht der Gesellschaft ein Ende zu setzen, die die politische Philosophie des Zeitalters der Aufklärung beherrscht hatte. Sie haben die Bedeutung der *Traditionen* unterstrichen und damit dazu beigetragen, einem Begriff einen positiven Sinn zu verleihen, der vor der Französischen Revolution negativ aufgefaßt worden war. Allerdings findet man bei diesen klassischen Soziologen – was

Nisbet[43] überzeugend nachweist – Themen, die von den konservativen Denkern des frühen 19. Jahrhunderts (zum Beispiel Bonald oder Joseph de Maistre) allerdings sehr viel stärker präskriptiv und normativ entwickelt wurden. Nicht sicher ist jedoch, ob die klassischen Soziologen von diesen Denkern beeinflußt worden sind. Sicher ist dagegen, daß Weber ebenso wie Durkheim und Pareto auch durch ihre positive Analyse von Phänomenen wie den eben von mir erwähnten dazu beigetragen haben, diese wieder aufzuwerten; ihnen ist es zu verdanken, daß Tradition, Autorität und Hierarchie die negative Bedeutung verloren haben, die ihnen die Aufklärung verliehen hatte. Es muß wohl nicht ausdrücklich erwähnt werden, daß diese Begriffe in der konservativen Ideologie als positiv aufgefaßt werden.

In diesem Punkt muß man sich vor einer Illusion der historischen Sichtweise hüten: Die Soziologie wird oft als eine Disziplin wahrgenommen, die dem Egalitarismus und dem «sozialen Wandel» verpflichtet ist. In Wirklichkeit sind die egalitaristische Soziologie oder jene andere Form der Soziologie, die auf der Suche nach einer sozialen Gärung zu sein scheint, aus der «Fortschritt» entsteht, im Prinzip sehr junge Erscheinungen. Wenn es auch Beispiele für sie in der Vergangenheit gibt, so haben sie sich vor allem in den sechziger Jahren entwickelt und scheinen sich heute wieder aufzulösen.

Ich weise noch einmal darauf hin, daß der Konservatismus eine diffuse Ideologie ist, und ich behaupte auch nicht, daß diese Ideologie sich voll und ganz auf die klassische Soziologie stützt. Im Hinblick auf andere Aspekte stützt sich der Konservatismus auf die Tradition, was wir im siebten Kapitel am Beispiel Voegelins noch sehen werden. Ich möchte lediglich in Anlehnung an Nisbet andeuten, daß manche Aspekte des Konservatismus zweifellos durch wissenschaftliche Untersuchungen der klassischen Soziologie bestärkt worden sind.

Der Sozialdarwinismus hat sich – wie sein Name schon sagt – natürlich ebenfalls auf Theorien gestützt, deren Wissenschaftlichkeit niemand anzuzweifeln wagt. Das heißt natürlich nicht – es ist wohl unnötig, dies ausdrücklich zu betonen –, daß die Auffassungen des Sozialdarwinismus sich in gerader Linie aus dem Darwinismus entwickelt hätten.[44]

Was für die großen Ideologien gilt, gilt ebenso für die weniger großen. Letztere verdienen genauso unsere Aufmerksamkeit, denn sie können einen beträchtlichen politischen und sozialen Einfluß ausüben – was sie auch oft getan haben. Weiter oben habe ich als Beispiel die

Entwicklungshilfe genannt. Sie beruht auf einem Komplex von Theorien, die in der Hilfe von außen und im Zuschießen von Kapital notwendige und hinreichende Bedingungen für die wirtschaftliche Entwicklung sehen. Diese Theorien (unter dem Gesichtspunkt, der mich hier beschäftigt, ist es gleichgültig, ob sie wahr oder falsch sind) beruhen unzweifelhaft auf wissenschaftlichem Vorgehen. Sie wurden natürlich in Frage gestellt und im übrigen von ihren Gegnern unter der Bezeichnung «Entwicklungshilfeideologie» zusammengefaßt, wobei der Bestandteil «-ideologie» Kritik ausdrücken und sie abwerten soll. Auch die Argumentationen der Gegner beruhten ihrerseits oft auf wissenschaftlichen Argumenten.

Wenn ich die Entwicklungstheorie erwähne, darf die Dritte-Welt-Theorie nicht unerwähnt bleiben.[45] Im Gegensatz zu dem, was man manchmal vermutet, handelt es sich dabei nicht um eine Ideologie, die auf edlen Gefühlen beruht. Hier wie auch anderswo stützen sich die Gefühle auf Theorien, die – ob sie nun ganz oder teilweise wahr oder falsch sind – zumindest die Form wissenschaftlicher Theorien aufweisen. Ohne das ungeheure Korpus von Forschungen und Theorien, die man unter der Bezeichnung «Dependencia-Theorien» zusammenfaßt, worauf ich im neunten Kapitel zurückkommen werde, wäre die Dritte-Welt-Theorie nicht das, was sie ist.

Meine beiden Argumente dafür, «Ideologie» nach Marx-Aron-Parsons zu definieren, lassen sich wie folgt zusammenfassen:
1. Das Wort «Ideologie» setzt sich im 19. Jahrhundert durch, weil es eine neue *soziale* Wirklichkeit bezeichnet, nämlich die immer weiter sich verbreitende Neigung, die Gesellschaftsordnung und das politische Handeln wissenschaftlich zu begründen. Gleichzeitig zieht der pejorative Charakter des Wortes dieser Absicht Grenzen und weist auf die Möglichkeit der Bedeutungsverschiebung hin, der sie ausgesetzt ist.
2. Die meisten Ideologien – ob es sich nun um bedeutende oder unbedeutende, um «linke» oder um «rechte» Ideologien handelt – zeichnen sich dadurch aus, daß sie sich tatsächlich auf Lehren stützen, die wissenschaftlichen Verfahren folgen.

Diese beiden Argumente fordern dazu auf, die Ideologien als auf wissenschaftlichen Theorien beruhende Lehren zu definieren; diese Theorien sind jedoch falsch oder zweifelhaft, sie wurden falsch interpretiert oder sie verdienen den Glauben nicht, den man ihnen schenkt. Das soziologische Grundproblem besteht nun darin herauszufinden, wie solche Fehlinterpretationen zustande kommen und warum sie so weit verbreitet sind. Diese grundlegende Frage habe ich mir in dem vorliegenden Buch gestellt.

Bevor ich jedoch auf sie eingehe, möchte ich weiter für die *traditionelle* (nach Marx – Aron – Parsons) Definition von Ideologie plädieren.

Diese Definition entspricht meiner Meinung nach nicht nur einer Wirklichkeit, sie wirft darüber hinaus eine wichtige Frage auf: Warum setzen sich falsche, zweifelhafte oder anfechtbare Theorien so leicht auf breiter Ebene durch? Außerdem weist die *moderne* Definition (nach Shils – Geertz – Althusser) Schwachstellen auf, so daß nur schwer feststellbar ist, was sie eigentlich bezeichnen will.

Entledigen wir uns zunächst eines scheinbar starken, in Wirklichkeit jedoch sehr schwachen Argumentes von Geertz: In seiner traditionellen Auffassung schließt der Begriff der Ideologie Werturteile ein, denn er bezeichnet Überzeugungen, an deren Richtigkeit Zweifel bestehen. Wissenschaftliche Begriffe müssen jedoch neutral sein, das heißt, sie dürfen keine Werturteile enthalten.

Ein solches Argument benutzt den Begriff der Wertfreiheit nicht richtig. Er bedeutet nämlich, daß der Beobachter seine persönlichen Vorlieben und Werte nicht auf den zu untersuchenden Gegenstand übertragen darf. Er darf nicht behaupten, ein weißer Gegenstand sei schwarz, nur weil ihm schwarz *gefällt*. Der Begriff der Wertfreiheit hindert ihn jedoch nicht daran, einen Irrtum als Irrtum und eine Wahrheit als Wahrheit zu betrachten. Er verstößt auch nicht gegen die Wertfreiheit, wenn er sagt, ein Individuum irre sich, wenn es behauptet, zwei und zwei sei drei oder daß ein Lügner lüge.

Manche Gegenstände der Wissenschaft können eigentlich nur auf der Grundlage derartiger Werturteile definiert werden. Eine Psychologie der Lüge kann nur dann ausgearbeitet werden, wenn man nicht darauf verzichtet, den Lügner zu «bewerten». Oder sehen wir uns das Phänomen der Magie an, das Gegenstand zahlreicher wissenschaftlicher Arbeiten ist: Bei diesen Forschungen geht man nicht nur davon aus, daß es unsinnig sei, an Magie zu glauben, man setzt außerdem voraus, daß der Beobachter diesen Glauben als nicht vereinbar mit den Erkenntnissen der Wissenschaft behandeln kann. Mit anderen Worten: Magie kann nur anhand des Begriffs «Aberglauben» definiert werden. Warum sollte dies bei der Ideologie schwieriger sein als bei der Magie?

Darüber hinaus scheint mir die *moderne* Definition der Ideologie den Anspruch einer Definition nicht zu erfüllen. Gesetzt den Fall, man lehnt mein Argument ab, demzufolge das Wort «Ideologie» in seiner traditionellen Bedeutung eine *historische Wirklichkeit* bezeichnet, so muß eine Definition dennoch die einwandfreie Identifizierung der Gegenstände erlauben, die definiert werden. Die Kriterien dazu dürfen nicht an den Haaren herbeigezogen oder inkohärent sein. Was würde man zum Beispiel zu folgender Definition des Menschen sagen: Er ist ein 1. zweibeiniges, 2. zum Betrug fähiges, 3. unbehaartes, 4. leidenschaftliches, 5. vernünftiges Lebewesen, das 6. die Verneinung erfunden hat? Offensichtlich schlägt uns die «moderne» Auffassung von Ideologie aber eine Definition dieser Art vor.

Definiert man nun «Ideologie» auf der Grundlage des Begriffs der symbolischen Handlung, dann schließt sie nicht nur sämtliche mathematischen Lehrsätze ein, sondern auch sämtliche Beleidigungen, die sich die Parlamentarier aller Zeiten an den Kopf geworfen haben, sämtliche Märchen, alle philosophischen Theorien, ja sogar sämtliche politischen Meinungen. Eine Definition wie diejenige Althussers, die unter dem Begriff «Ideologie» Ideen, Begriffe, Bilder, Theorien, moralische, philosophische, religiöse *usw.* (sic!) Vorstellungen subsumiert, leistet der Verwirrung Vorschub. Selbst wenn man unter «Ideologie» die Gesamtheit der mit der Politik verbundenen symbolischen Handlungen versteht, wird die Definition kaum in sich stimmiger. Außerdem grenzt es an Willkür, wie Geertz anzunehmen, die *symbolischen Handlungen* stünden in keinem Zusammenhang mit dem Wahrheitskriterium.

Um das festzustellen, genügt es, das Beispiel einer Metapher zu betrachten, auf die sich Geertz selbst stützt, ein seiner Meinung nach paradigmatisches Beispiel für die *symbolischen Handlungen* schlechthin. Angenommen, die Sonne scheint, und ich sage: «So ein Sauwetter», dann kann man sich unschwer vorstellen, wie meine Gesprächspartner reagieren werden. Meine Metapher – auch wenn sie eine symbolische Handlung darstellt – wird nicht ankommen: Sie war *falsch*. Sicher nicht im logischen Sinn des Wortes, sondern eher wie ein Porträt, das nicht wirklichkeitsgetreu, also *falsch* ist. Vielleicht ist es kein Zufall, daß in beiden Fällen dasselbe Wort verwendet wird.

Dasselbe gilt übrigens für die von Geertz verwendete Metapher. Sie war falsch, denn das Taft-Hartley-Gesetz wurde von der Öffentlichkeit nicht als Versklavungsgesetz *aufgefaßt.* Deshalb kam die Metapher nicht an und hatte keine sichtbare Mobilisierung zur Folge.

Ein letztes Argument spricht schließlich ebenfalls dafür, die im Sinn von Geertz verstandenen symbolischen Handlungen nicht als mit dem Wahrheitskriterium unvereinbar zu betrachten. Rhetorische Verfahren haben nämlich oft nur dann Sinn und Wirkung, wenn sie sich auf Ideologien (im traditionellen Sinn) stützen. Das wird zum Beispiel bei politischen Debatten deutlich: In einer großartigen rednerischen Geste verkündete ein Parlamentarier zum Beispiel folgendes in der französischen Nationalversammlung: «Die Unabhängigkeit der Kanaken ist in die Geschichte eingeschrieben». Dabei resultierte seine Überzeugungskraft weniger aus seinen ausladenden Gesten und aus seiner feurigen Rede, sondern vielmehr aus dem Arsenal evolutionistischer Vorstellungen, die er bei seinen Zuhörern heraufbeschwor.

«Und die Werturteile?», wird man vielleicht noch einwenden. «Enthält nicht jede Ideologie Werturteile? Und ist nicht seit Hume bekannt, daß Werturteile nicht bewiesen werden können?[46] Und resultiert daraus nicht, daß die Ideologien sich zumindest darin dem Wahrheitskriterium entziehen, denn schließlich enthalten sie alle Werturteile?» Aron bezieht hierzu deutlich Position: «Die politischen Ideologien vermischen immer in mehr oder minder glücklicher Weise faktische Behauptungen und Werturteile. (...) Sie fallen nicht direkt unter die Alternative wahr oder falsch (...).»

Das Problem der Werturteile ist offensichtlich sehr komplex, und ich habe nicht vor, es hier erschöpfend zu behandeln. Ich beschränke mich also auf den Hinweis, daß Werturteile bedingt beweisbar sind. Sogar die Physik enthält in diesem Sinn Werturteile:

«Wer körperlichen Schmerz fürchtet, sollte seine Finger nicht zwischen Tür und Füllung stecken (da dort eine gefährliche Hebelwirkung auftreten kann).»

Dasselbe gilt natürlich für die Humanwissenschaften. «Man *darf* die Leute *nicht* um die Früchte ihrer Arbeit bringen, es sei denn, man will sie zum Müßiggang verleiten.»

Nehmen wir nun an, daß B einmütig als wünschenswert gilt und daß A ganz sicher die notwendige und hinreichende Bedingung von B ist. Indem wir beide Aussagen miteinander verbinden, haben wir das Werturteil bewiesen: A ist richtig.

Natürlich gibt es auch Werturteile, die nicht beweisbar sind. So *scheint* es *richtig* zu sein, Dieben die Hand nicht abzuschlagen. Beweisen kann man es allerdings nicht.

Merken wir uns lediglich, daß das Problem der Beweisbarkeit der Werturteile komplex ist. Es stimmt aber nicht, daß die Werturteile sich immer dem Wahrheitskriterium entziehen.

Ebenso muß darauf hingewiesen werden, daß – mit Ausnahme der singulären Urteile, die im Prinzip immer beweisbar sind (wenn die zur Verfügung stehende Information ausreicht) – auch Tatsachenaussagen manchmal nicht beweisbar sind. Der Wahrheitsgehalt der folgenden Aussage ist leicht nachzuprüfen: «Es gibt malvenfarbene Hühner» (man muß nur eines vorweisen können). Man kann jedoch nicht sicher sein, daß die Aussage falsch ist. Zwar ist einfach zu beweisen, daß «nicht alle Hühner malvenfarben sind», nicht aber, daß «kein einziges Huhn Zähne hat».

Schließlich ist hinreichend bekannt, daß jegliche wissenschaftliche Theorie – und sei sie auch noch so fundiert – immer auf unbewiesenen Aussagen beruht.

Ohne weiter auf dieses Problem einzugehen, erlaube ich mir den Schluß, daß der Gegensatz zwischen den angeblich unbeweisbaren Werturteilen und den immer beweisbaren Tatsachenaussagen mit Vorsicht betrachtet werden sollte.

Geben wir also zu (ich habe im vorangegangenen nicht versucht, vielmehr vorzuschlagen), daß es interessant ist, Ideologien wie die *Traditionalisten* als Überzeugungen zu definieren, die auf zweifelhaften oder falschen Theorien beruhen oder zumindest auf solchen, die glaubwürdiger erscheinen, als sie es tatsächlich sind. Wenn man so vorgeht, definiert man die Ideologie *ipso facto* auf der Grundlage des Begriffs der *wissenschaftlichen* Argumentation.

Das heißt nicht, daß man nicht auch anders argumentieren könnte. Man sollte sich im Grunde fragen, ob die Modernisten nicht das Kind mit dem Bade ausschütten, wenn sie vorschlagen, Ideologie unter Ausklammerung des Wahrheitskriteriums zu definieren. Wäre es nicht viel einfacher, die Existenz einer Art Argumentation anzuerkennen, die unabhängig vom Wahrheitskriterium nicht denkbar ist – die wissenschaftliche Argumentation nämlich –, daß aber auch andere Arten der Argumentation vorliegen, die nicht so deutlich und so eng von diesem Kriterium abhängen?

Eine weitere klassische Form der Argumentation ist die *rhetorische* Argumentation. Natürlich unterscheidet sie sich von der wissenschaftlichen Argumentation: In diesem Punkt hat Geertz durchaus recht, er nimmt damit lediglich eine alte, auf Aristoteles zurückgehende Unterscheidung wieder auf. Unter Umständen kann auch die rhetorische Argumentation am Wahrheitskriterium überprüft werden, wie wir am Beispiel der Metapher, die nicht wirkt, oder bei der effektvollen Rede, die stillschweigend ein Arsenal von Vorstellungen und Theorien wachruft, gesehen haben. Die rhetorische Argumentation kann aber auch unabhängig von diesen Kriterien funktionieren.

Dasselbe gilt für die *exegetische* Argumentation. Dabei läßt man eine allgemein oder bei bestimmten wichtigen Gruppen anerkannte Autorität sprechen und stellt heraus, was diese Autorität «tatsächlich sagen wollte». Ein klassisches Beispiel für die exegetische Argumentation ist das «Lob der Torheit» von Erasmus. Erasmus gibt vor, die Torheit sprechen zu lassen (was ihm bei Bedarf erlaubt, das Gesagte zu verwerfen), in Wirklichkeit läßt er jedoch das Evangelium sprechen. Das Evangelium *wollte wirklich sagen,* daß es zum Ruhme Gottes vorzuziehen sei, seine Aufgaben in dieser Welt anständig und tatkräftig zu bewältigen als seine Frömmigkeit durch «gute Taten» kundzutun. Der bedeutende Einfluß, den Erasmus von Rotterdams exegetische Argumentation ausüben sollte, ist hinreichend bekannt: Sie war ein wichtiges Moment in der Entwicklung des Protestantismus.

Pareto, einer der interessantesten Theoretiker der Ideologie, hat vielleicht wegen dieser unterschiedlichen Argumentationsarten auf die Verwendung des Wortes «Ideologie» verzichtet und statt dessen einen Neologismus gebraucht: «Derivation». Derivationen sind in Paretos Augen all jene geistigen Konstruktionen, die die Menschen zur Rechtfertigung ihrer Gefühle ersinnen. Die Argumentation, auf die die Derivationen sich stützen, variiert jedoch abhängig von Umständen und Epoche. Als die Tradition die Geister beherrschte, war sie eher exegetisch, heutzutage ist sie eher wissenschaftlich. Pareto hat dies zwar nicht wörtlich gesagt, aber gedacht: Wenn er es vorgezogen hat, das Wort «Ideologie» zu vermeiden, dann wohl deshalb, weil es ihm zu sehr der marxistischen Tradition verhaftet zu sein schien, aber auch, weil er mit einem einzigen Wort all die verschiedenen Arten von Argumentationen bezeichnen wollte, mit denen die Menschen seiner Meinung nach ihre Gefühle bemänteln. Gleichzeitig war ihm klar – er hat dies auch deutlich gesagt –, daß man bei diesen intellektuellen Konstruktionen, die er allgemein «Derivationen» nennt, jene unterscheiden muß, die sich auf eine wissenschaftliche Argumentation stützen.

Pareto wollte aber noch aus einem weiteren Grund das, was wir «Ideologie» nennen, nicht mit einem eigenen Begriff bezeichnen. Er erkannte nämlich, daß die intellektuellen Konstruktionen, die auf einer wissenschaftlichen Argumentation beruhen, zwar charakteristisch sind für die Moderne, daß sie die anderen Arten der Argumentation aber trotzdem nicht verdrängt haben. Wie Geertz glaubte er an die Bedeutung der rhetorischen Argumentation, er unterschätzte auch nicht die Bedeutung der exegetischen Argumentation für unsere Zeit (das sind meine Worte, nicht die Paretos). Die exegetische Argumentation nimmt noch immer eine wichtige Funktion bei jenen Gruppen ein, die sich auf traditionelle Autoritäten berufen, welche das auch immer sein mögen. Man fragt sich immer noch, was das Evangelium *wirklich sagen wollte*; man fragt sich ebenfalls, was die amerikanischen *founding fathers*, der Gründer der Fünften Republik in Frankreich oder der Vater des Marxismus wirklich sagen wollten. Allgemeiner ausgedrückt: Die gesamte Rechtsprechung ist eine unablässige Antwort auf die Frage, was der Gesetzgeber wirklich sagen wollte. Auf bescheidenerer Ebene gibt es genug Soziologen, die weder Zeit noch Mühe bei der Untersuchung dessen scheuen, was Weber oder Durkheim wirklich sagen wollten, anstatt sich zu fragen, ob das, was sie gesagt haben, nützlich oder richtig ist.

Die drei Arten der Argumentation spielen kurz gesagt eine wichtige Rolle in unseren modernen Gesellschaftsformen. Das ist wahrscheinlich der Hauptgrund dafür, daß Pareto lieber von «Derivationen» als von «Ideologie» gesprochen hat.

Wenn ich Pareto in das Schaubild auf Seite 34 einordnen sollte, dann würde ich ihn in demselben Feld unterbringen wie Aron und Parsons. Denn obwohl er das Vorhandensein verschiedener Arten der Argumentation anerkennt und wie Geertz die Bedeutung der Rhetorik für die Konstruktionen betont, die er «Derivationen» nennt, schließt er daraus nicht, daß die Derivationen dem Wahrheitskriterium nicht unterworfen werden können. Seine «Allgemeine Soziologie» läßt im Gegenteil – vielleicht nicht ohne Übertreibung – den Eindruck entstehen, daß alle Derivationen sich in gewisser Weise durch Irrtum und Verblendung auszeichnen, gleichgültig, welcher Art der Argumentation sie sich bedienen.

Ich werde noch auf Paretos Derivationstheorie zurückkommen, da ich sie für wichtig halte.[47] In manchen Punkten schießt sie jedoch übers Ziel hinaus: Ich werde noch zu zeigen versuchen, daß es außer in Ausnahmefällen nicht stimmt, daß Ideologien einfach als Rationalisierungen angesehen werden können, die Gefühle rechtfertigen und legitimieren sollen. Wäre es so, dann ließe sich nämlich nur schwer erklären, warum Ideologien so perfekte Illusionen darstellen. Außerdem glaube ich, daß zwar mehrere Arten der Argumentation existieren, daß die wissenschaftliche Argumentation aber von besonderer Bedeutung ist, denn sie allein erklärt das Aufkommen des Wortes «Ideologie» in seinem uns heute geläufigen Sinn. Und schließlich überschätzt Pareto zweifellos die Beweisbarkeit der Tatsachenaussagen und die Unbeweisbarkeit der Werturteile. Deshalb gelangt er voreilig zu dem Schluß, die Werturteile müßten auf Gefühlen beruhen.

Ich breche an dieser Stelle die Diskussion über die Theorie der Ideologie ab, zu der Pareto mich veranlaßt hat, und kehre zum Problem der Definition des Begriffes zurück. Ich verstehe den Begriff «Ideologie» folgendermaßen: Eine Ideologie ist eine Doktrin, die auf einer wissenschaftlichen Argumentation beruht und der eine übertriebene und völlig ungerechtfertigte Glaubwürdigkeit zugeschrieben wird. Die wichtigste soziologische Fragestellung, die sich aus dieser Formulierung ergibt, ist folgende: Wie ist diese übertriebene Glaubwürdigkeit zu erklären? Ich habe damit meinen Rahmen abgesteckt, das heißt, ich werde mich nur mit einem Teil des Gebietes beschäftigen, das Pareto in seiner Derivationstheorie behandelt hat. Es scheint mir jedoch der wichtigste Teil zu sein.

3

Ist der Homo sociologicus (immer noch) irrational?

Wie schon im vorigen Kapitel erwähnt, ist die von Autor zu Autor unterschiedliche Definition des Begriffs eine der Hauptursachen für das Durcheinander, das bei der Diskussion über Ideologie herrscht. Folglich sprechen die Autoren nicht über denselben Gegenstand. Die einen definieren Ideologie auf der Grundlage des Wahrheitskriteriums, die anderen dagegen nicht. Erwartungsgemäß ändert sich die Erklärung des Phänomens «Ideologie» abhängig von der jeweiligen Definition. Je nachdem, was man meint, daß Ideologie *ist,* wird man unterschiedliche Erklärungen für ihre Ursachen oder ihren Daseinszweck finden. Daraus ergibt sich folgende Frage: Besteht eine Korrelation zwischen den verschiedenen Arten der Definition und den unterschiedlichen Erklärungen des Phänomens Ideologie?

Vor einer Antwort auf diese Frage muß man sich zunächst mit den verschiedenen Erklärungen befassen, die dafür abgegeben wurden oder die man dafür abgeben könnte.

Wie im vorhergehenden Kapitel erhebe ich auch hier nicht den Anspruch, diese Frage erschöpfend zu behandeln. Wollte man sämtliche Theorien zum Phänomen Ideologie im Detail behandeln, wäre man wohl von vornherein zum Scheitern verurteilt. Ich werde mich daher darauf beschränken, die wichtigsten Stellungnahmen herauszusuchen und zu *klassifizieren.*

Bacon entwickelt seine berühmte Theorie der *Idole* in seinem «Novum organon». Mannheim hat sehr richtig festgestellt, daß diese Theorie ein Vorläufer der Theorie der Ideologien ist.[48] Genauer gesagt ist sie eine Variante der Theorie der Ideologien. Unter «Idolen» versteht man all jene «Götzenbilder» und «Vorurteile», die entweder in der Natur des

Menschen liegen oder die sich vom Seelenhaushalt bestimmter Individuen herleiten: Sie sind die Hauptursache für unsere Irrtümer:

«Die Idole und falschen Begriffe, welche vom menschlichen Verstand schon Besitz ergriffen haben und tief in ihm wurzeln, halten den Geist der Menschen nicht nur in der Weise in Beschlag, daß der Wahrheit nur mit Mühe ein Zugang offensteht; sondern auch dort, wo der Zugang gegeben und bewilligt worden ist, werden jene selbst bei der Erneuerung der Wissenschaften wiederum auftauchen als eine rechte Last, wenn die Menschen nicht, vor ihnen gewarnt, sich gegen sie nach Möglichkeit schützen.»[49]

Diese Idole verwehren uns nicht nur den Zugang zur Wahrheit, sie sind außerdem so tief in uns *verwurzelt*, daß wir uns ihrer nur schwer bewußt werden. Mehr noch, wir wissen nicht einmal, daß wir die Wirklichkeit wie in einem Zerrspiegel wahrnehmen. Heute würde man in diesem Zusammemhang vom «Unbewußten» sprechen. Sobald man sich dazu entschließt, die Metapher von der Verblendung wörtlich zu nehmen, scheint es in der Tat schwierig zu sein, auf den Begriff des Unbewußten zu verzichten. Würdigen wir jedoch auch den letzten Hinweis im Zitat: Es genügt nicht, sich seiner Verblendung bewußt zu werden und die schemenhafte Natur der Idole zu durchschauen, man muß auch weiterhin wachsam bleiben, um nicht erneut in Träumereien zu versinken.

In diesem bewundernswerten Text stellt Bacon eine Theorie auf, die wir als «klassische Theorie des Irrtums» bezeichnen können. Diese Theorie kann als «irrationalistisch» bezeichnet werden, denn sie schreibt den Irrtum Kräften zu, die sich der Kontrolle des Subjektes entziehen. Es kann diese Kräfte zwar beherrschen, aber nur durch ständige Wachsamkeit, die immer wieder nachzulassen droht. Descartes sagt in etwa dasselbe, nur mit anderen Worten. Spinozas Unterscheidung zwischen Verstand und Wille führt zu demselben Schluß: Der Drang zur Wahrheit, der den Verstand kennzeichnet, ist ständig von den Eingriffen des Willens bedroht. Pascal sieht in der Einbildungskraft eine «Mätresse des Irrtums und der Unwahrheit»; auch er ist der Meinung, der menschliche Geist könne von fremden Kräften beherrscht werden. Ich glaube, Mannheim hat vollkommen recht mit seiner Behauptung, Bacons Theorie der Idole sei ein Vorläufer der modernen Theorie der Ideologie (er schrieb dies im Jahr 1929). Man sollte jedoch bedenken, daß er bei diesem Vergleich unter «moderne Theorie der Ideologie» die Theorie von Marx und Engels verstand.

Diese Theorie ist komplex, nicht zu Ende gedacht und auf unzählige Texte verteilt. Außerdem ist es keineswegs sicher, daß sie als eine und einheitliche Theorie gelten kann. Im Gegenteil, ich glaube, daß sich zumindest bei Marx in den meist kurzen und eher andeutenden Texten über Ideologie zwei sehr unterschiedliche theoretische Richtungen abzeichnen. Später werde ich kurz auf diesen Punkt zurückkommen[50], in diesem Kapitel will ich die Theorien der Ideologie jedoch klassifizieren und keine vollständige Deutung einer bestimmten Theorie vorlegen.

Lassen wir also die Frage nach der Kohärenz und der Einheit der Marxschen Theorie der Ideologie vorübergehend beiseite. Wichtig scheint mir die Anmerkung, daß zahlreiche Texte von Marx und Engels in großem Umfang die Prinzipien dessen wiederaufnehmen, was ich die klassische (irrationalistische) Theorie des Irrtums genannt habe. Das Neuartige an der Theorie von Marx und Engels besteht – ich sollte eigentlich sagen «besteht *lediglich*», aber das Adverb würde ihre Neuartigkeit ungerechterweise einschränken – darin, daß sie für die «Idole» dort soziale Ursachen sehen, wo Bacon und die anderen klassischen Philosophen *natürliche* Ursachen sehen, das heißt Ursachen, die in die menschliche Natur, so wie sie sie auffaßten, eingeschrieben sind.

Um meinen Verdacht eines direkten Zusammenhangs zwischen der klassischen Theorie des Irrtums und der Marxschen Auffassung von Ideologie zu untermauern, werde ich mich darauf beschränken, einen berühmten Brief von Engels an Mehring zu zitieren. Dieser Brief vom 14. Juli 1893, der also erst nach dem Tod von Marx geschrieben wurde, ist aus zwei Gründen immer wieder abgedruckt und kommentiert worden: Erstens weil er die erste Bemühung des «Paares Marx – Engels» – wenn ich mich einmal so ausdrücken darf – enthält, eine den Regeln gehorchende Definition jenes Phänomens zu geben, über das beide sich oft ausgelassen hatten; zweitens verwenden «sie» in diesem Text zum erstenmal einen Begriff, der zu unzähligen Kommentaren Anlaß geben sollte: das «falsche Bewußtsein»:

«Die Ideologie ist ein Prozeß, der zwar mit Bewußtsein vom sogenannten Denker vollzogen wird, aber mit einem falschen Bewußtsein. Die eigentlichen Triebkräfte, die ihn bewegen, bleiben ihm unbekannt; sonst wäre es eben kein ideologischer Prozeß.»[51]

Es ist nicht weiter schwierig, diesen Text mit den Worten Bacons wiederzugeben: Wer sich bei seiner Argumentation auf Idole und Vorurteile stützt, tut dies durchaus mit Bewußtsein. Er ist auf der Hut und daher in der Lage, hieb- und stichfest zu argumentieren. Seine Spekulationen über das Wirkliche haben mit der Realität jedoch nicht viel zu tun, denn er nimmt sie wie in einem Zerrspiel wahr (aufgrund der «Idole» und der «Vorurteile»). Er ist überzeugt, die Realität so wahrzunehmen, wie sie ist, daher muß man annehmen, daß er sich weder bewußt ist, in einen Zerrspiegel zu sehen, noch warum das so ist. Mit den Worten Engels: «Die eigentlichen Triebkräfte, die ihn bewegen, bleiben ihm unbekannt; *sonst* [die Unterstreichung stammt von mir] wäre es eben kein ideologischer Prozeß.» Die Ideologie setzt die Verblendung voraus; die Verblendung schließt ihrerseits die Existenz des Unbewußten ein, das per definitionem das Bewußtsein des Subjektes beherrschen kann, ohne daß letzteres etwas davon bemerkt.

Bliebe noch die Frage nach den «Triebkräften», die das Unbewußte mit einem bestimmten Inhalt erfüllen. Hier trennen sich die Wege von Bacon und (Marx-)Engels: Die menschliche Natur der klassischen Philosophen muß *sozialen* Ursachen weichen:

«Er [der Ideologe] arbeitet mit bloßem Gedankenmaterial, das er unbesehen als durchs Denken erzeugt hinnimmt und sonst nicht weiter auf einen entfernteren, vom Denken unabhängigen Ursprung untersucht, und zwar ist ihm dies selbstverständlich (...).»[52]

Der Ideologe argumentiert also, ohne sich dessen bewußt zu sein, daß seine Argumente Begriffe, Vorstellungen und «Idole» enthalten, die nicht aus seinem eigenen Denkprozeß hervorgegangen sind. Sie werden ihm vielmehr von einem «entfernteren, vom Denken unabhängigen Ursprung» eingegeben, das heißt von sozialen und wirtschaftlichen Verhältnissen oder – um einen weniger präzisen Ausdruck aufzugreifen, der wiederholt sowohl bei Marx als auch bei Engels auftaucht – vom «materiellen Leben» oder von der «materiellen Tätigkeit».

Um zu belegen, daß Engels' berühmter Brief an Mehring nicht nur Engels', sondern auch Marx' Denkweise wiedergibt – genauer gesagt Marx' Auffassung von der Ideologie, so wie sie aus einer *großen Anzahl* seiner Texte (nicht aus allen) hervorgeht –, werde ich eine ebenfalls berühmte Passage aus «Die deutsche Ideologie» zitieren, auf die ich mich schon im letzten Kapitel teilweise berufen habe:

«Die Produktion der Ideen, Vorstellungen, des Bewußtseins ist zunächst unmittelbar verflochten in die materielle Tätigkeit und den materiellen Verkehr der Menschen, Sprache des wirklichen Lebens. Das Vorstellen, Denken, der geistige Verkehr der Menschen erscheinen hier noch als direkter Ausfluß ihres materiellen Verhaltens. Von der geistigen Produktion, wie sie in der Sprache der Politik, der Gesetze, der

Moral, der Religion, Metaphysik usw. eines Volkes sich darstellt, gilt dasselbe. Die Menschen sind die Produzenten ihrer Vorstellungen, Ideen pp., aber die wirklichen, wirkenden Menschen, wie sie bedingt sind durch eine bestimmte Entwicklung ihrer Produktivkräfte und des denselben entsprechenden Verkehrs bis zu seinen weitesten Formationen hinauf. (...) Wenn in der ganzen Ideologie die Menschen und ihre Verhältnisse wie in einer Camera obscura auf den Kopf gestellt erscheinen, so geht dies Phänomen ebensosehr aus ihrem historischen Lebensprozeß hervor, wie die Umdrehung der Gegenstände auf der Netzhaut aus ihrem unmittelbar physischen.»

Dieser Text deckt sich voll und ganz mit dem, was auch Engels sagt: Wir blicken wieder in einen Zerrspiegel oder durch eine verzerrende Brille und sind uns dessen ebensowenig bewußt, wie wir uns bewußt sind, daß Bilder umgekehrt auf unsere Netzhaut projiziert werden. Das liegt daran, daß die Vorstellungen und Ideen der Menschen ihnen direkt von ihrem «materiellen Leben» und von ihrem «materiellen Verkehr» eingegeben werden. Sie können sich dieser tatsächlichen Kausalität natürlich nicht bewußt sein, ebensowenig wie des Bildes, das auf ihre Netzhaut projiziert wird. *A fortiori* können sie auch nicht bemerken, daß dieses Bild im Vergleich zu dem tatsächlich wahrgenommenen Bild auf dem Kopf steht. Es ist nicht schwer, diesen Vergleich im Sinne von Marx noch auszuweiten, auch wenn er selbst es nicht tut: Ebenso wie der Biologe den Sehvorgang untersuchen und das Phänomen der Umkehrung beobachten kann, kann der Wissenschaftler zeigen, daß die Ideologie eine Umkehrung der Wirklichkeit ist.

Es sei noch einmal darauf hingewiesen, daß diese Texte durchaus mit dem Text von Bacon verglichen werden können; der einzige – natürlich recht erhebliche – Unterschied besteht in der von mir so benannten Lokalisierung der Ursache: menschliche Natur bei Bacon, Gesellschaft bei Marx – Engels (wenn Marx und Engels von «materiellem Leben» und von «materieller Tätigkeit» sprechen, dann meinen sie «gesellschaftliches Leben»).[53]

Erwähnenswert wäre schließlich noch – was zu einer genaueren Interpretation der Metapher der Camera obscura beiträgt und deren Bedeutung unterstreicht –, daß Marx und Engels das Wort «Ideologie» meistens im Singular verwenden. (Zweifellos wegen des Einflusses der marxistischen Tradition auf dieses Kapitel der Ideologie entspricht der Plural wohl eher einer modernen, um nicht zu sagen neueren Verwendung dieses Begriffes). Das ist nicht ohne Bedeutung, bestätigt es doch,

daß Marx und Engels die Ideologie als einen *Prozeß* verstanden haben
– das Wort «Prozeß» kommt bei ihnen häufig vor –, was auch aus den
wenigen von mir zitierten Passagen hervorgeht. Sie faßten Ideologie
also als einen leicht identifizierbaren Mechanismus auf, der ebenso seinen eigenen Gesetzen gehorcht wie das Sehen oder die Verdauung.

Als Marx die Ideologie mit dem Sehen verglich, sah er in diesem
Vergleich keine *Metapher,* sondern eher eine *Analogie:* Während die
beiden Termini einer Metapher nur in einem zufälligen oder oberflächlichen Zusammenhang stehen (zum Beispiel: «eine eiserne Hand»),
stellt eine Analogie ein Verhältnis wirklicher Entsprechung zwischen
den beiden Termini her, aus denen sie besteht (zum Beispiel Descartes'
«Tier-Maschinen» oder die Analogien der modernen Politikwissenschaft zur Kybernetik).[54]

Nach Marx – Engels ist die Ideologie also ein dem Sehen *analoger*
Prozeß. Man muß sich daher fragen, aufgrund welcher Mechanismen
die «materielle Tätigkeit» im Geiste des «wirklichen, wirkenden Menschen» jene für die Ideologie charakteristischen, auf dem Kopf stehenden Bilder entstehen läßt.

Das Prinzip dieser Mechanismen ist hinreichend bekannt: Es handelt
sich dabei um Klasseninteressen. Hierbei erleben wir jedoch eine Überraschung. Marx schreibt den Klasseninteressen bei der Entstehung von
Ideologien zwar eine übertrieben wichtige Rolle zu, die Einzeluntersu-
chungen des Einflusses dieser Interessen auf die Entwicklung einer bestimmten Ideologie sind dagegen oft nicht nur triftig, sie haben darüber
hinaus mit der allgemeinen Theorie und der oben erwähnten Analogie
nichts zu tun: «Wenn das Bürgertum die Vorzüge der konstitutionellen
Monarchie theoretisch untermauert, will es damit ein Regime unterstützen, das es ihm ermöglicht, seine Macht zu festigen und die Interessen von Handel und Industrie zu vertreten.»[55] Und wenn der Adel
Macht und Ruhm des Königs preist, dann deshalb, weil er den Eindruck hat, der König sei der Eckpfeiler eines Systems, das ihm eine alles
in allem gerechtfertigte gesellschaftliche Stellung zuerkennt.

Hat man ihren relativ summarischen Charakter erst einmal erkannt,
wird man diese Art von Analyse wohl ohne große Schwierigkeiten akzeptieren können. Die Argumentation ist folgendermaßen aufgebaut:
Eine bestimmte Institution (zum Beispiel die Krone oder das parlamen-
tarische Staatssystem) dient meinen Interessen, also sagt es mir zu.
Daran ist nichts Besonderes, auch nichts Verwerfliches. Die politisch

und sozial Handelnden wenden diese Strategie im allgemeinen oft an, wenn sie beweisen wollen, daß das, was für sie gut ist, auch für andere gut ist. «Du wirst hinfallen und *dir weh tun*», sagt der Lehrer zu dem Schüler, der mit seinem Stuhl wippt. Er spielt damit auf eine «Theorie» der Vorzüge der Disziplin an. Es ist also nicht verwunderlich, daß das Bürgertum die Vorzüge der konstituionellen Monarchie «theoretisch untermauert» hat. Die Untersuchung ist damit aber noch nicht abgeschlossen. Die politische Philosophie ist nicht Sache einer Klasse – ob es sich nun um das «Bürgertum» oder um eine andere Klasse handelt –, sondern die Angelegenheit von Intellektuellen, deren Interessen nicht notwendigerweise mit den Interessen der fraglichen Klasse übereinstimmen.[56] Darüber hinaus können sie anderen Überlegungen als ihren Interessen entspringen.

Von diesem Vorbehalt abgesehen ist gegen diese Analysen eigentlich nichts einzuwenden. Die einzige Schwierigkeit besteht darin, daß sie sich der Theorie der Ideologie nach Marx oder Engels völlig entzieht, wie sie vor allem in den oben zitierten Texten erkennbar wird. Die Ideologie nimmt hier entweder die Form von «Präferenzen» an, die sich einfach anhand der sozialen Position der betreffenden Handelnden erklären lassen, oder von «theoretischen Gebäuden», die sich auf symbolische Handlungen zu strategischen Zwecken (im Sinn von Geertz) zurückführen lassen. Die hier gemeinte «theoretische Untermauerung» (zum Beispiel die theoretische Untermauerung der konstitutionellen Monarchie durch das Bürgertum) unterscheidet sich eher graduell als substantiell von diesen symbolischen Handlungen zu strategischen Zwecken, die im gesellschaftlichen und politischen Leben ständig zu beobachten sind: «Du wirst hinfallen und dir weh tun», «Die Unternehmen entlasten heißt Arbeitsplätze schaffen», «Die Nachfrage durch Lohnerhöhungen zu beleben heißt, die Wirtschaft ankurbeln...»

Diese drei Beispiele belegen deutlich und endgültig, daß diese «symbolischen Handlungen zu strategischen Zwecken» sowohl in Einklang mit der Wirklichkeit stehen können als auch nicht. Es stimmt, daß der mit dem Stuhl wippende Schüler hinfallen und sich weh tun kann. Wenn man zum Beispiel die augenblickliche Situation in Frankreich betrachtet, stimmt es ebenfalls, daß «die Entlastung der Unternehmen Arbeitsplätze schafft». Nicht so sicher ist allerdings, daß Lohnerhöhungen die Wirtschaft wieder anzukurbeln vermögen. Unter Umständen kann man damit auch das Gegenteil erreichen; das hängt von der jeweiligen Konjunktur ab. Ebenso können die Parlamente die Interessen des Bürgertums vertreten, ohne deshalb notwendigerweise anderen Interessen entgegenzuarbeiten.

Ich gehe deshalb so ins Detail, weil Marx in seinen eigenen Beispielen vorausgesetzt hat, daß die «symbolischen Handlungen zu strategischen Zwecken» immer eine Unwahrheit verschleiern sollen. Das stimmt natürlich nicht: Ich kann sehr wohl versuchen, jemanden von einer «Theorie» zu überzeugen, die mir gut ins Konzept paßt, ohne daß diese Theorie deshalb falsch sein muß. Schon Pareto hat gesagt, die *Wahrheit* einer Theorie sei eine Sache, ihre *Nützlichkeit* jedoch eine andere. Im Prinzip gibt es keinen Grund dafür, daß diese beiden Kriterien notwendigerweise entweder konvergieren oder divergieren müssen.

Wenn Marx dagegen in seinen Untersuchungen systematisch jenen Fall in den Vordergrund stellt, in dem X versucht, Y von einer Theorie zu überzeugen, die ihm sehr gut ins Konzept paßt, die aber den Interessen von Y entgegensteht, dann deshalb, *weil in seinem Denken ständig das Dogma vom Klassenkampf gegenwärtig ist.* Dieses Dogma kann folgendermaßen zusammengefaßt werden:

1. Die Klassen sind die einzigen wirklich Handelnden;
2. sie befinden sich (per definitionem) im Widerstreit;
3. was für die Klasse X gut ist, ist daher *immer* schlecht für die Klasse Y und umgekehrt;
4. X und Y bestehen manchmal aus Klassenkoalitionen; in diesem wie im Fall 3 weisen die Beziehungen zwischen den beiden Koalitionen *immer* die Struktur eines Nullsummenspiels auf.

Die Verworrenheit und die Schwierigkeiten vieler Analysen, die Marx für diese oder jene Ideologie vorschlägt, sind in Wirklichkeit auf die Überlagerung durch dieses Dogma zurückzuführen. Läßt man es beiseite und hält sich nur an jene Analysen, die Marx hier und da angedeutet hat und von denen ich einige Beispiele gegeben habe, dann kristallisiert sich etwas heraus, was wir heute als «symbolische Handlungen zu strategischen Zwecken» bezeichnen. Bis jetzt ist alles noch ganz einfach. Problematisch wird es, wenn man folgendes annimmt:

1. daß nur X (die herrschende Klasse) zu dieser Art von Handlung fähig ist;
2. daß X immer nur versucht, Y (die beherrschte Klasse) zu übervorteilen;
3. daß Y das gar nicht bemerkt;

4. daß X sich in der eigenen Schlinge fängt und Theorien für wahr hält,
die zwar immer falsch sind, die jedoch seinen Interessen dienen.

Marx hält sich zwar durchgängig an Punkt 1 und 2 dieses Schemas,
im Hinblick auf Punkt 3 und vor allem auf Punkt 4 ist er aber häufig
vorsichtiger. Gelegentlich versucht er, *verständliche* Gründe (im Sinn
von Weber) anzuführen; sie sollen erklären, warum die beherrschte
Klasse sich so leicht übervorteilen läßt. Auf diesen Punkt werde ich
später noch zurückkommen. Oft behauptet er, die herrschende Klasse
sei sich des Unterschieds zwischen der Wahrheit und der Nützlichkeit
der von ihr vertretenen Theorien *bewußt.*

Das Dogma vom Klassenkampf hat Marx also zu dieser irrationalistischen Theorie der Ideologien geführt, die er in seinen allgemeinen
Texten entwickelte und die von Engels aufgegriffen wurde. Denn wie
ist es zu erklären, daß die beherrschte Klasse Theorien für bare Münze
nimmt, die ihren Interessen entgegenlaufen und daß die herrschende
Klasse die Wahrheit mit der Nützlichkeit einer Theorie verwechselt?
Doch nur, indem man Bacons «Idole» wiederaufnimmt und mit dem
Dogma des Klassenkampfes in Einklang bringt. So gelangt man zu folgender Aussage: «Die Gedanken der herrschenden Klasse sind in jeder
Epoche die herrschenden Gedanken (…).»[57] Das ist übrigens alles, was
die Neomarxisten im allgemeinen übernommen haben.

Ich habe zwar nicht die Absicht, einen vollständigen Abriß der Marxschen Theorie der Ideologie zu geben, ich möchte aber dennoch einen
letzten Punkt erwähnen. Er soll als Bestätigung dafür dienen, daß diese
Theorie – wie einige derjenigen gezeigt haben, die Raymond Aron als
«intelligente Marxisten» zu bezeichnen pflegte – sehr viel vielseitiger
und interessanter, aber auch viel uneinheitlicher ist, als die meisten
Neomarxisten glauben.

Manchmal wird der «ideologische Prozeß» von Marx nicht dahingehend analysiert, daß er symbolische Handlungen zu strategischen
Zwecken wiedergibt (zum Beispiel die bürgerliche theoretische Untermauerung der Vorzüge der Monarchie); er sieht darin vielmehr das
Resultat dessen, was man als «entschuldbare Illusionen» bezeichnen
könnte, oder weniger normativ ausgedrückt, als Illusionen, die direkt
von der Wirklichkeit eingegeben werden und denen man sich nur
schwer entziehen kann: So wie uns der halb ins Wasser gehaltene Stab
gebrochen erscheint, so wie ich das Haus gegenüber für klein halte,
weil ich seinen Hauptflügel von meinem Standort aus nicht sehen kann,

werden manche sozialen Erscheinungen für etwas anderes gehalten, als sie es in Wirklichkeit sind. Bei diesen Beispielen lösen wir uns erneut völlig von der Theorie der Ideologien, so wie sie in den oben besprochenen allgemeinen Texten formuliert wird. Es gibt nun keinen Grund mehr, von einer *irrationalistischen* Theorie der Ideologie zu sprechen oder sich auf die Camera obscura zu berufen. Hier entsteht die Illusion nicht deshalb, weil der Verstand des sozial Handelnden von verborgenen Kräften vernebelt wird, sondern einfach weil dieser glaubt, daß es so ist, wie er es sieht – oder genauer gesagt, weil er nicht mit einem Beobachter von außen zu vergleichen, sondern gesellschaftlich verortet ist.

Ein Beispiel für diesen Typus ist die klassische Analyse des «Warenfetischismus»: Die wirtschaftlich Handelnden sehen, wie die Waren auf dem Markt gegeneinander getauscht werden, und sie haben den Eindruck, die Waren würden im Spiel von Angebot und Nachfrage zu ihrem wirklichen Wert gehandelt. Macht man sich nun den Standpunkt von Marx zu eigen und hält die Theorie vom Arbeitswert für gültig, dann ist das natürlich nur eine Illusion, die aber leicht zu verstehen ist: Man *sieht*, wie die Waren auf dem Markt gehandelt werden, den Produktionsvorgang sieht man jedoch *nicht*. Ebenso sieht man den Stab gebrochen, aber *nicht* das Phänomen der Brechung an sich. Natürlich besteht zwischen den beiden Beispielen ein erheblicher Unterschied: Die Theorie der Brechung scheint gesicherter zu sein als die Mehrwerttheorie. Dieser Punkt beschäftigt uns hier aber nicht direkt. Wir können ihn deshalb beiseite lassen und statt dessen die wichtige Idee betonen, die der Analyse des Warenfetischismus zugrunde liegt: In der Gesellschaftsordnung kann dem Beobachter eine Wirklichkeit *selbstverständlich* genauso verzerrt erscheinen wie in der Ordnung der Natur.

Ein ebenso fruchtbares Beispiel ist die merkantilistische Illusion[58]: Der sich am Handel bereichernde Kaufmann gelangt leicht zu dem Schluß, der Handel schaffe Reichtümer. Schwieriger ist für ihn dagegen die Einsicht, daß der Handel auf der Ebene der Gesamtheit aller Tauschpartner einem Nullsummenspiel gleicht. Bei dieser Einsicht handelt es sich nämlich nicht um einen unmittelbar wahrnehmbaren Sachverhalt, sondern um einen Schluß, der nur aufgrund einer Argumentation gezogen werden kann. Tatsächlich kam es dazu auch erst ziemlich spät, zu verdanken haben wir ihn den Physiokraten.

In zahlreichen Texten vertritt Marx schließlich die Ansicht, daß der Lebensprozeß, das heißt das «materielle Leben», so wie es sich uns *hic*

et nunc darstellt, den sozial Handelnden Kategorien und Begriffe nahe-
legt, an denen sie sich für die Analyse und für das Verstehen der Realität
orientieren können. Das bedeutet letzten Endes, daß zum Beispiel der
Begriff der «Kommunikationsgesellschaft» ohne das Vorhandensein
der sogenannten Massenmedien niemals entstanden wäre, ebensowenig wie man ohne die industrielle Entwicklung Begriffe wie «Arbeiter»
oder «Arbeiterklasse» erfunden hätte. Solange man der Vorstellung,
«die Produktion der Ideen (…) [sei] unmittelbar verflochten in die materielle Tätigkeit und den materiellen Verkehr der Menschen (…)»
keine größere Bedeutung einräumt und den Materialismus durch diese
Idee definiert, handelt es sich dabei um eine durchaus annehmbare
Lehre.

Da es um Marx ging, war es unerläßlich, seine Theorie der Ideologie
eingehender zu behandeln. Obwohl verworren, uneinheitlich und in
sich widersprüchlich, enthält sie doch Anregungen und schlägt da interessante theoretische Schemata vor, wo sie ideologische Überzeugungen als *rationale* und *verständliche* Überzeugungen im Sinn von Weber
analysiert. Daneben existiert jedoch auch noch seine *allgemeine* Theorie der Ideologie, die in der Analogie der Camera obscura zusammengefaßt wird. Dank der Neomarxisten aller Tendenzen ist es vor allem
diese Theorie, die die Nachwelt zur Kenntnis genommen hat.

Diese *allgemeine* Theorie kann ohne weiteres als *irrationalistisch* bezeichnet werden: Die Menschen nehmen ohne ihr Wissen falsche Ideen
an, weil sie von *unbewußten* Kräften getrieben werden, die sich ihrer
Kontrolle entziehen. Diese Ideen unterwerfen die Menschen entweder
ihren eigenen Interessen (im Fall der Herrschenden) oder den Interessen der Herrschenden (im Fall der Beherrschten).

Auch wenn einige überrascht sein werden, ordne ich die Theorien der
Ideologie von Raymond Aron oder Edward Shils in dieselbe Kategorie
ein. Ich weise dabei jedoch gleich auf zwei Dinge hin: Erstens bringen
sie eine Auffassung der Irrationalität ins Spiel, die mit der Analogie der
Camera obscura nichts zu tun hat, zweitens sind sie zwar weitaus an-
nehmbarer als die Marxsche allgemeine Theorie, sie sind jedoch genauso vage.

Das folgende mag paradox klingen, da es sich um zwei Autoren handelt, die sich dem Phänomen der Ideologie mit sehr viel Fingerspitzen-
gefühl genähert und ihm einen bedeutenden Teil ihres Werkes gewid-

met haben: Man hat nämlich den Eindruck, daß weder der eine noch der andere jemals ernsthaft nach der Daseinsberechtigung dieses Phänomens gefragt hat. Shils' Hauptinteresse galt einer ebenso glänzenden wie nützlichen Typologie der Überzeugungssysteme, von der ich im vorigen Kapitel einen kurzen Abriß gegeben habe. Aron hat sich bekanntlich mit Erfolg bemüht, die Sophismen der Ideologen zu zerlegen, die Schlüsselwörter der Ideologien zu finden und die Kraftlinien sowie die Pseudokohärenz der ideologischen Argumentation aufzuspüren. Gelegentlich hat er auch zu erklären versucht, warum manche Ideologien unter bestimmten politischen und wirtschaftlichen Umständen sich ganz besonderer Konjunktur erfreuen.

Aber weder Aron noch Shils haben jemals wirklich danach gefragt, warum Ideologien sich so leicht verbreiten und warum falsche Ideen so einfach glaubhaft gemacht werden können. Auf diese Frage hat Marx zwar eine anfechtbare Antwort gegeben, er hat die Frage aber zumindest gestellt. Die Lösung dieses Paradoxons ist in Wirklichkeit ganz einfach. Beide haben sich damit begnügt, die Übernahme von Ideologien starken Emotionen, dem Fanatismus, dem Drang nach dem Absoluten, kurz, allen möglichen irrationalen, affektiven Kräften zuzuschreiben: In diesem Zusammenhang ist eine Passage Arons aufschlußreich, in der er von Paretos relativ komplexer und in jedem Fall ziemlich fruchtbarer *Derivationstheorie* nur die zugleich einfache und anfechtbare Idee zurückbehält, diese Derivationen seien die Rationalisierungen der Leidenschaften. Dabei läßt er die weitaus interessanteren Analysen außer acht, in denen Pareto die Mechanismen zu ergründen versucht, durch die diese Derivationen glaubhaft werden:

«Pareto glaubte zu Recht, daß die rationale Kritik der *Derivationen* auf die *Residuen*, das heißt auf die Gefühle, die den Menschen handeln, vernünftig überlegen oder Unsinn reden lassen, nur einen geringen Einfluß ausübt. Die Kritik dient allenfalls dazu, die von den geheiligten Wörtern *Linke, Proletariat, Revolution* und *Geschichte* bemäntelten Sophismen zu entlarven. Der sich für das Absolute begeisternde Intellektuelle – empört über die immer vorhandenen Mängel der Gesellschaftsordnung – wird, wenn er über diese Wörter nicht verfügt, andere finden, um Revolte, Feindseligkeit, verbale oder körperliche Gewalt zu rechtfertigen oder zu rationalisieren.»[59]

Wer hat also recht? Diejenigen, die eine rationale Theorie der Ideologie vorschlagen oder diejenigen, die darin eine irrationale Erscheinung sehen?

Man muß mit Aron und Shils sicher einräumen, daß falsche Ideen in manchen Fällen und von manchen Personen tatsächlich aus Leidenschaft, Fanatismus oder Drang nach dem Absoluten übernommen werden. Es fällt jedoch schwer zu glauben, daß diese Erklärung verallgemeinert werden kann. Wäre das der Fall, dann wäre kaum einzusehen, warum Ideologien sich so durchgängig auf eine wissenschaftliche Argumentation und auf wissenschaftliche Theorien stützen müssen. Die Erfahrung lehrt uns darüber hinaus, daß manche Gläubige ihren Glauben zwar mit Überzeugung und Fanatismus verteidigen, daß die meisten jedoch nur glauben, ohne deshalb fanatisch zu sein. Manchen mangelt es übrigens sowohl an Fanatismus als auch an Überzeugung. Und ist der Drang nach dem Absoluten wirklich so verbreitet, wie immer behauptet wird?

Die Marxsche *allgemeine* Theorie ist jedoch nicht nur mangelhaft, sondern schlichtweg unannehmbar. Das Bild von der Camera obscura, das die Ideologie dem Sehvorgang gleichsetzt, ist nichts weiter als eine *Metapher*, auch wenn Marx uns vorgaukelt, es handele sich dabei um eine *Analogie*. Niemand hat bisher auch nur die unbedeutendste Hypothese darüber aufstellen können, was beim ideologischen Prozeß dem Sehnerv oder was dabei dem Auge beim Sehvorgang entspricht.[60]

Wenn Marx versucht, einen bestimmten ideologischen Prozeß zu analysieren, löst er sich jedoch fast immer von dieser allgemeinen Theorie, wie wir an einigen Beispielen sehen konnten. Es wäre übrigens nicht schwer, weitere Beispiele dafür zu finden. Der grundbesitzende Adel preist die Monarchie, weil dieses System ihm eine angemessene soziale Position sichert. Die Merkantilisten glauben, daß der Handel der Allgemeinheit zu Reichtum verhelfe, weil die Kaufleute sich *tatsächlich* am Handel bereichern. Die Kleinbauern haben kein «Klassenbewußtsein», sie sind wie besessen vom Problem der Grundstücksgrenzen. Und alle möglichen Leute glauben, der Preis einer Ware richte sich nur nach dem Verhältnis von Angebot und Nachfrage, denn der Markt ist im Gegensatz zum Unternehmen und a fortiori zum Produktionsprozeß leicht einzusehen. Es wäre demzufolge absurd zu erwarten, der Zuschauer könne die Vorgänge in den Kulissen genausogut verfolgen wie die Vorgänge auf der Bühne.

Ob diesen Beispielen wahre oder falsche Theorien zugrunde liegen, ist unwichtig. Diese Frage interessiert mich hier nicht. Ich versuche nur zu zeigen, daß Marx in all diesen Fällen die untersuchten ideologischen Überzeugungen einmal als *verständliche* Wirkungen – im Sinne Webers – der Situation der Handelnden interpretiert, sie zum anderen als optische Täuschungen analysiert, die ebensowenig unerklärlich und ebensowenig irrational sind wie die klassischen Täuschungen bei der Wahrnehmung.

Es existiert also ein Marx I (der die *allgemeine* Theorie der Ideologie vertritt) und ein Marx II, der in seinen Analysen der einzelnen ideologischen Prozesse eine andere *allgemeine* Theorie der Ideologie aufstellt, die zu der ersten in Widerspruch steht. Die erste Theorie soziologisiert lediglich die klassische philosophische Theorie des Irrtums und schlägt eine irrationalistische Konzeption der Ideologie vor. Bei der zweiten Theorie benutzt Marx – wie auch später Max Weber – eine rationale Konzeption des sozialen Verhaltens.[61]

Marx I, Aron und Shils gehören also in die Kategorie der irrationalen Theorien der Ideologie, Marx II hingegen in die Kategorie der rationalen Theorien.

Im folgenden werde ich die zweite Kategorie genauer ausführen.

Jeder Streifzug durch die Literatur zur Ideologie wird bei Karl Mannheim haltmachen. Für uns ist dieser Halt deshalb so wichtig, weil Mannheim die besten Einsichten von Marx II systematisiert und weiter entwickelt hat.

Mannheims klassisches Werk «Ideologie und Utopie» ist eigentlich nur eine Sammlung von Artikeln und Essays, deren Kohärenz nicht immer auf den ersten Blick offensichtlich ist. Das Buch ist zum Klassiker geworden, weil es eine neue Disziplin begründet: die Wissenssoziologie. Diese Disziplin hat es sich zur Aufgabe gemacht, den sozialen Ursprüngen des Denkens nachzugehen:

«Es ist die Hauptthese der Wissenssoziologie, daß es Denkweisen gibt, die solange nicht adäquat verstanden werden können, als ihr gesellschaftlicher Ursprung im Dunkeln bleibt.»[62]

Mannheim will damit keineswegs die individuelle Natur des Denkens leugnen. Nur das Individuum ist fähig zu denken. Oft nimmt es jedoch nur das wieder auf, was schon andere vor ihm gesagt haben:

«Jedes Individuum ist daher durch die Tatsache, daß es in der Gesellschaft aufwächst, in einem zwiefachen Sinne prädeterminiert: es findet eine fertige Situation vor und in dieser Situation findet es vorgeformte Denk- und Verhaltensmodelle vor.»[63]

Man darf also nicht von der reinen Logik ausgehen, die unberücksichtigt läßt, daß das individuelle Denken in der Gruppe verwurzelt ist und daß Denken und Handeln in engem Zusammenhang stehen. Man sollte ebenfalls bedenken, daß universelle Erkenntnisse (zum Beispiel $2 + 2 = 4$) nur einen Typ der Erkenntnis neben anderen darstellen. Die mathematischen Erkenntnisse werden laut Mannheim lediglich aufgrund einer Verzerrung, die wir dem Zeitalter der Vernunft verdanken, für eine Art höchstes Modell der Erkenntnis gehalten. Auch wenn die mathematischen Erkenntnisse und Vorstellungen unabhängig von jeder «sozialen» oder historischen «Situation» gelten, für die Gesamtheit der von der Ideen- und Sittengeschichte, der Philosophie oder der Politik aufgezeichneten Vorstellungen gilt dies keineswegs. Um verständlich zu sein, müssen die meisten dieser Ideen und Vorstellungen im Gegenteil zu der sozialen und historischen Situation der Handelnden in Beziehung gesetzt werden:

«Auch ein Gott könnte historische Einsichten nicht im Sinne des Paradigmas $2 \times 2 = 4$ formulieren, denn Verstehbares ist nur mit Beziehung auf Problemstellungen und Begriffssysteme, die dem historischen Strom erwachsen, formulierbar.»[64]

Die intellektuellen Konstruktionen, von denen hier die Rede ist, sollen – in den Augen des sozial Handelnden – dessen gesellschaftlicher und historischer Situation einen Sinn geben. Sie helfen ihm, seine Situation zu verstehen und sein Handeln darauf einzustellen. Ein anschauliches Beispiel für diese Idee sind die *Normen*: Sie sind nicht die Konsequenz von absoluten Wahrheiten ($2 + 2 = 4$); sie sind jedoch auch nicht einfach nur Illusionen; sie können nur innerhalb bestimmter «sozialer Situationen» auftreten, denen sie mehr oder weniger angemessen sind. Im Kontext einer sozialen Leere – die übrigens nur schwer vorstellbar ist – wären sie unverständlich und würden willkürlich erscheinen. Ein Normensystem ist also nur im Rahmen einer «gegebenen historischen Existenz» «gültig» und möglich. «Dieses System aber ist nur möglich und gültig für ein bestimmt geartetes historisches Sein (...). Verschiebt sich das Sein, so entfremdet sich auch das früher von ihm ‹gezeugte› Normensystem.»[65] Wir haben also alle Aussicht, dem Auftreten neuer Normen beizuwohnen.

Was für die Normen gilt, gilt ebenso für die «Vorstellungen»: Wenn ein neues soziales Phänomen auftaucht, zum Beispiel eine neue Art von

Produktionsbetrieb, dann versuchen die Intellektuellen (Journalisten, Wirtschaftswissenschaftler), ihm einen Namen zu geben und es zu definieren. So entsteht zum Beispiel der Begriff des kapitalistischen Unternehmens. Er wird allgemein übernommen, weil er eine existierende Wirklichkeit bezeichnet.

Man kann also in jeder Gesellschaft alle möglichen Arten von geistigen Produkten identifizieren, die keineswegs den Status universell geltender mathematischer Sätze haben, sondern im Gegenteil nur im Zusammenhang mit bestimmten historischen und sozialen Situationen verständlich sind. Sie bestehen aus Komplexen von deskriptiven und präskriptiven Begriffen und Aussagen, die jeweils einer bestimmten Situation mehr oder weniger angemessen sind.

Diese Begriffe und Aussagen bezeichnet Mannheim ziemlich vage und ungeschickt als «relational»[66] (um sie von den Vorstellungen zu unterscheiden, die absoluten Wahrheitsanspruch haben, die also nicht von Bezugssystemen abhängen, die zwischen den Menschen in einer bestimmten sozialen und historischen Situation vorherrschen). Er behauptet jedoch keinesfalls, daß sie als passive und anonyme «Reflexe» anzusehen seien. Sie werden im Gegenteil von den sozial Handelnden hervorgebracht: von Spezialisten, aber auch von sozial Handelnden, die nicht auf geistige Aktivitäten spezialisiert sind. Der Begriff des kapitalistischen Unternehmens wurde zweifellos von Wirtschaftstheoretikern vorgeschlagen, er wurde jedoch von allen möglichen Handelnden – vom kapitalistischen Unternehmer selbst bis zum Proletarier – übernommen. Der Gesetzgeber muß in gleicher Weise die herrschende Meinung berücksichtigen, wenn er einer Norm Gesetzeskraft verleihen will.

Die «relationalen» Vorstellungen und Aussagen können, da sie das Gegenteil von mechanischen Reflexen sind, einer bestimmten historischen Situation mehr oder weniger angemessen sein. Dabei kann auch durchaus ein Vorsprung oder eine Verzögerung beobachtet werden. Manche Ideen können längst überholt sein wie tote Sterne, deren Licht wir noch empfangen. Andere hingegen können verfrüht sein wie neue Sterne, deren Licht wir noch nicht empfangen. Mannheim nennt die überholten Ideen «Ideologien», die verfrühten dagegen «Utopien». Vielleicht sind diese Bezeichnungen nicht sehr glücklich gewählt, und vielleicht haben sie nur wenig zur Klarheit der Diskussion beigetragen. Wenn die Begriffe auch umstritten sind: die Idee an sich ist völlig klar.

Mannheim führt für diese Verzögerungserscheinungen, die seiner Ansicht nach für die Ideologie charakteristisch sind, mehrere Beispiele an,
obwohl er im allgemeinen sehr sparsam mit Beispielen ist.

So hat sich zum Beispiel das Tabu, mit dem das verzinsliche Darlehen belegt war, übermäßig lange gehalten: ein Beispiel für eine über-
holte ethische Norm, die zur Ideologie wird. Die Norm des zinslosen
Darlehens war voll und ganz der historischen Situation angemessen,
innerhalb deren sie sich entwickelt hatte: Sie war verständlich und ge-
rechtfertigt, solange die wirtschaftlichen und sozialen Beziehungen
sich auf Nachbarn, Freunde oder allgemeiner auf Bekannte be-
schränkten. Wenn nämlich A heute B finanziell unter die Arme griff,
wußte er, daß er bei Bedarf auf die Hilfe von B zählen konnte. Ein im
wesentlichen auf die nächsten Bekannten beschränktes System von
sozialen Beziehungen ist aber fast nur im Rahmen einer auf Gegenseitigkeit beruhenden Wirtschaft möglich. In diesem Fall ist das zinslose Darlehen tatsächlich eine gängige Praxis, und jeder Versuch, aus
einem Darlehen unmittelbar Profit zu schlagen, wird im allgemeinen als abwegig und verwerflich angesehen. Es ist also verständlich, daß in denjenigen Gesellschaftssystemen, bei denen eine auf
Reziprozität beruhende Wirtschaft vorherrscht, das zinslose Darlehen
von spezialisierten Handelnden zur Norm erhoben wurde. In der Geschichte des Abendlandes hat natürlich die Kirche diese Funktion
übernommen.

«(...) je mehr sich die ‹Realunterlagen› der Umwelt inzwischen wan-
delten, um so mehr rückte diese Forderung in eine ideologische Position, sie wurde nämlich auch potentiell unverwirklichbar.»[67] Die Kirche hat natürlich versucht, dieses Prinzip als Waffe gegen den im Entstehen begriffenen Kapitalismus zu verwenden. Angesichts des Aufschwungs, den der Kapitalismus nahm, erwiesen diese Bemühungen
sich als immer fruchtloser, um nicht zu sagen sinnlos, die Kirche selbst
war gezwungen, sie aufzugeben. Als der Handel sich ausweitete, beschränkte die auf Gegenseitigkeit beruhende Wirtschaft sich tatsächlich immer mehr auf den Kreis der Familie. Das zinslose Darlehen be-
hauptete nur innerhalb dieses Kreises seine Legitimität.

Mannheims Theorie der Ideologien wird von diesem Beispiel gut veranschaulicht. Der positive Wert, der dem zinslosen Darlehen zugesprochen wird, ist in einer auf Gegenseitigkeit beruhenden Wirtschaft verständlich. Diese Einrichtung wird in einer auf Handel beruhenden
Wirtschaft ganz von selbst verschwinden. Der damit verbundene mo-

ralische Wert kann jedoch weiter bestehen, vor allem in den Köpfen jener, die aufgrund ihrer Funktionen eine Rolle als Hüter der sittlichen Ordnung spielen. Diese Hüter können sogar versuchen, die Autorität des ehemaligen Prinzips zu benutzen und sie als Waffe gegen die neuen Institutionen zu richten: Dieses Verhalten ist weder irrational noch unverständlich; es resultiert lediglich aus einem Zustand der Verblendung oder aus der Last der Traditionen; es kann also anhand der sozialen Situation der Handelnden schlüssig erklärt werden. Ebenso verständlich ist die Einführung des verzinslichen Darlehens in den Anfängen des Kapitalismus: In einem auf allgemeinen Handelsbeziehungen basierenden Wirtschaftssystem ist es rational, daß A sich seine Dienste von B bezahlen läßt, da er keinen Grund mehr zu der Annahme hat, daß B ihm morgen denselben Dienst erweisen wird.

Der ständige Wandel der «historischen Situationen» bewirkt also gleichzeitig das Aufkommen neuer Ideen und Vorstellungen, die nur im Zusammenhang mit diesem Wandel verständlich sind. Es ist jedoch auch verständlich, daß die Anpassung sich nicht immer unmittelbar vollzieht. Im Gegenteil, manche sozial Handelnden werden aufgrund ihrer sozialen Position an den überkommenen Ideen festhalten, was wiederum durchaus verständlich ist.

Das gilt zum Beispiel für den Großgrundbesitzer – den auch Mannheim anführt –, dessen Gut sich nach und nach zu einem richtiggehenden kapitalistischen Unternehmen entwickelt hat. Ihm ist nicht aufgefallen, daß sein Unternehmen sich grundlegend verändert hat. Zu seinen Landarbeitern unterhält er weiterhin patriarchalische Beziehungen oder versucht dies zumindest. Er weiß genau, daß er mehr Arbeiter beschäftigt als vorher. Es ist ihm ebenfalls klar, daß er neue Arbeiter nur wegen ihrer Leistung einstellt – zumindest soweit er dies zum Zeitpunkt der Einstellung beurteilen kann –, und nicht mehr wie früher mit Rücksicht auf Klientelbeziehungen, die ihn mit einer Person oder einer Familie verbanden. Er sieht, daß die anderen Großgrundbesitzer es ebenso halten. Der systematische, konvergente Charakter all dieser Veränderungen fällt ihm allerdings noch nicht auf. Den Begriff «Agrarkapitalismus» hat er noch nie gehört, folglich hat er seine Aufmerksamkeit auch noch nicht erregt, obwohl er schon einige Male in der Literatur aufgetaucht ist. Er betrachtet seinen landwirtschaftlichen Betrieb weiterhin als völlig verschieden von einem Industrieunternehmen; ebenso glaubt er, die Beziehungen, die er zu seinen Arbeitern unterhält, seien nicht zu vergleichen mit den Beziehungen des Fabrikbesitzers zu seinen Arbeitern. Die Stadt ist und bleibt eine andere Welt für ihn.

Damit sich die Vorstellung ändert, die er selbst von der Art seiner Tätigkeit und von der Art seiner Beziehungen zu seinen Arbeitern hat, muß er zunächst zur Kenntnis nehmen, daß seine Arbeiter sich ihm gegenüber nicht mehr wie «in der guten alten Zeit» verhalten. Ebenso müssen speziell ausgebildete Handelnde (Intellektuelle, Wirtschaftswissenschaftler) neue Wörter und neue Begriffe schaffen, die diesen Wandel bezeichnen und etwas über seine Natur aussagen. Das genügt jedoch noch nicht. Diese neuen Wörter und die damit verbundenen neuen Vorstellungen müssen nämlich auch dem *Junker* zur Kenntnis gelangen (denn auch wenn er es nicht ausdrücklich erwähnt, meint Mannheim natürlich die Entwicklung des Agrarkapitalismus auf den großen preußischen Gütern).[68]

Natürlich ist mir bewußt, daß diese Darstellung über das hinausgeht, was Mannheim tatsächlich gesagt hat. «Ideologie und Utopie» ist eine Sammlung von Essays, die nur lose zusammenhängen. Ich glaube jedoch nicht, daß ich Mannheim unrecht getan habe. Ihm ist jedenfalls folgendes klar:

1. Unter den geistigen Produkten, die die Geschichte uns überliefert, zeichnen sich zwei Arten von «Ideen» (im weitesten Sinne verstanden) ab: Die erste Art umfaßt jene Ideen, die einen legitimen Anspruch auf universelle Gültigkeit erheben können. Darunter fallen die Lehrsätze der Mathematik oder der Wissenschaften im allgemeinen. Es existieren aber auch Ideen, die diesen Anspruch nicht erheben können und bei denen es sich dennoch weder um Täuschungen noch um willkürliche Phantasieprodukte handelt.

2. Diese Ideen können die Form von Lehrsätzen oder von *Systemen* aus deskriptiven und präskriptiven Aussagen annehmen, sie werden abhängig von ihrer Angemessenheit an eine bestimmte «historische Situation» klassifiziert. Unter diesem Gesichtspunkt erscheinen manche Ideen angemessen, andere überholt, wieder andere verfrüht. Die positive Bewertung des zinslosen Darlehens ist zum Beispiel einer auf Gegenseitigkeit beruhenden Wirtschaft angemessen.

3. Weder die überholten Ideen (die Mannheim als «Ideologien» bezeichnet) noch die verfrühten («utopischen») Ideen dürfen jedoch als irrational interpretiert werden. Sie können im allgemeinen weder durch Fanatismus noch durch Verblendung erklärt werden; be-

rücksichtigt man die Situation der Handelnden, die sie unterstützen, fördern oder übernehmen, dann können sie im Gegenteil als *verständlich* gelten. Es ist also durchaus verständlich, daß der Junker seinen Betrieb weiterhin für etwas hält, was er nicht mehr ist; ebenso, daß die Kirche, die dazu beigetragen hat, das zinslose Darlehen zur uneingeschränkten Norm zu erheben, weiterhin an dessen Wert glaubt, obwohl sich in der Praxis das verzinsliche Darlehen durchsetzt. Ebenfalls verständlich ist, daß die Utopie der klassenlosen Gesellschaft genau zu dem Zeitpunkt heraufbeschworen wird, als Beobachter aus allen Lagern einmütig einen Zusammenhang zwischen der Entwicklung der Industrie und der Not der Arbeiter feststellen.

Alles, was man Mannheim entgegenhalten kann, betrifft eigentlich eher seine Wortwahl als wirklich grundlegende Probleme. Wenn er vorschlägt, nur die überholten Ideen als «Ideologien» zu bezeichnen, schafft er unnötigerweise eine Schwierigkeit. Auch wenn man oft zeigen kann, daß eine Idee im Verhältnis zu einer bestimmten «historischen Situation» veraltet ist, ist das natürlich nicht immer so. So wurden zum Beispiel die marxistischen ebenso wie die liberalen Ideen schon mehrfach als endgültig «überholt» bezeichnet. Das hinderte sie indessen nicht daran, danach als «erstaunlich modern» zu gelten.

Mannheims sprachliche Unterscheidungen sind also nicht immer einfach anzuwenden. Das restlos klare Beispiel des zinslosen Darlehens ist eher die Ausnahme, die die Regel bestätigt. Die von Mannheim eingeführte Unterscheidung zwischen Ideologie und Utopie erinnert außerdem an eine evolutionistische Anschauung der Geschichte, von der er selbst vielleicht nicht völlig frei war.

Mannheims Theorie schließt diese ungeschickte Wortwahl übrigens nicht zwingend ein. Man kann seine Theorie ohne weiteres beibehalten und die sich aus seiner Wortwahl ergebenden Klippen dadurch umschiffen, daß man den Begriff der Ideologie für die Gesamtheit derjenigen Ideen verwendet, die ich weiter oben in die zweite Kategorie von Ideen eingeordnet habe. Es spricht nichts dagegen, die Theorie ohne diese Unterscheidungen zu übernehmen.

Ein zeitgenössischer Theoretiker der Ideologie, den ich schon im vorigen Kapitel erwähnt habe, hat dies übrigens praktiziert – Clifford Geertz. Er unterscheidet zwei Arten von Ideen: solche, die unter das

Wahrheitskriterium fallen und solche, die es dem sozial Handelnden ermöglichen, sich in der Komplexität der sozialen Welt zurechtzufinden. Den Begriff «Ideologie» wendet er auf die Gesamtheit der Ideen des zweiten Typs an: «Eben durch die Konstruktion der Ideologien, dieser schematischen Bilder der Gesellschaftsordnung, kann der Mensch im Guten wie im Bösen zum politischen Tier werden.» Anders ausgedrückt: «Die Funktion der Ideologie besteht darin, die Politik möglich zu machen, indem sie ihr Begriffe liefert, die ihr Autorität und Sinn verleihen; sie soll ihr außerdem überzeugende Bilder liefern, die die politische Wirklichkeit auch sinnlich faßbar machen.» Diese zweite Art von Ideen, die Ideologien, enthalten also sowohl deskriptive als auch präskriptive Begriffe und Aussagen. Die deskriptiven Aussagen stellen jedoch zur sozialen Wirklichkeit eine Beziehung her, die derjenigen entspricht, die zwischen einer Straßenkarte und der wirklichen Geographie herrscht, nämlich eine rein symbolische Beziehung. Hierhin gehören natürlich auch Mannheims «Utopien», denn «in einem Land, mit dem man gefühlsmäßig wenig vertraut ist und dessen Topographie man nicht kennt, braucht man sowohl Gedichte als auch Landkarten».[69]

Ich glaube im Grunde nicht, daß die Theorie von Geertz viel mehr hergibt als die von Mannheim. Eigentlich finde ich Mannheim klarer und analytischer. Andererseits war es jedoch nützlich, wie Geertz die drei Arten von Ideen des zweiten Typs, den Mannheim unterscheidet, unter dem Begriff «Ideologie» zusammenzufassen.

Geertz ist aus einem einfachen Grund nicht so klar wie Mannheim: Ich habe schon im vorigen Kapitel darauf hingewiesen, daß er die Vorstellung, die Ideologie sei metaphorisch zu verstehen, über Gebühr verallgemeinern wollte. Seiner Meinung nach ist die *Metapher* das Verfahren par excellence, auf dem Aufbau und Reiz der Ideologien beruhen. Viele ideologischen Begriffe (die Ausbeutung des Menschen durch den Menschen, die unsichtbare Hand, der Klassenkampf) sind zwar Metaphern, und viele Mythen sind lediglich Systeme aus Metaphern: Die Überzeugung, das verzinsliche Darlehen sei unmoralisch, beruht jedoch nicht auf einer Metapher. Ebensowenig nimmt der Junker die Beziehungen, die er zu seinen Arbeitern unterhält, im metaphorischen Sinne als «patriarchalisch» wahr.

In einem letzten Punkt stimmt Geertz allerdings völlig mit Mannheim überein: Die Ideologien – sowohl der Begriff als auch das, was er bezeichnet – haben sich in der Neuzeit als Folge des von der Modernität repräsentierten Bruches mit der Tradition entwickelt:

«In den politischen Systemen, die in der goldenen Verbindung dessen, was Edmund Burke ‹überlieferte Meinungen und Lebensregeln›
nennt, fest etabliert sind, spielen die Ideologien nur eine (...) untergeordnete Rolle. In diesen durchweg traditionellen politischen Systemen
werden die Handelnden (...) in ihren Urteilen und Aktivitäten sowohl
emotional als auch geistig von Vorurteilen geleitet, die sie nicht in Frage
stellen (...). Die Ideologie gewinnt an Boden, wenn diese Meinungen
und Lebensregeln ihren Inhalt verlieren und in Frage gestellt werden.
Das geschah zum Beispiel während der Französischen Revolution, die
Burke vom ebenfalls betroffenen England aus verurteilte. Er war indessen vielleicht Englands größter Ideologe.»[70]

Um mich nicht zu wiederholen, werde ich auf die anderen Theorien der
Ideologie, die ich im ersten Kapitel im Hinblick auf die definitorischen
Probleme des Begriffs angesprochen habe, nicht zurückkommen. Mit
einer einzigen Ausnahme werde ich mich auch nicht auf weitere Theorien berufen: Es ist meiner Meinung nach durchaus erwähnenswert,
daß Jean Baechlers Überlegungen zur Ideologie ziemlich genau in den
von Mannheim abgesteckten Rahmen passen.[71] Das heißt natürlich
nicht, daß die Arbeiten von Baechler und Geertz es nicht verdienen,
gelesen zu werden. Beide Autoren liefern im Gegenteil eine Fülle von
Anmerkungen und Analysen, die zum Nachdenken anregen. Keiner
von beiden hat jedoch Mannheims Theorie wirklich weitergetrieben.
Auch für Baechler bestehen die Ideologien aus Ideen im weitesten Sinn
(Vorstellungen, Mythen, deskriptive und präskriptive Aussagen), die
vom Spiel der Politik in Bewegung gesetzt werden. Dieses Spiel hängt
natürlich immer mit den von Mannheim so benannten «historischen
Situationen» zusammen. Die Ideologien im Sinn von Baechler entsprechen also der zweiten Kategorie von Ideen, die Mannheim identifiziert
hatte. Er nimmt an, daß es sich bei den Ideologien um den historischen
Situationen mehr oder weniger angemessene Antworten handelt und
schlägt daher durchaus scharfsinnig vor, sie in Begriffen von Angebot
und Nachfrage zu analysieren. Er stellt jedoch ebenfalls die Hypothese
auf, die Individuen seien aufgrund ihrer *Leidenschaften* für diese oder
jene Art der Ideologie besonders anfällig. Seine Untersuchung läßt also
sowohl rationale als auch irrationale Erklärungen zu.
  Mannheim hätte die Rolle dieser irrationalen Elemente sicher nicht
bestritten: Sie scheinen bei der Übernahme einer bestimmten Ideologie
durchaus eine Rolle zu spielen. Es geht aber vor allem darum, ihre Be-

deutung und ihre Stichhaltigkeit zu erkennen. Die Berufung auf Emotionen trägt oft wenig zur Klärung bei. Leidenschaften erklären zum Beispiel wohl kaum, warum das verzinsliche Darlehen als unmoralisch galt. Um noch einmal auf Mannheims zweites Beispiel zurückzukommen: Selbst wenn emotionale Gründe erklären, warum manche Junker schneller als andere ihre patriarchalische Haltung aufgegeben haben, bleibt dieses Argument zweitrangig. Das Wichtigste – Entstehung, Dauer und Aufgabe patriarchalischer Haltungen bei den preußischen Junkern – kann erklärt werden, ohne auf diese irrationalen Elemente zurückzugreifen.

Auch dieses Beispiel läßt erkennen, woran Max Weber dachte, als er riet, die irrationalen Prinzipien des sozialen Handelns als Restphänomene zu behandeln.

Die in diesem Kapitel diskutierten Theorien können schließlich ganz einfach anhand einer binären Klassifikation geordnet werden. Manche Theorien (Marx I, Aron – Shils) gehen von einer irrationalistischen Theorie des Verhaltens des sozial Handelnden aus, um das Phänomen der Ideologie zu erklären. Der sozial Handelnde kann dabei entweder von seinen Interessen (Marx I) oder von seinen Emotionen verblendet sein (Aron – Shils).

Ich habe bereits erwähnt, was man den Theorien der Kategorie Aron – Shils hauptsächlich vorwerfen kann, auch wenn man sie für fundiert hält: Sie erklären nicht, warum viele Menschen Ideologien ohne tiefgehende Überzeugung annehmen. Sie erklären ebensowenig die relativ plötzlich auftretenden Konjunkturen, die für die Ideologien charakteristisch sind. Wenn diese nämlich im wesentlichen das Ergebnis von starken Gefühlen und Fanatismus wären, dann wäre kaum verständlich, warum diese Gefühlslagen so plötzlich wechseln und warum so viele Menschen so leicht eine Ideologie zugunsten einer anderen aufgeben. Ein Beispiel dafür ist der schnelle und fühlbare Prestigeverlust des Sozialismus im heutigen Frankreich.

Die Theorie von der Verblendung durch eigenes oder fremdes Interesse steht ganz einfach im Widerspruch zur Evidenz der ureigensten Erfahrung, von der man nicht weiß, im Namen welcher Prinzipien man sie abstreiten soll. Der sozial Handelnde ist sicher fähig zur Unehrlichkeit im gewöhnlichsten Sinn des Ausdrucks. Er kann versuchen, einen anderen davon zu überzeugen, daß er eine Theorie für richtig hält, die seinen Interessen dient, auch wenn er selbst nicht wirklich daran glaubt. Im allgemeinen kann er jedoch durchaus zwischen der *Nütz-lichkeit* der fraglichen Theorie und ihrer *Wahrheit* unterscheiden. Es kann auch vorkommen, daß ein sozial Handelnder eine falsche Theorie für wahr hält, deren Grundlagen er nicht überprüft und die er aufgrund von Berichten anderer übernommen hat, die aber trotzdem seinen Interessen dient.

In beiden Fällen sind wir jedoch weit entfernt von der Unwahrhaftigkeit im Sinne Sartres, das heißt von der folgenden merkwürdigen Kombination, in der

1. der sozial Handelnde von der *Falschheit* einer Theorie überzeugt ist;
2. er so sehr auf sein eigenes Interesse bedacht ist, daß er darüber den Einfluß dieses Interesses auf seine Ideen vergißt; er kann also von der *Wahrheit* dieser Theorie überzeugt sein, wenn sie nur seinen Interessen dient.

Der Handelnde kann also gleichzeitig von der Wahrheit *und* von der Falschheit ein und derselben Idee zutiefst überzeugt sein.[72]

Derartige Verzerrungen verdienen meiner Meinung nach unsere Beachtung nicht. Sie sind noch abwegiger als die mechanistischen Auffassungen des Unbewußten, die man von der Marxschen Analogie der Camera obscura ablesen kann und die der frühe Freud unter einer anderen Perspektive entwickelt hat.[73] Im äußersten Fall könnte man behaupten oder zumindest hoffen, daß die Fortschritte der Biologie und der Neurologie es einmal ermöglichen werden, die physiologische Grundlage dieser geistigen Vorgänge zu entschlüsseln, die zur Umkehrung der wirklichen Bilder führen, von der Marx spricht. Niemand hat dagegen jemals die persönliche Erfahrung gemacht – und niemand wird sie jemals machen –, die Sartres Begriff der Unwahrhaftigkeit beschreiben will: Man kann etwas zugleich wollen und nicht wollen; man kann auch etwas wollen, aber nicht zeigen wollen, daß man es will, wodurch man sich der Gefahr aussetzt, eine Ungeschicklichkeit oder einen Lapsus zu begehen. Man kann natürlich in bezug auf Wahrheit oder Falschheit einer Theorie schwanken. Man kann ebenfalls seine Ansichten ändern. Man kann jedoch unmöglich zugleich von der Wahrheit *und* von der Falschheit einer Idee zutiefst überzeugt sein.

Es scheint also schwierig zu sein, eine dem Begriff der Verblendung durch eigene Interessen entsprechende, glaubhafte psychologische Theorie zu entwickeln. Wer es wagt, hat lediglich die Wahl zwischen der Charybdis Marx I und der Skylla Sartre.

In der zweiten Gruppe von Theorien (Mannheim, Geertz) wird die Annahme von ideologischen Überzeugungen als intelligibles, *verständliches* oder rationales Verhalten dargestellt. Welches dieser drei Adjektive man auch immer bevorzugen mag, ich fasse sie hier als Synonyme auf. Es ist *verständlich*, daß der Junker einer patriarchalischen Anschauung der sozialen Beziehungen anhängt, daß die Geistlichen weiterhin daran glauben, das verzinsliche Darlehen sei unmoralisch, daß die amerikanischen Gewerkschaften im Taft-Hartley-Gesetz ein «Versklavungsgesetz» sahen, daß die Proletarier des 19. Jahrhunderts sich vom Sozialismus verlocken ließen, daß die Kaufleute eine «fetischistische» Anschauung der Waren haben oder daß der grundbesitzende Adel die Monarchie unterstützt hat.

Zum Schluß der Diskussion will ich diese binäre Klassifikation in Form eines Schaubildes zusammenfassen. Ich habe die Unterteilung in marxi-

Arten der Erklärung für die Ideologie

Tradition	irrationale Erklärung	rationale Erklärung
marxistische Tradition	MARX I: Ideologie als auf dem Kopf stehendes Bild der Wirklichkeit unter dem Einfluß von Klasseninteressen	MARX II: Ideologie als Wirkung des jeweiligen Standortes oder als bewußte Annahme nützlicher Überzeugungen LENIN: Ideologie als Waffe im Arsenal des Klassenkampfes
nicht-marxistische Tradition	ARON – SHILS: Ideologie als Resultat des Fanatismus und der Leidenschaften	MANNHEIM: Ideologie als Glaube an Normen, die einer «historischen Situation» angemessen sind GEERTZ: Ideologie als Landkarte, die es ermöglicht, sich in einer komplexen Welt zurechtzufinden

stische und nicht-marxistische Tradition aus dem Schaubild im letzten
Kapitel beibehalten, da sie im Hinblick auf die Ideologie eine wichtige
Trennlinie darstellt. Die zweite – horizontale – Dimension des Schaubildes bilden die beiden Arten der Erklärung (rational und irrational);
die meisten Theorien der Ideologie können leicht in die eine oder in die
andere Kategorie eingeteilt werden.

Ich gehe nicht näher auf Lenin ein, den ich in die rechte Spalte (rationale Erklärung) eingeordnet habe: Seine manipulatorische Sicht des
sozialen Handelns hat ihn beim Problem der Ideologie beträchtlich von
Marx entfernt.[74] Eine Ideologie definiert sich in seinen Augen vor allem
durch das Ziel, den Gegner zu entwaffnen, indem man ihn in den Net-
zen der Dialektik (im marxistischen Sinne) fängt, also durch das, was
man heute eher «Propagandasprache» nennen würde. Für Lenin gehört die Ideologie in den Bereich dessen, was Geertz «symbolische
Handlung» nennt, die allerdings bis zur Karikatur und zum intellektuellen Terror überspitzt werden kann. Bei Lenin haben wir es weniger
mit einer Theorie der Ideologie als mit der Theorie einer bestimmten
Praxis zu tun: genauer gesagt mit der Theorie seiner eigenen Praxis.

4
Bemerkungen rund um
ein Schaubild

Man kann bei der Definition von Ideologie also zwei grundlegende Typen unterscheiden: die von mir als *traditionell* bezeichnete Definition, bei der die Ideologie auf der Grundlage des Wahrheitskriteriums definiert wird, und die *moderne* Definition, bei der sie eher unter dem Gesichtspunkt des *Sinnes* definiert wird. Eine Norm kann also einen Sinn haben und einem bestimmten Zustand der Gesellschaft angemessen sein, ohne daß sie deshalb entweder falsch oder richtig sein muß. Das gilt zum Beispiel für den positiven Wert, den das zinslose Darlehen in den auf Gegenseitigkeit beruhenden Wirtschaftssystemen besitzt. Die positive Wertung einer Norm verlangt von den sozial Handelnden ein auf dieses System abgestimmtes Verhalten.

Weiterhin kann man zwei grundlegende Typen bei der *Erklärung* des Phänomens der Ideologie unterscheiden: die *irrationale* und die *rationale* Erklärung. Die irrationale Erklärung nimmt im großen und ganzen die klassische Philosophie des Irrtums wieder auf: Die Ideologie würde danach ebenso wie der Irrtum von Kräften erzeugt, die sich der Kontrolle des Subjektes entziehen. Marx greift zwar diese philosophische Tradition auf, er soziologisiert sie jedoch: Bei ihm handelt es sich nicht mehr um psychologische, sondern um soziale Kräfte. Zumindest in seiner allgemeinen Theorie der Ideologie macht er die Verinnerlichung der Klasseninteressen für die ideologischen Verzerrungen verantwortlich.

Bei den rationalen Erklärungen kann die Annahme der Ideologien im Gegenteil als *verständliches* Verhalten im Sinn Webers analysiert werden. Das heißt natürlich nicht, daß dieses Verhalten auf Überlegung und Berechnung beruht. Jemand, der in einer traditionellen Gesellschaft mit einem auf Gegenseitigkeit beruhenden Wirtschaftssystem dem zinslosen Darlehen gegenüber eine positive Haltung einnimmt, tut dies im allgemeinen, «ohne darüber nachzudenken»; stellt er dann fest, daß diese positive Einstellung allgemein verbreitet ist, wird er sie als natürlich betrachten. Zweifellos wird ihm nicht in den Sinn kommen, daß theoretisch auch noch ein anderes System möglich ist, das verzinsliche Darlehen, das aber niemand in seiner Umgebung jemals praktiziert hat. Seine positive Haltung darf jedoch nicht allein den Traditionen angelastet werden. Sie ist vor allem dadurch erklärlich, daß sie vom Standpunkt des Subjektes aus dessen sozialem Umfeld durchaus angemessen ist. Auch wenn sie nicht auf Überlegung beruht, ist sie verständlich und in diesem Sinn rational.

Verbindet man die beiden Arten der Definition und der Erklärung von Ideologie miteinander, erhält man vier mögliche Kombinationen:
1. *Traditionelle* Definition (die Ideologie ist ein Irrtum) und *irrationale* Erklärung (die Annahme einer Ideologie ist das Resultat von Kräften, die sich der Kontrolle des Subjektes entziehen);
2. *traditionelle* Definition (die Ideologie ist ein Irrtum) und *rationale* Erklärung (die Annahme der Ideologie ist verständlich);
3. *moderne* Definition (die Ideologie fällt nicht unter das Wahrheitskriterium) und *irrationale* Erklärung (die Annahme der Ideologie ist das Resultat von Kräften, die sich der Kontrolle des Subjektes entziehen);
4. *moderne* Definition (die Ideologie fällt nicht unter das Wahrheitskriterium) und *rationale* Erklärung (die Annahme der Ideologie ist verständlich).

Diese vier Kombinationen werden im folgenden Schaubild dargestellt. Außerdem habe ich die in den beiden vorhergehenden Kapiteln untersuchten wichtigsten Auffassungen zu Ideologie auf die vier Felder des Schaubildes verteilt:

Ein kurzer Blick darauf genügt, um bei den betreffenden Autoren einen Zusammenhang zu erkennen zwischen der Art der Definition und der Art der Erklärung. Die Theoretiker, die sich mit Ideologie beschäftigt haben, neigen mit anderen Worten dazu:
a) in der Ideologie entweder eine Form des gesellschaftlichen Irrtums zu sehen *und* sie Kräften zuzuschreiben, die sich der Kontrolle des Subjektes entziehen, oder sie
b) für eine bedeutsame Weltsicht zu halten, die sich dem Wahrheitskriterium entzieht *und* durch Eigenschaften des sozial Handelnden und des gesellschaftlichen Umfeldes erklärt werden kann.

Arten der Erklärung von Ideologie

Arten der Definition von Ideologie	Irrationale Erklärung	Rationale Erklärung
traditionelle Definition (in bezug auf das Wahrheitskriterium)	**1** MARX I: Camera obscura, Klasseninteressen ARON – SHILS: Fanatismus, Drang nach dem Absoluten	**2** MARX II: Warenfetischismus, Merkantilismus
moderne Definition (ohne Bezug auf das Wahrheitskriterium)	**3**	**4** MANNHEIM: verzinsliche Darlehen GEERTZ: Taft-Hartley-Gesetz

Deshalb lassen sich die meisten der in den vorhergehenden Kapiteln untersuchten Theorien hauptsächlich in das erste oder in das vierte Feld des folgenden Schaubildes einordnen.

Das Schaubild läßt jedoch gleichzeitig zwei weitere Möglichkeiten erkennen, die von der Theorie der Ideologie kaum oder gar nicht in Erwägung gezogen zu werden scheinen: Sie entsprechen dem zweiten und dem dritten Feld.

Ich werde mich zuerst mit dem dritten Feld beschäftigen, das einerseits einer vom Wahrheitskriterium unabhängigen Definition von Ideologie entspricht und andererseits einer irrationalen Erklärung für die Annahme einer Ideologie.

Es ist nicht schwierig, Beispiele für diese Kategorie der soziologischen Analyse zu finden. Durkheims Analyse der Fahnenverehrung paßt sehr gut in dieses Feld.[75] Die Fahne fällt natürlich nicht unter das Wahrheitskriterium. Sie ist ein für die nationale Gesellschaft charakteristisches Symbol. Warum kann sie – zumindest unter bestimmten Umständen (vergessen wir nicht, daß Durkheim Anfang des Jahrhunderts schreibt) – den Eindruck erwecken, sie sei heilig und verlange Respekt? Eben weil der Bürger sich der nationalen Gemeinschaft verbunden *fühlt*, die von der Fahne symbolisiert wird. Ein solches Gefühl läßt sich laut Durkheim aber nicht dekretieren. Man kann es auch nicht willentlich herbeiführen oder nicht herbeiführen, ebensowenig wie man bewußt wählen kann, an welchen Nahrungsmitteln man Geschmack findet. Natürlich kann sich der Geschmack mit der Zeit ändern. Er ist nicht allein das Ergebnis einer ein für allemal festgelegten Physiologie, sondern hat seine Wurzeln auch in der Erfahrung. Er kann kultiviert werden, trotzdem kann man sich seine Vorlieben nicht aussuchen. In diesem Sinn werden Geschmacksvorlieben vom Subjekt passiv erlebt. Auch Traurigkeit und Freude hängen in gewissem Maß zweifellos mit äußeren Umständen zusammen. Das Subjekt kann versuchen, sie auszulösen. Es kann sie jedoch nicht nach Belieben aufkommen und verschwinden lassen. Es bedurfte der ganzen gerissenen Findigkeit eines Sartre, um zu behaupten, man sei traurig, weil man sich traurig stimmt.[76]

Bei der Fahnenverehrung ist es laut Durkheim ähnlich – obwohl der Vergleich, den ich hier ziehe, natürlich nicht von ihm stammt. Wir haben nicht deshalb Respekt vor der Fahne, weil wir Respekt vor ihr haben wollen. Ebenso wie die Geschmäcker beim Essen auf physiologischen Mechanismen beruhen, die möglicherweise von der Erfahrung bedingt sind, ist dieser Respekt das Produkt der unbewußten Identifizierung mit der nationalen Gemeinschaft, der das Subjekt angehört. Es ist in diese Gemeinschaft integriert, spricht deren Sprache und identifiziert sich bis zu einem gewissen Grad mit ihrer Geschichte. Es *fühlt* eher französisch als deutsch oder italienisch.

Ich wiederhole noch einmal, daß diese Gefühle sich mit der Zeit natürlich ändern können. Sie sind nicht ein für allemal festgelegt. Eine Phase internationaler Spannungen wie diejenige, die den Beginn des 20. Jahrhunderts charakterisiert, ist natürlich ein fruchtbarerer Nährboden für das «Nationalbewußtsein» als eine Phase des Friedens und der Entspannung. Man braucht kaum zu betonen, daß «deutschfeindliche Gefühle» in Frankreich zu Beginn des Jahrhunderts weiter verbreitet waren als heute. Ein Gefühl wie das Nationalbewußtsein hängt also zweifellos von äußeren Faktoren ab. Das genügt aber nicht, um ihm eine affektive Dimension abzusprechen, ohne die es die Bezeichnung «Gefühl» nicht verdiente.

Ich gestatte mir die Zwischenbemerkung, daß man Durkheims Analyse der Fahnenverehrung zwar unter dem Vorwand verwerfen kann, die Fahne wecke heute längst nicht mehr den Respekt, den man heiligen Gegenständen gegenüber empfindet: Es genügt jedoch, seine Analyse auf zeitgemäße Beispiele zu übertragen. So wird zum Beispiel niemand bestreiten, daß das Nationalbewußtsein auch heute noch in den Sportstadien vorhanden ist.

In das dritte Feld des Schaubildes könnte man außerdem manche Analysen Webers einordnen, zum Beispiel seine Analyse des Charismas. Der Respekt oder auch die Unterwürfigkeit, die das charismatische Oberhaupt einflößt, hängt natürlich eng mit seiner Botschaft zusammen: Wenn der Ayatollah Khomeini den Islam abschaffte, würde dies wahrscheinlich seiner Autorität Abbruch tun. Auch wenn die Erklärungen Johannes Paul II. über Abtreibung und Empfängnisverhütung viele Katholiken unangenehm berühren, flößt das charismatische Oberhaupt – solange es gewisse Grenzen nicht überschreitet – dennoch Respekt ein, der aber eher auf seine Person als auf den Inhalt seiner Botschaft zurückzuführen ist. Viele seiner Anhänger haben das Gefühl, daß das, was er sagt richtig, wahr oder annehmbar ist, weil *er* es sagt. Deshalb ist das Charisma oft mit dem Gefühl verbunden, das charismatische Oberhaupt sei unfehlbar. Das Dogma von der Unfehlbarkeit des Papstes – worüber übrigens viele Nichtkatholiken lächeln – geht daher keineswegs auf das Konto eines besonderen Tricks der römisch-katholischen Kirche oder eines besonderen Hanges zum Aberglauben bei den Katholiken. Dieses Dogma ist zweifellos nur erklärlich unter Berücksichtigung der besonderen historischen Umstände, die zu seiner Entstehung geführt haben. Es ist aber dennoch ein gutes Beispiel für den allgemeinen soziologischen Prozeß, den Webers Begriff «Charisma» zusammenfaßt.

Es mangelt also nicht an klassischen soziologischen Analysen, um das dritte Feld des Schaubildes zu füllen. Weder die Fahne noch die Autorität des charismatischen Oberhauptes fallen unter das Wahrheitskriterium. Die Fahne ruft jedoch ebenso wie das charismatische Oberhaupt Gefühle – des Respektes in diesem Fall – hervor, die sich der Kontrolle des Subjektes entziehen und deren affektive Dimension auf der Hand liegt.

Die von den klassischen Analysen Webers oder Durkheims veranschaulichten sozialen Gefühle existieren also wirklich, und sie müssen bei der Analyse der Ideologie unbedingt berücksichtigt werden. Manche Ideologien haben sich vor allem durch ihre charismatischen Vertreter verbreitet, denken wir zum Beispiel an Hitler, Lenin oder Khomeini. Andererseits beruht die Annahme mancher Doktrinen oft auf sozialen Gefühlen, wie Durkheim sie beschrieben hat. Jemand, der ein gesteigertes Nationalbewußtsein besitzt, wird sich eher von einer nationalisti-

schen Doktrin überzeugen lassen. Ebenso ist jemand, der das Gefühl
hat, die nationale Integrität und Einheit seien bedroht, eher von frem-
denfeindlichen und rassistischen Thesen zu überzeugen.

Durkheims Analyse der Fahnenverehrung und Webers Analyse des
Charisma sowie unzählige andere, die sich anführen ließen, lenken an
einem wichtigen Punkt die Aufmerksamkeit auf Vorgänge, die bei der
Analyse der Verbreitung mancher Ideologien unbedingt berücksichtigt
werden müssen.

Warum läßt sich kein Theoretiker, der sich mit dem Phänomen der
Ideologie beschäftigt (außer vielleicht Pareto), ohne weiteres in das
dritte Feld meines Schaubildes einordnen? Diese Frage ist meiner Ansicht nach einfach zu beantworten. Wie auch immer man Ideologie
definiert, eines ist klar: Ideologien sind mehr oder weniger kohärente
Doktrinen, die in unterschiedlicher Mischung deskriptive und präskriptive Aussagen enthalten. Der Grundbestandteil der Ideologie ist
also die Aussage im logischen Sinn. Von einer Aussage kann man sagen,
daß sie wahr oder daß sie falsch ist. Lehnt man es ab, sie der Prüfung
durch das Wahrheitskriterium zu unterziehen, kann man sie für annehmbar, einleuchtend oder wahr halten oder im Gegenteil für unannehmbar, nicht einleuchtend oder falsch (ebenso wie man feststellt, daß
an einem Gedicht etwas nicht stimmt). Dagegen ist es schwierig, ohne
weitere Erläuterungen zu erklären, daß man sie liebt oder haßt. Kurz,
es ist also unmöglich, eine Aussage und ein Gefühl unvermittelt in Verbindung zu bringen.

Die objektiven Korrelate der Gefühle sind immer *Gegenstände* – ob
physische oder symbolische. Man mag Leberpastete, oder man mag
keine Leberpastete. Man hat Respekt vor der Fahne, oder man hat keinen Respekt vor ihr. Man mag oder respektiert das charismatische
Oberhaupt oder nicht.

Definiert man eine Ideologie (was eigentlich immer der Fall ist) als
mehr oder weniger kohärente Verbindung deskriptiver und präskripti-
ver Aussagen, dann kann man sie nicht einfach als Ausdruck von Gefühlen betrachten. Zweifellos stecken hinter der Übernahme einer
Ideologie oft Gefühle. Aber selbst dann stellt dieses affektive Element
lediglich ein Moment bei der Entstehung und Verbreitung von Ideologien dar. Halten wir uns zum Beispiel den Einfluß der marxistischen
Ideologie vor Augen. Möglicherweise sind für die Annahme dieser
Ideologie manchmal bestimmte Gefühle verantwortlich. Man kann

sich dem Marxismus zuwenden, weil man sich von der Gesellschaft ausgeschlossen fühlt. Diese Gefühle stellen jedoch keine ausreichende Erklärung für den Einfluß der marxistischen Doktrin dar. Es ist eine Sache, mit einer Theorie zu sympathisieren, eine andere, sie für wahr zu halten.

Man sollte daher vorsichtig sein mit Behauptungen wie X sei Marxist, *weil er* sich gesellschaftlich ausgeschlossen fühlt, oder der Marxismus sei eine Philosophie des Grolls (Nietzsche). Es handelt sich dabei um grobe Vereinfachungen, die man keinesfalls wörtlich nehmen darf. Die Konjunktion «weil» verbirgt hier in Wirklichkeit eine komplexe Argumentation, eigentlich müßte es heißen: 1. X *fühlt* sich ausgeschlossen; 2. deshalb sympathisiert er mit dem Marxismus; 3. *außerdem* neigt er dazu, ihn *für richtig zu halten*, zum Beispiel weil Personen, denen er vertraut und die er für kompetent hält, ihn für richtig halten. Die von mir genannten Vereinfachungen sind zweifellos praktisch, daher nimmt man auch an, daß ein Gefühl die Ursache einer Überzeugung sein kann; dieser Kausalzusammenhang ergibt jedoch ganz offensichtlich keinen Sinn.

Viele Autoren, zum Beispiel Mannheim und Geertz, betonen darüber hinaus, daß die positiven oder negativen Einstellungen, die manche Praktiken hervorrufen können, nicht immer nur auf Gefühlen beruhen: Das zinslose Darlehen wird vielmehr deshalb als positiv betrachtet, weil es denjenigen Gesellschaftsformen angepaßt ist, die sich durch eine auf Gegenseitigkeit beruhende Wirtschaft auszeichnen. Der Geistliche, der sieht, daß sich die Praxis des verzinslichen Darlehens durchsetzt, kann dagegen leicht ein *Gefühl* der Sehnsucht nach der alten Ordnung empfinden.

Man kann also folgendes sagen: Die meisten Theorien der Ideologie erkennen die Rolle kollektiver Gefühle bei der Verbreitung von Ideologien zwar einmütig an, sie bestehen aber auch zu Recht darauf, daß dieser affektive Aspekt nur ein Moment dieses Prozesses darstellen kann.

Ich habe schon darauf hingewiesen, daß Vilfredo Pareto tatsächlich als einziger Soziologe diesem affektiven Moment eine entscheidende Rolle zubilligt.

Laut Pareto glauben wir an zwei Arten von Aussagen (oder auch Systeme von Aussagen): an wissenschaftliche Aussagen und an unwissenschaftliche, die unbewiesen oder unbeweisbar sind. Es ist zum Beispiel unmöglich zu beweisen, daß folgender Ratschlag Hesiods richtig ist: «Schlage dein Wasser nicht in die Mündung eines Flusses, ins Meer oder in eine Quelle ab.»[77] Anscheinend haben jedoch viele Griechen daran geglaubt. Ebenso unmöglich ist es, die Wahrheit folgender Aussage zu beweisen: «Was du nicht willst, daß man dir tu, das füg auch keinem andern zu.» Pareto geht also davon aus, daß in jeder Gesellschaft die Menschen einfach an Gebote und Werturteile glauben, die seiner Meinung nach immer unbeweisbar sind.

Sie glauben natürlich auch an alle möglichen Aussagen, die eher deskriptiv als präskriptiv sind und die jeglicher wissenschaftlichen Grundlage entbehren. Ein anschauliches Beispiel dafür ist die Magie.[78] Man muß jedoch hinzufügen, daß der Glaube an die Magie laut Pareto keineswegs ein Charakteristikum primitiver Gesellschaften ist. Er äußert vielmehr die Vermutung – in vielen Fällen ist es fast schon eine Behauptung –, daß Lösungen, die manche modernen Politiker für Probleme vorschlagen, oft ins Gebiet der Magie gehören. Ersetzt man Paretos Beispiele durch solche aus unserer Zeit, könnte man mit guten Gründen annehmen, daß er zum Beispiel den Glauben unserer Sozialisten an die ökonomische Wirksamkeit von Verstaatlichung als Magie eingestuft hätte. Seiner Ansicht nach besteht das Prinzip der Magie im Glauben an die Existenz eines Kausalzusammenhangs, der weder durch Erfahrung noch theoretisch zu rechtfertigen ist.

Diese beiden Arten des Glaubens – zum einen der Glaube an Gebote und Werturteile, die für Pareto weder falsch noch richtig sein können, und zum anderen der Glaube an unbewiesene deskriptive Aussagen – sind seiner Meinung nach nur durch den Einfluß von *Gefühlen* zu erklären. Wir empfinden zum Beispiel die Reinheit als positiv, die Unreinheit dagegen als negativ. Deshalb glaubten die Griechen an die Aussage: «Schlage dein Wasser nicht in die Mündung eines Flusses (...) ab.» Das ist auch der Grund, warum in vielen Gesellschaften die Frauen während der Menstruation ausgegrenzt werden.

Der Mensch hat außerdem das Bedürfnis, seinen Überzeugungen einen «logischen Anstrich» zu verleihen. Warum? Weil er seine Überzeugungen häufig nicht als subjektive Wahrheiten empfindet, die nur er für wahr hält, sondern vielmehr als objektive Wahrheiten. Natürlich gibt es *Meinungen*, die als solche ausgedrückt und empfunden werden, das heißt, das Subjekt ist sich durchaus im klaren über die putative

Natur dieser Aussagen. Jedoch kommt es oft vor, daß eine zweifelhafte oder unbewiesene Aussage als objektive Wahrheit wahrgenommen und empfunden wird. Die Wendungen, die gewöhnlich für derartige zweifelhafte oder unbeweisbare Aussagen benutzt werden, sind ein gutes Beispiel dafür. Hesiod sagt nicht etwa: «Ich glaube, es ist besser, sein Wasser nicht in die Mündung eines Flusses abzuschlagen», sondern: «*Schlage* dein Wasser nicht in die Mündung eines Flusses (...) ab.» Die französischen Sozialisten haben nicht gesagt: «Wir glauben an die Vorteile der Verstaatlichungen», sondern: «Die Verstaatlichungen sind gut für das Land.»

Um sich selbst und andere von etwas zu überzeugen, braucht der Mensch nach Ansicht von Pareto *Theorien*, die beweisen, daß seine Überzeugungen begründet sind. Wie schon erwähnt, nennt Pareto diese Theorien «Derivationen». Die Argumentation für sie ist je nach Fall entweder exegetisch, rhetorisch oder wissenschaftlich. Bei der zuletzt genannten Möglichkeit kann die wissenschaftliche Argumentation jedoch per definitionem nicht wirklich als Beweis für die Schlüsse dienen, die man aus ihr zu ziehen behauptet.

Als Grundlage von Ideologien (Derivationen) lassen sich also immer Gefühle feststellen. Ideologien sind lediglich der rational verbrämte Ausdruck dieser Gefühle. Paretos Theorie beruht eigentlich auf einer einfachen Argumentation:

1. Die Menschen glauben an die objektive Wahrheit aller möglichen unbewiesenen oder unbeweisbaren Aussagen;
2. ihre Überzeugung kann sich per definitionem unmöglich auf die objektive Wahrheit dieser Aussagen stützen;
3. sie muß sich demzufolge auf einen irrationalen Glauben stützen;
4. dieser kann nur auf Gefühlen beruhen.

Meiner Ansicht nach beruht Paretos Theorie auf einer recht fragwürdigen Verallgemeinerung der von Durkheim (Fahne) und Weber (Charisma) angeführten und untersuchten Beispiele, die er auf alle *Derivationen* überträgt. Anders ausgedrückt: Er macht es sich zu leicht mit der Behauptung, ein gesellschaftliches Subjekt halte eine Theorie nur deshalb für wahr, weil sie seinen Gefühlen entspricht. Ich weise noch einmal darauf hin, daß die Fahnenverehrung ein Gefühl *ist*. Man hat für eine Fahne aber nicht dieselben Gefühle wie für eine Theorie. Es ist etwas ganz anderes, ob man eine Theorie wohlwollend betrachtet oder ob man von ihrer Wahrheit überzeugt ist.

Um zu erkennen, welche Probleme Paretos allgemeine Theorie aufwirft, braucht man nur an den berühmten Trinker zu denken, den Aristoteles anführt.[79]

Der Trinker kann der Flasche nicht widerstehen und entwickelt eine
formal stringente Argumentation: Es ist richtig, den Geboten der Natur zu folgen; die Natur gebietet uns zu trinken, um am Leben zu bleiben; also ist es richtig zu trinken.

Paretos Theorie wird damit anschaulich: Der Trinker kann seiner
Leidenschaft nicht entfliehen; er rationalisiert sie, indem er ihr einen
«logischen Anstrich» verleiht. Deutlich wird jedoch auch, welche Probleme diese Theorie aufwirft. Es ist kaum anzunehmen, daß die geschickte *Derivation* des Trinkers seine Gesprächspartner überzeugen
kann. Ihn selbst übrigens ebensowenig. Aristoteles sagt es zwar nicht
ausdrücklich, aber die Vermutung liegt nahe, daß der Trinker einen
Scherz machen wollte. Er versuchte nicht, sein Gegenüber zu überzeugen, er wollte sich lediglich auf geschickte Art entschuldigen, um dem
negativen Eindruck zuvorzukommen, den er sonst vielleicht hinterlassen hätte. Die Derivation des Trinkers muß also als «symbolische
Handlung» im Sinne von Geertz verstanden werden, nicht etwa als
Theorie, von der der Trinker überzeugt war, daß sie seine Leidenschaft
rechtfertigen würde.

Mir ist es jedenfalls unmöglich, die Idee sonderlich ernst zu nehmen,
Ideologien sollten lediglich Gefühle oder Leidenschaften bemänteln.
Ich wiederhole noch einmal, daß ich deshalb nicht behaupte, die kollektiven Gefühle existierten nicht wirklich. Sie werden aber als Gefühle
empfunden. Man respektiert die Fahne, oder man respektiert sie nicht.
Man mag «Fremde», oder man mag sie nicht. An die Wahrheit einer
Theorie glaubt man nicht nur deshalb, weil man ihr wohlgesonnen ist
oder weil man sich von ihr angezogen *fühlt*. Und wenn man behauptet,
man hätte das *Gefühl*, daß eine bestimmte Theorie wahr ist, dann ist
das nur eine – zweideutige und daher gefährliche Art – zu sagen, man
glaube daran.

Zusammenfassend läßt sich sagen, daß das dritte Feld meines Schaubildes soziale Vorgänge einschließt, die durchaus vorhanden sind. Sie stellen jedoch nur ein Moment bei der Produktion und Verbreitung von
Ideologien dar. Ideologien haben niemals nur die eine Funktion, Gefühle und Leidenschaften zu bemänteln.

Ich komme nun zum zweiten Feld meines Schaubildes. Was uns hier interessiert, sind Aussagen oder Theorien, von denen wir zum einen annehmen, daß sie unter das Wahrheitskriterium fallen und zum anderen, daß sie falsch sind.

Aufgrund dieser Definition des zweiten Feldes weigern wir uns, die Übernahme dieser Theorien als irrational anzusehen: Wir nehmen an, daß weder Leidenschaften noch Gefühle, noch eine bedingungslose Anerkennung von Traditionen dafür verantwortlich sind – allgemein ausgedrückt: keine Kraft, die sich der Kontrolle des Subjektes entzieht.

Auf den ersten Blick scheint dieses Feld also eine paradoxe und unwahrscheinliche Kombination anzuzeigen.

Manche der im letzten Kapitel erwähnten Anregungen von Marx legen jedoch nahe, daß dem nicht so ist: Der Kaufmann hat eine «fetischistische» Auffassung von Waren; er glaubt, es würden lediglich Waren gegeneinander getauscht, denn das ist es schließlich, was er auf dem Markt beobachtet. Er glaubt, die Preise ergäben sich *nur* aus Angebot und Nachfrage; weiß er doch, daß er ein Produkt, das nicht anzukommen scheint, nur dann verkaufen kann, wenn er den Preis reduziert.

Diese Überzeugung des Kaufmanns ist natürlich allein unter der Bedingung falsch und fetischistisch, wenn man sie im Zusammenhang mit der *richtigen* Arbeitswerttheorie betrachtet. Es gibt alle möglichen guten Gründe für die Annahme, daß diese Theorie nur in den Augen von Marx wahr ist. Für unsere Diskussion ist das jedoch unwichtig. Wichtig ist, daß Marx uns hier eine *rationale* Erklärung für eine falsche Idee gibt – *vorausgesetzt* man erkennt an, daß der Glaube des Kaufmanns tatsächlich falsch und fetischistisch ist. Damit will ich sagen, daß Marx die Erklärung dafür gelingt, daß der Kaufmann an falsche Ideen glaubt, ohne dabei irgendwelchen Leidenschaften, Neigungen oder Kräften zu gehorchen, die sich seiner Kontrolle entziehen und die dazu führen, daß er sich einen Bären aufbinden läßt. Der Kaufmann glaubt ganz einfach das, was er sieht. Wenn er die Wirklichkeit verzerrt wahrnimmt, dann deshalb, weil er nur einen Teil von ihr wahrnimmt.

Ebenso wird ein Beobachter, der von seinem Standort aus nur eine Seite einer Pyramide sehen kann, diese für ein Dreieck halten. Hier kann weder von Irrationalität noch von optischer Täuschung die Rede sein. Er sieht ein Dreieck, weil er ein Dreieck vor Augen hat. Dennoch handelt es sich nicht wirklich um ein Dreieck, was andere Beobachter ihm bestätigen können und was er selbst feststellen würde, wenn er seinen Standort änderte.

Ich habe schon im vorigen Kapitel darauf hingewiesen, daß diese Art von Analyse bei Marx häufig zu finden ist. Seine Analysen sind aus zwei Gründen interessant. Erstens weil sie noch beweisen, daß die Übernahme von und das Festhalten an falschen Ideen (die folglich unter das Wahrheitskriterium fallen) nicht das Resultat der Wirkung irrationaler Kräfte sein kann. Dieser Punkt ist meiner Meinung nach ungeheuer wichtig, denn er stellt den ersten Schritt zur Antwort auf die Frage dar, auf die jegliche Theorie der Ideologie bisher gestoßen ist und weiterhin stoßen wird: Warum erscheinen falsche Ideen oft so leicht als glaubhaft?

Zweitens sind diese Analysen deshalb interessant, weil sie der Marxschen allgemeinen Theorie der Ideologie zu widersprechen scheinen, die er an anderer Stelle entwickelt und die vor allem die Aufmerksamkeit der Nachwelt gefunden hat.

Marx ist jedoch nicht der einzige, der eine Theorie der Ideologie entwickelt hat, die in das zweite Feld meines Schaubildes eingeordnet werden kann. Bei Max Weber finden sich zahlreiche Analysen dieser Art. Ich werde darauf zurückkommen, will jedoch vorher diejenigen Analysen Webers behandeln, die den anderen Feldern zugeordnet werden müssen. Weber benutzt zwar paradoxerweise so gut wie nie das Wort «Ideologie», sein Werk enthält jedoch so ziemlich alles, was für die Formulierung einer allgemeinen Theorie der Ideologie nötig ist. Und von allen großen Soziologen ist er mit Sicherheit derjenige, der sich am deutlichsten der Komplexität des Phänomens «Ideologie» bewußt war.

Ich habe schon auf die Bedeutung hingewiesen, die einige seiner Analysen (zum Beispiel die Analyse des Charismas) für eine solche Theorie haben. Ebenso wie Durkheim hat Weber die Bedeutung dieser kollektiven Gefühle erkannt, die manchen symbolischen Gegenständen einen sakralen Charakter oder einer Person Autorität verleihen. Allgemein können zahlreiche Analysen Webers in das *dritte* Feld meines Schaubildes eingeordnet werden.

Noch vor Mannheim und *a fortiori* vor Geertz hat Weber außerdem die Bedeutung jener Prozesse erkannt, die zum Beispiel durch Mannheims Analyse des zinslosen Darlehens veranschaulicht werden. Dabei handelt es sich um normative Überzeugungen, die weder als falsch noch als richtig bezeichnet werden können, deren Autorität jedoch rational erklärbar ist. Diese Analysen gehören nach unserer Klassifizierung in das *vierte* Feld des Schaubildes.

Was für die normativen Überzeugungen gilt, gilt ebenfalls für die deskriptiven Überzeugungen, die genauso wie die Religionen per definitionem nicht unter das Wahrheitskriterium fallen können. Laut Weber haben die römischen Götter zum Beispiel deshalb die Mentalität von Amtsdienern und wachen deshalb so pedantisch über sämtliche Handlungen des täglichen Lebens, weil die Römer als Grundbesitzer dauernd in Probleme der Grundstücksgrenzen verwickelt sind.[80] Und der Mithraskult war vor allem deshalb unter den römischen Offizieren und Beamten verbreitet, weil «neben den Diesseitsverheißungen, welche auch hier wie immer mit den Verheißungen des Jenseits verknüpft waren, (...) bei der Anziehungskraft dieses Kults auf die Offiziere [der Kult war den Männern vorbehalten] gewiß (...) das hierarchische Avancement in den Weihen eine Rolle [spielte]». Offiziere und Beamte fühlten sich dort also heimisch. Außerdem war der Mithraskult eine «wesentlich ritualistische Reinheitsreligion». Die Bürokratie ist nämlich «stets Träger eines weitgehenden nüchternen Rationalismus einerseits, des Ideals der disziplinierten ‹Ordnung› und Ruhe als absoluten Wertmaßstabes andererseits. Eine tiefe Verachtung aller irrationalen Religiösität, verbunden mit der Einsicht in ihre Brauchbarkeit als Domestikationsmittel pflegt die Bürokratie zu kennzeichnen.»[81] Nach Webers Ansicht kann so auch erklärt werden, warum die preußischen Beamten und Monarchen sich von der Freimaurerei angezogen fühlten: Sie fanden dort Prinzipien und Werte wieder, die sie aufgrund ihrer Rolle und ihrer gesellschaftlichen Stellung als positiv ansahen.

Diese und unzählige andere Analysen, die man aus Webers Religionssoziologie zitieren könnte, müssen dem *vierten* Feld unseres Schaubildes zugeordnet werden: Bei allen genannten Beispielen wird der Glaube an deskriptive oder präskriptive Aussagen, die nicht unter das Wahrheitskriterium fallen, als rational interpretiert, das heißt unter Berücksichtigung der Situation und der Dispositionen der Handelnden als verständlich.

Man findet bei Weber indessen kaum Analysen, die in das *erste* Feld meines Schaubildes passen. Ich habe schon einmal betont, daß es ihm irgendwie unangenehm war einzuräumen, die Annahme falscher Ideen könne allein durch die Irrationalität der sozial Handelnden erklärt werden. Im Grunde war er allerdings der Meinung, daß der Mensch oft irrational *ist*, die Soziologie und die Wirtschaftswissenschaft müßten jedoch zuerst alle Möglichkeiten rationaler Erklärung ausschöpfen, wenn sie wirklich fruchtbar sein wollen.

Mehrere seiner Analysen beweisen schließlich, daß er ebenso wie Marx erkannt hat, daß der Glaube an falsche Ideen oft rational erklärt werden kann. Sie führen uns zum *zweiten* Feld des Schaubildes zurück, das zum Beispiel durch die Marxsche Analyse des Warenfetischismus illustriert wird.

Im folgenden werde ich mich ausführlich mit Webers Theorie der Magie beschäftigen. Warum gerade die Magie? Weil der Glaube an Magie ganz eindeutig unter das Wahrheitskriterium fällt. Außerdem handelt es sich dabei per definitionem um einen Glauben an falsche Ideen. Deshalb kann er mit dem Glauben an Ideologien verglichen werden: Er zeichnet sich ebenfalls dadurch aus, daß er erstens unter das Wahrheitskriterium fällt und zweitens falsch ist. Es besteht also kein formaler, sondern lediglich ein inhaltlicher Unterschied zwischen dem Glauben an Magie und dem Glauben an Ideologie: Der eine bezieht sich auf natürliche, der andere auf soziale Phänomene.

Weber hat eine schreckliche Angewohnheit: Er deutet wichtige Theorien oft nur in wenigen Sätzen an und beschränkt sich auf eine Beweisführung in groben Zügen; den Schluß, zu dem er gelangt, deutet er ebenfalls nur an und überläßt es dem Leser, seine Argumentation nachzuvollziehen. Das ist leider der Fall bei seinen Betrachtungen über die Magie in «Wirtschaft und Gesellschaft». Sie werden nur grob skizziert. Sie sind jedoch ausführlich genug, um sofort den Unterschied erkennen zu lassen zwischen seiner Erklärung für das Phänomen der Magie und der Erklärung Paretos – um ihn mit einem anderen großen klassischen Soziologen zu vergleichen.

Pareto, der hier die allgemeine Theorie anwendet, deren Prinzipien ich weiter oben zusammengefaßt habe, argumentiert folgendermaßen: Der Magier glaubt an falsche Kausalzusammenhänge, weil er das Opfer seiner Gefühle ist oder von ihnen irregeleitet wird. Er weiß, daß seine Kundschaft ungeduldig auf Regen wartet, der ihr eine bessere Ernte verheißen würde; er will ihr erstens einen Gefallen tun und zweitens seine Macht festigen. Er glaubt schließlich ebenso wie sie, er könne mit Hilfe einer bestimmten rituellen Handlung Regen machen. Regnet es nicht, kann er sein Scheitern immer noch auf den bösen Willen höherer Mächte schieben, oder er redet sich ein, er habe die Regeln für rituelle Handlungen nicht streng genug beachtet. Wenn er nicht klar erkennt, wo er gegen die Regeln verstoßen hat, wird er sich leicht selbst überzeugen, daß seine Fehler ihm eben entgangen sind. Kurz gesagt stellt die Magie in den Augen Paretos ein anschauliches Beispiel dessen dar, was «Wunschdenken» genannt werden kann.

Webers Theorie ist der Paretos diametral entgegengesetzt. Pareto erklärt die Magie auf irrationale, Weber erklärt sie auf rationale Weise:

«‹Auf daß es dir wohl gehe und du lange lebest auf Erden›, sollen die religiös oder magisch gebotenen Handlungen vollzogen werden. (...)Religiös oder magisch motiviertes Handeln ist ferner, gerade in seiner urwüchsigen Gestalt, ein mindestens relativ rationales Handeln: wenn auch nicht notwendig ein Handeln nach Mitteln und Zwecken, so doch nach Erfahrungsregeln. Wie das Quirlen den Funken aus dem Holz, so lockt die ‹magische› Mimik des Kundigen den Regen aus dem Himmel. Und der Funken, den der Feuerquirl erzeugt, ist genau ebenso ein ‹magisches› Produkt wie der durch die Manipulationen des Regenmachers erzeugte Regen. Das religiöse oder ‹magische› Handeln oder Denken ist also gar nicht aus dem Kreise des alltäglichen Zweckhandelns auszusondern, zumal auch seine Zwecke selbst überwiegend ökonomische sind.»[82]

Weber spricht hier einen wichtigen Punkt an: Bei den primitiven Gesellschaften fällt es leichter, Zusammenhänge zwischen magischen und religiösen Praktiken und den Sorgen des täglichen Lebens festzustellen. Ungefähr zur gleichen Zeit entscheidet sich auch Durkheim, das Wesen religiöser Erscheinungen aus ihren primitiven Formen heraus zu erklären.[83] Er betont die Rolle der Religion und der Magie im täglichen Leben jedoch sehr viel weniger als Weber, denn er teilt weder dessen individualisierende Methode noch seine Theorie rationalen Handelns. Durkheim beschäftigt sich vor allem deshalb mit den primitiven Religionen, weil er von Auguste Comte dessen evolutionistische Anschauung übernommen hat.

Webers Auffassung zielt nach meiner Ansicht auf etwas ganz anderes: Sobald man den Bereich der primitiven Gesellschaften verläßt, bestehen die magischen und religiösen Praktiken, Ideen und Vorstellungen aus einer traditionellen Basis, die im Lauf der Zeit durch komplexe soziale, einander mehr oder weniger überlagernde Veränderungen immer wieder umgebildet wurde. Deshalb ist der Zusammenhang zwischen Religion und täglichem Leben bei einer komplexen Gesellschaft schwerer erkennbar als bei einer primitiven Gesellschaft. Außerdem sind die sozialen Strukturen bei einer primitiven Gesellschaft sehr viel einfacher zu begreifen.

Bei den primitiven Gesellschaften fällt es deshalb leichter, den «relativ rationalen» Charakter der Religion und der Magie unmittelbar zu erkennen: Mit Magie will man Regen machen, um die Ernteerträge zu verbessern, sie ist also durch eine bestimmte Absicht erklärbar. Uns werden die Mittel, die der Regenmacher anwendet, natürlich irrational vorkommen. Für den Primitiven sind sie es jedoch nicht. «Der Funken, den der Feuerquirl erzeugt, ist genau ebenso ein ‹magisches› Produkt wie der durch die Manipulationen des Regenmachers erzeugte Regen», das gilt natürlich für den *Primitiven*, nicht *für uns*.

Weber schlägt uns hier eine Art kopernikanische Wende vor. Die Magie erscheint uns irrational, und genauso definieren wir sie dann auch: Sie beruht für uns auf dem Glauben an falsche Kausalzusammenhänge. Diesen Glauben kann man dann entweder so wie Pareto interpretieren oder aber wie der frühe Lévy-Bruhl behaupten, die *Mentalität* des Primitiven unterscheide sich von der unseren.[84] Weber schlägt einen anderen Weg vor: Um die Magie zu verstehen, muß man sich weniger dem Primitiven, sondern eher dem Beobachter zuwenden, denn der Begriff «Magie» taucht erst dann auf, wenn das Handeln eines Primitiven von einem Beobachter untersucht wird, der einem anderen Kulturkreis angehört. «Magie» bezeichnet also nicht eine Verhaltensweise, sondern eher einen Typus von *Beziehung* zwischen Beobachter und Beobachtetem.

Wenn *wir* also einen *Unterschied* feststellen zwischen der Handlung, ein Hölzchen zu reiben, um Feuer zu machen, und der Handlung des Regenmachers, dann deshalb, weil wir Hume gelesen haben, weil wir gelernt haben, mit den Begriffen «Ursache» und «Wirkung» umzugehen, und weil wir Stuart Mills Induktionsregeln spontan anwenden; kurz, wir haben alle eine mehr oder weniger genaue Vorstellung von den Regeln des wissenschaftlichen, kontrollierten Experimentierens. Aber erst seit Bacon, Hume und Stuart Mill sind diese Regeln für *uns* etwas völlig Natürliches. Ist es daher nicht unvernünftig anzunehmen, in der Vorstellung eines Primitiven seien Begriffe und Prinzipien vorhanden, zu deren Fixierung das Abendland Jahrhunderte benötigt hat? Räumt man ein, daß eine derartige Hypothese tatsächlich unsinnig ist, muß man ebenfalls zugestehen, daß die Handlungen des Regenmachers *für den Primitiven* ebenso rational sind wie der Vorgang, Feuer zu machen.

Man könnte nun einwenden, daß die Handlungen des Regenmachers seltener Wirkungen zeitigen als die desjenigen, der Feuer macht und daß der Primitve dies bemerken müßte. Damit würde man ihm jedoch erneut unterstellen, er sei – durch welches Wunder auch immer – fähig, die Begriffe und Resultate einer Disziplin zu erahnen, die sich im westlichen Denken erst vor nicht allzu langer Zeit entwickelt hat: die Statistik. Denn nur im Verhältnis zur Gesamtheit der in dieser Disziplin enthaltenen Begriffe und Ideen bekommt ein Begriff wie «Häufigkeit» einen Sinn. Dieser Begriff ist also nicht deshalb natürlich, weil er uns wie der Begriff «Ursache» geläufig geworden ist.

Im nächsten Kapitel werde ich auf diese wichtige Diskussion zurückkommen; mit den wenigen Anmerkungen, die ich eben gemacht habe, ist sie natürlich nicht erschöpft. Ich wollte hier lediglich darauf hinweisen, daß Webers Analyse der Magie – ebenso wie viele andere seiner Analysen – ins *zweite* Feld meines Schaubildes gehört: Der Glaube des Primitiven an die Magie ist zwar falsch, aber nicht irrational. Die Verständnislosigkeit des westlichen Beobachters gegenüber den Überzeugungen des Primitiven ist ebenfalls nicht unverständlich: Es ist im Gegenteil zu erwarten, daß dieser Beobachter aufgrund der durch seine Kenntnisse auf dem Gebiet der Physik und der Statistik in seinen Vorstellungen geschaffenen Dispositionen alle Mühe haben wird zu begreifen, daß der Primitive den Gestikulationen des Regenmachers eine kausale Wirksamkeit zuschreibt.

Unsere Bemerkungen rund um die vier Felder des Schaubildes haben einigen Raum in Anspruch genommen. Ich bin jedoch der Meinung, daß sich die Mühe gelohnt hat.

Jeder der von mir genannten Autoren kann in eines der Felder, manchmal in zwei, eingeordnet werden, ausnahmsweise auch in drei – wie Weber. Das ist durchaus verständlich. Schon an seinem Ton ist zu erkennen, daß sich Geertz von Suttons Interpretation der Reaktion der Gewerkschaften auf das Taft-Hartley-Gesetz gereizt fühlte. Er hat sich aber auch über Arons und Shils' irrationalistische Auffassung der Ideologien geärgert. Deshalb hat er sich in das diagonal gegenüberliegende Feld eingefügt: Ideologien dürfen nicht anhand des Wahrheitskriteriums beurteilt werden, sie stellen rationale symbolische Handlungen dar, die einen strategischen oder kognitiven Zweck verfolgen (die Ideologie als Straßenkarte, um sich in einer komplexen Welt zurechtzufinden).

In dieses Feld ist auch Mannheim einzuordnen, dessen Versuch, eine

Arten der Erklärung für Ideologie

Definitionen von Ideologie	Irrationale Erklärung	Rationale Erklärung
Traditionelle Definition (in bezug auf das Wahrheitskriterium)	**1** Verblendung durch Klasseninteressen (MARX) Annahme falscher Ideen durch Fanatismus (ARON, SHILS)	**2** Warenfetischismus, Merkantilismus (MARX) Magie (MAX WEBER)
Moderne Definition (ohne Bezug auf das Wahrheitskriterium)	**3** Fahnenverehrung (DURKHEIM) Verehrung des charismatischen Oberhauptes (MAX WEBER)	**4** Römische Götter, Mithraskult (MAX WEBER) Respekt des Adels gegenüber der absoluten Monarchie (MARX) Verzinsliche Darlehen (MANNHEIM) Taft-Hartley-Gesetz (GEERTZ)

Wissenssoziologie zu begründen, ihn zwischen zwei Arten von Theorien, Ideen und Vorstellungen unterscheiden läßt: zwischen denen, die Anspruch auf zeitlose Wahrheit erheben können (zum Beispiel mathematische Lehrsätze oder Erkenntnisse der Physik) und jenen, die diesen Anspruch zwar nicht erheben können, die aber dennoch nicht widersinnig sind. Man kann sie *historische* Wahrheiten nennen, denn sie bestehen aus Aussagen, die von historisch eingebundenen Handelnden als richtig und gültig empfunden werden. Mannheim gehört also zweifellos ins vierte Feld.[85]

Andererseits ist nur zu verständlich, daß Aron und Shils, deren Schriften über Ideologie nicht lange nach den Schrecken der Naziherrschaft und des Stalinismus entstanden, in den Ideologien vor allem Systeme falscher Ideen sehen wollten, die die sozial Handelnden unter dem Einfluß irrationaler Kräfte übernehmen.

Es dürfte deutlich geworden sein, daß die vier Felder von Nutzen sind: Mit ihrer Hilfe lassen sich verschiedene Aspekte oder Momente der ideologischen Prozesse sowie alle möglichen klassischen Analysen der Ideologie ohne Probleme klassifizieren.

Zweifellos begünstigen Fanatismus und starke Emotionen die Annahme und das Festhalten an einer Ideologie (Feld 1). Dieser Punkt ist jedoch nebensächlich, er kann unmöglich Grundlage einer Theorie sein, die das gesamte Phänomen «Ideologie» beschreiben soll. Und niemand – mit Ausnahme einiger Rückständiger – glaubt offenbar mehr ernsthaft an die im allgemeinen vom Vulgärmarxismus vertretene Theorie, nach der Ideologien unter der Einwirkung von Klasseninteressen verzerrte Weltanschauungen sein sollen.

Manche Prozesse zur Verbreitung der Ideologien enthalten natürlich Momente, die ins dritte Feld gehören. Der Respekt gegenüber dem charismatischen Oberhaupt kann der Verbreitung seiner Botschaft dienlich sein. Wird eine Ideologie dann institutionalisiert, kann sie sich auf Symbole stützen (Hakenkreuz, Hammer und Sichel), die nicht nur Signale der Gruppenzugehörigkeit, sondern vor allem Identifikationssymbole sind.

Außerdem schließen die Ideologien im allgemeinen Überzeugungen und Vorstellungen ein, die nicht unter das Wahrheitskriterium fallen, die aber dennoch nicht irrational sind: Es ist verständlich, daß die amerikanischen Gewerkschaften über das Taft-Hartley-Gesetz nicht glücklich waren. Die Gründe, warum sie ihr Mißfallen nicht direkt, sondern metaphorisch ausdrücken wollten, liegen auf der Hand. Ebenso verständlich ist, daß die katholische Kirche dem aufkommenden Kapitalismus entgegenarbeiten wollte, indem sie das verzinsliche Darlehen als unmoralisch anprangerte. Keine Theorie der Ideologie kann diese Seite des Phänomens unberücksichtigt lassen, die Weber, Mannheim und Geertz deutlich herausgearbeitet haben (viertes Feld).

Bliebe nur noch das zweite Feld, das Webers Theorie der Magie und einige Marxsche Analysen illustrieren (Warenfetischismus, Merkantilismus). All diese Analysen zeigen, daß der sozial Handelnde unter bestimmten Umständen die besten *Gründe* haben kann, um an *falschen* Ideen festzuhalten. Sie weisen auf eine ganz besonders wichtige Dimension der Ideologien hin. Im Gegensatz zu den anderen Dimensionen des Phänomens wird sie jedoch selten wahrgenommen. Selbst Marx ist sie entgangen; er hat die allgemeinen Schlüsse nicht gezogen, die die von Marx II vorgeschlagenen Einzelanalysen nahelegten.

Im übrigen ist es wirklich nicht schwer zu verstehen, warum das zweite Feld relativ leer ist, denn ich habe schon erwähnt, daß es auf den ersten Blick eine ziemlich paradoxe und unwahrscheinliche Komponente aufweist: Wie kann der Glaube an falsche Ideen rational erklärt werden? Abgesehen davon, daß diese Behauptung widersprüchlich erscheinen kann, steht sie in krassem Gegensatz zu einer alten Tradition: zur klassischen Auffassung des Irrtums.

Ich möchte mich nun mit dem Gedanken beschäftigen, nach der die Annahme von und das Festhalten an falschen Ideen in vielen Fällen mit rationalen Gründen erklärt werden kann. Dieser Gedanke scheint mir unerläßlich für die Analyse von Ideologien im engsten – und geläufigen – Sinn des Begriffs.

Wie schon im ersten Kapitel erwähnt, wird der Begriff «Ideologie» von Geertz und Althusser sehr weit gefaßt, da er bei ihnen sämtliche Überzeugungen bezeichnet, die Politik und Soziales betreffen.

Der gesunde Menschenverstand versteht unter «Ideologie» meist all jene Überzeugungen, die mit Politik und Sozialem zusammenhängen und sich direkt oder indirekt auf eine wissenschaftliche Autorität berufen. Jede Ideologie, sei sie bedeutend oder unbedeutend, rechts oder links, ob sie sich «Marxismus» oder «Liberalismus» nennt, ob sie im Namen der Dritten Welt oder der Entwicklungshilfe auftritt, stützt sich auf die Autorität der Wissenschaft. Das Wort «Ideologie» selbst hat sich durchgesetzt, weil es den neuen Ehrgeiz bezeichnete, der mit der Moderne aufkam: Die Wissenschaft sollte das Fundament einer Gesellschaftsordnung liefern, die allem Anschein nach nicht mehr auf Tradition beruhen konnte.

Daraus ergibt sich für die Theorie der Ideologien folgende grundlegende Frage: Wie können sich falsche Ideen auf die Autorität der Wissenschaft stützen? Eine ergänzende Frage kommt hinzu: Ist es wirklich unvermeidlich, von irrationalen sozialen Akteuren auszugehen, um zu begreifen, warum falsche Ideen sich auf die Autorität der Wissenschaft stützen können?

Ich will keineswegs leugnen, daß man Ideologie auch anders definieren und andere Fragen stellen könnte, auch wenn ich mein Forschungsgebiet und den Begriff «Ideologie» so eng eingrenze. Ich bin jedoch davon überzeugt, daß jedes der vier Felder meines Schaubildes einer Wahrheit entspricht und daß sie alle vier wichtige Aspekte der ideologischen

Prozesse definieren. Deshalb hielt ich es für nötig, die den Theorien der Ideologie[86] zugrunde liegenden Dimensionen herauszuarbeiten und die Kombinationen, die sich aus ihnen ergeben, zu untersuchen.

Andererseits scheint es mir aber ziemlich umständlich zu sein, all diese Aspekte gleichzeitig zu behandeln. Wollte man zum Beispiel den Begriff der symbolischen Handlung ausführlich erörtern, dann könnte daraus schnell eine Abhandlung über soziale Rhetorik werden. Pareto hat dies klar erkannt, deshalb hat er auch lieber von «Derivationen» als von «Ideologie» gesprochen. Der Begriff «Derivation» erlaubte ihm, sämtliche Theorien über einen Kamm zu scheren, gleichgültig, ob sie nun auf einer wissenschaftlichen Argumentation beruhen oder auf einer exegetischen oder rhetorischen Argumentation. Er hat auch nicht versucht, die erste dieser beiden Kategorien mit Hilfe eines speziellen Begriffes zu isolieren, da alle Theorien in seinen Augen eines gemeinsam haben: Gefühle zu rationalisieren.

Spricht man dieser Funktion jedoch ihre Allgemeingültigkeit ab, die er ihr – meiner Meinung nach zu Unrecht – unterstellt, dann ist es durchaus legitim, die einzelnen Derivationen (das heißt die Ideologien im geläufigen Sinn dieses Begriffs, diejenigen also, die auf einer wissenschaftlichen Argumentation beruhen) getrennt zu behandeln.

ZWEITER TEIL

5
Versuch einer begrenzten Theorie der Ideologie

Im folgenden werde ich mich vor allem zu zeigen bemühen, daß – im Gegensatz zu einer vorgefaßten Meinung – diejenigen vorgefaßten Meinungen, die in Ideologien eingehen, keinesfalls ausschließlich auf Verblendung und auf Kräfte zurückzuführen sind, die sich der Kontrolle des Subjektes entziehen; sie können vielmehr auf ganz *normale* Art und Weise in seinem Denken entstehen. Die Übernahme vorgefaßter Meinungen kann anders ausgedrückt also oft als *verständliche* Handlung im Sinn von Weber analysiert werden.

Außerdem will ich zeigen, daß die Wissenschaft zwar sicher zur Produktion und Verbreitung wahrer Ideen beiträgt, daß sie aber auch eine wichtige Rolle spielt bei der Bestätigung und Verbreitung falscher Ideen; auch letzteres ist jedoch nicht unbedingt auf das gestörte Gefühlsleben oder auf die Irrationalität der Handelnden zurückzuführen, die direkt oder indirekt am wissenschaftlichen Spiel beteiligt sind. Mit anderen Worten geht es darum zu zeigen, daß vorgefaßte Meinungen ein normales Produkt der normalen Wissenschaft sein können.

Wenn ich von Wissenschaft spreche, meine ich natürlich die Sozialwissenschaften. Ideologien sind nämlich Systeme, die in den Bereich des Sozialen gehören. Den Ausdruck «Sozialwissenschaften» verstehe ich im weitesten Sinn: Er schließt für mich Geschichts- und Wirtschaftswissenschaft, Anthropologie, Soziologie und Politikwissenschaft ein.

Da meine Untersuchungen nicht die Gesamtheit der unter den Begriff «Ideologie» fallenden Erscheinungen abdecken, schlage ich vor, die folgende Argumentation als Versuch einer *begrenzten* Theorie der Ideologie zu betrachten.

In diesem Kapitel werde ich mich darauf beschränken, mit Hilfe einiger Beispiele die verschiedenen Arten von Effekten darzustellen, deren Zusammenwirken diese begrenzte Theorie der Ideologie charakterisiert; in den folgenden Kapiteln werde ich dann eine ausführlichere Argumentation entwickeln.

Eine solche begrenzte Theorie muß vor allem das berücksichtigen, was ich hier vorschlage, *Positionseffekte* und *Dispositionseffekte* zu nennen. Diese beiden Arten von Effekten können unter dem allgemeinen Begriff *Situationseffekte* zusammengefaßt werden.

Unter dem Eindruck dieser Situationseffekte neigt der sozial Handelnde unter bestimmten Umständen – deren Natur ich genauer zu beschreiben versuchen werde – dazu, die Realität nicht so wahrzunehmen, wie andere sie wahrnehmen: Er nimmt sie verzerrt oder nur teilweise wahr. Oft fällt ihm nicht auf, daß er das, was er sieht, nur von seinem Standort aus in dieser Weise sehen kann; man darf ihn deshalb jedoch nicht für irrational halten. Diese Situationseffekte sind besonders wichtig, da sie oft eine ausreichende Erklärung dafür liefern, warum ein sozial Handelnder eine falsche oder zweifelhafte Idee übernimmt. Manchmal gehen sie auch Hand in Hand mit anderen Arten von Effekten, die ich weiter unten untersuchen werde.

Die Begriffe «Positionseffekte» und «Dispositionseffekte» bezeichnen im Bereich der Ideen lediglich Erscheinungen, die im Bereich der Wahrnehmung leicht als banal abgetan werden. Was ich hier und jetzt sehe, hängt natürlich von meinem Standort im Raum ab. Auf der Hofseite sieht man etwas anderes als auf der Gartenseite; was ich auf der Hofseite sehe, hängt vor allem von dem ab, was ich schon weiß: zum Beispiel, daß in der Wohnung gegenüber eine reizende Nachbarin wohnt oder auch ein zänkisches Ehepaar. Seit Husserl hat die Phänomenologie diese *Intentionalitäten* (nicht zu verwechseln mit den *Intentionen* bei der Handlungstheorie) hinreichend betont. Sie lenken den Blick und stellen a priori gegebene Formen der Wahrnehmung dar. Es erscheint mir daher unnütz, mich bei ihnen länger aufzuhalten. Außerdem ist dieser Aspekt des Husserlschen Denkens in Frankreich insbesondere von Merleau-Ponty in brillanter Art und Weise popularisiert worden.[87]

Alfred Schütz hat seinerseits gezeigt, daß die Husserlschen Analysen nicht nur auf den Bereich der Wahrnehmung im allgemeinen angewandt werden können, sondern auch auf den Bereich der sozialen Wahrnehmung.[88] Bei Schütz und bei seinen Nachfolgern, insbesondere bei Peter Berger und Thomas Luckmann[89], werden die Einsichten der Husserlschen Phänomenologie jedoch eher auf die *symbolische* als auf die *kognitive* Dimension des sozialen Lebens angewandt. Die Tatsache, daß ein Individuum für uns ein «Krimineller» oder ein «Fremder» ist, hat alle möglichen Konsequenzen für die Art und Weise, in der wir sein Verhalten wahrnehmen und interpretieren. Für den Beobachter kann dieselbe Handlung unterschiedliche Bedeutungen haben – je nachdem, von wem sie begangen wird: ob von einem «Fremden», von einem Freund oder Verwandten oder von einem Individuum, das der Beobachter als zu derselben Gruppe gehörig wie er selbst betrachtet. Die Handlungen des «Fremden» werden vom Beobachter also abhängig von einem Bezugsrahmen oder, wenn man so will, von einer Apriori gegebenen Form interpretiert. Dieser klassische Begriff des Apriori muß jedoch in weiterem Sinn verstanden werden, als selbst Kant ihn verstanden hat.

Übrigens werden die Ideen von Husserl und Schütz implizit und unbewußt von vielen Autoren benutzt, die sich nicht ausdrücklich auf die Phänomenologie beziehen. Linton[90] bemerkt zum Beispiel, daß ein Reisender in Norwegen seine Koffer ohne weiteres einem Dienstmann anvertrauen und ihn damit zum anderen Ende des Bahnhofs schicken würde, in Italien dagegen würde er ihn lieber begleiten. Der «norwegische Dienstmann» und der «italienische Gepäckträger» sind für den Reisenden also nicht einfach nur deskriptive Begriffe, sie bezeichnen vielmehr Denkweisen oder Formen. Diese Formen leiten die Wahrnehmung des Reisenden und werden von bestimmten «Erwartungen» begleitet. Er wäre überrascht, den norwegischen Dienstmann nicht wiederzufinden, jedoch nicht, wenn der italienische Gepäckträger sich aus dem Staub gemacht hätte.

Die Vorstellung, daß die soziale *Wahrnehmung* nicht kontemplativ ist, sondern im Gegenteil aktiv, ist heute hinreichend anerkannt; es ist also unnötig, darauf zurückzukommen. Dagegen ist es unter dem Einfluß der klassischen philosophischen Theorie von Wahrheit und Irrtum – auf die ich noch zurückkommen werde – viel schwieriger, den Gedanken wirklich ernst zu nehmen, daß die soziale *Erkenntnis* nicht Sache entkörperlichter Handelnder ist, die fähig sind, die Realität wie außerhalb ihrer Stehende zu betrachten, sondern im Gegenteil die Sache sozial *verorteter* Handelnder, die durch eine *Position* oder *Disposition* charakterisiert sind. Aufgrund ihrer Position können diese Handelnden die Wirklichkeit nur in einem bestimmten Licht wahrnehmen. Aufgrund ihrer Dispositionen – selbst in derselben Position – werden sie in manchen Fällen dieselbe Wirklichkeit anders interpretieren, zumindest ist dies möglich. Ein Bankier wird zum Beispiel den Geldmarkt anders sehen als ein Griechischlehrer, und je nachdem, ob ihm die Theorien Keynes' bekannt sind oder nicht, wird er ihn unterschiedlich beurteilen.

Diese von mir hier so benannten Positions- und Dispositionseffekte sind in gewisser Weise trivial. Wenn man ihnen weniger Bedeutung beimißt, als sie eigentlich verdienen, dann vor allem aus dem eben von mir genannten positiven Grund: dem Einfluß der klassischen Philosophie von Wahrheit und Irrtum. Diese neigt dazu, die Erkenntnis auf die Betrachtung der Wirklichkeit durch ein außerhalb ihrer stehendes Subjekt zu reduzieren.[91] Es existiert jedoch auch noch ein negativer Grund. Autoren wie Marx und Mannheim haben – wie schon erwähnt – die Bedeutung dieser Positions- und Dispositionseffekte (Situationseffekte) für die Theorie der Ideologie klar erkannt.

Der Mißkredit, in den die Marxsche Theorie der Ideologie in ihrer allgemeinen Form geraten ist, hat dazu geführt, daß man das Kind mit dem Bade ausgeschüttet hat. Man hat übersehen, daß viele der Marxschen Analysen in keiner Weise auf die nur zu berühmte Analogie der Camera obscura zurückzuführen sind. Mannheims Betrachtungen zur Wissenssoziologie wurden leichtfertig als wertloser Historismus abgetan.[92] Diese Überlegungen können jedoch keinesfalls auf die Vorstellung reduziert werden, die Ideen seien das Produkt von Gesellschaft und Geschichte. Hier ist Mannheim im Gegenteil viel vorsichtiger als Durkheim. Er bemerkt vielmehr, daß die Ideen – mit Ausnahme derjenigen, die aufgrund ihrer Beschaffenheit Anspruch auf universelle Gültigkeit erheben können – nur im Bezug auf den sozialen und historischen Kontext begriffen werden können, in dem sie auftauchen. Diese Aussage schließt jedoch ein, daß die Ideen *verstanden* werden müssen. Mit anderen Worten dürfen sie nicht als mechanische Reflexe der historischen und sozialen Situationen oder als Auswirkungen eines unterstellten kollektiven Bewußtseins interpretiert werden; sie müssen vielmehr rational Handelnden zugeschrieben werden. Und die Tatsache, daß diese Handelnden historisch und sozial verortet sind, genügt natürlich nicht, um ihnen diese Rationalität abzusprechen.

Wie dem auch sei, der Mißkredit, in den zu Recht die Vulgarisierungen geraten sind, auf die manche das Denken von Marx und Mannheim reduzieren wollten, ist wahrscheinlich einer der Hauptgründe dafür, warum manchen ihrer Einsichten nicht die verdiente Aufmerksamkeit genossen haben. Deshalb wurde vielleicht auch eine der grundlegenden Einsichten der Husserlschen Phänomenologie – auch wenn sie der eigentliche Auslöser für die Analyse der Phänomene der sozialen *Wahrnehmung* war – kaum auf die soziale *Erkenntnis* angewandt.

Bei den Positionseffekten, für die ich schon einige Beispiele gegeben habe, werde ich mich hier nicht lange aufhalten.

Rufen wir uns indessen die Marxsche Analyse des Warenfetischismus in Erinnerung: Der Kaufmann stellt fest, daß er die Preise seiner Produkte ohne weiteres erhöhen kann, wenn diese den Beifall seiner Kunden gefunden zu haben scheinen. Werden seine Produkte jedoch verschmäht, kann er auf ihren Verkauf nur hoffen, wenn er die Preise senkt. Auf der anderen Seite weiß er aber auch, daß seine Preise die seines Nachbarn und Konkurrenten nicht übersteigen dürfen, auch dann nicht, wenn seine Produkte Anklang zu finden scheinen.

Es ist also kaum erstaunlich, daß der Kaufmann aufgrund seiner Position – das heißt seiner Rolle als Verteiler – glaubt, der Wert einer Ware ergebe sich ausschließlich aus Angebot und Nachfrage auf dem Markt. Angenommen, er hat schon von der Arbeitswerttheorie gehört, so wird er nur mit Mühe an sie glauben, denn der Preis ein und desselben Produktes kann auf dem Markt außerordentlich variabel erscheinen, selbst wenn die Produktionsbedingungen sich nicht verändern.

Ich habe schon erwähnt, daß Marx deshalb von *Fetischismus* spricht, weil ihm die Interpretation des Kaufmannes im Hinblick auf die Wahrheit, die die Arbeitswerttheorie darstellt, falsch erscheint. Läßt man diesen zweifelhaften Satz einmal beiseite, ist Marx' Analyse nicht nur annehmbar, sie ist sogar eine geradezu glänzende Veranschaulichung dessen, was ich «Positionseffekte» nenne.

Bei den Dispositionseffekten werde ich mich etwas länger aufhalten und ein Beispiel von Weber wiederaufnehmen, dessen Analyse ich im vorhergehenden Kapitel absichtlich offengelassen habe.[93] Ich meine hier seine glänzende Analyse der Magie, die er in einem kurzen Text in «Wirtschaft und Gesellschaft» skizziert hat.[94]

Weber bemerkt, daß das Erstaunen des Beobachters über die magischen Praktiken nicht darauf zurückzuführen ist, daß diese Praktiken objektiv staunenswert sind; der Beobachter ist vielmehr deshalb erstaunt, weil es ihm schwerfällt, die Subjektivität des Magiers und seiner

Kunden nachzuvollziehen. Dies bereitet ihm deshalb Schwierigkeiten, weil er zwei Zusammenhänge als verschieden empfindet, die der Magier gleich zu behandeln scheint: die Handlung, Feuer zu machen, beruht auf einem tatsächlichen Kausalzusammenhang, die Handlung des Regenmachers hingegen auf einem Zusammenhang, den der Beobachter normalerweise als Täuschung wahrnimmt und von dem er jedenfalls nicht annimmt, er könne für einen Kausalzusammenhang gehalten werden. Es fällt ihm also schwer, sich vorzustellen, daß diese beiden Zusammenhänge als identisch behandelt werden können. Außerdem könnte er den Schluß ziehen, daß es sich hier um eine «primitive Denkweise» handelt. Dieser Begriff ist jedoch lediglich ein inhaltsloses Etikett. Er trägt nichts zur Klärung bei, gibt dem Problem nur einen Namen, ohne sich um die Lösung zu bemühen. Er registriert zwar das Erstaunen des Beobachters, erklärt es jedoch nicht.

Wenn ein seltsames Verhalten unsere Verwunderung erregt, dann nach Webers Meinung deshalb, weil wir es mit *Dispositionen* angehen, die es uns unverständlich und undurchsichtig machen. Im Prinzip ist ein Verhalten nämlich immer verständlich. Um vom Erstaunen zum Verstehen zu gelangen, muß man sich – zumindest in diesem Fall – dessen bewußt werden, was uns in uns selbst daran hindert, den anderen zu verstehen. Verantwortlich für das Erstaunen des Beobachters angesichts der Handlungen des Regenmachers sind nämlich seine Dispositionen.

Ich habe schon die Richtung skizziert, die eine solche Analyse einschlagen könnte. *Für uns* beruht die Handlung des Feuermachens auf einem tatsächlichen Kausalzusammenhang. Wenn wir jedoch diese Interpretation als evident und selbstverständlich betrachten können, dann deshalb, da wir alle möglichen Begriffe mobilisieren, die uns vertraut sind, weil wir einer bestimmten – der abendländischen – Kultur angehören. Um festzustellen, daß die Handlung des Feuermachens auf einem Kausalzusammenhang beruht, genügt es nicht, nur über den Begriff der Ursache zu verfügen; es müssen auch Erkenntnisse mobilisiert werden, die im westlichen Denken erst ziemlich spät aufgetaucht sind, wie etwa das Gesetz von der Erhaltung der Energie. Nur weil wir wissen, daß mechanische Energie in thermische Energie umwandelbar ist, glauben wir an die Existenz eines Kausalzusammenhanges zwischen dem Reiben des Hölzchens und der Entstehung des Funkens. Es gibt aber keinen Grund, warum das wilde Denken – welche Tiefe man ihm auch zugestehen mag – durch irgendein Wunder über ein Vorwissen all jener Lehrsätze verfügen sollte, die die abendländische Physik in jahrhundertelanger Arbeit aufgestellt hat.

Diese Aussage würde wahrscheinlich ohne weiteres anerkannt. Umstrittener wäre vielleicht die Meinung, das primitive Denken verfüge nicht über den Begriff der Kausalität im Humeschen Sinn. Es ist aber wichtig, die im letzten Kapitel dazu skizzierte Analyse weiterzutreiben.

Zunächst will ich kurz klarstellen, was unter dem Humeschen Kausalitätsbegriff zu verstehen ist.[95] Wenn wir sagen, das Reiben erzeugt den Funken, dann bringen wir eine Kausalitätsauffassung ins Spiel, bei der die Ursache eine aktive Rolle spielt. In diesem Fall handelt es sich nicht um eine Humesche Kausalität. Der Funke entsteht durch den Feuerquirl auf dieselbe Art, wie das Gewicht des Hammers das Einschlagen des Nagels bewirkt. Wenn wir im vorliegenden Fall diese *aktive* Kausalitätsauffassung (nicht im Humeschen Sinn) haben können, dann deshalb, weil uns die Gesetze der Energieumwandlung bekannt sind.

Bei dem sogenannten klassischen Humeschen Kausalitätsbegriff ergibt sich die Interpretation der Ursache eher aus der Wiederholung der beobachteten Fakten: Wir wissen nicht, warum B immer auf A folgt, wir beobachten jedoch, daß B immer auf A folgt. Weil die Folge AB sich ständig wiederholt, ziehen wir den Schluß, daß zwischen A und B ein Kausalzusammenhang besteht.

Zwar ist leicht einzusehen, daß der Primitive diese nicht-Humesche Kausalitätsauffassung nicht haben kann, die das Reiben und den Funken in einen Kausalzusammenhang bringt; schwieriger ist jedoch die Einsicht, daß er nicht mindestens andeutungsweise einen Humeschen Kausalitätsbegriff besitzen kann. Einfacher ausgedrückt heißt das: Ist nicht auch ohne die Kenntnis der Energieumwandlung die Feststellung möglich, daß es dem Feuermacher fast jedesmal gelingt, einen Funken zu erzeugen, während der Regenmacher nur in etwa fünfzig Prozent der Fälle erfolgreich ist?

Schon im vorhergehenden Kapitel habe ich darauf hingewiesen, daß dazu statistisches Wissen nötig ist, über das das wilde Denken nicht verfügt. Ich gehe jedoch jede Wette ein, daß dieses Argument den Leser nicht völlig überzeugt hat. Zwar ist leicht anzuerkennen, daß das wilde Denken über keinerlei Vorwissen von den Gesetzen der Energieumwandlung verfügt, die Einsicht, daß es auch keinen Begriff von der Kausalität im Sinne Humes besitzt, kann auf Widerstand stoßen.

Genau an diesem Punkt muß ich von neuem bei Webers Theorie der Magie ansetzen und noch einmal fragen: Ist es vernünftig anzunehmen, daß das wilde Denken nicht imstande ist wahrzunehmen, daß das Reiben öfter einen Funken erzeugt, als daß auf die Gestikulationen des Regenmachers tatsächlich Regen folgt? Oder, um die Frage anders zu stellen: Läßt die Wahrnehmung bestimmter statistischer Unterschiede tatsächlich auf die Beherrschung eines statistischen Wissens schließen?

Um diese Frage direkt beantworten zu können, müßte man über Tests verfügen, die festzustellen erlauben, in welchem Maße bei den Primitiven ein von jedem formalen Lernprozeß der Statistik unabhängiges statistisches Wissen existieren kann. Meines Wissens gibt es solche Tests aber leider nicht. Und ihre Erarbeitung wäre sicher nicht einfach, denn sie müßten kulturell neutral gestaltet werden.

Man kann jedoch versuchen, diese Frage indirekt zu beantworten. Die kognitive Psychologie hat sie in bezug auf uns – die Mitglieder der westlichen Gesellschaften – tatsächlich gestellt. Ihre Antwort ist eindeutig: Der gebildete Abendländer verfügt durchaus über ein statistisches Vorwissen. Dieses Vorwissen hindert ihn jedoch nicht daran, ebenso schwerwiegende Irrtümer zu begehen, wie er sie den Primitiven unterstellen würde. Dies ist Wasser auf die Mühlen der Weberschen Interpretation der Magie, und ich werde mich daher einen Augenblick lang dabei aufhalten.

Bei mehreren der Experimente, auf die ich mich hier beziehe, müssen die Testpersonen elementare Fragen zur Statistik beantworten, die in konkrete Beispiele eingekleidet sind. Einige der Fragen zielen auf die Häufigkeit von Geburten in Entbindungsstationen. Die Testpersonen wurden in Bevölkerungsgruppen mit unterschiedlichen Merkmalen ausgewählt, etwa wie bei einer Meinungsumfrage. Manchmal handelt es sich auch nur um Studenten, in jedem Fall jedoch um Personen, die zumindest eine höhere Schulbildung genossen haben. Natürlich wurden nur Personen ausgewählt, die keinerlei statistische Vorbildung aufwiesen.

Bei einem der Experimente[96] wurde den Testpersonen in etwa folgende Frage gestellt:

«Angenommen, auf einer Entbindungsstation werden an einem gegebenen Tag sechs Kinder geboren, wobei die Reihenfolge Junge / Mädchen folgendermaßen variiert:

JJJMMM

An diesem Tag wurden also erst drei Jungen, dann drei Mädchen geboren.

Angenommen, an einem anderen Tag werden auf derselben Entbindungsstation ebenfalls sechs Kinder geboren, und zwar in folgender Reihenfolge:

JMJJMM

Beobachtet man die Entbindungsstation nun über einen längeren Zeitraum, welche der beiden Reihenfolgen tritt dann häufiger auf?»

Natürlich ist die erste Reihenfolge genauso wahrscheinlich wie die zweite. Die Chancen stehen fünfzig zu fünfzig, daß zuerst ein Junge oder zuerst ein Mädchen geboren wird, ebenso wie beim Knobeln. Für die folgenden Geburten gilt dasselbe. Jede Reihenfolge kann also genausogut wie jede andere vorkommen.

Trotzdem war die Mehrheit der Testpersonen der Meinung, die erste Reihenfolge sei unwahrscheinlicher als die zweite.

Dieses Beispiel zeigt, daß diejenigen Personen, die keine statistische Vorbildung haben, berechtigterweise dazu neigen, Ordnung und Zufall einander gegenüberzustellen. Die Reihenfolge JJJMMM erscheint geordneter als die Reihenfolge JMJJMM, die mehr der Vorstellung entspricht, die man vom Zufall hat. Hier wird deutlich, wie legitime theoretische Assoziationen und Oppositionen, die gelegentlich einen heuristischen Wert haben können, auch zu einer falschen Interpretation statistischer Erscheinungen führen können. «Intuitiv» betrachtet man eine Reihenfolge wie JJJJJJMMMMMM zu Recht als *sehr unwahrscheinlich*. Man neigt jedoch auch dazu, sie als *weniger* wahrscheinlich anzusehen als JMMJJMJJMMMJM. Das stimmt aber nicht. Daraus wird ersichtlich, daß der Unterschied zwischen der ersten (richtigen) und der zweiten (falschen) Aussage nur dann deutlich wahrgenommen werden kann, wenn man über ein bestimmtes statistisches Wissen *verfügt*.

Dieses einfache Beispiel verdeutlicht mit anderen Worten folgendes: Wenn man tatsächlich von einem von jedem Lernprozeß unabhängigen statistischen Vorwissen sprechen kann, dann kann dieses Vorwissen zu falschen Antworten selbst auf elementare Fragen führen. Das Beispiel demonstriert überdies, daß die Testpersonen auch dann, wenn sie einen ungefähren Begriff vom Zufall haben, noch lange nicht eine deutliche Vorstellung dessen besitzen, was die Statistiker unter Unabhängigkeit zwischen Ereignissen verstehen. Das statistische Vorwissen der Testpersonen reicht nicht aus, um sie erkennen zu lassen, daß beide Reihenfolgen mit derselben Wahrscheinlichkeit eintreten können, da die Chancen jeweils fünfzig zu fünfzig stehen, daß ein Junge oder ein Mädchen geboren wird.

Damit also Max Webers Regenmacher den Unterschied wahrnehmen kann zwischen seiner Handlung und der Handlung des Feuermachens, das heißt, um zu erkennen, daß es sich beim Feuermachen um einen Fall Humescher Kausalität handelt, beim Regenmachen jedoch nicht, müßte er imstande sein, eine *komplexere* Frage zu beantworten als diejenige, die unseren Testpersonen gestellt wurde. Technisch ausgedrückt heißt dies, daß sein statistisches Vorwissen ihn einigermaßen deutlich erkennen lassen müßte, was die Statistiker im allgemeinen als «Korrelation» bezeichnen. Er müßte also bemerken, daß das Reiben des Hölzchens *öfter* Funken erzeugt, als daß der Regen seinen rituellen Handlungen gehorcht.

Andere Experimente sowie zusätzliche Beobachtungen zeigen, daß das statistische Vorwissen auch hier zu falschen Schlüssen führen kann: Ein gebildeter Mensch erkennt zwar die Begriffe «Korrelation» und «Zufall», er erkennt sie jedoch nicht genau genug, um sie korrekt – auch nicht bei den einfachsten Fragen – anzuwenden. Mit anderen Worten begreift er zwar das Phänomen der Humeschen Kausalität (wenn B öfter dann auftritt, wenn A vorhanden ist, als wenn A nicht vorhanden ist, dann ist A die Ursache von B), in bezug auf seine Schlußfolgerungen im Einzelfall bleibt diese allgemeine Vorstellung jedoch verschwommen.

Bei einem anderen Experiment hat man zum Beispiel einer Auswahl gebildeter Testpersonen Fragen folgenden Typs gestellt[97]:

«Angenommen, auf hundert Geburten einer Entbindungsstation kommen zwanzig Frühgeburten, bei denen die Mütter jeweils älter sind als fünfunddreißig Jahre. Was schließen Sie daraus?»

Mit dieser Art von Frage konfrontiert zögern viele Testpersonen nicht, die beiden Fakten in einen Kausalzusammenhang zu bringen, das heißt, sie machen das Alter der Mutter für die Frühgeburt verantwortlich. Dieser Schluß entsteht im Denken der Testperson durch das Zusammenwirken von drei Elementen:

1. Ein statistisches Vorwissen über die Humesche Kausalität;
2. die naturgemäße Übereinstimmung zwischen der angenommenen Ursache und ihrer Wirkung (die Mutter ist anormal alt, also ist die Geburt anormal);
3. die Tatsache, daß beide Fakten oft (in zwanzig von hundert Fällen) zusammentreffen.

In Wirklichkeit kann man auf diese Frage jedoch allein antworten, daß aus dieser Beobachtung keinerlei Schlüsse gezogen werden können.

Um jemanden von dieser Tatsache zu überzeugen, der nicht davon überzeugt ist, braucht es eine regelrechte Demonstration.

Im Prinzip besteht eine derartige Demonstration in dem Nachweis, daß zwei Merkmale durchaus häufig gemeinsam auftreten können, ohne daß ein Kausalzusammenhang im Sinne Humes zwischen ihnen bestehen muß.

Geborene Kinder

	Frühgeburten	Geburten zum vorausberechneten Zeitpunkt	
Mütter über 35 Jahre	20	?	?
unter 35 Jahre	?	?	?
	?	?	100

Das Schaubild liefert uns zwei Informationen: die eine betrifft die Gesamtzahl der Geburten (100), die andere die Zahl der Frühgeburten, deren Mütter älter als fünfunddreißig Jahre sind (20). Die durch ein Fragezeichen ersetzten Informationen fehlen indessen. Sie wären aber nötig, um die Existenz einer Humeschen Kausalität zu beweisen. Das wird am folgenden Schaubild deutlich:

Geborene Kinder

	Frühgeburten	Geburten zum vorausberechneten Zeitpunkt	
Mütter über 35 Jahre	20	20	40
unter 35 Jahre	30	30	60
	50	50	100

In zwanzig von fünfzig Fällen haben die Frühgeburten hier also eine Mutter, die älter als 35 Jahre ist. Bei den ausgetragenen Kindern ist die

Proportion jedoch dieselbe: Auch sie haben in zwanzig von fünfzig Fällen eine Mutter, die älter ist als 35 Jahre. Die in der Frage gelieferten Informationen reichen also keinesfalls aus, um auf die Existenz einer Humeschen Kausalität zwischen dem Alter der Mutter und der vorzeitigen Entbindung zu schließen.

Wenn ich mich bei dieser Beweisführung etwas länger aufgehalten habe, dann deshalb, weil sie als gutes Beispiel dafür dienen kann, wie komplex der Begriff der Humeschen Kausalität ist, auch wenn er auf Intuition zu beruhen scheint. Die Kombination dieser beiden Eigenschaften hat einen gefährlichen Effekt: Das Subjekt weiß nicht (da der Begriff komplex ist), aber es glaubt zu wissen (da die Humesche Kausalität auf Intuition beruht). Es weiß also nicht, daß es nicht weiß. Es ist um so geneigter, den Kausalzusammenhang durch die Zahlenangaben bestätigt zu sehen, als es *überdies* überzeugt ist, daß anormale *Schwangerschaftsbedingungen* das *Risiko* einer Frühgeburt erhöhen.[98]

Meiner Ansicht nach bestätigt dieses Beispiel die Richtigkeit der Weberschen Theorie der Magie: Wäre es nicht unvernünftig anzunehmen, daß der Primitive eine genauere Vorstellung von der Humeschen Kausalität hat als die meisten unter uns?

Jedenfalls belegt es, wie wichtig die Unterscheidung zwischen den vorwissenschaftlichen Kenntnissen – dem Vorwissen –, die wir in dieser Hinsicht haben können, und denjenigen Kenntnissen ist, die uns nur eine Ausbildung in Statistik vermitteln kann.

Wenn es uns also schwerfällt zu begreifen, daß der Primitive keinen Unterschied sieht zwischen Regenmachen und Feuermachen, dann ist das auf einen starken Dispositionseffekt zurückzuführen. Wir sind so durchdrungen von den Gesetzen der Energieumwandlung, daß der Kausalzusammenhang, auf dem das Feuermachen beruht, uns wie eine Evidenz vorkommt. Natürlich ist auch die Täuschung, auf der das Regenmachen beruht, in unseren Augen evident. Und da wir den Eindruck haben, daß die beiden Fälle überhaupt nicht miteinander vergleichbar sind, verlangen wir vom Primitiven, daß er zumindest wahrnimmt, daß das Feuermachen im Gegensatz zum Regenmachen auf einer Humeschen Kausalität beruht – wenn er schon die Gesetze der Energieumwandlung nicht kennt. Wenn nun der gebildete Mensch, der einer entwickelten Gesellschaft angehört, mit der Humeschen Kausalität konfrontiert wird, neigt er dazu, sich zu verzetteln, sofern er keine Ausbildung in Statistik genossen hat. Begriffe wie «Häufigkeit» oder «Kausalität» sind ihm jedoch so vertraut, daß ihm die Erkenntnis schwerfällt, daß sie nicht *selbstverständlich* sind, obwohl auch er sie nicht klar fassen kann, was die Beispiele beweisen.

Ich glaube, diese Analyse macht genügend deutlich, was ich hier unter *Dispositionseffekt* verstehe: Aufgrund des diffusen Wissens, das dem Beobachter seine eigene Kultur vermittelt, kann er nur schwer begreifen, daß ein für ihn offensichtlicher Unterschied für den von ihm Beobachteten nicht genauso offensichtlich sein muß. Deshalb brauchte es Webers ganzes Genie, um anzuregen, die Lösung des Problems der Magie nicht in der *Mentalität* des Magiers zu suchen, sondern in der Denkweise des Beobachters. Die geistigen Dispositionen des Beobachters veranlassen ihn dazu, die Magie mißzuverstehen und darin den Ausdruck eines irrationalen Verhaltens zu sehen.

Diese Dispositionen sind jedoch weder unverständlich noch irrational. Es ist im Gegenteil durchaus verständlich, daß der abendländische Beobachter von den magischen Praktiken überrascht ist.

Die Dispositionseffekte spielen meiner Meinung nach eine wesentliche Rolle bei der Theorie der Ideologien; sie bringen nämlich oft — sozusagen auf völlig natürliche, zumindest auf verständliche Art und Weise — schwer erkennbare Fehlinterpretationen hervor.

Bei dem oben ausgeführten Beispiel habe ich auf *kognitive* Dispositionen hingewiesen: Aufgrund seines *Wissens* fällt es dem abendländischen Beobachter schwer, das Verhalten des Magiers zu begreifen.

Daneben existieren auch *affektive* oder *ethische* Dispositionen. Bei der Erklärung von Ideologien spielen natürlich auch sie eine Rolle. Wie wir gesehen haben, haben Aron, Pareto, Shils und andere zu Recht auf ihre Bedeutung hingewiesen. Im Rahmen meiner begrenzten Theorie werde ich sie jedoch beiseite lassen.

Ich habe schon darauf hingewiesen, wie bequem sich Positions- und Dispositionseffekte in der Kategorie «Situationseffekte» zusammenfassen lassen. Was ich im Hof gegenüber sehe, hängt von meiner Position und von meinen Dispositionen ab. Für den Beobachter, der mit dem Verhalten des Magiers konfrontiert wird, gilt dasselbe. Mißverständnisse entstehen deshalb, weil sie sich in einer unterschiedlichen *Situation* befinden.

Die Kommunikationseffekte stellen eine weitere wichtige Kategorie dar bei der Analyse von Ideologien.

Um diesen Begriff einzuführen, kann man eine berühmte These von Habermas aufgreifen, die zu diesem Zweck ins Gegenteil verkehrt wird.

In mehreren seiner Werke[99] hat Jürgen Habermas, der als einer der wichtigsten deutschen Soziologen und Philosophen seiner Generation gilt, eine reichlich seltsame Theorie entwickelt.

Seiner Meinung nach kann die Soziologie nicht als neutrale Wissenschaft angesehen werden, die vor allem unser Verständnis und unsere Kenntnis gesellschaftlicher Erscheinungen vertiefen will. Sie ist vielmehr in der Hauptsache eine normative Wissenschaft; sie soll den Gesellschaften helfen, den richtigen Weg einzuschlagen. Sie ist allerdings keine Geburtshelferin der Geschichte, denn die Zukunft der Gesellschaften ist nicht in ihre Gegenwart eingeschrieben. Die normativen Anregungen der Soziologie sollten sich laut Habermas eher durch die Art des Auftrags äußern, den er ihr erteilt: Hauptaufgabe des Soziologen soll die Interpretation der Proteste und des Unbehagens sein, unter denen die heutigen Gesellschaften leiden.

Laut Habermas könnte dieses Unbehagen im Prinzip schon dadurch verringert werden, daß jeder ohne Behinderungen und völlig gleichberechtigt seine Meinungen und Wünsche äußern kann.

Von dieser Argumentation leitet Habermas ab, daß der Grad der Legitimität einer Gesellschaft an ihrer Distanz zum Idealtyp einer reinen und vollkommenen Kommunikationsgemeinschaft gemessen werden müsse. Protest und Unbehagen verhalten sich nämlich proportional zur Distanz zwischen der bestehenden Gesellschaft und der Gesellschaft, so wie sie wäre, wenn die Bürger ihre Meinung frei äußern und Maßnahmen zur Reform der Gesellschaft ergreifen könnten.

Habermas räumt ein, daß seine reine und vollkommene Kommunikationsgemeinschaft ein Idealtyp ist: Sie muß als Punkt im Unendlichen verstanden werden, der nur asymptotisch erreicht werden kann. Seiner Meinung nach hat dieses Modell jedoch den Vorteil, daß es einerseits die Möglichkeit bietet, die Richtung des Protestes und des Unbehagens festzustellen und andererseits – um ein Bild aus der Geometrie zu verwenden – eine Kurve und eine Tangente zu dieser Kurve zu bestimmen. Es bietet also die Möglichkeit, hier und jetzt die Richtung und die Bedeutung des sozialen Wandels deutlicher zu erkennen.

Der Habermassche Idealtyp ist zwar interessant, er scheint mir jedoch so weit von dem entfernt zu sein, was wir über die Phänomene der Kommunikation wissen, daß er meiner Ansicht nach keine Rolle spielen kann, die der von anderen Idealtypen vergleichbar wäre (zum Beispiel der Idealtyp von der reinen und vollständigen Konkurrenz).

Der letztgenannte Idealtyp führt in der Tat zu allen möglichen interessanten Schlußfolgerungen. Außerdem repräsentiert er – wenn auch sehr vereinfacht – einige Prozesse in der Wirklichkeit. Der Idealtyp der reinen und vollkommenen Kommunikation scheint mir dagegen schlicht und einfach nicht vorstellbar zu sein.

Zunächst, weil er voraussetzt, alle Gesellschaftsmitglieder seien auf allen Gebieten gleich kompetent. Zweitens, weil er voraussetzt, daß Informationen unendlich schnell erworben und verbreitet werden. Drittens, weil er voraussetzt, daß innerhalb der Kommunikationsgruppe Erscheinungen wie Manipulation, Koalition und Strategie nicht auftreten. Viertens, weil er voraussetzt, daß alle auf allen Gebieten klare Vorstellungen und Wünsche haben. Schließlich, weil er das klassische Problem der Umwandlung individueller Vorlieben und Meinungen in kollektive einfach ignoriert. Und zu guter Letzt verkennt er den immerhin seit Aristoteles klassischen Unterschied zwischen Diskussionsthemen, die Ansichtssache sind, und solchen, die in den Bereich der Demonstration oder der Erfahrung gehören.

Habermas suggeriert, sein Kommunikationsmodell könne ohne Einschränkungen auf der Ebene komplexer Gesellschaften angewandt werden, also auf der Ebene dessen, was Durkheim *Gesellschaft* genannt hat. Ich für mein Teil glaube, daß es allein auf eng begrenzte Kommunikationsgruppen anwendbar ist, die über ganz bestimmte Themen diskutieren. Wenn man unbedingt einen praktischen Nutzen darin sehen will, würde ich sagen, daß es zum Beispiel sehr gut veranschaulicht, was in einem Seminar einer kleinen Gruppe von Mathematikern vor sich geht. In diesem besonderen Fall ist tatsächlich jedem der Teilnehmer die Diskussion frei zugänglich. Außerdem kann man aufgrund der Art des Themas voraussetzen, daß alle Teilnehmer sich über Ziel und Regeln der Diskussion völlig einig sind. Die Art der Debatte schließt überdies jedes berechnende Verhalten und jeden Versuch der Manipulation aus.

Hier handelt es sich um eine reine und vollkommene Kommunikationsgesellschaft. Sie besteht aber nur deshalb, weil die Mathematik einen besonderen Status hat, da ihre Regeln klar definiert werden können. Nur weil über *Mathematik* diskutiert wird, ist der Beitrag eines jeden Teilnehmers für alle anderen durchsichtig.

Läßt man diesen Sonderfall beiseite, so neigen die existierenden Kommunikationssysteme dazu, sich Punkt für Punkt vom Habermasschen Idealtyp zu unterscheiden.

Die im tatsächlichen sozialen Leben beobachteten Kommunikationsprozesse sowie die Prozesse der Verbreitung von Information entziehen sich aufgrund ihrer Beschaffenheit oft der von Habermas gewünschten modellhaften Transparenz. Es kommt sehr oft vor, daß die sozial Handelnden durch ihre Rolle, ihre Position und ihre Disposition die Ideen nicht wie «white boxes», sondern wie «black boxes» behandeln – wenn man mir dieses Bild gestattet.

In einem Mathematikseminar sind die Ideen tatsächlich «white boxes»: Bei jedem Teilnehmer wird vorausgesetzt, daß er die Äußerungen des anderen klar und deutlich verstehen kann. Er sollte in der Lage sein, der Argumentation von Anfang bis Ende zu folgen, zu beurteilen, ob das Vorgehen korrekt und das Resultat interessant ist. Der Diskurs der anderen ist hier ein Diskurs, den jeder der Teilnehmer (mit sich) hätte führen können, wenn er daran gedacht hätte, wenn sein Forschungsinteresse ihn in dieselbe Richtung gelenkt hätte wie den Vortragenden, und wenn er dieselbe geistige Virtuosität besessen hätte. Von diesen Vorbehalten abgesehen kann am Ende der Sitzung jeder für sich die Argumentation des Redners nachvollziehen.

Betrachten wir nun eine physikalische Gleichung, zum Beispiel e = mc^2. Wahrscheinlich wird der Leser sie ebenso wie ich für richtig halten. Wenn wir sie für richtig halten, dann jedoch nicht, weil wir fähig sind (ich nehme natürlich an, daß der Leser kein Physiker ist), die komplexe Operation der Deduktion, Induktion oder – um mit Peirce zu sprechen – Abduktion selbst nachzuvollziehen, die Einstein zu diesem Ergebnis geführt hat. Wir halten sie deshalb für richtig, weil die Physiker sie im allgemeinen für richtig zu halten scheinen. Wir sind also der Ansicht, die Physiker besäßen zu Recht das Monopol, auf dem Gebiet der Physik die Wahrheit zu sagen. Diese Wahrheit ist natürlich immer vorläufig. Die Wahrheiten von heute können die Irrtümer von morgen sein. Auch das wissen wir. Wir wissen darüber hinaus, daß die Gemeinschaft der Physiker sich manchmal nicht in allen Fragen der Physik einig ist. Wir räumen jedoch gleichzeitig ein, daß diese Gemeinschaft immer und unter allen Umständen die besten Voraussetzungen besitzt, um auf dem Gebiet der Physik die Wahrheit zu sagen.

Anstatt sich der Autorität der Physiker zu unterwerfen, wäre es natürlich theoretisch auch möglich, die Formel $e = mc^2$ als «black box» zu behandeln, sich mit der Physik zu beschäftigen, um einen Kenntnisstand zu erreichen, der es uns ermöglichen würde, Einsteins Vorgehen selbst nachzuvollziehen. Wäre dies ein rationales Verhalten? Ja – wenn man annehmen könnte, die Aneignung von Kenntnissen sei ein unendlich schneller Prozeß, wie es Habermas stillschweigend voraussetzt. Nein – wenn man die entgegengesetzte Hypothese aufstellt, die auf jeden Fall realistischer und nützlicher zu sein scheint.

Wenn man selbst kein Physiker ist, ist es also *rational*, die Ideen der Physik wie «black boxes» zu behandeln, die man entweder für wahr oder für falsch hält; nicht etwa, weil man selbst die Vorgänge nachvollzogen hätte, die zum einen oder anderen Schluß geführt haben, sondern weil auf diesem Gebiet kompetente Personen sie für wahr oder falsch halten. Es hängt also von der Position ab, die man im sozialen Raum einnimmt, ob man manche Ideen als «white boxes» oder als «black boxes» behandelt. Mit der sozialen Position sind jedoch auch Dispositionen verbunden: Wenn man von Physik nichts versteht, kann man nicht erwarten, als Physiker behandelt zu werden.

Im Grunde beruht die Habermassche Kommunikationstheorie auf einer bei einem Soziologen erstaunlichen Vorstellung: Das von ihr aufgestellte «demokratische» Modell schließt nämlich per definitionem und prinzipiell Phänomene der *Autorität* aus. Die Gefühle – um einen Ausdruck Paretos aufzugreifen –, die eine negative Einstellung gegenüber diesen Phänomenen hervorrufen können, sind deutlich wahrnehmbar. In dieser Hinsicht vertritt Habermas eine heute weit verbreitete Einstellung. Man darf jedoch vor allem nicht übersehen, daß eine solche Theorie zu der geradezu absurden Schlußfolgerung führt, jeder sei auf allen Gebieten gleichermaßen kompetent.

Man wird mir entgegenhalten, daß Habermas die einzelnen institutionalisierten Wissensgebiete (wie zum Beispiel die Naturwissenschaften) implizit wahrscheinlich ausgeklammert hat; außerdem betreffen diese Disziplinen nicht direkt die sozialen Probleme. All das stimmt natürlich. Wenn ich jedoch als Beispiel die Physik gewählt habe, dann deshalb, weil sie ein besonders sprechendes Beispiel abgibt. Ich hätte auch andere institutionalisierte Wissensgebiete als Beispiel wählen können, die direkt die Sphäre des Sozialen betreffen.

Schon Keynes hat in einem berühmten Aphorismus bemerkt, es sei ganz klar, daß sogar die Bankiers die Wirtschaftstheorien oft wie «black boxes» behandeln: Sie wollen gar nicht wissen, ob diese Theorien wahr oder falsch sind. Sie versuchen also gar nicht erst, im Geist jenen mehr oder weniger komplexen Prozeß nachzuvollziehen, der einen Wirtschaftswissenschaftler veranlaßt hat, eine bestimmte Theorie aufzustellen. Häufiger schenken sie einer Theorie deshalb ihre Aufmerksamkeit oder übernehmen sie sogar, weil sie ihnen erstens eine Antwort zu geben scheint auf Probleme, mit denen sie aufgrund ihrer Position konfrontiert werden, und zweitens, weil sie ihnen als auf diesem Gebiet maßgebend erscheint. Sie nehmen sie also aufgrund eines ziemlich komplexen Prozesses wahr. Vielleicht, weil der Wirtschaftswissenschaftler, der diese Theorie formuliert hat, den Nobelpreis erhalten hat oder erhalten könnte. Oder weil die Theorie die Aufmerksamkeit der Gemeinschaft der Wirtschaftswissenschaftler erregt hat oder zumindest jenes Teils dieser Gemeinschaft, die der Bankier als maßgebend ansieht.

Ich weiß natürlich, daß die Wirtschaftswissenschaft nicht mit der Physik zu vergleichen ist: Die Resultate und Theorien der Sozialwissenschaften werden von den entsprechenden wissenschaftlichen Gemeinschaften längst nicht so einmütig anerkannt wie die Ergebnisse und Theorien der Physik. Man muß wohl kaum betonen, daß die wissenschaftliche Landschaft im Fall der Sozialwissenschaften sehr viel zerrissener erscheint und sehr viel mehr Konfliktstoff birgt als in den Naturwissenschaften.

Diese Differenzen sollen mich hier jedoch nicht unmittelbar beschäftigen. Im Gegensatz zur Habermasschen Utopie will ich lediglich betonen, daß Ideen *normalerweise* vom sozial Handelnden wie «black boxes» behandelt werden. Aufgrund seiner sozialen Position und den damit verbundenen Dispositionen ist es oft vernünftig für ihn, nicht wissen zu wollen, was dahintersteckt. Im Gegenteil, oft wird ihm geraten, sich auf maßgebende Argumente und Urteile zu verlassen.

Das heißt nicht, daß Keynes' Bankier sich damit bescheiden muß, auf das Autoritätsprinzip zurückzugreifen. Auch er kann – glücklicherweise – die übernommene Theorie verstehen und sogar kritisch beurteilen. Seine Überprüfung unterscheidet sich jedoch meistens von derjenigen, die ein Wirtschaftswissenschaftler normalerweise vornehmen würde. Der Bankier würde zweifellos nur selten systematisch vorgehen. Er würde sich wohl eher auf eine Teiluntersuchung beschränken und sich fragen, ob die Theorie mit seiner persönlichen Erfahrung übereinstimmt.

Man kann also eine Idee auf dieselbe Weise übernehmen, in der man zum Beispiel ein technisches Gerät auswählt. Kein Käufer käme auf den Gedanken, einen ihm empfohlenen Fernsehapparat auseinanderzunehmen, um festzustellen, ob die Einzelteile von hoher Qualität und fachgerecht montiert sind. Er wird sich zweifellos damit begnügen, die Qualität des Bildes zu überprüfen. Vielleicht wird er auch die Marke als Qualitätsgarantie interpretieren. Diese Überprüfungen und Garantien geben ihm natürlich nicht die Sicherheit, daß der Apparat jahrelang nach seinen Vorstellungen funktionieren wird. Eine genauere und methodischere Untersuchung wäre jedoch nicht nur sehr teuer, sie würde auch Kenntnisse voraussetzen, die der Käufer aller Wahrscheinlichkeit nach nicht haben wird.

Der Käufer, der den Fernsehapparat wie eine «black box» behandelt, ist also ebenso vernünftig wie der Bankier. Der Hauptunterschied zwischen beiden besteht darin, daß der Käufer leicht feststellen kann, ob der Apparat einwandfrei funktioniert; der Bankier hingegen kann nicht so leicht überprüfen, ob die Voraussagen der von ihm übernommenen Wirtschaftstheorie auch stimmen.

Wenn es zu aufwendig oder unmöglich ist, die Gültigkeit einer Idee direkt zu überprüfen, stehen auch noch andere Möglichkeiten als das Autoritätsprinzip zur Verfügung. Genauer gesagt kann dieses Prinzip mit anderen kombiniert werden. Auch die «Wertrationalität» (wie Weber gesagt hätte) kann – zumindest anfänglich – an die Stelle einer zu schwierigen oder unmöglichen kritischen Untersuchung treten. Das Wort «Rationalität» verwendet Weber absichtlich, und er hat einen triftigen Grund dafür.

Nehmen wir als Beispiel einen aktiven Kommunisten, der auf Lenins Theorie des Imperialismus stößt. Im Normalfall wird er sie wie eine «black box» behandeln, er wird es für irrational halten, sie methodisch zu untersuchen. Dazu müßte er sich mit den Ursprüngen der Theorie beschäftigen, also mit Hobson und Hilferding, deren Thesen Lenin übernommen und zusammengefaßt hat. Hilferdings «Finanzkapital» ist jedoch ein schwieriges technisches Werk, das aus der Feder eines professionellen Wirtschaftswissenschaftlers stammt. Aber auch das würde noch nicht genügen. Er müßte außerdem die Kritiker Lenins lesen und vielleicht auch an den realen Gegebenheiten direkt untersuchen, ob die These glaubhaft ist. Diese kritische Überprüfung müßte

also von langer Hand vorbereitet werden. Sie würde sich im Grad,
nicht jedoch in ihrer Art von derjenigen Untersuchung unterscheiden,
die der Nichtphysiker anstrengen müßte, wollte er persönlich die Gesetze Newtons und Einsteins überprüfen. Anstatt die Montage der
Transistoren in allen Einzelheiten zu kontrollieren, wird sich der aktive
Kommunist wahrscheinlich damit begnügen, die Qualität des Bildes zu
überprüfen. Er wird natürlich für die Vorstellung empfänglich sein,
daß die Theorie einige Werte bestätigt, die er selbst vertritt. Diese *Wertrationalität* hat zwar alle Chancen, sein Interesse für Lenins Theorie zu
wecken, sie reicht jedoch wahrscheinlich nicht aus, um ihn voll und
ganz zu überzeugen. Er muß sich ebenfalls auf das Autoritätsprinzip
stützen können. Wenn er aus dem Mund oder aus der Feder derer, denen er vertraut, erfährt, daß er es mit einem «Klassiker» zu tun hat,
wird ihm die Übernahme der Theorie leichter fallen.

Immer dann, wenn eine einseitige Kommunikationsbeziehung zwischen einer Idee oder Theorie und einem Publikum vorliegt (was im
Jargon der Informatik mit «Einwegrelation» bezeichnet würde), wenn
das Publikum also nicht über die zeitlichen Mittel und Kompetenzen
verfügt, um die Theorie als «white box» zu behandeln, entsteht ganz
natürlich ein Autoritätseffekt.

Und da es utopisch erscheint – außer in einer Gesellschaft ohne Arbeitsteilung –, die Unterschiede der Ressourcen, Positionen und Dispositionen beseitigen zu können, ist auch nicht erkennbar, wie die Autoritätseffekte verschwinden könnten. Jürgen Habermas' Theorie setzt
also auch die Abschaffung der Arbeitsteilung voraus.

Ich habe hier einen besonderen Kommunikationseffekt behandelt. Es
existieren auch noch andere, auf die ich noch zurückkommen werde.
Ich möchte aber schon jetzt die Bedeutung dieser Effekte für die Theorie der Ideologien betonen. Eines der besten Beispiele dafür ist die weit-
verbreitete Vorstellung, der Einfluß der Ideen sei oft eine Modeerschei-
nung:

Es wurde oft bemerkt, daß die Ideen – oder zumindest bestimmte
Kategorien von Ideen – sogenannten Modezyklen unterworfen seien.
Daraus hat man geschlossen, diese Zyklen seien – wie zum Beispiel
auch im Fall der Kleidermode – das Resultat von Phänomenen der
Nachahmung (wie Gabriel Tarde gesagt hätte), oder was fast auf dasselbe hinausläuft, man könne sie durch den Hang der sozial Handelnden (oder einiger unter ihnen) zum Konformismus erklären.

An dieser Erklärung ist natürlich etwas Wahres. Ich glaube jedoch, man darf ihre Tragweite nicht überschätzen. Das hat einen ganz einfachen Grund: Im Gegensatz zu den Kleidern werden die Ideen nicht als Geschmackssache empfunden. Sie sind ihrem Wesen nach wahr oder falsch, richtig oder «falsch» (so wie zum Beispiel ein Gedicht «falsch» klingen kann).

Diese Zyklen resultieren eher aus der Tatsache, daß viele Ideen normalerweise von unterschiedlichen Gruppen wie «black boxes» behandelt werden. Verständlicherweise zeigen viele Personen aus Gründen ihrer Position und ihrer Dispositionen zwar *Interesse* an einer bestimmten Idee, gleichzeitig fühlen sie sich aber weder bereit noch in der Lage, sie gründlich zu durchleuchten. Sie verlassen sich also auf jene, die sie als Experten auf dem betreffenden Gebiet ansehen.

Es genügt dann, daß diese in Mode gekommene Idee kritisiert wird; die Kritik muß allerdings öffentlich sein, damit sie die Autorität der Idee untergraben kann. Auf diese Weise kann die Idee relativ schnell überholt sein.

Man muß zur Erklärung dieser Zyklen nicht unbedingt einen sozial Handelnden konstruieren, der entweder irrational (wie bei der Hypothese der Nachahmung) oder gehemmt (wie bei Habermas) ist. Ein rationaler, gesellschaftlich *verorteter* Handelnder ist dazu viel besser geeignet.

An diesem Punkt der Diskussion bleibt eine Frage offen. Man könnte sie so formulieren: Warum scheinen einige Ideen diesem Modezyklus unterworfen zu sein, andere dagegen nicht? Die Theorien der Physiker scheinen eher davon verschont zu bleiben als die Theorien der Soziologen und Wirtschaftswissenschaftler.[100] Die gängige Antwort auf diese Frage greift zu der Hypothese, es bestehe ein grundlegender Unterschied zwischen den Sozialwissenschaften und einer Wissenschaft wie der Physik: letztere sei wissenschaftlicher. Diese Hypothese stimmt zwar zum Teil. Ich glaube jedoch nicht, daß sie dem Problem voll und ganz gerecht wird. Es eixsitiert nämlich noch ein weiterer, für meine Fragestellung wesentlicher Unterschied: Außer den Physikern interessieren sich nicht viele Menschen für die Erkenntnisse der Physik. Die Öffentlichkeit interessiert sich natürlich für die Anwendungsmöglichkeiten dieser Erkenntnisse; außerdem kann eine gewisse Neugier gegenüber den Erklärungen der Physik beobachtet werden, sie hat jedoch kaum soziale Konsequenzen. Man muß also zugeben, daß die Öffentlichkeit sich im allgemeinen mehr für die *Anwendung* als für die *Erklä-*

rung physikalischer Phänomene interessiert: Der Laserstrahl ist ein gutes Beispiel dafür.

Bei den Theorien der Sozialwissenschaften ist die Beziehung zwischen Produzent und Verbraucher, oder, wenn man lieber will, zwischen Sender und Empfänger eine ganze andere. Der Wirtschaftswissenschaftler wird wohl eher dann eine ökonomische Theorie der Arbeitslosigkeit oder der Inflation entwickeln, wenn Arbeitslosigkeit und Inflation zum sozialen Problem werden, das dringend gelöst werden muß. Folglich werden seine Spekulationen das Interesse verschiedener Gruppen wecken – vom Arbeitslosen oder wirtschaftlich Handelnden an der Basis bis zu politisch Verantwortlichen.

Verbindet man die beiden von mir erwähnten Wirkungen miteinander – die Wirkungen der normalen Exoterik der Sozialwissenschaften und die der «black box» –, dann erhält man meiner Ansicht nach eine einfache und glaubwürdige Erklärung des zyklischen Charakters der Ideen, die die soziale Sphäre betreffen. Diese Erklärung bietet jedenfalls die Möglichkeit, die Schwierigkeiten von Theorien zu umgehen, die wie die Nachahmungstheorie einen unbestreitbaren tautologischen Charakter aufweisen.

Ich möchte diese Vorbemerkungen zu den Kommunikationseffekten mit einer allgemeinen Betrachtung abschließen.

Wenn die Theorie der Ideologie bisher diesen Effekten nicht die ihnen gebührende Bedeutung zuerkannt hat, dann zum großen Teil deshalb, weil sie oft zwei verschiedene Modelle des sozial Handelnden benutzt, die meiner Ansicht nach beide in diesem Fall nicht angemessen sind.

Das erste, das auch Habermas verwendet, ist das Modell des rationalen Menschen der klassischen Philisophie: Als Träger der Wahrheit braucht er lediglich seinen Verstand zu benutzen, um wahr und falsch unterscheiden zu können. Die falschen und zweifelhaften Ideen können sich deshalb so leicht durchsetzen, weil im sozial Handelnden auch irrationale Kräfte (die Emotionen) vorhanden sind, oder weil – laut Habermas – die *Gesellschaft* ihm Fesseln anlegt. Deswegen legt Habermas auch so großen Wert auf das Recht auf freie Meinungsäußerung.

Das zweite Modell ist der irrationale Mensch. Zur Verbreitung dieses Idealtypus haben auch manche Strömungen der Soziologie beigetragen. Dieses Modell stellt den sozial Handelnden entweder als ein im wesentlichen mimetisches oder als passives Wesen dar, dessen Verstand einer photographischen Platte vergleichbar ist, auf der die Ideen reproduziert werden, die gerade in Mode sind, oder als ein von ausschließlich sozialen Leidenschaften beherrschtes Wesen: Ich übernehme die Ideen von Keynes oder von Milton Friedman entweder aus Konformismus oder aus Interesse, es sei denn, ich sehe darin ein symbolisches Mittel, meine Zugehörigkeit zu bestimmten Gruppen kundzutun oder mich wichtig zu machen.

Mit dem Hinweis auf Positions- oder Dispositionseffekte sowie auf Kommunikationseffekte bringe ich ein drittes Modell ins Spiel. Man kann es mit dem Begriff «verortete Rationalität» zusammenfassen. Hier gilt der sozial Handelnde als rational. Und *weil* er rational ist, ist ihm zum Beispiel klar, daß es ihn beträchtlichen Aufwand kosten würde, wollte er die Gültigkeit der Einsteinschen Relativitätstheorie selbst direkt überprüfen.

Wenn ein Beobachter also ein soziales Phänomen wahrnimmt, zum Beispiel die Magie, dann wird er mit verschiedenen Positions- und Dispositionseffekten konfrontiert. Wenn eine soziale oder ökonomische Idee oder Theorie die Aufmerksamkeit eines sozial Handelnden erregt, dann ist dieser allen möglichen Kommunikations- und Situationseffekten ausgesetzt.

Die Produzenten dieser Theorien selbst sind einer dritten Kategorie von Effekten unterworfen; da mir kein ätherischerer Begriff eingefallen ist, werde ich sie «epistemologische Effekte» nennen. Aus rationellen Gründen spreche ich abgekürzt von «E-Effekten».

Um die Natur dieser Effekte zu verstehen, kann man von den beiden Erkenntnistheorien ausgehen, die Frucht einer langen Tradition des Nachdenkens sind, in der sowohl die Philosophie als auch die Sozialwissenschaften ihren Platz haben.

Die erste Theorie könnte man als *kontemplative* Erkenntnistheorie bezeichnen. Ich gestatte mir ein ziemlich grobschlächtiges Beispiel: Nach dieser Theorie nähme das Subjekt einen «panoptischen» Standort ein, von dem aus es die Wirklichkeit so sehen könnte, wie sie ist, indem es immer neue Standorte einnimmt und immer mehr der Glasscheiben säubert, die es von der Wirklichkeit trennen, indem es äußerst aufmerksam betrachtet, was es sieht, und sich bemüht, die verschiedenen Bilder und Eindrücke, die die Realität ihm vermitteln, so sorgfältig wie möglich zu einem Ganzen zusammenzufügen. Um das Modell komplizierter zu gestalten, könnte man mehrere Subjekte statt nur einem einzigen einführen, die sich gegenseitig ihre jeweiligen Erfahrungen berichten. Außerdem könnte man sich vorstellen, daß diese Subjekte nicht gleichzeitig, sondern im Gegenteil nacheinander auftreten.

Die zweite Erkenntnistheorie könnte man als *aktive* Erkenntnistheorie bezeichnen.[100] Sie geht von der einfachen Feststellung aus, daß viele Begriffe – oder allgemeiner viele Symbole und elementare Ausdrücke, die wir benutzen, um die Wirklichkeit zu bezeichnen, auch wenn wir sie lediglich beschreiben wollen – keine Entsprechung in der Wirklichkeit haben.

Es existieren zum Beispiel in der Wirklichkeit keine objektiven Korrelate der französischen Negation *ne ... pas* oder des Wortes *nichts*. Ebensowenig existieren Korrelate des Additions- und des Multiplikationszeichens oder des Integrals. Diese Zeichen und Symbole bezeichnen nicht Teile der Wirklichkeit, sondern Denkvorgänge. In der Wirklichkeit entspricht auch nichts dem Begriff «Null».

Historisch gesehen geht die aktive Erkenntnistheorie zweifellos auf Hume zurück. Nach dieser Theorie wird die Erkenntnis von einem Subjekt gewonnen, das die Wirklichkeit mit Hilfe von Instrumenten entziffert, die sein eigener Geist hervorgebracht hat. Diese Aktivität verrät sich für Hume in den einfachsten und trivialsten Begriffen, die wir benutzen, um vom Realen zu sprechen. Zum Beispiel im Begriff «Ursache». Denn die Wirklichkeit erlaubt es uns zwar, wiederholte Sequenzen (zum Beispiel: auf A folgt immer B) festzustellen, wir können jedoch nie direkt die Wirkung feststellen, die A auf B ausübt. Eine Aussage wie «A ist die Ursache von B» muß also als Interpretation einer Wirklichkeit betrachtet werden, die sich uns als einfache wiederholte Sequenz darstellt; sie wird mit Hilfe des Begriffes «Ursache» interpretiert.

Diese klassische Analyse Humes wurde von Kant und den Neukantianern wiederaufgegriffen, systematisiert und den jeweiligen Umständen angepaßt. Es ist nicht meine Aufgabe, ihre zweihundertjährige Geschichte nachzuzeichnen. Ich stelle in diesem Zusammenhang nur fest, daß zum Beispiel Poppers[101] Werk in diese Tradition gehört; die Hauptidee, die ihm – jenseits aller Entwicklungen in Poppers Denken – zugrunde liegt, ist folgende: Die Erkenntnis ist das Ergebnis von mehr oder weniger gut formulierten, mehr oder weniger angemessenen und mehr oder weniger entscheidenden Fragen, die das erkennende Subjekt an die Wirklichkeit richtet. Auch wenn diese Fragen dem Gelehrten von der Wirklichkeit selbst eingegeben werden können, sind es jedoch vor allem Fragen, die schon seine Vorgänger gestellt haben sowie Fragen zu den Antworten, die diese von der Wirklichkeit erhalten haben. In Poppers Augen ist eine wissenschaftliche Theorie nämlich durchaus eine Frage, die so formuliert ist, daß die Wirklichkeit sie mit «ja» oder mit «nein» beantworten kann. Eines ist jedenfalls klar: Diese Fragen, die die Grundlage der Geschichte der Wissenschaften bilden, werden dem erkennenden Subjekt nicht direkt von der Wirklichkeit selbst geliefert.

Kuhn[102] schließt sich natürlich derselben Tradition an, wenn er betont, der Forscher formuliere seine Fragen und Theorien (auch bei den schwierigen Wissenschaften) innerhalb eines sprachlichen Rahmens, den er meistens widerspruchslos akzeptiert, es sei denn, seine Disziplin befindet sich gerade in einer Krise.

Kuhn berichtet,[103] er sei lange Zeit von einem Problem verfolgt worden, das er nicht zu lösen vermochte: Wie ist es möglich, daß ein so großer Denker wie Aristoteles, der über so viele Themen – Politik, Ethik, Rhetorik, Logik usw. – so detaillierte und definitive Analysen formuliert hat, daß sie noch heute oft als klassisch gelten, bei der Physik Standpunkte vertreten hat, die bei den modernen Physikern nur ein Achselzucken hervorrufen? Kuhn berichtet weiterhin, er hätte auf diese Frage ganz plötzlich eine Antwort erhalten, nachdem er sie hundertmal überdacht hatte: Als nämlich sein Blick auf einen Baum fiel, den er von seinem Fenster aus sehen konnte. Es wurde ihm plötzlich klar, daß die aristotelische Physik dem modernen Physiker deshalb unverständlich erscheint, weil «Bewegung» dort etwas völlig anderes bezeichnet als in der modernen Physik. Für den modernen Physiker wird die Bewegung eines Körpers unabhängig von dessen Beschaffenheit definiert; der aristotelische Physiker hingegen faßt diese Bewegung als Eigenschaft des Körpers an sich auf. Für Aristoteles stellte das Wachstum eines Baumes ebenso eine Bewegung (Κίνησις) dar wie das Rollen einer Kugel auf einer schiefen Ebene.

Die moderne Bedeutung des Wortes «Bewegung», das heißt die Bedeutung, die die moderne Physik ihm verliehen hat, ist dem Physiker wie dem Nichtphysiker so vertraut geworden, daß es unbegreiflich erscheint, daß dasselbe Wort Phänomene bezeichnet haben könnte, deren Verschiedenheit uns heute *evident* erscheint.

Dieses Beispiel zeigt, daß jeder Wissenschaftler sich innerhalb eines sprachlichen Rahmens bewegt, der von der Tradition festgelegt wurde

und den er normalerweise nicht in Frage stellt. Er erbt natürlich nicht nur
einen Wortschatz, sondern auch eine Syntax, und – auf einer höheren
Ebene der Abstraktion – das, was man «theoretische und methodische
Richtungen» oder auch «Paradigmen» nennen könnte.

Ich für mein Teil neige dazu, in Kuhns Arbeiten vor allem eine Mo-
dulation der klassischen Ideen des Kantianismus und des Neukantia-
nismus zu sehen. Kuhns Paradigmen liegt letzten Endes dieselbe Idee
zugrunde wie Kants a priori gegebenen Formen. Das Besondere an
Kuhn ist die Tatsache, daß er ebenso wie vor ihm Durkheim[104] den
historischen und sozialen Charakter dieser Formen oder Paradigmen
hervorhebt. Die Paradigmen tauchen innerhalb konkreter wissenschaftlicher Gemeinschaften auf, denen sie eine Art provisorische Verfassung liefern. Genau wie die politischen Verfassungen wird diese
Verfassung so lange gelten, bis sich mit ihr die Probleme nicht mehr
lösen lassen, die die wissenschaftliche Forschung unaufhörlich aufwirft. Auch eine politische Verfassung wird wahrscheinlich überarbei-
tet, wenn gehäuft nicht vorgesehene Fälle auftreten: Nach einer gewissen Zeit wird man feststellen, daß sie ein veralteter Rahmen ist,
der der Entwicklung des politischen Lebens nicht mehr gerecht wird.
Und ebenso wie die großen Verfassungsänderungen Perioden politischer Krisen begleiten und widerspiegeln, sind tiefgreifende Ände-
rungen bei den Paradigmen eine Begleiterscheinung von Krisenzeiten
auf dem Gebiet der Wissenschaften.

Von Hume über Kant bis Kuhn entwickelt sich über unzählige Variationen hinweg das, was ich weiter oben *aktive* Erkenntnistheorie genannt habe. Manche dieser Variationen sind philosophischer, andere
historisierender oder soziologisierender Natur. Durch eine unglück-
liche Auswirkung der Arbeitsteilung ist die Einheit dieser philosophischen Strömung oft nur schwer wahrnehmbar.

Wie dem auch sei, die Hypothesen der *aktiven* Erkenntnistheorie scheinen im Hinblick auf die Theorie der Ideologien von unmittelbarer
Stichhaltigkeit und Bedeutung zu sein. Hält man sich an die realistische
oder kontemplative Erkenntnistheorie, dann müssen die falschen Ideen
der Emotionalität, der Überstürzung oder der Voreingenommenheit
zugeschrieben werden. Das heißt, sie werden als Auswirkung irrationaler Kräfte verstanden. Unter dem Gesichtspunkt der aktiven Erkenntnistheorie ist dagegen besser zu verstehen, daß falsche oder zweifelhafte Ideen so leicht auftauchen und sich durchsetzen können.

Da die Ideologien Theorien in der Politik und in der sozialen Sphäre überlagern, stammt mein nächstes Beispiel aus diesen Bereichen. Es soll die Bedeutung der von mir so benannten aktiven Erkenntnistheorie für die Analyse der Ideologien demonstrieren.

Seit ungefähr dreißig Jahren haben die Wirtschaftswissenschaftler ein ausgesprochen reiches Arsenal von Forschungen und Theorien zusammengetragen, das allgemein unter dem Oberbegriff *Ökonomie der Entwicklung* zusammengefaßt wird. Parallel und als Ergänzung dazu haben die Soziologen ein sehr ergiebiges Korpus von Hypothesen und Resultaten erarbeitet die unter den Begriff *Soziologie der Modernisierung* fallen.

Diese Sammelbegriffe allein erlauben schon die Feststellung, daß die Wissenschaftler, die sie akzeptieren, sich einen sprachlichen Rahmen, oder wenn man so will, ein Paradigma oder eine Anzahl von a priori gegebenen Formen geschaffen haben. Mit Begriffen wie *Entwicklung* oder *Modernisierung* assoziiert man keine leicht identifizierbaren realen Gegenstände, so wie man zum Beispiel bestimmte Haustiere mit dem Sammelbegriff «Hund» bezeichnet. Derartige Begriffe sind das Produkt eines geistigen Gebäudes aus komplexen Anstößen. Grundlage dieses Gebäudes sind banale Eindrücke: manche Länder sind arm, die Menschen scheinen dort nicht sehr aktiv zu sein, wirtschaftliche Aktivität ist dort kaum vorhanden; im Vergleich zu anderen Ländern, die sich durch die entgegengesetzten Charakteristika auszeichnen, sind sie *unterentwickelt*. Der Begriff «Entwicklung» beruht jedoch nicht nur auf deskriptiven Eindrücken, er will auch normativ sein (Entwicklung ist normal, Unterentwicklung nicht), und er schließt außerdem einen evolutionistischen Standpunkt ein (alle Gesellschaften sind dazu bestimmt, diesen normalen Zustand der Entwicklung zu erreichen).

Ähnliches ließe sich zum Begriff der Modernisierung anmerken: Auch er vertritt normative Aspekte und enthält potentiell eine ganze Geschichtsphilosophie.

Diese Anmerkungen gehören zum klassischen Repertoire, ich erhebe in diesem Punkt keinerlei Anspruch auf Originalität. Sie sollen lediglich zeigen, daß das Grundvokabular der Sozialwissenschaften nicht nur Fragmente der Wirklichkeit bezeichnet; wie im vorliegenden Fall drückt es vielmehr eine Auswahl aus, die der Wissenschaftler mehr oder weniger bewußt getroffen hat.

Die Analyse ist damit jedoch noch längst nicht abgeschlossen. In

einem Begriff wie «Ökonomie der Entwicklung» drückt der Genitiv
u. a. eine a priori gegebene Form aus. Wenn man von Entwicklung im
Singular spricht, setzt man in der Tat voraus, daß die Entwicklung Englands vom 18. Jahrhundert an und die Entwicklung zum Beispiel Preußens im 19. Jahrhundert etwas gemeinsam haben. Und von «die Unterentwicklung» im Singular zu sprechen setzt voraus, daß zum Beispiel
die Unterentwicklung in Zaïre und in Nicaragua gemeinsame Ursachen
haben. Der Artikel illustriert hier also eine Art Glaubensbekenntnis: Er
allein erlaubt schon die Feststellung, daß die Analyse der Unterentwicklung und der Entwicklungsprozesse auf eine allgemeine Theorie
hinausläuft, die es zu formulieren gilt. Außerdem spricht er gegen die
Vorstellung, die Phänomene der Entwicklung würden allein in den Zuständigkeitsbereich des Historikers fallen, das heißt, daß man sich damit begnügen müßte, die einzelnen Bedingungen hervorzuheben, die in
einem bestimmten Fall mehr oder weniger spektakuläre Veränderungen im Wirtschaftssystem bewirkt haben.[105]

Und wenn man von «Ökonomie» der Entwicklung spricht, setzt
man stillschweigend voraus, daß wirtschaftliche Entwicklung und Unterentwicklung vor allem durch wirtschaftliche Faktoren zu erklären
sind.

Es genügt also der Hinweis auf die drei Wörter «Ökonomie» «der»
«Entwicklung» (oder auf die drei Wörter «Soziologie» «der» «Modernisierung»), um einen Komplex a priori gegebener Formen oder
– wenn man so will – ein Paradigma hervortreten zu lassen.

Da die Paradigmen die Spielregeln oder den verfassungsrechtlichen
Rahmen festlegen, ohne den Forschung unmöglich wäre, kann diese
zwar nicht auf die Paradigmen verzichten, obwohl sie auch die Bedeutung einer Art Januskopf besitzen. Wie mein Beispiel zeigt, können sie
nämlich auch Träger falscher oder zweifelhafter Ideen sein. Kann man
denn wirklich so selbstverständlich von Unterentwicklung im Singular
sprechen? Oder davon, daß die Ursachen der Entwicklung und der Unterentwicklung vor allem ökonomischer Art sind? Tatsächlich wissen
wir heute, daß die Antworten auf diese Fragen sehr differenziert sein
müssen.

Kuhn bemerkt sehr richtig, daß die Paradigmen ebenso wie die Verfassungen immer dann in ihren Grundfesten erschüttert werden, wenn
sich ein bestimmtes Maß an Schwierigkeiten angehäuft hat. In dieser
Situation kommen Zweifel auf, und es wird in Frage gestellt, was früher «ganz selbstverständlich so war».

Bevor das Paradigma jedoch ernsthaft angefochten wird, regt es oft Theorien an, die von der wissenschaftlichen Gemeinschaft in weitem Umfang gutgeheißen werden, eine unbestrittene wissenschaftliche Autorität genießen und daher einen beträchtlichen sozialen und politischen Einfluß ausüben können.

Dieses Beispiel belegt meiner Ansicht nach hinreichend, wie wichtig es ist, bei der Analyse von Ideologien die von mir so benannten E-Effekte in Betracht zu ziehen.

Dieser theoretische Abriß kann in einem Dreieck-Schema gut veranschaulicht werden. Eine der Ecken des Dreiecks stellt die Wirklichkeit dar (W). Die zweite (PROD) die Produzenten von Ideen und Theorien auf den Gebieten der Politik und des Sozialen: zum Beispiel Wirtschaftswissenschaftler und Soziologen. Die dritte (ÖF) stellt die Öffentlichkeit dar.

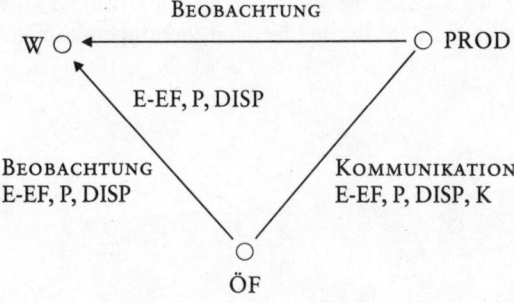

Die Beziehung PROD-W ist eine Beziehung, die auf Beobachtung beruht. Sie ist den E-Effekten unterworfen, aber auch den Positions- und Dispositionseffekten. Der Wirtschaftswissenschaftler wird aufgrund seiner Rolle die Unterentwicklung in Zaïre zum Beispiel von seinem Standpunkt aus, der durch die Ökonomie der Entwicklung bestimmt ist, interpretieren, was eigentlich ganz natürlich ist.

Die Beziehung ÖF-W beruht ebenfalls auf Beobachtung. Sie ist den Positions- und den Dispositionseffekten unterworfen. Der westliche Beobachter wird zum Beispiel von den magischen Praktiken verunsichert.

Die Beziehung PROD-ÖF beruht auf Kommunikation. Sie unterliegt den Kommunikationseffekten, aber auch den Positions- und Disposi-

tionseffekten. Der Bankier der dreißiger Jahre hat sich wahrscheinlich
für die Theorien Keynes' interessiert, die *allgemeine Theorie* hat er jedoch kaum ausführlich untersucht.

Wenn man die Gesamtheit der Phänomene betrachtet, die in diesem
Schema kurz zusammengefaßt werden, erkennt man vielleicht schon,
daß die falschen und zweifelhaften Ideen zwar manchmal das Produkt
irrationaler Kräfte sind, daß sie aber genausogut ganz normale Erscheinungen sein können (in dem Sinn, in dem Durkheim das Verbrechen als
normale Erscheinung ansah). Die Positions- und Dispositionseffekte,
die Kommunikationseffekte und die E-Effekte entsprechen nämlich
keinesfalls außergewöhnlichen sozialen Phänomenen, die aufgrund ihrer Seltenheit untersucht werden müssen, sie entsprechen vielmehr ba-
nalen, alltäglichen Erscheinungen des gesellschaftlichen Lebens, für die
jeder leicht Beispiele beobachten kann. Bringt man sie miteinander in
Verbindung und versucht, sie als Gesamtheit zu fassen, dann gelangt
man zu dem Schluß, daß sie leicht einen kollektiven Glauben an fragliche, zweifelhafte oder falsche Ideen hervorbringen können.

6
Ideologie, soziale Position und Dispositionen

Der Soziologe kann die sozial Handelnden als rational betrachten. Nach Max Weber ist es für ihn sogar von Vorteil, so zu verfahren. Gleichzeitig muß er jedoch die Konsequenzen aus der Tatsache ziehen, daß die sozial Handelnden gesellschaftlich *verortet* sind; das heißt, sie haben soziale Rollen inne, sie gehören bestimmten sozialen Milieus oder bestimmten Gesellschaften an, sie verfügen über bestimmte (vor allem kognitive) Ressourcen, und aufgrund von Sozialisationsprozessen, denen sie ausgesetzt waren, haben sie ein bestimmtes Maß an Wissen und Vorstellungen *verinnerlicht*. Aus diesen Gründen unterliegen sie den von mir so benannten Situationseffekten (Positions- und Dispositionseffekte).

Bei diesen Phänomenen der Verinnerlichung halte ich es für unumgänglich, eine gewisse Anzahl von Unterscheidungen zu beachten und sich nicht in einer unannehmbaren Bewußtseinstheorie zu verzetteln. Man kann ohne Risiko behaupten, man habe den Satz des Pythagoras, eine bestimmte Gewohnheit oder einen bestimmten Wert «verinnerlicht». Der Romancier dagegen kann (wie Faulkner von Sartoris) mit gutem Recht suggerieren, sein Held hätte sich umgebracht, *weil* er sein Schicksal verinnerlicht hat. Vom wissenschaftlichen Standpunkt aus gesehen ist eine solche Erklärung im allgemeinen jedoch unzulässig.[106] Die *Dispositionen*, um die es hier geht, sind kognitiver Natur. Sie werden vom sozial Handelnden auf dieselbe Weise *verinnerlicht*, auf die der Schüler den Satz des Pythagoras *verinnerlicht*. Mit dieser Eingrenzung des Begriffs «Verinnerlichung» umgehe ich etwaige Schwierigkeiten.

Hier kann nicht der Versuch unternommen werden, eine erschöpfende Klassifizierung der Situationseffekte zu leisten. Ich will in diesem Kapitel lediglich versuchen, ihre Vielfalt und Bedeutung im Hinblick auf das Problem herauszustellen, das mich beschäftigt: die Entstehung vorgefaßter Meinungen.

Die soziale *Position* der sozial Handelnden führt zunächst zu dem, was man *perspektivische Effekte* nennen könnte.

Auf diese Effekte habe ich schon weiter oben hingewiesen. Daran dachte auch Marx, als er sich fragte, warum der Proletarier es so ohne weiteres zu akzeptieren scheint, vom Kapitalisten ausgebeutet zu werden[107]: Er nimmt es hin, daß seine Arbeit nicht nach ihrem wahren Wert bezahlt wird, denn für ihn ist der gerechte Lohn der, den er erhalten würde, wenn er allein arbeitete. Nehmen wir einmal an, ein Arbeiter arbeitet in einer Schuhfabrik. Die Arbeitsteilung erhöht die Produktivität. Konkret bedeutet dies folgendes: Zur Herstellung von einem Paar Schuhe werden n Arbeitsstunden benötigt, ein Arbeiter allein würde $n + h$ Stunden dazu brauchen. Indem er mehrere Arbeiter dazu abstellt, spart der Kapitalist also h Stunden pro Paar Schuhe. Der Proletarier hat jedoch nicht den Eindruck, daß diese Einsparung ihm zu verdanken ist. Wenn die Herstellung von zehn Kilo Brot genau dieselbe Arbeitszeit erfordert wie die Herstellung von einem Paar Schuhe, dann wird er der Meinung sein, sein Lohn sei gerecht, wenn er nach einer Arbeitszeit von $n + h$ Stunden zehn Kilo Brot kaufen kann. Weil er in diesem Zeitraum jedoch nicht ein Paar Schuhe, sondern mehrere angefertigt hat, wird er damit einverstanden sein, dem Kapitalisten den Gewinn zu überlassen, der aus der Steigerung der Produktivität resultiert, die sich aufgrund der Arbeitsteilung ergibt.

Ich weiß nicht, ob diese Analyse allgemein anerkannt und gültig ist.[108] Meiner Meinung nach ist sie jedoch methodisch von großem Wert und kann als exemplarisch gelten. Sie deutet an, daß der Proletarier den wahren Wert seiner Arbeit gar nicht abschätzen kann: Voraussetzung dafür wäre nämlich, daß er das komplexe Produktionssystem, dem er angehört, zu analysieren in der Lage wäre, die Produktionskosten des Kapitalisten genau einschätzen und die Amortisation der Maschinen berechnen könnte usw. Erstens verfügt er nicht über die nötigen Informationen hierzu, und zweitens weiß er nicht, wie man so etwas berechnet. Er begnügt sich daher mit einer einfacheren Bewertung: Er weiß, daß er Schuhe herstellt, und er hat eine ungefähre Vorstellung davon, wieviel Zeit ein Schuster zur Herstellung von einem Paar Schuhe braucht, wenn ihm niemand dabei zur Hand geht. Er wird also damit einverstanden sein, auf dieser Basis bezahlt zu werden.

Sehen wir uns nun ein weiteres klassisches Beispiel an: die Bewegung der Ludditen. Sie veranschaulicht recht gut die von mir hier so benannten perspektivischen Effekte: Die Entwicklung der Maschinenarbeit im England des 18. Jahrhunderts bringt dem Fabrikbesitzer eine beträchtliche Steigerung der Produktivität. Der Arbeiter sieht jedoch vor allem die steigende Zahl der Entlassungen. Als Reaktion darauf zerstören die Ludditen (gelegentlich) die Maschinen.

Die Bewegung der Ludditen hat Soziologen und Historiker stark beschäftigt. Einige sehen in ihr die Auswirkungen eines irrationalen «Widerstandes gegen den Fortschritt» und interpretieren sie als Protest gegen die Bedrohung, die das Aufkommen der Maschinenarbeit für die jahrhundertealten traditionellen Produktionsweisen darstellt. Indem sie die ersten Maschinen zerstörten, hätten die Ludditen das Übel ausmerzen und einen «Fortschritt» aufhalten wollen, den sie als Äußerung unheilvoller Kräfte ansahen.

Vielleicht ist diese irrationalistische Interpretation vor allem Ausdruck der Vorurteile des Beobachters. Da der Beobachter überzeugt ist, daß die Einführung der Maschinen ein Segen für die Allgemeinheit ist, weil sie zu einer Steigerung der Produktivität und damit zur Erhöhung des Lebensstandards führt, neigt er dazu, das Verhalten der Ludditen als irrational zu betrachten.

Dieser irrationalistischen Interpretation hat Lewis Coser eine interessante Interpretation strategischer Art entgegengehalten.[109] Er glaubt nämlich, die Ludditen hätten den Nutzen der Mechanisierung der Produktion sehr wohl erkannt. Durch die Zerstörung der Maschinen wollten sie den Besitzern der Textilfabriken nur klarmachen, daß sie mit ihnen rechnen müßten. Durch ihre Geste haben sie ihre Fähigkeit zu schaden demonstriert, ihren *nuisance value*. Sie wollten auf diesem Weg vor allem Vorteile von den Arbeitgebern erzwingen.

Diese strategische Interpretation der Bewegung der Ludditen wird dadurch gestützt, daß die Arbeiter sich oft damit begnügten, diejenigen Maschinen zu zerstören, die sowieso nur Ausschuß produzierten. Außerdem wurde ein streikender Arbeiter oft sehr schnell durch einen Streikbrecher ersetzt, da das Heer der Anwärter auf einen Arbeitsplatz in der Industrie groß war. Vergessen wir nicht, daß zu jener Zeit die sich bildenden Gewerkschaften mit allen Mitteln unterdrückt wurden. Durch die Zerstörung der Maschinen wurde die Produktion lahmgelegt, sie stellte also nicht nur eine Art «Ersatz» für den Streik dar, sie war außerdem viel wirksamer.[110]

Laut Coser ist bei der Bewegung der Ludditen also – vielleicht zum erstenmal überhaupt – eine Form des sozialen Handelns zu beobachten, die uns heute völlig vertraut geworden ist. Die Zerstörung der Maschinen durch die Ludditen wäre in etwa der Aktion des gewerkschaftlich organisierten Elektrikers vergleichbar, der die Stromversorgung eines ganzen Stadtviertels lahmlegt. Indem er so handelt, will er natürlich weder Schaden anrichten noch seinen Widerstand gegen eine Erhöhung des Stromverbrauchs ausdrücken; er will lediglich seine Position und den *nuisance value* ausnutzen, den sie ihm verschafft, um die Verhandlungsposition seiner Gewerkschaft zu stärken.

Cosers Interpretation ist interessant: Sie legt nahe, daß die – zweifellos am weitesten verbreitete – irrationalistische Interpretation der Ludditen-Bewegung auf einen Dispositionseffekt zurückzuführen ist. Ebenso wie der westliche Beobachter durch seine Distanz zum «Primitiven» große Mühe hat, den Sinn magischer Rituale zu verstehen, hat der von den Vorteilen der Maschinenarbeit überzeugte moderne Beobachter große Mühe, die Zerstörung der Maschinen zu Beginn der industriellen Ära nicht als irrationales Verhalten auszulegen.

Man kann die Bewegung der Ludditen noch auf eine dritte Art interpretieren: als Ausdruck eines perspektivischen Effektes.

Für den entlassenen Arbeiter hat die Einführung der Maschinen zunächst einen unmittelbar sichtbaren Effekt, nämlich daß sie tatsächlich Arbeitslosigkeit bewirkt. Dasselbe gilt für den Arbeiter, der zwar seinen Arbeitsplatz nicht verliert, sich aber dessen bewußt ist, wie unsicher seine Beschäftigung in einer Epoche ist, in der sich niemand um die Sicherung der Arbeitsplätze kümmert und in der sich die Warteschlange der Arbeitssuchenden durch die Landflucht ständig verlängert. *Vom Standort des Arbeiters aus* besteht also sehr wohl ein Kausalzusammenhang zwischen der Maschinenarbeit und der Arbeitslosigkeit; allgemeiner zwischen der Einführung der Maschinen einerseits und der Verschlechterung der Lebensbedingungen, der Schwierigkeit, Arbeit zu finden, dem erhöhten Risiko, entlassen zu werden und der verschärften Konkurrenz unter den Arbeitern andererseits. *Für den Arbeiter* sind die Maschinen tatsächlich verantwortlich für die Verschlechterung seiner eigenen Situation und der seinesgleichen, ebenso wie für den Zerfall der Solidarität unter den Arbeitern.

Dieser Kausalzusammenhang gilt natürlich ausschließlich für diese Sicht. Auf allgemeiner Ebene hat die Maschinenarbeit im Gegenteil positive Effekte: Indem sie die Produktivität steigert, trägt sie auch zum Wachstum und zur Erhöhung des allgemeinen – genauer gesagt des durchschnittlichen – Lebensstandards bei sowie zur Schaffung von Arbeitsplätzen, zur Verstärkung der Solidarität unter den Arbeitern und zur Vermehrung der für die Arbeiterorganisationen verfügbaren Mittel.

Schon Alfred Sauvy hat eindringlich darauf hingewiesen, [111] daß es nicht stimme, daß die Maschinen allgemein gesehen Arbeitslosigkeit bewirken. Denn auch für die Herstellung der Maschinen selbst bedarf es einer bestimmten Anzahl von Arbeitsstunden. Die Maschine zerstört zwar Arbeitsplätze, sie trägt aber auch zur Schaffung neuer Arbeitsplätze bei. Heute wissen wir allerdings nur allzugut, daß die Zahl der so geschaffenen Arbeitsplätze nicht automatisch höher sein muß als die der zerstörten. Das Vorzeichen und der absolute Wert dieser algebraischen Summe ergeben sich ausschließlich aus der Beobachtung. Das Vorzeichen kann entweder positiv oder negativ sein. Man kann lediglich sagen, daß auf mittlere und lange Sicht die Maschine mehr Arbeitsplätze schafft als zerstört. Ohne daß wir uns auf Zahlen zu berufen brauchen, wissen wir, daß heute mehr Franzosen in der Produktion beschäftigt sind als vor hundert Jahren.

Sauvy hatte bekanntlich große Schwierigkeiten, sich mit dieser Ansicht durchzusetzen. Zum Teil beruht dieser Widerstand vielleicht auf intellektuellen Gründen (ich werde noch darauf zurückkommen), denn die Demonstration der positiven Auswirkungen der Maschinenarbeit auf den Arbeitsmarkt stützt sich auf eine abstrakte Argumentation: Sie setzt voraus, daß man das Wirtschaftssystem als System wahrnimmt und daß man in der Lage ist, dieses System in seiner Komplexität zu analysieren.

Außerdem haben viele Menschen Schwierigkeiten, diesen Kausalzusammenhang zu begreifen; und vor Ort ist die Wahrscheinlichkeit größer, einen Zusammenhang mit umgekehrten Vorzeichen anzutreffen. Vom Standort des *Arbeiters* aus ist die Maschine oft die direkte Ursache der Arbeitslosigkeit: Ihr «verdankt» er seine eigene Entlassung und die seiner Kollegen.

Dieser perspektivische Effekt suggeriert noch eine dritte Erklärung für die Bewegung der Ludditen, die denkbar einfach ist: Der Luddit hat versucht, sich der Einführung der Maschinen zu widersetzen, weil diese durchaus eine Bedrohung für seinen Arbeitsplatz und seine Existenzbedingungen darstellten. Von seinem Standort aus schien ihm die Maschine sehr wohl eine Ursache der Arbeitslosigkeit zu sein. Zweifellos

kann die Maschine global und auf lange Sicht tatsächlich als Mittel zur
Schaffung von Arbeitsplätzen angesehen werden. Es war jedoch nicht
zu erwarten, daß der Arbeiter die Dinge *unter diesem Gesichtspunkt*
sehen würde.

Ich weiß nicht, welche Interpretation der Ludditen-Bewegung nun
vorzuziehen ist. Vielleicht enthalten alle drei ein Körnchen Wahrheit.
Dafür ist jedoch der Historiker zuständig. Wichtig ist zunächst der
Hinweis, daß die am weitesten verbreitete Interpretation (die irrationalistische) auf das Vorhandensein von Dispositionseffekten beim Beobachter schließen läßt; andererseits ist die dritte Interpretation ein
anschauliches Beispiel für einen perspektivischen Effekt: Von seinem
natürlichen Standort aus nimmt der Arbeiter einen *negativen* Effekt
der maschinellen Arbeitsweise auf den Arbeitsmarkt wahr, der Beobachter nimmt aus einer gewissen Distanz heraus dagegen einen *positiven* Effekt wahr.

Diese Art perspektivischer Effekte kommt häufig vor. Die Unternehmen neigen zum Beispiel oft zu der Ansicht, eine Erhöhung der Steuern
ziehe unweigerlich eine Steigerung der Inflationsrate nach sich. Es ist
jedoch offensichtlich, daß dies nicht unbedingt der Fall sein muß. Weil
sie die Kaufkraft vermindern, können hohe Steuern auch die allgemeine Nachfrage und damit auch die Preise senken. Im Gegensatz zu
dem, was eine rasche Lektüre Keynes' zu signalisieren scheint, ist der
inflationshemmende Effekt der Steuerlast keineswegs garantiert oder
notwendig. Man kann lediglich sagen, daß eine erhöhte Steuerlast sich
unter bestimmten Umständen tatsächlich preissenkend auswirken
kann.

Solange er jedoch seinen natürlichen Standort beibehält, wird der
Unternehmer diesen möglichen Effekt wahrscheinlich nicht wahrnehmen. Ebenso wie der Luddit von seiner Warte aus die Auswirkungen
der Maschinenarbeit auf die Arbeitslosigkeit direkt beobachten
konnte, kann der Unternehmer direkt die Auswirkungen einer erhöhten Steuerlast wahrnehmen. Er weiß, daß seine Produktionskosten steigen werden, wenn die Belastung seines Unternehmens sich erhöht.
Wenn er sein Unternehmen im Gleichgewicht halten und seine Investi-
tionspläne nicht zusammenstreichen will, wird er also versuchen, seine
höheren Produktionskosten auf seine Preise umzulegen, es sei denn, er
fürchtet, dadurch weniger zu verkaufen. Er wird jedenfalls zu der Annahme neigen, eine erhöhte Steuerlast begünstige die Inflation. Diese

Überzeugung ist ganz einfach das Resultat einer direkten Beobachtung: Von seiner Warte aus kann er keine andere Feststellung treffen. Er muß einen anderen Standort einnehmen als den, der für ihn natürlich ist, um zu sehen, daß der Kausalzusammenhang sich auf allgemeiner Ebene umkehren kann.

Die perspektivischen Effekte stellen also eine wichtige Kategorie der Positionseffekte dar. Man kann sie folgendermaßen definieren (diese Definition verallgemeinert lediglich einen klassischen Begriff der Wahrnehmungspsychologie, indem sie ihm einen abstrakteren Sinn verleiht): Es handelt sich immer dann um einen perspektivischen Effekt, wenn ein und derselbe Gegenstand von verschiedenen Standorten aus wahrgenommen werden kann und wenn die Bilder, die diesen verschiedenen Standorten entsprechen, ebenfalls verschieden sind.

Ein Handelnder ist natürlich niemals an einen Standort gebunden, er kann ihn jederzeit wechseln. Der Unternehmer kann Keynes lesen, verstehen und ihm sogar beipflichten, er kann wahrnehmen, daß die Steuerlast sich auch positiv auf die Inflationsrate auswirken kann. Ebenso kann der Luddit zu der Einsicht gelangen, daß die Maschinenarbeit Arbeitsplätze schafft. Diese allgemeinen Standpunkte sind ihnen normalerweise jedoch fremd. Außerdem sind sie nur dann davon zu überzeugen, wenn man sie ihnen erklärt. Das heißt mit anderen Worten, es müssen erstens Theorien existieren, die diese allgemeinen Standpunkte erklären und vertreten, und zweitens müssen sie bekannt genug sein, um die Aufmerksamkeit des Handelnden auf sich zu ziehen. Aber selbst in diesem Fall kann es sein, daß sie Schwierigkeiten haben, den allgemeinen Standpunkt mit den von ihnen direkt wahrgenommenen Gegebenheiten in Einklang zu bringen. Um es anschaulich auszudrücken: Der Arbeiter und der Unternehmer sind schließlich *an der richtigen Stelle*, wo man weiß, was es mit der Auswirkung der Maschinenarbeit auf die Arbeitslosigkeit oder den Auswirkungen der Steuerlast auf die Inflation auf sich hat.

Manche Ideen, die einen allgemeinen Standpunkt gegenüber Einzelstandpunkten vertreten, können sich oft nur schwer durchsetzen, weil viele sozial und wirtschaftlich Handelnde «an der richtigen Stelle sind, wo man es wissen muß». In diesem Zusammenhang sind die Ideen Sauvys exemplarisch.

Noch eine weitere Kategorie von Effekten verdient es, erwähnt zu werden. Wie bei den gewöhnlichen Phänomenen der Wahrnehmung unterscheiden diese Effekte zwischen Hintergrund und Vordergrund, und genau wie diese Phänomene haben sie die Tendenz, dem Vordergrund den Vorzug zu geben.

In einer schönen Studie über Indien, auf die ich mich schon in einem anderen Zusammenhang bezogen habe[112], wird folgender Fall geschildert: Wie so oft in indischen Dörfern verfügen die Bauern in den beobachteten Dörfern über einen gesonderten Brunnen; die Unberührbaren, die am Rande der Dörfer leben, haben einen Brunnen für sich, unpraktischer, schwerer zugänglich und weniger gut ausgerüstet als derjenige der Bauern.

Ein Abgeordneter aus der Stadt, der dazu beitragen möchte, die sozialen Schranken zu beseitigen, die das Kastensystem errichtet, versucht, die Unberührbaren dazu zu überreden, Zugang zum Brunnen der Bauern zu verlangen. Man weist ihn freundlich ab. Die Unberührbaren erklären ihm, warum: Sie sind mit den Bauern durch komplexe Klientelverträge verbunden, die sich aus dem Gewohnheitsrecht ergeben. Als Gegenleistung zu der Arbeit, die sie auf dem Land der Bauern leisten, und zu den verschiedenen Verpflichtungen, die ihnen gegenüber haben (zum Beispiel, bei Hochzeiten und Begräbnissen zugegen zu sein), können sie im Krankheitsfall, oder wenn sie in dringenden Fällen Geld benötigen, auf die Bauern zählen. Diese Leistungen und Gegenleistungen unterliegen komplexen Regeln des Ausgleichs. Sie sind vielleicht nur deshalb so stabil, weil die Klientelbeziehungen zwischen Bauern und Unberührbaren von Generation zu Generation weitergegeben werden. Trotz dieser Stabilität werden sie unterschiedlich ausgelegt. Die Bauern neigen oft dazu, sie auszunützen und unter verschiedenen Vorwänden von den Unberührbaren mehr zu verlangen als das, wozu diese sich verpflichtet fühlen.

Würden die Bauern die Unberührbaren an ihrem Brunnen dulden, so hätte dies vor allem zur Folge, daß letztere Nörgeleien und Händeln ausgesetzt wären, denn die Bauern würden diese Begegnungen am Brunnen dazu benutzen, ihre Bitten und Forderungen zu vervielfachen.

Der *Standpunkt* des Abgeordneten war natürlich begründet. Auf mittlere und lange Sicht hätte der Vorschlag, den er den Unberührbaren unterbreitete, sicher deren Interessen gedient. Die Strategie, die er vorschlug, war jedoch mit einem unmittelbaren Preis verbunden, vor dem die Unberührbaren zurückschreckten. Das ist ganz natürlich. Die so-

zial Handelnden nehmen nur ungern auf jeden Fall und unmittelbar
eintretende Nachteile in Kauf (die sie vermeiden, indem sie ihre Gewohnheiten beibehalten), wenn diese Nachteile nur mit einer äußerst
ungewissen Hoffnung auf Besserung verknüpft sind, die zudem noch
in weiter Ferne liegt. Der Zugang zum Brunnen der Bauern hatte keinen direkten Nutzen. Er hätte im Gegenteil nur Nachteile für die Unberührbaren mit sich gebracht. Er war nur insofern von Nutzen, als er
die erste Etappe eines langen «Befreiungsprozesses» darstellte.

Es ist verständlich, daß die Unberührbaren eher den Vordergrund
als den Hintergrund wahrgenommen haben. Ebenso verständlich ist,
daß der Abgeordnete die großen Nachteile nicht wahrgenommen hat,
die sein Vorschlag für die Unberührbaren nach sich gezogen hätte,
hätten sie ihn befolgt.

Sombarts Buch «Warum gibt es in den Vereinigten Staaten keinen Sozialismus?»[113] veranschaulicht einen ähnlichen Fall: Laut Sombart
versucht der amerikanische Proletarier, der seine Lage verbessern will,
dies allein, anstatt auf eine ungewisse Verbesserung des Loses seiner
Klasse zu setzen. Um 1900, als Sombart sein Buch schreibt, wird die
soziale Mobilität in den Vereinigten Staaten als relativ bedeutend
wahrgenommen, und zweifellos ist sie das auch. Man kann also hoffen, mit einiger Anstrengung und aus eigener Kraft aus einer Lage her-
auszukommen, die man für nicht sehr beneidenswert hält. Gelingt es,
wird der Nutzen dieser «individuellen» Strategie sofort einsichtg. Die
«kollektive» Strategie dagegen bedeutet, sich einer sozialistischen Bewegung anzuschließen und darauf zu warten, daß der Sozialismus die
Lage der Ärmsten verbessert. Diese Strategie wäre nicht nur ungewis-
ser im Hinblick auf die Ergebnisse; sie würden auch erst nach sehr viel
längerer Zeit sichtbar werden. Laut Sombart hätte eine kollektive
Strategie dieser Art nur dort Erfolgschancen, wo die sozialen Schranken schwer überschreitbar sind (oder so wahrgenommen werden) und
wo die soziale Mobilität selten ist oder zumindest für selten gehalten
wird.

Der amerikanische Proletarier – ebenso wie der indische Unberühr-
bare – schadet sich auf lange Sicht natürlich selbst, wenn er dem Vordergrund den Vorzug vor dem Hintergrund gibt. Und die relative Unterentwicklung des Sozialwesens in den Vereinigten Staaten von heute
– verglichen mit dem Europas – ist zweifellos eine Folge der Anfang
des Jahrhunderts von Sombart analysierten Prozesse. Für den sozial

Handelnden ist der Vordergrund jedoch häufig viel gegenwärtiger und prägnanter als der Hintergrund.

Betrachten wir ein Beispiel aus einem ganz anderen Bereich: Bekanntlich haben viele Unternehmer in Frankreich über Jahre hinweg regelmäßig die Ministerpräsidenten belagert, um eine Abwertung des französischen Franc zu erreichen. Für ein Exportunternehmen wirken Abwertungen sich unmittelbar positiv aus, auch wenn dies nicht von Dauer ist und ein kränkelndes Unternehmen nicht sanieren kann.

Die Distanz- oder Entfernungseffekte bilden eine weitere wichtige Kategorie der Situationseffekte. Sie bringen Positions- und Dispositionseffekte ins Spiel.

Ein gutes Beispiel dafür ist die Anekdote, die ich im ersten Kapitel erzählt habe. Wissenschaftler aus Ländern, in denen man nur dann einen hohen Lebensstandard erreichen und seinen Kindern eine Zukunft sichern kann, wenn man nur eine geringe Nachkommenschaft hat, sind mit der Untersuchung betraut, wie man die Geburtenrate in einem Land senken kann, in dem die hohe Geburtenrate einer der Hauptgründe für die Armut ist. Sie gehen von ihrer eigenen Erfahrung aus und diagnostizieren ohne zu zögern eine fundamentale «Irrationalität» beim indischen Bauern. Wenn der *Beobachter* dem Beobachteten *fernsteht,* wird ihm das Verhalten des Beobachteten wahrscheinlich unverständlich sein. Je größer die Distanz zwischen Beobachter und Beobachtetem ist, desto leichter hält sich der Beobachter (paradoxerweise) an seine eigene Erfahrung, um das Verhalten des Beobachteten zu analysieren. Aus dieser Mechanik heraus ist Lévy-Bruhl einst zum Begriff einer primitiven Mentalität gelangt; sie hat auch die Wissenschaftler, von denen hier die Rede ist, beeinflußt, und sie ihre Diagnose der Irrationalität stellen lassen.

Für Distanzeffekte könnten viele Beispiel angeführt werden, da sie ziemlich häufig auftreten.

In seiner klassischen Studie [114] war Chinoy auf die Tatsache aufmerksam geworden, daß die von ihm beobachteten Arbeiter der amerikanischen Automobilindustrie optimistisch in die Zukunft blickten und mit ihrem Los zufrieden zu sein schienen, während sie sich objektiv gesehen in einer Sackgasse befanden: Sie hatten praktisch keinerlei Aufstiegsmöglichkeiten und keine Aussicht, ihren bescheidenen Lebensstandard zu verbessern. Dennoch hatten sie den Eindruck – zumindest behaupteten sie das, als man ihnen die Frage stellte –, ihre soziale Position merklich verbessern oder es «zu etwas bringen» zu können.

«Es zu etwas bringen» hieß aber für sie: ein paar Dollar mehr zu verdienen, die Möglichkeit zu haben, ihr Haus, ihre Einrichtung zu verbessern, etwas schneller als vorgesehen eine höhere Lohnstufe zu erreichen oder öfter ausgehen zu können.

Chinoy schloß daraus, daß diese Arbeiter sich unbewußt selbst etwas vormachten, wenn sie davon sprachen, es zu etwas zu bringen, auch wenn es ihnen völlig ernst damit war: Um sich der Wirklichkeit nicht stellen und um nicht feststellen zu müssen, daß ihre Zukunft objektiv gesehen verbaut war, maßen sie den kargen Vorteilen, auf die sie hoffen konnten, eine künstliche – und in jedem Fall übertriebene – Bedeutung bei.

Diese Interpretation ist ein typisches Beispiel für einen Distanzeffekt. Genau wie die Forscher bei den indischen Bauern hat Chinoy den Eindruck, er habe es mit einem unverständlichen Verhalten zu tun: Wie kann man von Erfolg sprechen, wenn man sich in einer Sackgasse befindet? Er versteht die Aussagen der Arbeiter nicht, also schreibt er sie irrationalen Mechanismen zu. Wenn er sagt, «die Arbeiter rationalisieren ihre Situation», meint er, sie verschlössen ihre Augen vor der Wirklichkeit, die sie umgibt.

Denkt man darüber nach, wird einem klar, wie komplex und zugleich unglaubwürdig diese Interpretation ist: Die Arbeiter schließen nicht nur die Augen, dies ist ihnen noch nicht einmal bewußt, sonst würden sie sich nicht selbst betrügen. Um wirkungsvoll zu sein, muß die «Rationalisierung» unbewußt vonstatten gehen. Chinoy scheut sich nicht, auf die Psychoanalyse zurückzugreifen, um das Verhalten der Arbeiter zu analysieren, so unverständlich erscheint es ihm.[115]

Genau wie im vorhergehenden Fall zieht der Beobachter durch seine Distanz zum Verhalten des Beobachteten Vergleiche mit sich selbst, was ihn natürlich zu dem Schluß veranlaßt, der Beobachtete sei irrational: Wie kann man es als Erfolg ansehen, ein paar Dollar mehr zu verdienen, eine höhere Lohnstufe zu erreichen oder seine Wohnung besser einzurichten? Diese Definition des Erfolgs ist jedoch nur dann unverständlich, wenn der Beobachter eine egozentrische Position einnimmt und die Vorstellung, die der andere vom Erfolg hat, mit seinem Maßstab mißt.

Wenn ein Gegenstand fern und verschwommen erscheint, neigt man dazu, ihn mit einem vertrauten Gegenstand zu vergleichen. Und je distanzierter man einem Verhalten gegenübersteht, desto mehr neigt man dazu, es an seinem eigenen Verhalten zu messen. Handelt es sich dagegen um ein Verhalten, das weniger fremd erscheint, ist man sehr viel aufmerksamer den Umständen gegenüber, die dafür verantwortlich sein könnten. In diesem Fall wird man nicht so leicht die Diagnose der Irrationalität stellen. Hätte Chinoy sich die Mühe gemacht, darüber nachzudenken, wäre es ihm ein leichtes gewesen festzustellen, daß für manche seiner Kollegen der «Erfolg» sich ebenfalls an «Kleinigkeiten» mißt: etwas häufiger in Fachzeitschriften zitiert zu werden oder einem etwas renommierteren Institut anzugehören. Es existiert kein objektiver Bewertungsmaßstab dafür, ob die Zeichen für Erfolg, denen der Universitätsprofessor Bedeutung beimißt, auch *objektiv* bedeutender sind, während das, was der Arbeiter «Erfolg» nennt, nur ein Produkt seiner Einbildung ist. Der Universitätsprofessor wird es allerdings *verstehen*, wenn sein Kollege Himmel und Hölle in Bewegung setzt, um für sein zuletzt veröffentlichtes Buch eine gute Kritik zu bekommen. Er wird dieses Verhalten vielleicht als eitel und nicht ganz den guten Sitten entsprechend einstufen, er wird es jedoch weder als unverständlich noch als irrational bezeichnen. Derselbe Professor wird jedoch nicht zögern, von Irrationalität zu sprechen, wenn es sich um einen Arbeiter handelt, der in der Tatsache, anbauen zu können, ein Zeichen für Erfolg sieht.

Ebenso führen viele Wissenschaftler auf Irrationalität zurück, daß der schulische Ehrgeiz bei den unteren Bevölkerungsschichten längst nicht so groß ist wie bei der Mittelschicht. Die Familien der unteren Bevölkerungsschichten «verinnerlichten» die Vorstellung, das Abitur wäre nichts für ihre Kinder. Auch in diesem Fall wird der von diesem Verhalten überraschte Wissenschaftler seine eigene Erfahrung zu Rate ziehen und von Irrationalität sprechen (für ihn sind das Abitur und Universitätsabschlüsse in der Tat unerläßlich).

Die Distanz veranlaßt den Beobachter also oft zu einer soziozentrischen oder egozentrischen Interpretation von Verhaltensweisen (Einstellungen, Überzeugungen usw.) des Beobachteten. Je unverständlicher dem Beobachter das Verhalten des Beobachteten erscheint, desto mehr neigt er dazu, auf seine eigenen Maßstäbe und Erfahrungen zurückzugreifen.

Die Beispiele machen deutlich, daß die Spezialisten auf dem Gebiet der Verhaltensforschung (denn die Sozialwissenschaften sind Verhaltensforschung) keineswegs gegen diese perspektivischen Verzerrungen gefeit sind – was schon Herbert Spencer [116] bemerkt hat.

Es gibt noch andere Arten von Positionseffekten, die erwähnenswert sind: zum Beispiel die Rolleneffekte. Manche Rollen lenken die Aufmerksamkeit der Handelnden auf bestimmte Theorien. Nehmen die Theorien eine Monopolstellung oder eine quasi-Monopolstellung ein, wird der sozial Handelnde sie wahrscheinlich übernehmen. Wenn also alle Wirtschaftswissenschaftler sich darin einig sind, daß die einzige Waffe gegen die Unterentwicklung im Zuschießen von Kapital von außen besteht, wird es schwierig sein, die Handelnden, die durch ihre Rolle mit den Problemen des «Kampfes» gegen die Unterentwicklung konfrontiert werden, daran zu hindern, diese Anschauung zu übernehmen. Auf diese Fragen werde ich jedoch im nächsten Kapitel zurückkommen, da hier Positionseffekte und Kommunikationseffekte ineinander übergreifen.

Für das, was ich «Dispositionseffekte» nenne, habe ich schon in den vorhergehenden Kapiteln zahlreiche Beispiele genannt. Erinnern wir uns an die Interpretation, die der westliche Beobachter für die Handlungen des Regenmachers bereithielt. Er kann sich nicht einfach von seinem eigenen Wissen auf dem Gebiet der Physik und der Statistik freimachen; er neigt daher dazu, die Handlungen des Magiers als irrational anzusehen, während es ihm keinerlei Schwierigkeiten bereitet, die Handlung des Feuermachens zu verstehen. Durch dieses Wissen geht er das Phänomen der Magie also mit geistigen *Dispositionen* an, die ihm das Verständnis des Phänomens eher erschweren als erleichtern.

Die Dispositionseffekte sind noch schwieriger zu klassifizieren als die Positionseffekte, denn wenn sie auch eine klare Beobachtung resümieren – daß wir nämlich in jegliche Interpretation eines Phänomens vorher erworbenes Wissen und vorher erworbene Erfahrung einbringen (was uns das Verständnis des Phänomens sowohl erleichtern als auch erschweren kann) –, sind ihre Äußerungsformen unendlich vielfältig.

Ich werde also gar nicht erst versuchen, die Dispositionseffekte zu klassifizieren – das ist unmöglich –, sondern einen ihrer Aspekte aufgreifen, den ich für besonders wichtig halte.

Wenn wir versuchen, ein Problem zu lösen oder ein Ziel zu erreichen, können uns einerseits die Art des Problems oder des Ziels und andererseits unsere Dispositionen dabei helfen. Derjenige, dem die Grundlagen der Algebra vertraut sind, wird keine Schwierigkeiten haben, die Gleichung $3x = 2$ zu lösen. Er kann diese Aufgabe lösen, und er weiß, daß er es kann.

Die klassische Philosophie – von Averroës bis Schopenhauer – hat sich eingehend mit der Frage beschäftigt, ob «ich weiß» dasselbe ist wie «ich weiß, daß ich weiß».[117]

Für uns interessanter sind die Aussagen, die man erhält, wenn man einen der beiden Teile dieser Aussage verneint, das heißt allgemeiner ausgedrückt, wenn man komplexere Varianten dieser klassischen, reflektierenden Formulierung bildet. Diese Varianten ermöglichen das Erkennen von Dispositionstypen, bei denen der sozial Handelnde ganz besonders geneigt ist, vorgefaßte Meinungen anzunehmen.

Vor ein Problem gestellt, kann der Handelnde abhängig von der Art des Problems und von seinen geistigen Fähigkeiten:

1. wissen, daß er weiß: das ist der klassische Fall;
2. wissen, daß er nicht weiß und daß es schwierig ist zu wissen;
3. wissen, daß er nicht weiß, aber mehrere Möglichkeiten zur Lösung des Problems im Auge haben;
4. nicht wissen, daß er nicht weiß, und glauben zu wissen;
5. nicht wissen, daß er nicht weiß, und überzeugt sein zu wissen.

Wir werden noch sehen, daß die Dispositionen vom Typ 2 bis 5 allesamt zur Annahme von vorgefaßten Überzeugungen und Ideen führen. Deshalb sollten sie genauer untersucht werden. Sie beschreiben keine philosophischen Spitzfindigkeiten, sondern ganz alltägliche Beispiele. Diese Beispiele treten sozusagen am Schnittpunkt auf zwischen der *Art der Probleme*, mit denen der sozial Handelnde konfrontiert wird, und den *Mitteln*, die ihm zu ihrer Lösung zur Verfügung stehen.

Fall 1 lasse ich also beiseite, daß er für unsere Problematik nicht relevant ist.

Im Fall 2 ist dem Handelnden bewußt, wie komplex die ihm gestellte Aufgabe ist. Er weiß, daß er nicht weiß und daß er es mit schwierigen Fragen zu tun hat. Aber vor allem dann, wenn er von dem getrieben wird, was man allgemein die «Notwendigkeit zum Handeln» nennt, muß er Lösungen ins Auge fassen. In diesem Fall wird er sich oft der sogenannten Extrapolationsmethode bedienen, vorausgesetzt, man versteht diesen Ausdruck im allgemeinsten Sinne. Die Extrapolation definiere ich als Methode, um vom Bekannten auf das Unbekannte zu schließen.

Eine gängige Form der so definierten Extrapolation besteht darin, sich auf das zu berufen, was ein banaler Ausdruck mit «Lehren aus der Geschichte» bezeichnet.

Ein Buch von Ernest May liefert in diesem Zusammenhang eine Fülle von Beispielen.[118] Ich werde nur kurz auf eine seiner Analysen eingehen. In einem seiner Kamingespräche verkündet Roosevelt 1943: «Die Auslöschung des japanischen Reiches als potentielle Angriffsmacht ist für Frieden und Sicherheit unumgänglich»; außerdem dürfe die militärische Macht Deutschlands «in absehbarer Zukunft nicht wiederhergestellt werden»; er fügt hinzu, die USA und die UdSSR seien dazu aufgerufen, einander zu verstehen, ja, einander gut zu verstehen. Auf jeden Fall dürfe man die «tragischen Irrtümer der Vergangenheit» nicht noch einmal begehen.

Dieses Gespräch, soviel steht fest, ist sorgfältig vorbereitet worden und war nicht nur dazu bestimmt, die Moral der Truppe zu heben: Es stellt keine *symbolische Handlung* im Sinne von Geertz dar. Roosevelt war im Gegenteil davon überzeugt, daß seine Analyse Hand und Fuß hatte. Er war sich jedoch nicht darüber im klaren, daß er unter dem Vorsatz, einen neuen Krieg verhindern zu wollen, «den letzten Frieden» vorbereitete. Im Hinblick auf die Entwicklung der Beziehungen zwischen den USA und der Sowjetunion hat er sich natürlich geirrt. Diese Beziehungen waren niemals gut gewesen, und die Sowjets hatten mehrfach zu verstehen gegeben, daß sie den 1939 annektierten Teil Polens behalten wollten. Schon Mitte 1943, vor der Teheraner Konferenz, hatten sie begonnen, in Polen eine Machtübernahme der Kommunisten nach Ende der Feindseligkeiten vorzubereiten.[119]

Roosevelt irrte natürlich auch im Hinblick auf die bleibende Bedrohung, die der deutsche und der japanische Militarismus darstellten. Er war so überzeugt von der Bedeutung der «Lehren aus der Geschichte», daß es ihm vor allem darum ging, die Fehler der Vergangenheit und die in den «Vierzehn Punkten» von Woodrow Wilson enthaltenen Irrtümer nicht zu wiederholen. Er wollte also das Gegenteil tun – keinen Waffenstillstand mit Deutschland vereinbaren, sondern die bedingungslose Kapitulation verlangen. Keine Klausel unterzeichnen, die ein «Hintertürchen» offenließ. Nicht die deutschen Gerichte sollten die Kriegsverbrecher aburteilen; es sollte Aufgabe der Alliierten sein, Deutschland zu entmilitarisieren. Im Hinblick auf Japan konnte man die Lehren aus der Geschichte natürlich nicht extrapolieren, man verfolgte in diesem Fall jedoch eine ähnliche Politik wie im Fall Deutschlands.

Auch bei der Wirtschaftspolitik wurden seine Prinzipien von der Extrapolationsmethode bestimmt: Natürlich waren der wirtschaftliche Nationalismus und die Investitions- und Handelsschranken für die Wirtschaftskrise verantwortlich, die wiederum den Nährboden für Faschismus und Nationalsozialismus abgab, die dann den Zweiten Weltkrieg vorbereiteten. Deshalb wurden der Internationale Währungsfonds und die Weltbank gegründet; zusammen mit der Liberalisierung des Handels sollten diese Einrichtungen eine Wiederholung jener unglücklichen Verkettung von Umständen verhindern.

May behauptet natürlich keineswegs, diese politischen Orientierungen seien schlecht gewesen, er sagt nur, sie seien so gut wie unerklärlich, wenn man nicht berücksichtige, daß sie mehr oder weniger bewußt auf dem beruhten, was ich hier «Extrapolationsmethode» nenne.

Auf jeden Fall illustriert diese Analyse ein zugleich einfaches, grundlegendes und äußerst häufiges Modell. Denn wenn wir über keine wirksame Methode zur Entschlüsselung der Zukunft verfügen, ist es noch am einfachsten, von der Gegenwart oder der unmittelbaren Vergangenheit auszugehen, die eine Realität, eine Dichte und eine «Wahrheit» aufweisen, auf die die Zukunft keinen Anspruch erheben kann. Weil die Zukunft jedoch niemals eine Wiederholung der Vergangenheit und nur selten die reine, einfache Fortsetzung der Gegenwart ist, stellt die Extrapolationsmethode zwar ein wirksames Mittel zur Legitimierung von vorgefaßten Meinungen und Glaubensüberzeugungen dar, sie unterliegt jedoch ständig der Bedrohung, dementiert zu werden. Daher glaubt man niemals so ganz an die «Lehren aus der Geschichte», obwohl sie gleichzeitig sehr schwer von der Hand zu weisen sind.

Deshalb können Voraussagen – selbst die kurzfristigen – auch so komisch wirken, sobald die Zukunft zur Gegenwart geworden ist.

Bei der dritten der fünf weiter oben genannten Möglichkeiten weiß man, daß man die Lösung eines Problems nicht kennt, man hat aber dennoch eine Vorstellung von den möglichen Lösungen, obwohl man aus gutem Grund nicht in der Lage ist, zwischen diesen Lösungen zu wählen.

Auch für die Theorie der Ideologien ist dieser Fall von besonderer Bedeutung. Wenn nämlich eine *Mehrdeutigkeit* dieser Art auftritt, neigt der sozial Handelnde oft dazu, auf durch die Sinne vermittelte Ideen zurückzugreifen, um ihr zu entgehen. Das heißt nichts anderes, als daß er nicht diejenige Lösung wählt, die ihm objektiv am besten begründet erscheint, sondern diejenige, die er aufgrund verschiedener Betrachtungen für am meisten wünschenswert hält.[120]

Dieser Fall kann durch ein Beispiel aus der Schulpolitik veranschaulicht werden.

Die meisten Regierungen Frankreichs (wie auch die anderer Länder) waren seit Mitte der fünfziger Jahre darauf bedacht, Maßnahmen zur Herstellung der Chancengleichheit im Bildungswesen zu ergreifen. Zwar wird soziale Ungleichheit im allgemeinen als vereinbar mit den Grundsätzen der Demokratie angesehen, die Ungleichheit im Bildungswesen gilt jedoch – ob nun zu Recht oder zu Unrecht[121] – oft als unvereinbar mit den Grundwerten der Demokratie. Man erkennt zwar an, daß die Entlohnung der sozial Handelnden abhängig von dem von ihnen geleisteten Beitrag variiert, man findet sich hingegen nicht so leicht damit ab, daß schon die Geburt Ungleichheiten schafft.

Die Chancen, eine Hochschule zu besuchen oder selbst das Abitur zu erreichen, sind durchaus nicht für alle sozialen Klassen gleich – weit gefehlt! Das mag manchen schockieren, es ist jedoch leicht zu erklären. Man wird oft nur schwer zugeben, daß in Gesellschaften, wo die interessantesten Posten häufig eine gute Schulbildung voraussetzen, diese Voraussetzung von der Gesellschaftsschicht abhängig sein kann, in die man hineingeboren wird. Die zahllosen Arbeiten, die seit Jahrzehnten zu diesem Thema verfaßt worden sind, belegen die Stärke und die weite Verbreitung dieses Gefühls.

Gegen Mitte der fünfziger Jahre führte die steigende Nachfrage nach Schulbildung, die mit dem Wirtschaftswachstum einherging, dazu, daß fast alle Regierungen – auch die konservativsten – die Herstellung der Chancengleichheit als Ziel anerkannten.

Uneinigkeit herrschte allerdings im Hinblick auf die Mittel, mit denen sich dieses Ziel erreichen ließ.

Nun ist es so, daß sich in diesem Fall zwei gegensätzliche Lösungen unmittelbar aufdrängen, die sich beide auf eine stichhaltige Argumentation stützen können.

Man kann die Meinung vertreten, es sei das beste, die Kinder so lange wie möglich gemeinsam in einer Schule zu unterrichten. Indem man es vermeidet, sie zu früh dazu zu zwingen, sich für einen bestimmten Schulzweig entscheiden zu müssen, verhindert man, daß die

Schwächsten – die überproportional häufig aus bescheidenen Verhältnissen stammen würden – schon in ihren ersten Schuljahren in eine
Sackgasse geraten. Ist es – allgemein gesprochen – nicht offensichtlich,
daß man Ungleichheiten zwischen den Schülern vermeidet, indem man
jedes Auswahlverfahren, jede Orientierung auf bestimmte Schulzweige
hin unterbindet und (zumindest theoretisch) die Möglichkeit ausschal-
tet, Unterschiede zu machen?

Man kann jedoch auch genau andersherum argumentieren: Indem
man verschiedene Schulzweige einführt, ermöglicht man es jedem, seinen Fähigkeiten gemäß zu wählen. Viele Kinder aus bescheidenen Verhältnissen, denen man eine umfassende allgemeine Schulbildung aufzwingen wollte, würden jedoch vielleicht sehr bald davon Abstand
nehmen. Sie wären vielleicht eher bereit, weiter zur Schule zu gehen,
wenn man ihnen schon früh die Möglichkeit böte, einen Bildungsweg
einzuschlagen, der ihren Erwartungen eher entspricht.

Zu jeder dieser Argumentationen könnte man leicht Gegenargu-
mente finden (die ich hier natürlich nur angedeutet habe).[122]

Die Pluralisten haben den Unitaristen (nicht ohne Grund) vorgehal-
ten, ein undifferenzierter, gemeinsamer Schülerstamm würde Probleme
für den Unterricht mit sich bringen, er würde Kindern mit völlig verschiedenen psychischen Bedingungen denselben durchschnittlichen
Lehrplan aufzwingen, was alle möglichen Schwierigkeiten zur Folge
hätte. Die Nachteile wären übrigens noch schwerwiegender, wenn
man das Einheitsschulsystem mit allen Konsequenzen einführen
wollte und sogar die Benotungen – oder allgemeiner Sanktionen und
Belohnungen – abschaffte, um die Unterschiede zwischen den Schülern zu beseitigen.

Die Unitaristen antworteten den Pluralisten ihrerseits, jegliche Differenzierung würde dazu führen, daß den Kindern aus bescheidenen Verhältnissen der Zugang zu den weiterführenden Schulen verwehrt
würde. Unter dem Vorwand, ihre Chancen zu verbessern, würde man
ihnen also eine wertlose Schulbildung vermitteln.

Ab Mitte der sechziger Jahre haben in Frankreich die Unitaristen den
Sieg davongetragen. Die Folgen ihrer Schulpolitik waren jedoch so ka-
tastrophal, daß der Wind heute eher aus der entgegengesetzten Richtung weht.

Wie dem auch sei, dieses Beispiel veranschaulicht einen für uns hier
sehr interessanten Fall: Dasselbe Ziel kann auf zwei ganz verschiedenen, ja sogar (wie hier) auf entgegengesetzten Wegen erreicht werden.

Niemand kann jedoch mit Sicherheit sagen, daß die erste Strategie der zweiten in jedem Fall vorzuziehen ist oder umgekehrt. Übrigens haben sich gerade deshalb entgegengesetzte Lager gebildet, weil diese Frage nicht grundlegend entschieden werden kann. Schon Aristoteles hat sehr richtig bemerkt, daß man auf die dialektische Methode zurückgreifen kann, wenn eine Frage sich nicht durch Beweise beantworten läßt. Er hat außerdem darauf hingewiesen, daß diese Methode sich notwendigerweise auf gegensätzliche Standpunkte stützt, denen sie jeweils Geltung verschafft.

In einer solchen Situation tendiert man oft aufgrund von Überzeugungen, die mit dem Problem an sich nur indirekt zusammenhängen, zu der einen oder anderen Lösung.

Das war auch hier der Fall. Die «Einheitsschul-Partei» hatte vor allem Zulauf von «Linken» – so lange jedenfalls, bis die Folgen der Einheitspolitik sichtbar wurden. Die «Rechten» haben sich eher den Verfechtern eines gegliederten Schulwesens, den Pluralisten, zugewandt. Die «Linken» neigen nämlich – wenn auch in unterschiedlichem Ausmaß – dazu, jede Differenzierung und jeden sozialen Unterschied als mit der Würde des Menschen unvereinbar anzusehen. Im allgemeinen stellt Gleichheit für sie einen uneingeschränkteren Wert dar als für die «Rechten». Diese sind hingegen oft der Ansicht, die Gleichheit dürfe nicht um jeden – auch noch so hohen – Preis hergestellt werden.

Auf jeden Fall liegt es in der Natur des Problems selbst und an den verschiedenen Möglichkeiten, es zu «lösen», daß ein dialektischer Prozeß (im Sinne von Aristoteles) in Gang gekommen ist, der Positions- und Dispositionseffekte einbezieht. Dieser Prozeß besitzt unbestreitbar die Eigenschaften, die ihm schon Aristoteles zugeschrieben hat. Heute scheint man deshalb sowohl die komplexen Auswirkungen dieser beiden Lösungswege als auch die Tatsache, daß der Chancengleichheit bestimmte Grenzen gesetzt sind, deutlicher zu erkennen.

Zur Veranschaulichung des Falles 4 (man weiß nicht, daß man nicht weiß, und glaubt zu wissen) werde ich mich bei der experimentellen Wissenspsychologie bedienen, die im Hinblick auf die Theorie der Ideologien eine wertvolle Informationsquelle zu sein scheint und reichlich Stoff zum Nachdenken liefert. Ich habe mich übrigens schon in Kapitel 4 auf sie berufen, zu Beginn meiner Diskussion über die Magie.

Das Experiment, auf das ich mich stütze, ist vom gleichen Typ wie diejenigen, deren ich mich schon bedient habe. Es lehrt uns jedoch

etwas anderes, auch wenn es auf den ersten Blick in Aufbau und Ziel
den anderen zu gleichen scheint.[123]

Auch diesmal haben die Psychologen einer Gruppe von Menschen mit
guter Allgemeinbildung, jedoch ohne besondere Kenntnisse auf dem
Gebiet der Mathematik oder der Statistik, eine scheinbar harmlose
Frage aus der Statistik gestellt. Und genau wie im weiter oben behandelten Fall haben sie kein abstraktes oder gestelltes Beispiel gewählt, sondern sie haben eine konkrete Frage zur statistischen Verteilung der Geburten gestellt. Sie lautete ungefähr folgendermaßen:

«Stellen Sie sich zwei Geburtskliniken vor, eine große und eine
kleine. In der großen werden im Durchschnitt täglich fünfzig Geburten
registriert, in der kleinen ungefähr fünfzehn.

An manchen Tagen werden in beiden Kliniken mehr Jungen als Mädchen geboren.

Wie denken Sie nun über folgende Frage: Kommt es in der großen
oder in der kleinen Geburtsklinik häufiger vor, daß über einen Zeitraum von mehreren Monaten an manchen Tagen sechs (oder mehr)
von zehn geborenen Kindern männlichen Geschlechts sind? Oder glauben Sie, daß dies in beiden Geburtskliniken genausooft vorkommt?»

Der Leser, der über dieselben kognitiven Dispositionen verfügt wie
die befragten Testpersonen, wird vielleicht versucht sein, seine Lektüre
einen Augenblick zu unterbrechen und die Frage selbst zu beantworten.

Aus der Verteilung der Antworten können wir jedenfalls einiges ler-
nen: Ungefähr die Hälfte der befragten Personen hat geantwortet, diese
Erscheinung (sechs oder mehr von zehn geborenen Kindern sind männlichen Geschlechts) sei in der großen Geburtsklinik genausooft zu beobachten wie in der kleinen. Die verbleibende Hälfte war in etwa geteilter
Meinung: Ungefähr ein Viertel der befragten Personen war der Ansicht,
die fragliche Erscheinung sei in der großen Geburtsklinik häufiger zu
beobachten, das letzte Viertel entschied sich für die kleine Klinik.

Entgegen der Meinung von Feyerabend oder Habermas beweist dieses Beispiel, daß über manche Fragen nicht allgemein abgestimmt werden sollte. Die richtige Antwort ist nämlich die letzte: In der kleinen
Geburtsklinik kommt es über einen Zeitraum von mehreren Monaten
häufiger vor, daß an einem Tag sechs oder mehr von zehn geborenen
Kindern männlichen Geschlechts sind. Diese Antwort wurde jedoch
nur von einem Viertel der befragten Personen gegeben.

Ich finde dieses Experiment faszinierend, denn das Ergebnis zeigt, daß die befragten Personen die Frage als elementar empfunden haben, obwohl sie in Wirklichkeit relativ komplex ist.

Es handelt sich also in der Tat um das angekündigte Fallbeispiel: Die befragten Personen wußten nicht, daß sie nicht wußten. Sie haben sich von der scheinbaren Harmlosigkeit der Frage täuschen lassen. Diese Frage unterscheidet sich auf den ersten Blick nicht von den Fragen, die man tatsächlich intuitiv beantworten kann, zum Beispiel ob die Reihenfolge JJJMMM (wo J für die Geburt eines Jungen und M für die Geburt eines Mädchens steht) häufiger vorkommt als die Reihenfolge JMMJMJ.

Sicher ist, daß diejenigen Personen, die eine der beiden falschen Antworten gegeben haben, die Komplexität der Frage nicht erkannt haben. Dasselbe gilt jedoch vielleicht auch für den kleinen Teil, der die richtige Antwort gegeben hat: Viele dieser Personen haben vielleicht nur zufällig richtig geantwortet. Um das herauszufinden, hätte man sie fragen müssen, wie sie zu diesem Ergebnis gelangt sind – was die Psychologen aber nicht getan haben.

Das Experiment zeigt jedoch vor allem, daß es manchmal unmöglich ist, sich eine klare Vorstellung von der *Komplexität* einer Frage zu bilden, solange man die Antwort nicht kennt. Es scheint also, daß die Komplexität einer Frage erst a posteriori erkannt werden kann, wenn auch die Antwort in allen Einzelheiten bekannt ist. Und in diesem Fall handelt es sich in der Tat um eine komplexe Frage.

Nehmen wir als Beispiel die kleine Geburtsklinik und nehmen wir an, daß dort jeden Tag *genau* fünfzehn Geburten registriert werden (was schon eine Vereinfachung gegenüber der gestellten Frage ist, denn dort wurde ein *Durchschnitt* von fünfzehn Geburten täglich angenommen). Nun geht es darum, die Anzahl der Tage zu bestimmen, an denen sechs oder mehr der geborenen Kinder männlichen Geschlechts sind.

Man kann die Frage auch anders stellen. Nehmen wir eine bestimmte Reihenfolge des Geschlechts bei den fünfzehn Geburten an, zum Beispiel:

JMJJMMMJJMMJMMM

Wie groß ist die Chance, eine derartige Reihenfolge zu beobachten? Die Chancen stehen fünfzig zu fünfzig, daß – wie bei dieser Reihenfolge – zuerst ein Junge geboren wird. Ebenfalls fünfzig zu fünfzig stehen die Chancen, daß – wie bei dieser Reihenfolge – danach ein Mädchen geboren wird. Die Chancen, daß zuerst ein Junge und dann ein Mädchen geboren wird, stehen also 1 : 4. Betrachtet man nämlich zwei Geburten, gibt es vier mögliche Reihenfolgen: JJ, JM, MJ und MM. Betrachtet man drei Geburten, stehen die Chancen 1 : 8 für jede dieser Konstellationen, da in diesem Fall acht verschiedene Konstellationen, zum Beispiel MMM, MMJ…, JJJ auftreten können. Die Chancen stehen also 1 : 8 für die Konstellation JMJ, die bei unserer Reihenfolge den drei ersten Geburten entspricht.

Die Chancen stehen also 1 : 4, daß die Reihenfolge JM und 1 : 8, daß die Reihenfolge JMJ auftritt; führt man diese Betrachtungen weiter aus, so stehen die Chancen 1 : 16 für die Reihenfolge JMJJ und 1 : 32 für die Reihenfolge JMJJM. Allgemein hat eine aus n Elementen bestehende Reihenfolge R $(1 : 2^n)$ Chancen vorzukommen: Wenn n der Zahl fünf entspricht, entspricht die Größe $(1 : 2^n)$ der Größe 1 : 32.

Bei unserem Beispiel, das aus fünfzehn Elementen besteht, die die Reihenfolge der an einem bestimmten Tag in der kleinen Geburtsklinik beobachteten Geburten darstellen, stehen die Chancen $(1 : 2^{15})$ für diese Reihenfolge, das heißt 1 : 32 768.

Für eine andere Reihenfolge, zum Beispiel

MJJJJMMJJMJMJJJ,

stehen die Chancen ebenfalls $1 : 2^{15}$.

Wie viele verschiedene Reihenfolgen sind also möglich? Natürlich 2^{15}, denn jedes der fünfzehn aufeinanderfolgenden Elemente kann entweder J oder M sein. Es kann gar nicht anders sein: Die Anzahl der Reihenfolgen muß 2^{15} entsprechen, wenn jede $1 : 2^{15}$ Chancen hat vorzukommen.

In der ersten der beiden oben angeführten Listen sind weniger als sechzig Prozent der geborenen Kinder männlichen Geschlechts, in der zweiten sind es mehr als sechzig Prozent. Nun geht es darum herauszufinden, bei wie vielen dieser 2^{15} Listen sechzig Prozent oder mehr der geborenen Kinder Jungen sind.

Man hätte wohl eine Ewigkeit zu tun, wollte man alle Möglichkeiten durchspielen, da die Anzahl der Reihenfolgen beträchtlich ist.

Bei der großen Geburtsklinik wäre dies erst recht undurchführbar, da dort täglich ungefähr fünfzig Kinder geboren werden; die Anzahl der möglichen Sequenzen vom Typ

JJMMM…MJMM

50 Elemente

ist gleich $2^{50} = 1\,125\,809\,906\,842\,624$.

Die in dem Experiment gestellte Frage läuft darauf hinaus, ob der

Prozentsatz der Reihenfolgen, wo J in sechzig Prozent der Fälle auftritt, bei den aus fünfzig Elementen bestehenden Sequenzen größer oder kleiner ist als bei den aus fünfzehn Elementen bestehenden, oder ob er gleich groß ist.

Es ist Gott sei Dank nicht nötig, die Möglichkeiten einzeln durchzuspielen, um diese Frage zu beantworten. Man kann zeigen, daß in der kleinen Geburtsklinik der Prozentsatz von Tagen, an denen mehr als sechzig Prozent Jungen geboren werden, gleich *

$$\sum_{k=9}^{15} \frac{15!}{k!\,(15-k)!} \left(\frac{1}{2}\right)^{15}$$

ist und in der großen Geburtsklinik gleich:

$$\sum_{k=30}^{50} \frac{50!}{k!\,(50-k)!} \left(\frac{1}{2}\right)^{50}$$

Es geht also darum herauszufinden, welche dieser beiden Zahlen größer ist. Das Ergebnis der Rechnung sagt uns, daß die erste (0,3036) größer ist als die zweite (0,1013). In der kleinen Geburtsklinik kommt es also häufiger vor, daß mehr als sechzig Prozent der geborenen Kinder männlichen Geschlechts sind. Wie wir sehen, kommt es in der kleinen Klinik sogar dreimal so häufig vor wie in der großen.

Die Komplexität der Frage wird schon an der Komplexität dieser Formeln klar.

Es muß jedoch darauf hingewiesen werden, daß andere, indirektere Mittel heuristischer Art existieren, um die Frage zu beantworten. Es ist möglich, daß einige der Personen, die die richtige Antwort gegeben haben, sie tatsächlich angewandt haben.

Das Beispiel der Geburten kann mit einer Knobelpartie verglichen werden: eine Knobelpartie, die in der kleinen Geburtsklinik in fünfzehn und in der großen in fünfzig Durchgängen gespielt wird. Man muß sich folglich fragen, ob die Chancen, daß *Kopf* bei sechs oder mehr von zehn Durchgängen bei einer kurzen Partie auftritt, größer sind als bei einer langen Partie. Um die Dinge zu vereinfachen, könnte man so weit gehen, eine sehr kurze (zum Beispiel vier Durchgänge) mit einer

---

* 15! («15 Fakultät») ist das Produkt der 15 ganzen Zahlen zwischen 1 und 15. Allgemein: k! («k Fakultät») ist das Produkt aller ganzen Zahlen zwischen 1 und k (eingeschlossen).

sehr langen (tausend Durchgänge) Partie zu vergleichen. In diesem Fall gibt man intuitiv die richtige Antwort. Natürlich besteht bei der kurzen Partie unbestreitbar die Chance, daß viermal *Kopf* das Ergebnis ist. Bei der langen Partie ist es dagegen sehr unwahrscheinlich, daß alle Durchgänge mit *Kopf* ausgehen.

Dieser Extremfall zeigt uns, daß das Ergebnis einer kurzen Partie eher vom wahrscheinlichsten Fall abweichen wird (wo *Kopf* und *Zahl* in etwa gleich oft auftreten) als das Ergebnis einer langen Partie. Auf das Beispiel der Geburtskliniken übertragen legt dies die richtige Antwort nahe, nämlich daß die Verteilung der Geburten von Jungen und Mädchen in der kleinen Geburtsklinik eher vom Durchschnitt abweichen wird als in der großen.

Für dieses heuristische Verfahren muß man jedoch darauf kommen, sich über die gegebenen Bedingungen hinwegzusetzen und einen Extremfall zu konstruieren, eben die Frage, was passiert, wenn man eine *sehr* kurze mit einer *sehr* langen Knobelpartie vergleicht. Man wird darauf jedoch nur dann stoßen, wenn man von vornherein die Komplexität der Frage erkannt hat.

Einfacher wäre es, zur Beantwortung der gestellten Frage jene vage Kenntnis zu Rate zu ziehen, die uns heute unsere Vertrautheit mit Meinungsumfragen vermittelt. Wir wissen nämlich, daß eine Umfrage bei zweitausend Personen repräsentativer ist als eine Umfrage, die nur hundert Personen umfaßt. Man muß jedoch erst einmal darauf kommen, derartige Parallelen zu ziehen.

Nun ist das merkwürdige Resultat des Experiments verständlich. Die befragten Personen haben die Frage widerspruchslos beantwortet, und 75 Prozent haben sie falsch beantwortet, weil sie ihnen einfach erschien und weil erst, wenn man die Antwort kennt, klar wird, wie komplex sie eigentlich ist. Eine Knobelpartie ist in der Tat das einfachste Spiel, das man sich vorstellen kann. Folglich kann man den Eindruck gewinnen, alle Fragen, die an ein solches Spiel erinnern, wären ebenfalls einfach.

Ich weiß natürlich, daß das von mir als Beispiel genannte Experiment gestellt ist. Es verdeutlicht jedoch ein meiner Ansicht nach grundlegendes Muster für die Analyse von Ideologien. Im gesellschaftlichen Leben kommt es nämlich oft vor, daß die Komplexität einer Erscheinung erst klar wird, wenn sie durch die Analyse verdeutlicht wurde. Und auch diese Bedingung reicht im allgemeinen nicht hin. Die Analyse muß auch außerhalb der «eingeweihten Kreise» zur Kenntnis genommen werden und verbreitet sein.

Manche der Beispiele, die ich im ersten Teil dieses Kapitels analysiert habe, gehorchen zum Teil diesem Muster. Wie ich schon erwähnt habe, ist die Überzeugung, die Entwicklung der Maschinenarbeit sei verantwortlich für die Arbeitslosigkeit, zunächst auf einen perspektivischen Effekt zurückzuführen: Wer seinen Arbeitsplatz verloren hat, weil das Unternehmen, das ihn bezahlte, beschlossen hat, seine Produktionstechnik zu modernisieren, hat allen Grund zu der Annahme, Maschinen zerstörten Arbeitsplätze.

Die Macht dieser Überzeugung ist jedoch nicht nur auf perspektivische Effekte zurückzuführen, sondern ebenfalls auf die komplexen Auswirkungen der Maschinenarbeit auf den Arbeitsmarkt; das beste Mittel, um sich dieser Komplexität bewußt zu werden, besteht immer noch darin, die Theorien und Analysen der Wirtschaftswissenschaftler auf diesem Gebiet zur Kenntnis zu nehmen. Und das beste Mittel, sich der Komplexität der von unseren Psychologen gestellten Frage bewußt zu werden, besteht darin, in die Geheimnisse des binomischen Lehrsatzes einzudringen.

Wer durch die Maschine seinen Arbeitsplatz verloren hat, hat also zu Recht den Eindruck, *genau an der Stelle zu sein*, wo man wissen muß, daß die Maschine Arbeitsplätze zerstört. Er wird außerdem nur schwer einsehen, daß ein Kausalzusammenhang, der ihm im Einzelfall bewiesen zu sein scheint, sich auf allgemeiner Ebene ins Gegenteil verkehren kann. Dafür müßte er sich nämlich der *Komplexität* des Zusammenhanges zwischen Maschinenarbeit und Beschäftigung bewußt sein, was wiederum eine Vertrautheit mit ihrerseits ziemlich komplexen Analysen voraussetzen würde.

Der Sklave aus «Menon» hat vielleicht ganz allein die Länge der Diagonale des Quadrates berechnet. Man muß trotzdem einräumen, daß Sokrates ihm dabei wohl ein bißchen geholfen hat.

Das Beispiel des Zusammenhanges zwischen der Entwicklung der Maschinenarbeit und der Beschäftigung dient als Einführung in den letzten hypothetischen Fall, den ich behandeln möchte.

Dieses Beispiel ermöglicht die Abgrenzung von zwei Typen von Einstellungen: Der Arbeiter, dem die Maschine seinen Arbeitsplatz genommen hat, neigt zu einem perspektivischen Effekt; außerdem wird er die Komplexität des Zusammenhanges zwischen Maschinenarbeit und Beschäftigung wahrscheinlich nicht wahrnehmen: Er weiß nicht, daß er nicht weiß, und ist überzeugt zu wissen. Derjenige, der weder direkt noch indirekt von dem Problem der Arbeitslosigkeit aufgrund von Rationalisierungsmaßnahmen betroffen ist, wird folglich nicht zu diesem perspektivischen Effekt neigen, er wird vielleicht noch nicht einmal eine Meinung dazu haben. Er wird entweder wissen, daß er nicht weiß, oder er wird nicht wissen, daß er nicht weiß. Im letzten Fall besteht jedoch kein Grund zu der Annahme, daß er überzeugt ist zu wissen.

Die *Art* des Problems (in diesem Fall der Zusammenhang zwischen Maschinenarbeit und Beschäftigung) löst also nicht bei *allen* sozial Handelnden den Eindruck aus, sie wüßten über die Lösung Bescheid. Diese Überzeugung wird eher bei jenen zu beobachten sein, die aufgrund der Tatsache, daß sie durch Rationalisierungsmaßnahmen ihren Arbeitsplatz verloren haben, ganz besonders zu dem perspektivischen Effekt neigen, von dem ich gesprochen habe.

In anderen Fällen ist es die Art des Problems, die die meisten sozial Handelnden glauben läßt, sie wüßten, wie es zu lösen ist. Bei der Frage der Psychologen zu den Geburtskliniken handelte es sich um eine Fangfrage: Hinter ihrer scheinbaren Einfachheit war sie sehr komplex. Sie lenkt die Antworten jedoch nicht allein durch ihre Beschaffenheit in eine bestimmte Richtung. Es gibt noch andere Fragen, die nicht nur einfach erscheinen, sondern die außerdem auch die Richtung der Antworten bestimmen.

Diesen letzten Fall möchte ich nun anhand eines Beispiels erläutern, das uns erneut zum Thema der sozialen Ungleichheit zurückführt.

Man war lange Zeit der Ansicht, die Chancengleichheit bei der Schulbildung müsse notwendigerweise zu gleichen *Lebenschancen* (nach Max Weber) führen. Warum? Zunächst, weil der Kausalzusammenhang sich hier auf eine direkte soziale Wahrnehmung stützen kann: Wer viele Zeugnisse vorweisen kann, bringt es für gewöhnlich weiter als jemand, der gerade lesen und schreiben kann. Außerdem kann dieser Zusammenhang sich auf eine scheinbar hieb- und stichfeste Argumentation stützen, die etwa folgendermaßen lautet:

1. die Schulbildung eines Individuums beeinflußt seinen sozialen Status in beträchtlichem Maße: je höher ihr Niveau, desto höher im allgemeinen auch der soziale Rang;

2. die Unterschiede im sozialen Rang der Individuen können also im großen und ganzen durch die Unterschiede bei der Schulbildung erklärt werden;

3. nehmen wir nun an, die Schulbildung hinge nicht mehr in so starkem Maße von der sozialen Herkunft ab, das heißt, daß die Schule demokratisiert würde;

4. die soziale Position der Individuen würde dann nicht mehr so stark von ihrer sozialen Herkunft abhängen. Die Chancengleichheit in der Schule würde so zu einer Chancengleichkeit im Leben führen. Mit anderen Worten müßte sie eine erhöhte soziale Mobilität nach sich ziehen – noch anders ausgedrückt: eine geringere Bedeutung des sozialen Erbes.

Es wird unmittelbar deutlich, daß dieser Fall anders liegt als der vorhergehende. Die von den Psychologen gestellte Aufgabe war so beschaffen, daß die befragten Personen sie leicht für eine einfache Aufgabe halten konnten, die auf eine simple Anwendung des Gesetzes der großen Zahl hinausläuft. Sie wußten nicht, daß sie nicht wußten, sie glaubten aber zu wissen. Sie hatten zwar die Beschaffenheit der Aufgabe erkannt, nicht aber ihre Komplexität. Deshalb haben sie so einfach geantwortet. Hätten die Psychologen jedoch zu messen versucht, wie sicher die Testpersonen sich ihrer Antwort waren (was sie nicht getan haben), dann hätten sie zweifellos festgestellt, daß sie sich ihrer Sache eher unsicher waren. Denn nichts an der Frage lenkt die Antwort notwendigerweise in die eine oder in die andere Richtung.

Im vorliegenden Fall ist das anders: Die Frage, welche Auswirkung die Demokratisierung des Bildungswesens auf das soziale Erbe hat, kann leicht als einfache Frage angesehen werden. Mehr noch, sie legt eine Antwort unmittelbar nahe: Ja, die fragliche Auswirkung existiert, sie führt zu einer geringeren Bedeutung des sozialen Erbes. Die Frage mobilisiert nämlich unmittelbar sowohl die sozialen Wahrnehmungen, von denen ich gesprochen habe, als auch die von mir angedeutete Argumentation. Wahrscheinlich wird also die Person, der man die Frage stellt, nicht nur *leicht,* sondern auch *überzeugt* antworten. Hier glaubt man nicht nur zu wissen, man ist vielmehr überzeugt zu wissen.

Gleichzeitig wird man die objektive Komplexität der Frage wohl kaum wahrnehmen: Man ist überzeugt zu wissen, und man weiß nicht, daß man nicht weiß. Genau wie im vorhergehenden Fall kann man auch hier die Komplexität der Frage nämlich erst dann bewußt erkennen, wenn man die Antwort weiß.

Tatsächlich handelt es sich um eine komplexe Frage, auch wenn sie zunächst wahrscheinlich einfach zu sein scheint. Ich will hier nicht wiederholen, was ich an anderer Stelle zu dieser Frage ausgeführt habe [124], ich begnüge mich damit, das Ergebnis mitzuteilen und werde nur in groben Zügen andeuten, wie ich dazu gekommen bin.

Das Ergebnis hat die Form eines Theorems, das folgendermaßen lautet: Unter sehr allgemeinen Bedingungen führt die Demokratisierung im Bildungswesen nicht zu einer erhöhten sozialen Mobilität. Es ist (anders ausgedrückt) durchaus möglich, daß in einer Gesellschaft gleichzeitig eine *Schwächung* der Verbindung zwischen sozialer Herkunft und Schulbildung und ein *Fortbestehen* der Verbindung zwischen sozialer Herkunft und sozialem Status zu beobachten ist, auch wenn man annimmt, daß die Schulbildung eine wichtige Rolle beim Erwerb des sozialen Status spielt.

Diesen Schluß wird man wahrscheinlich für paradox halten. Eine Aussage gilt aber nur dann als paradox, wenn die umgekehrte Aussage als evident gilt, was hier der Fall ist. Diese paradoxe Schlußfolgerung hält sich jedoch an die Tatsachen: In den meisten westlichen Ländern ist seit mehreren Jahrzehnten sowohl eine tendenzielle Demokratisierung der Bildungschancen als auch eine relative Stagnation der sozialen Mobilität zu beobachten. Wenn ich von Stagnation der sozialen Mobilität spreche, meine ich damit nicht, daß sie belanglos wäre. Sie ist im Gegenteil wichtig, und dies wird an der Tatsache ablesbar, daß in vielen westlichen Gesellschaften die in den oberen Gesellschaftsklassen geborenen Individuen selbst etwas größere Chancen haben, sie zu verlassen als dort zu bleiben. Stagnation herrscht also nur in dem Sinn, daß die Verbindungen zwischen sozialer Herkunft und erworbenem Status zwar locker sind, auf lange Sicht jedoch stabil zu sein scheinen.

So paradox mein Theorem auch erscheinen mag, läßt es sich doch einfacher mit den Gegebenheiten des Experiments vereinbaren als die umgekehrte Aussage. Es ist jedoch nicht verwunderlich, daß diese Gegebenheiten kaum dazu beigetragen haben, die vorgefaßte Meinung zu unterminieren, die zu meinem Theorem im Widerspruch steht. Aus den schon genannten Gründen verfügt diese Meinung nämlich über eine große innere Kraft. Außerdem sind die Gegebenheiten, auf die ich mich beziehe, komplex; sie sind eigentlich nur den Spezialisten bekannt, und sie sind kaum dazu geeignet, ein anderes Publikum anzusprechen.

Zur Aufstellung des fraglichen Theorems muß ein Modell erarbeitet werden, das die individuellen Verhaltensweisen stilisiert, die für die allgemeinen Gegebenheiten verantwortlich sind und ihrerseits von systematischen Übersichten über die soziale Mobilität abgelesen werden können; das heißt von Darstellungen, die die Verteilung der Individuen abhängig von ihrer sozialen Herkunft und ihrer augenblicklichen sozialen Position angeben.

Das Modell setzt voraus:

1. daß die Individuen unterschiedliches Niveau bei ihren schulischen Erfolgen aufweisen und daß die soziale Herkunft ihre Bildungschancen entweder beeinträchtigt oder begünstigt;
2. daß Familien und Schüler bei der Wahl weiterführender Schulen ihr Erfolgsniveau selbst berücksichtigen;
3. daß Familien und Schüler bei der Wahl der Schule die soziale Stellung der Familie selbst berücksichtigen;
4. daß dieser Einfluß, den die soziale Stellung der Familie ausübt, mit der Zeit tendenziell abnimmt (woraus sich eine tendenzielle Demokratisierung der Bildungschancen ergibt);
5. daß das Bildungsniveau wie eine Art Vorzugskarte wirkt, wenn das Individuum versucht, auf dem Arbeitsmarkt eine beruflich-soziale Position zu erwerben (das Bildungsniveau spielt also eine wichtige Rolle beim Erwerb des Status).

Bei genauerer Betrachtung erweisen sich diese Aussagen als trivial. Sie geben lediglich in abstrakter Form jedermann zugängliche Beobachtungen wieder, die von allen Untersuchungen bestätigt werden.

Bringt man die fünf oben genannten Aussagen nun in die Form eines Modells – das heißt in die Form eines Ableitungsmechanismus, mit dem man automatisch Schlußfolgerungen ziehen kann –, dann kann man dieses Modell zur Beantwortung aller möglichen Fragen benutzen, vor allem zur Beantwortung der Frage, die uns hier am meisten interessiert: die Entwicklung der sozialen Mobilität auf lange Sicht. Man gelangt auf diesem Weg zu der erwähnten Antwort: Im allgemeinen verändert die Struktur der sozialen Mobilität sich auf lange Sicht nicht nennenswert. Natürlich sind Veränderungen zu beobachten, sie erreichen jedoch nur ein geringes Ausmaß und treten nur sporadisch auf: Auf jedem Fall verlaufen sie nicht konstant in derselben Richtung. Mit der vierten Aussage setzt das Modell jedoch voraus, daß die Chancengleichheit mit der Zeit zunimmt, und mit der fünften, daß das Bildungsniveau eine entscheidende Rolle bei der Zuschreibung des sozialen Status spielt. Das Modell beweist also, daß die vorgefaßte Meinung, von der wir ausgegangen sind, falsch ist.

Ich möchte nebenbei bemerken, daß manchmal bestritten worden ist, die westlichen Gesellschaften zeichneten sich durch eine tendenzielle Zunahme der schulischen Chancengleichheit aus.[125]

Diese Zunahme kann über einen kurzen Zeitraum hinweg zwar nicht immer beobachtet werden, langfristig jedoch ganz sicher. Dieser Streit ist für uns hier jedoch nebensächlich, da es uns hauptsächlich um die Frage geht, ob die zunehmende Chancengleichheit in der Schule – *falls* sie tatsächlich existiert – eine erhöhte soziale Mobilität bewirkt.

Diese Frage wird von unserem Modell eindeutig beantwortet: Entgegen allen Erwartungen bewirkt die Chancengleichheit unter allgemeinen Bedingungen keine Erhöhung der sozialen Mobilität. Das klingt paradox, ist aber durchaus nicht unverständlich: Um einmal ganz grob eine Vielzahl von komplexen Auswirkungen zusammenzufassen, die nur eine Modellanalyse klar und deutlich herausstellen kann, ist das darauf zurückzuführen, daß die zunehmende schulische Chancengleichheit unausweichlich zu einem Überangebots- und Verstopfungseffekt führt: Weil höhere Abschlüsse weiter verbreitet sind, verlieren sie zunehmend an Wert. Es ist an dieser Stelle nicht angebracht, auf eine «Verschwörertheorie» im Sinne Poppers zurückzugreifen oder auf die unsichtbare Hand einer um ihre Position besorgten herrschenden Klasse zu verweisen. Es genügt, mit M. de la Palice festzustellen, daß ein Vortrittsrecht seine Wirksamkeit verliert, sobald es großzügiger gehandhabt wird.

Wichtig ist folgendes: Erst dann nimmt man wahr, daß die vorgefaßte Meinung falsch ist, nach der die Schule als bedeutender Hebel zur Herstellung gleicher Chancen im Leben wirkt, wenn man sich der Komplexität der Grundmechanismen bewußt wird, die beide Phänomene miteinander verbinden. Diese Komplexität kann jedoch erst durch die Analyse sichtbar gemacht werden. Außerdem muß die Analyse selbst der Gesellschaft zugänglich gemacht werden.

Wir sehen uns hier also erneut einem exemplarischen Fall gegenüber, der jenem gleicht, auf den ich mich schon mehrmals berufen habe: der Zusammenhang zwischen der Entwicklung der Maschinenarbeit und der Arbeitslosigkeit. Der Unterschied besteht nur darin, daß die vorgefaßte Meinung in diesem Fall vor allem auf einen perspektivischen Effekt zurückzuführen ist, dem nur manche Individuen direkt ausgesetzt sind. Im gerade diskutierten Beispiel verrät die vorgefaßte Meinung im Gegenteil eine beträchtliche, *ihr innewohnende Kraft.*

Ich erhebe nicht den Anspruch, alle in diesem Kapitel angesprochenen Fragen auch erschöpfend behandelt zu haben. Sicher gibt es noch andere Arten von Effekten neben den von mir angesprochenen, die ebenfalls erwähnenswert wären.

Meine Absicht ist wohl dennoch deutlich geworden: Ich wollte zeigen, daß bestimmte Fragen bei durch bestimmte soziale Positionen und bestimmte Dispositionen charakterisierten Individuen aller Wahrscheinlichkeit nach vorgefaßte Meinungen auslösen, ohne daß diese auf eine verzerrte Wahrnehmung, auf Verblendung, starke Emotionen oder auf irgendeine andere Form von Irrationalität zurückgeführt werden dürfen.

Gleichzeitig habe ich den Eindruck, hier eine Anzahl von Forschungsrichtungen skizziert zu haben. Ich gebe indessen zu, daß die großen Züge der Karte zwar ziemlich genau festliegen, die Einzelheiten jedoch noch ausgearbeitet werden müssen.

Dies ist meiner Ansicht nach jedoch nur möglich, wenn die Arbeitsteilung zwischen Disziplinen wie Philosophie, Psychologie und Soziologie weniger streng gehandhabt wird.

7

Ideologie und Kommunikation

Ich habe schon im vierten Kapitel darauf hingewiesen, daß eine Theorie – sei es nun eine wissenschaftliche, eine exegetische oder irgendeine andere Theorie – nur unter ganz besonderen Umständen vom sozial Handelnden als «white box» empfunden wird, das heißt als Komplex von durchsichtigen Aussagen. Für einen Theologen sind die Schriften von Hans Küng zweifellos durchsichtig; für viele andere sind sie es jedoch nicht, obwohl sie diese oder jene seiner Schlußfolgerungen durchaus anerkennen mögen. Ebenso ist die Relativitätstheorie wohl nur für einen Physiker durchsichtig, das hindert die meisten Leute jedoch nicht daran, ihre Wahrheit anzuerkennen.

Das zweite Beispiel leuchtet sicher ein: Da wir nicht gleichzeitig Physiker, Chemiker, Biologe, Arzt oder Agronom sein können, vertrauen wir auf vielen Gebieten den Spezialisten und erkennen alle möglichen Aussagen als wahr an, die wir aus Zeitgründen und weil wir nicht über die entsprechenden kognitiven Ressourcen verfügen, nicht selbst kritisch untersuchen können. Dieser alltägliche Fall interessiert uns im Rahmen unserer begrenzten Theorie der Ideologie jedoch nicht direkt, denn das Ausmaß dieser «black box»-Effekte auf die Naturwissenschaften scheint begrenzt zu sein.

Sobald wir dieses Gebiet verlassen und uns den Sozialwissenschaften oder jenen Theorien zuwenden, die nicht im strikten Sinne unter den Begriff «Wissenschaft» fallen (zum Beispiel die exegetischen Theorien), bietet sich uns ein ganz anderes Bild.

Hier kommt es häufig vor, daß wir uns deswegen für eine Theorie interessieren, weil sie mit bestimmten Positions- oder Dispositionseffekten übereinzustimmen scheint, denen wir unterworfen sind, und daß wir sie vor allem wegen dieser Übereinstimmung annehmen.

Wer zum Beispiel durch seine Rolle mit den Problemen der Entwicklungspolitik zu tun hat, wird ein offenes Ohr haben für die von den Wirtschaftswissenschaftlern vorgelegten Entwicklungstheorien. Ist er selbst kein Wirtschaftswissenschaftler, werden diese Theorien jedoch für ihn zumindest teilweise «black boxes» sein. Er wird diese oder jene Theorie wohl weniger deswegen übernehmen, weil er sie selbst auf ihre Wahrheit hin überprüft hat, sondern zum Beispiel, weil sie von einem angesehenen Wissenschaftler stammt.

Eine Theorie – welcher Art auch immer – zeichnet sich durch zwei Dimensionen aus, die durchaus nicht immer in Einklang stehen müssen. Schon Pareto hat gesagt, eine Theorie könne wahr sein, ohne nützlich zu sein und nützlich, ohne wahr zu sein. Es gibt natürlich auch Theorien, die sowohl wahr als auch nützlich sind, und solche, die weder das eine noch das andere sind.

Ich will jedoch nicht von der Brauchbarkeit einer Theorie sprechen (das hieße, sie unter einem rein instrumentellen Gesichtspunkt zu betrachten), sondern allgemeiner von ihrem *Interesse* (im intellektuellen und nicht im utilitaristischen Sinn des Wortes). Eine Theorie kann wahr oder falsch sein, sie kann uns aber auch interessant oder uninteressant erscheinen, ohne daß dieses Interesse notwendigerweise mit ihrer Gültigkeit zusammenhängt oder sich auf ihre Brauchbarkeit beschränkt. Genauer: Wenn wir von einer Theorie, die wir interessant finden, verlangen, daß sie wahr ist, dann verwenden wir verschiedene Mittel, um ihr jedes dieser beiden Attribute zuzuerkennen. Oft beziehen wir uns auf das Autoritätsprinzip, um sie als wahr anzuerkennen. Für interessant oder uninteressant halten wir sie jedoch nur, weil *wir* sie als das eine oder das andere empfinden. Wir unterwerfen uns leicht dem Urteil anderer, wenn es um die Wahrheit einer Theorie geht, im Hinblick auf ihr Interesse vertrauen wir jedoch lieber uns selbst.

Stellen wir uns nun eine falsche oder zweifelhafte Theorie vor. Nehmen wir außerdem an, diese Theorie ginge von einer Gemeinschaft von Wissenschaftlern aus, die als Kapazitäten gelten; natürlich wird sie von bestimmten Personengruppen als «black box» behandelt, doch aufgrund eines Positions- oder Dispositionseffektes hält diese Gruppe die Theorie für interessant. In diesem Fall wird sie von der betreffenden Gruppe wahrscheinlich als wahr empfunden.

Darüber hinaus kann es in diesem Fall noch zu einem anderen Effekt

kommen. Am Ende des vorigen Kapitels habe ich ihn ausführlich behandelt: Oft ist man sich der Komplexität eines Problems erst bewußt,
wenn man die Lösung in allen Einzelheiten kennt. Eine Person, die eine
Theorie wie eine «black box» behandelt, wird sich der Komplexität des
Problems, das die Theorie zu lösen versucht, wahrscheinlich nicht bewußt sein. Auch aus diesem Grund wird sie in manchen Fällen dazu
neigen, die Lösungen widerspruchslos anzuerkennen.

Zusammenfassend kann man sagen, daß der Glaube an falsche Ideen
oft das Ergebnis einer leicht verständlichen Kombination aus Kommu-
nikations- und Situationseffekten ist.

Es fällt nicht schwer, sich eine Anzahl Beispiele vorzustellen, wo eine
Theorie – aufgrund ihrer Beschaffenheit – die Aufmerksamkeit und das
Interesse gewisser Personen auf sich zieht. Ist dieses Interesse nun das
Resultat eines Zusammenspiels von einer Eigenschaft dieser Theorie
und einem für die Gruppe charakteristischen Situationseffekt, wird sie
wahrscheinlich das hervorrufen, was Durkheim «kollektive Überzeugung» genannt hat.

Untersuchen wir zunächst den alltäglichsten Fall: Eine Theorie kann
das Interesse eines sozial Handelnden auf sich ziehen, wenn sie ihm bei
der Ausübung seiner sozialen Rolle zu helfen scheint. Ein Beispiel dafür
habe ich übrigens schon erwähnt: Der Verantwortliche der Weltbank,
der für Guatemala ein Entwicklungsprogramm ausarbeiten soll, wird
sich natürlich für wirtschaftliche Entwicklungstheorien interessieren.
Wahrscheinlich wird er jedoch weder die Zeit haben, diese Theorien in
allen Einzelheiten zu prüfen, noch die notwendige Kompetenz besitzen,
um sie bis in die Grundlagen hinein zu beurteilen, es sei denn, es handelt
sich um einen Wirtschaftswissenschaftler, der vorübergehend diese
politische Funktion ausübt. Er wird sie also zumindest teilweise wie
eine «black box» behandeln. Ihre Herkunft muß dann als Qualitätsgarantie dienen, ungefähr so wie beim Wein die Bezeichnung «Bordeaux»
oder wie die Marke des Herstellers bei einer Waschmaschine.

Wenn ihm die Herkunft der Theorie vertrauenswürdig erscheint,
wird sie ihn wahrscheinlich *interessieren*. Sie erlaubt es ihm nämlich,
seine Entscheidungen «objektiv» zu begründen.

Ich möchte noch ein Beispiel aufgreifen, das ich bereits erwähnt
habe: Die Bankiers zwischen den beiden Weltkriegen waren manchmal
heilfroh, sich auf die Theorien Keynes' berufen zu können, was Keynes
selbst nicht ohne Ironie feststellt. Welche Vorbehalte sie ihm gegenüber

auch immer gehabt haben mögen, er hat ihnen zumindest einen theoretischen Rahmen geliefert, der es ihnen ermöglichte, ein wenig Ordnung in eine Situation zu bringen, die ihnen neu, verworren und nicht faßbar erschien, seit der New Deal mit der Tradition gebrochen hatte, nach der der Staat nicht in die ökonomischen Mechanismen eingreifen durfte.

Eine Theorie kann für einen sozial Handelnden also deshalb interessant sein, weil sie ihm einen kognitiven Rahmen bietet, der es ihm erlaubt, seiner Rolle leichter gerecht zu werden. Sein Gebrauch der Theorie hat manchmal jedoch nur sehr wenig mit dem Gebrauch zu tun, den ein Ingenieur von einer physikalischen Theorie macht. Eine physikalische Theorie nützt dem Ingenieur nämlich – außer im Ausnahmefall – nichts, wenn sie falsch ist. Eine ökonomische Theorie dagegen kann dem politisch Verantwortlichen sehr wohl das Leben erleichtern, auch wenn sie zweifelhaft oder falsch ist.

Eine Theorie kann das *Interesse* eines sozial Handelnden nicht nur deshalb wecken, weil sie ihm eine kognitive Basis für sein Handeln bereitstellt, sondern auch weil sie es ihm ermöglicht, die ethischen Probleme oder die seiner Berufsrolle zu lösen, auf die er bei der Ausübung seiner Rolle natürlicherweise stößt. Allgemeiner bedeutet dies, daß sie ihn deshalb interessiert, weil sie es ihm in seinen Augen ermöglicht, die Grenzen seiner Rolle genauer zu definieren, die Ziele zu bestimmen, die er berechtigterweise im Rahmen dieser Rolle zu erreichen versuchen kann, und die Mittel festzulegen, die er dabei anwenden wird.

Hierzu können mehrere Beispiele angeführt werden. Die seit Anfang der fünfziger Jahre beträchtliche Steigerung der Nachfrage nach Schulbildung und die Veränderungen bei der gesellschaftlichen Zusammensetzung der Schülerschaft, die Hand in Hand mit dieser steigenden Nachfrage gingen, haben etwas hervorgerufen, was gemeinhin als «Krise im Bildungswesen» bezeichnet wird. Diese Krise wurde noch dadurch verstärkt, daß man – um ihr zu begegnen – bei der Einstellung von Lehrern nach ziemlich improvisierten Kriterien verfuhr. Jedenfalls wurden oft Lehrer eingestellt, die längst nicht so qualifiziert waren wie ihre Vorgänger. Da man außerdem sehr wohl bemerkt hatte, daß die Schulen ihrer neuen Schülerschaft nicht mehr gerecht wurden, wurden mehr und mehr Reformen durchgeführt, die vorher nicht gründlich bedacht worden waren.

Das Zusammenwirken verschiedener Faktoren ließ die traditionelle Vorstellung, die man von einem Lehrer hatte, unscharf werden. Dieser wußte nun nicht mehr so recht, was eigentlich von ihm erwartet wurde. Er wußte nicht mehr genau, welche Ziele er verfolgen sollte, noch was seine Rechte und Pflichten waren.

Deshalb stießen bestimmte pädagogische oder psychologische Theorien auf beträchtliches Interesse bei den Lehrenden: Aufgrund von Laborexperimenten und methodischen Studien empfahlen sie Mittel, die ohne Repression schulische Mißerfolge ausschalten, die Kinder geistig *anregen* und ihre Aufmerksamkeit fesseln sollten; das Wissen sollte also sozusagen spielerisch und zwanglos vermittelt werden. Diese Theorien interessierten die erfahrenen Lehrer, sie hatten nämlich oft den Eindruck, daß die althergebrachten pädagogischen Methoden nicht mehr angemessen waren. Sie waren jedoch auch für die jüngeren und weniger hoch qualifizierten Lehrkräfte von unmittelbarem Interesse: Da ihre Rolle nun weniger darin bestand, Wissen zu vermitteln, sondern darin, Verstand und Sinne der Kinder für die Eindrücke ihrer Umwelt aufnahmefähig zu machen, war es nicht mehr so schlimm, daß sie über keine besonders hohe Qualifikation verfügten. Die fraglichen psychologischen und pädagogischen Theorien lieferten ihnen nicht nur eine wissenschaftlich begründete Definition ihrer Rolle, sie gaben ihnen außerdem das Gefühl, durchaus für diese Rolle geeignet zu sein.

Dasselbe Modell gilt dann, wenn die Ansicht darüber, wie die Gesellschaft mit Straftätern verfahren soll, sich schnell ändert: Die sozial Handelnden, die aufgrund ihrer Rolle für Urteile verantwortlich sind, werden normalerweise Interesse für die philosophischen und soziologischen Theorien bekunden, die sich mit Verbrechen und Rechtsprechung befassen. Letztere können ihnen einerseits dabei helfen, den «Sinn» dieser Rolle klarer zu erfassen und es ihnen andererseits erleichtern, ihr auch gerecht zu werden, indem sie ihnen «wissenschaftlich» begründete geistige und ethische Prinzipien liefern. Foucault[126] hat gezeigt, daß die Theorien auf dem Gebiet der Kriminologie und des Strafrechts, die ab Mitte des 18. Jahrhunderts Hochkonjunktur hatten, großes Interesse hervorgerufen haben. Wenn es von derartigen Ideen nur so wimmelte, dann deshalb, weil sie auf eine Nachfrage stießen, die von der Entwicklung der Sitten und Gebräuche ausgelöst wurde.

All diese Beispiele kennzeichnet, daß sie Theorien betreffen, die vor allem die Aufmerksamkeit von Personen wecken, die *spezifischen* Gruppen angehören. Diese Gruppen können deshalb als *spezifisch* genannt werden, weil sie leicht zu identifizieren sind. In den bisher von mir untersuchten Fällen werden diese Gruppen durch die jeweilige soziale Rolle ihrer Mitglieder definiert.

Eine spezifische Gruppe kann jedoch auch anhand von zahlreichen anderen Kriterien identifiziert werden. Manche Gruppen können zum Beispiel durch die soziale Position ihrer Mitglieder definiert werden, ein Kriterium, das sich mit dem Rollenbegriff überschneiden kann, dessen Bedeutung weiter gefaßt ist. Die Gruppe der Geschäftsleute ist zwar eine spezifische Gruppe, die sich abgrenzen läßt, sie kann jedoch nicht so einfach anhand des Rollenbegriffs definiert werden wie die Gruppen der vorhergehenden Beispiele. Eine spezifische Gruppe dieses Typs kann aufgrund der sozialen Position ihrer Mitglieder trotzdem von bestimmten Theorien angezogen werden. Es genügt, daß die Theorie die gemeinsamen Werte bestätigt, die die Mitglieder der Gruppe wegen ihrer gemeinsamen sozialen Position wahrscheinlich teilen.

Zur Veranschaulichung dieses Falles werde ich keine wissenschaftliche, sondern eine exegetische Theorie als Beispiel wählen; ich möchte dadurch die Aufmerksamkeit auf die Tatsache lenken, daß die Kommunikationseffekte, von denen in diesem Kapitel die Rede ist, auf unterschiedlich geartete Theorien übertragbar sind. Das folgende Beispiel habe ich weiter oben übrigens schon erwähnt.

Im «Lob der Torheit» – zweifellos eines jener Bücher, die die Geschichte des Abendlandes am nachhaltigsten geprägt haben und dazu eines der erfolgreichsten Bücher überhaupt – versucht Erasmus von Rotterdam unter anderem, einige Bibelstellen zu deuten. Er versteckt seine Exegese jedoch hinter einer Schmähschrift gegen Priester und Mönche, allgemeiner gegen die Vertreter der herrschenden kirchlichen Ordnung. Dieser Aspekt des «Lobs der Torheit» hat zweifellos zu seinem Erfolg beigetragen. Er kann jedoch nicht allein für den Einfluß verantwortlich gemacht werden, den dieses Buch ausgeübt hat; er hat es dadurch lediglich einem breiteren Publikum zugänglich gemacht und die Aufmerksamkeit auf das Wesentliche gelenkt. Gleichzeitig erlaubte es diese Schmähschrift, den exegetischen Charakter des Werkes zu verbergen und es dadurch der kirchlichen Zensur zu entziehen.

Die Botschaft selbst lief auf die Versicherung hinaus, daß der Christ Gott gefälliger ist, wenn er ehrlich und erfolgreich seine Angelegenheiten in dieser Welt regelt, als wenn er sich frommen Werken widmet oder die Befehle der Kirche peinlich genau befolgt. Innere Frömmigkeit ist mehr wert als öffentlich zur Schau gestellte Frömmigkeit. Es ist besser, seiner Bestimmung in dieser Welt zu folgen als zu versuchen, sich einen Platz im Jenseits zu sichern, indem man dem verworrenen Gerede der Priester und Mönche blind folgt.

Diese geschickte Botschaft wurde sofort verstanden. Erasmus' Buch erregte schnell die Aufmerksamkeit der Geschäftswelt.[127] Kaufleute, Händler und Bankiers – von denen es in Europa zu Beginn des 16. Jahrhunderts, vor allem in Nord-, aber auch in Süddeutschland und in Norditalien, nur so zu wimmeln begann – verhalfen Erasmus zu einem wahren Triumph. Nicht aus Eigennutz – eine utilitaristische Interpretation wäre hier fehl am Platz –, sondern weil Erasmus eine Weltanschauung vortrug, die ihnen einfach gefallen mußte. Die herrschende katholische Ideologie stand Geschäften feindlich gegenüber: Sie hatte eine Schwäche für die Armen und für die Großen, wobei die einen ebenso wie die anderen zur gottgewollten Ordnung gehörten. Sie hatte jedoch keinerlei Verständnis für den Bürger («Es ist leichter, daß ein Kamel durch ein Nadelöhr gehe, denn daß ein Reicher ins Reich Gottes komme», Matth. 19,24). Der Kirche war auch nicht ganz klar, welchen Platz er in der Ordnung der Welt innehaben könnte.[128] Außerdem war es ihr suspekt, wenn jemand – sei es auch auf noch so ehrliche Art – Geld verdiente, seine soziale Lage verbesserte und sich über das Volk stellte, ohne jedoch zu den Großen zählen zu wollen. Darüber hinaus wurden diese Aktivitäten – Handel und Bankwesen –, die sich beträchtlich ausgeweitet hatten, von der katholischen Ideologie seit jeher als mehr oder weniger gottlos angesehen. Und das sollte sich lange Zeit auch nicht ändern.

Deshalb kam Erasmus' Botschaft bei den Geschäftsleuten auch so gut an. Sie schien ihnen nicht nur «modern» zu sein und dem neuen Zustand der Gesellschaft zu entsprechen, sie entsprach außerdem dem Empfinden der Geschäftsleute: Sie hatten den Eindruck, daß sie ihr Geld ehrlich verdienten und daß der Erfolg ihres Geschäfts letzten Endes der Beweis dafür war, daß es einer Nachfrage genügte und daß sie es richtig führten. Erasmus gab nun zum erstenmal zu verstehen, daß sie den Erfolg nicht nur verdienten, sondern daß er außerdem gottgefällig sei; vielleicht war es sogar die beste Art, Gott zu dienen, wenn man seiner Rolle in dieser Welt gerecht wurde.

Es ist kein Zufall, daß der Protestantismus sich im Bürgertum so leicht ausbreiten konnte und daß sich eine Wechselbeziehung zwischen Protestantismus und Kapitalismus herausbildete, die vielen Soziologen zu denken geben sollte. Ich brauche nicht darauf hinzuweisen, daß viele der von Erasmus angeschnittenen exegetischen Themen von Luther und den anderen Reformatoren aufgegriffen wurden (zum Beispiel die Kritik der «Werke» bei Luther).

Was mich von meinem Standpunkt aus interessiert, ist jedoch die Tatsache, daß der Erfolg von Erasmus' exegetischer Theorie dadurch zu erklären ist, daß sie sofort die Aufmerksamkeit und das Interesse einer *spezifischen* Gruppe geweckt hat: der Gruppe der Geschäftsleute. Sie waren vor allem deshalb von Erasmus' Botschaft angetan, weil durch die Schmähschrift und die Darstellung der Torheit der exegetische Charakter des Buches durchschimmerte: Jedem war klar, daß Erasmus durch die Torheit die Autorität sprechen ließ, und zwar die unbestrittene Autorität der Heiligen Schrift.

Dieses Beispiel führt uns zu einem dritten Modellfall, der vom zweiten abgegrenzt werden sollte: der Fall, bei dem die spezifischen Gruppen, die eine bestimmte Theorie übernehmen, Gruppen von *Intellektuellen* sind.

Man wundert sich oft über den Konformismus der Intellektuellen und darüber, wie leicht sie sich von Theorien, die gerade in Mode sind, oder von mehr oder weniger hinfälligen Ideengebäuden überzeugen lassen. Julien Benda hat in diesem Zusammenhang vom «Verrat der Intellektuellen» gesprochen, das Thema wurde mehrfach aufgegriffen. Milton Friedman hingegen hat für dieses Phänomen eine einfache Erklärung vorgeschlagen. Er hat in etwa gesagt, der Bankier müsse Ideen gegenüber, die gerade in Mode sind, vorsichtig sein. Sind sie nämlich falsch und versucht er trotzdem, sie anzuwenden, wird er die Folgen selbst zu tragen haben. Der Intellektuelle dagegen, der sich für eine falsche Idee einsetzt, wird deren Auswirkungen kaum zu spüren bekommen.

Meiner Ansicht nach kann man dieses Phänomen auch anders erklären. Aufgrund ihrer Rolle halten die Intellektuellen sich oft für die Hüter bestimmter Werte oder bestimmter traditioneller Denkweisen. Sobald nun eine Theorie auftaucht, die eine neue, begründete Argumentation zur Bestätigung eines Wertes oder einer Tradition liefert, wird sie aller Wahrscheinlichkeit nach von jenen spezifischen Gruppen von Intellektuellen gutgeheißen werden, die sich auf diesen Wert oder auf diese Tradition berufen.

Ich werde diese Hypothese anhand von mehreren Beispielen untersuchen. Sie ist insofern von Bedeutung, als die *spezifischen* Gruppen, durch die manche Theorien verbreitet werden, ganz unterschiedlicher

Art sein und allen möglichen sozialen Positionen zuordenbar sein können; oft handelt es sich auch um Gruppen von Intellektuellen, deren
Aufgabe es ist, sich mit Ideen zu beschäftigen.

Als erstes Beispiel möchte ich Eric Voegelin [129] nennen. 1952 veröffentlicht Voegelin sein Buch «Die neue Wissenschaft der Politik» (dt. 1959;
Anm. d. Ü.), das in den Vereinigten Staaten großes Aufsehen erregt und
in Kreisen lang und breit besprochen wird, bei denen es auf den ersten
Blick schwer zu verstehen ist, warum es ihre Aufmerksamkeit gefunden
hat.

Voegelins Buch beginnt mit einem regelrechten Angriff auf den Positivismus, der seiner Meinung nach das aktuelle politische Denken vergif-
tet. Die zeitgenössische Wissenschaft der Politik sei vom Positivismus
«zerstört» worden. Dadurch, daß sie sich dieser Denkweise angeschlossen habe, würde sie dazu tendieren, die *Methode* als absoluten Wert
herauszustellen und die Relevanz der von ihr behandelten Gegenstände
völlig außer acht zu lassen. Seiner Meinung nach neigt sie dazu, Fakten anzuhäufen, die oft bedeutungslos sind, und wichtige Fakten
falsch zu interpretieren. Allgemein hätte das aktuelle politische Denken einen zu hohen Preis für den Versuch bezahlt, ein unerreichbares
Ziel zu erreichen. Diesen Preis sieht er darin, daß der zeitgenössische
politische Denker jeden Bezug auf diejenigen Werte aufgibt, die es ermöglichen, wichtige von unwichtigen Fakten zu unterscheiden. Das
Ziel ist ein unerreichbares Ideal: Objektivität.

Diese Wende zum Positivismus fand laut Voegelin unter dem Einfluß
von Max Weber statt: Seiner Ansicht nach hat Weber die Humesche
Vorstellung zu ernst genommen, nach der die Tatsachenaussagen
streng von den Werturteilen unterschieden werden müssen, wobei nur
die Tatsachenaussagen Gegenstand wissenschaftlicher Betrachtung
sein können. Indem er sich diesem Prinzip anschloß, hat Weber eine
wichtige Inspirationsquelle mit einem Tabu belegt, nämlich das griechische und das christliche politische Denken.

Im weiteren Verlauf seines Buches – das ich hier nicht im einzelnen
zusammenfassen kann – legt Voegelin einige Analysen vor, die den Weg
veranschaulichen sollten, den die «neue Wissenschaft der Politik» einschlagen solle. Als Ausweitung seines Angriffs auf den Positivismus
versucht er gleichzeitig aufzuzeigen, daß dieser tatsächlich die letzte
Äußerung einer tieferen, älteren Bewegung ist: der Modernität.

Diese Modernität soll ihren (übrigens sehr alten) Ursprung vor allem in den Bemühungen der Theologen haben, die Transzendenz verständlich zu machen. Sie gaben damit den Anstoß zu einem Denken, bei dem das Transzendente nur auf das Immanente zurückgeführt werden kann, um schließlich schlicht und einfach laisiert zu werden. Letzten Endes sei also der Gnostizismus für das Aufkommen der Modernität, für den Verlust der Transzendenz und schließlich der Werte verantwortlich.

Den Beginn des Gnostizismus datiert Voegelin auf das Werk Joachim von Fiores, der vorschlug, das Dogma der Dreifaltigkeit auf den Verlauf der Geschichte anzuwenden: «In seiner [Joachim von Fiores] Spekulation hatte die Menschheitsgeschichte drei den Personen der Trinität entsprechende Zeitabschnitte. Die erste Periode der Welt war das Zeitalter des Vaters; mit dem Erscheinen Christi begann das Zeitalter des Sohnes. (...) Es folgte ihm als drittes das Zeitalter des heiligen Geistes.» (Die neue Wissenschaft der Politik, München 1959, S. 158) Den Beginn des dritten Zeitalters sagte Joachim von Fiore ungefähr für das Jahr 1260 voraus.

Laut Voegelin hat Joachim von Fiore allen Ausprägungen des Chiliasmus sowie allen Philosophien der Geschichte den Weg geebnet. Nicht nur die Hegelsche und die Marxsche Triade, sondern auch das Dritte Reich Hitlers sollen in gerader Linie vom Gnostizismus herrühren.

Es ist auf Anhieb nicht leicht zu verstehen, warum Voegelins Spekulationen soviel Aufmerksamkeit zuteil wurde, sein Buch wurde nämlich breit diskutiert. Coser[130] hat darauf hingewiesen, daß es den amerikanischen Gesellschaften für Politikwissenschaften mehrmals Stoff für ein Kolloquium lieferte. Wie kam es dazu, daß dieses Werk so ernst genommen wurde, obwohl es doch eher zur Theologie als zu den Politikwissenschaften zu rechnen ist und auf jene, die sich von Berufs wegen mit politischen Wissenschaften und politischer Philosophie befaßten, nur befremdend wirken konnte und ihre intellektuellen Werte in jedem Fall offen angriff?

Die Ursache für diesen Erfolg sieht Coser – zu Recht, scheint es – in einer Art «Rückpralleffekt». Voegelin war vor den Nazis aus Österreich geflohen. Zunächst hatte er einen Lehrstuhl an der Universität von Louisiana, später an der Universität von Alabama inne. Seine Themen erregten die Aufmerksamkeit bestimmter Vereinigungen, die sich einerseits durch einen starken politischen Konservatismus und andererseits durch eine fundamentalistische Haltung in Religionsfragen auszeichneten. Derartige Kreise fanden sich natürlich eher im Süden als im Norden der Vereinigten Staaten. Voegelins Gedanken stießen also zunächst bei einer spezifischen Gruppe auf *Interesse*. Vor allem (und das erklärt sich zum Teil dadurch) wurden sie in den Seminaren und an den theologischen Fakultäten – im Süden, aber auch im Norden des Landes – als wichtiges Ereignis begrüßt. Sie lieferten nämlich einen neuen geistigen Rahmen für die Auseinandersetzung mit der Modernität und erlaubten gleichzeitig, Verbindungen aufzuzeigen zwischen manchen früheren Verirrungen der Theologie und modernen philosophischen Strömungen, die allgemein als «verwildert» (Marxismus) angesehen wurden. Sie stifteten sogar eine Beziehung zwischen jüngeren historischen Erschütterungen (Nationalsozialismus) und der Geschichte der Theologie. Voegelin gab der Theologie aufs neue eine historische Dimension und lieferte gleichzeitig den Theologen einen systematischen Rahmen sowie direkt verwendbare gedankliche Instrumente: Er stellte, kurz gesagt, eine unmittelbare Verbindung zwischen der Theologie und der modernen Welt her. Voegelins Lehre wurde deshalb sehr schnell von all jenen angenommen, deren Rolle darin bestand, die Bedeutung der christlichen Tradition nachzuweisen und diese auf die moderne Welt abzustimmen. Seine Anschauungen wurden also von einer spezifischen Gruppe auf nationaler Ebene übernommen.

Von diesem Augenblick an kam es zu dem weiter oben erwähnten Rückpralleffekt: Die Spezialisten auf dem Gebiet der politischen Wissenschaften und allgemeiner alle diejenigen, die aufgrund ihrer Rolle politische Phänomene wissenschaftlich zu analysieren hatten, konnten die «Neue Wissenschaft der Politik» nun nicht mehr ignorieren; einerseits, weil sie in *aller* Munde war, andererseits, weil sie selbst Zielscheibe des Angriffs waren. Die Ergebnisse der Kolloquien, in denen Voegelins Buch diskutiert wurde, waren im allgemeinen natürlich negativ. Aber auch diese Diskussionen trugen noch zur Verbreitung seiner Anschauungen bei.

Weiter unten werde ich auf diese Rückpralleffekte zurückkommen. An dieser Stelle möchte ich darauf hinweisen, daß Voegelins Buch vor allem deshalb so großen Widerhall fand, weil es die Gruppe der Theologen als von unmittelbarem Interesse für sie einschätzte, und weil es mit den Gegebenheiten ihrer Rolle sowie mit den normalerweise mit dieser Rolle verbundenen Dispositionen in Einklang stand. Gleichzeitig ist verständlich, daß die größte Sorge dieser Gruppe nicht darin bestand, Voegelins Thesen in allen Einzelheiten kritisch zu prüfen: einerseits weil die Theologen dazu neigten, seine Ergebnisse anzunehmen, andererseits weil das Buch für sie zumindest teilweise eine «black box» darstellte. Im allgemeinen waren sie nämlich weder mit Hume noch mit Max Weber so vertraut wie Voegelin, ebensowenig kannten sie die Methoden, Forschungen und Theorien der modernen politischen Wissenschaft und Philosophie, die Voegelin angeprangert hatte.

Eine Idee oder eine Theorie kann also an Einfluß gewinnen, wenn sie aus verständlichen Gründen die wohlwollende Aufmerksamkeit *spezifischer* Gruppen von *Intellektuellen* erregt. Diese positive Einschätzung ergibt sich oft aus einer Übereinstimmung zwischen der Theorie und den Gegebenheiten der Rolle oder den charakteristischen Dispositionen dieser Gruppen.

Um zu demonstrieren, wie typisch dieser Fall ist, werde ich kurz auf ein anderes Beispiel eingehen, bei dem die spezifische Gruppe von Intellektuellen, auf die sich der Prozeß der Verbreitung der Theorie stützte, sehr viel direkter auszumachen ist.

Das Beispiel ist Karl Polanyis Buch «The great Transformation»,[131] das ebenfalls breit diskutiert wurde und viele Forschungsarbeiten inspiriert hat. Nur wenige Jahre nach seinem Erscheinen lieferte es sogar den Stoff zu einer umfangreichen Dissertation. Noch heute regt es zu den verschiedensten Arbeiten und Kommentaren an. In der Intellektuellenszene hat es jedenfalls seit nunmehr über vierzig Jahren überlebt. Das ist selten: Es gibt nicht viele Werke aus der unmittelbaren Nachkriegszeit, die als «Klassiker» gelten.[132]

Das Scheitern des Marktkapitalismus bildet die Hauptthese des Buches. Um sie zu stützen, hat sich Polanyi ausführlich mit der Geschichte der Wirtschaft, der ökonomischen Ideen und mit der Anthropologie befaßt. Er beruft sich auf diese Quellen und versucht zu zeigen, daß in der Geschichte der Menschheit drei wesentliche Formen des Handels festgestellt werden können: die auf *Reziprozität* (Gegenseitigkeit) beruhende Wirtschaft (zum Beispiel der berühmte Kula-Handel auf den Trobriandinseln), die auf *Redistribution* beruhende Wirtschaft (die nicht nur im Römischen Reich große Bedeutung hatte, sondern auch in den modernen sozialistischen Gesellschaftsformen) und die *Marktwirtschaft*.

Die auf Reziprozität beruhende Wirtschaft gründet sich auf direkte Beziehungen zwischen zwei (oder mehreren) genau definierten Gruppen. Sie nimmt die Form des Tausches von Geschenken an und wird von rituellen Zeremonien begleitet. Die auf Redistribution beruhende Wirtschaft gleicht eher einem Verwaltungssystem. Exporte und Importe sowie der Binnenhandel werden im allgemeinen von der Regierung überwacht.

Diese beiden traditionellen Formen des Handels bestärken laut Polanyi das Zusammengehörigkeitsgefühl und den Gemeinschaftssinn:

«Der Handel, die heikelste unter den menschlichen Bindungen, entwickelt sich erst zu dem Zeitpunkt, an dem er in den Dienst der Allgemeinheit gestellt werden kann. Die wirtschaftlichen Transaktionen wurden nur deshalb möglich, weil jeder Eigennutz dabei ausgeschaltet werden konnte. Zuerst mußte die Gefahr beseitigt werden, der die Solidarität ausgesetzt war, wenn jeder auf Kosten seines Bruders egoistische Vorhaben durchsetzen konnte (...). Deshalb mußte die Äquivalenz der getauschten Güter von der Gottheit selbst verkündet werden.»[133]

Anfang des 18. Jahrhunderts, mit dem Aufkommen der Marktwirtschaft, kam der große Bruch. Ich werde hier nicht näher auf Polanyis Sicht der Entstehung dieses Bruchs eingehen. Er sieht darin die Folge bestimmter Episoden in der politischen Geschichte Englands (das Speenhamland-Gesetz nimmt in seiner Analyse großen Raum ein) und jener, hauptsächlich in England entstehenden geistigen Bewegung, die zu einer «individualistischen» und mechanistischen Anschauung der Welt des Sozialen führt.

Der große Bruch war also keineswegs notwendig. Er ergab sich eher aus dem Zusammentreffen bestimmter Umstände. Außerdem hat die Geschichte der Menschheit bewiesen, daß durchaus andere Formen des Handels möglich waren. Er scheiterte schließlich, denn die marktwirtschaftlich orientierten Gesellschaften hatten den Sinn für Gemeinschaft und Solidarität verloren und sahen im Menschen lediglich einen *homo oeconomicus*; außerdem waren sie Keimzelle einer Entwicklung – einer «großen Umgestaltung» –, die laut Polanyi im Widerspruch zu den Prinzipien des liberalen Denkens steht. Im Gegensatz zu dem, was die Theorie der «unsichtbaren Hand» versicherte, schien die Marktwirtschaft dem Staat nun einen größeren Einflußbereich einzuräumen und ein Netz von Regelungen und Zwängen aufzubauen, dessen Maschen immer dichter wurden und das die Autonomie des Individuums immer mehr einschränkte.

Ich werde mich nicht mit Erläuterungen dessen aufhalten, was man dieser Theorie zu Recht vorgeworfen hat: Die Theorie der «unsichtbaren Hand» schließt keinesfalls notwendigerweise ein «Absterben des Staates» ein, denn in einer komplexen Marktwirtschaft sind die Aufstellung und die Einhaltung von Spielregeln – wobei Locke sehr richtig bemerkt hat, daß dies zum großen Teil Aufgabe des Staates ist – Obliegenheiten, die immer komplexer werden und Rolle wie Macht des Staates fast unvermeidlich stärken. Außerdem kann der Staat die Regeln nur dann durchsetzen, wenn er sich vorher darüber informiert hat, ob sie auch eingehalten werden: Schwierigkeit und Komplexität dieser Aufgabe wachsen ebenfalls mit der Komplexität der Marktwirtschaft. Die Hauptthese von «The great Transformation» steht also auf unsicheren Fundamenten. Die Stärkung der Rolle des Staates in den liberalen Gesellschaften ist in keiner Weise ein Zeichen für das Scheitern des Liberalismus oder dafür, daß er als Programm nicht durchführbar wäre.

Auch bei einem anderen Punkt, dem Polanyi große Bedeutung beimißt, sind Zweifel angebracht: Es ist keineswegs sicher, ob in den auf Reziprozität oder auf Redistribution beruhenden Wirtschaftssystemen der Tausch immer religiösen Charakter besitzt und immer einem kollektiven «Willen» zur Bekundung der Gruppenzusammengehörigkeit unterliegt.

Für meinen Standpunkt wichtig ist jedoch folgendes: Polanyis Theorie hat in Intellektuellenkreisen vor allem deshalb so schnell so nachhaltigen Erfolg gehabt, weil sie einer Anschauung Nahrung gab, die dort schon weit verbreitet war und noch immer ist. Sie besagt, daß die marktwirtschaftlich orientierten Gesellschaften das Individuum erdrücken und verstümmeln und es gleichzeitig in eine tiefe Isolation stürzen, weil sie seine Bindungen zur *Gemeinschaft* zerstören. Diese Isolation ist um so schwerer zu ertragen, als die marktwirtschaftlich orientierten Gesellschaften, die das Individuum über alles stellen, alle anderen Werte hinwegfegen und das Individuum, das sie angeblich vergöttern, auf diese Weise in moralische Verwirrung stürzen.

Diese Gemeinplätze – die auch den späteren Erfolg Marcuses erklären und allgemein den der Theoretiker der Frankfurter Schule – wurden von Polanyi sehr diskret behandelt. Sie wurden außerdem nur indirekt angesprochen. Sein Buch gehört zwar in den Bereich der Philosophie der (Wirtschafts-)Geschichte, seine Argumentationen stützen sich jedoch, wie schon erwähnt, auf eine umfangreiche wissenschaftliche Bildung. Die Intellektuellen, die diese «Gefühle» teilen, können leicht den Eindruck gewinnen, man könnte dieses Buch als Bezugsrahmen benutzen und Polanyis Analysen in dieser oder jener Richtung *weiterführen*. Das ist auch der Grund dafür, daß dieses Buch zur Entstehung einer relativ stetigen «unsichtbaren Schule» geführt hat; ihre Schüler sind mehr oder weniger orthodox, und sie sind über die ganze Welt verteilt.

Karl Polanyi selbst hat seine Fachkollegen jedoch wohl nicht genügend von seinen Thesen überzeugen können, um sich eine solide akademische Position zu sichern. Nachdem er zeitweilig Lehraufträge in Oxford und London hatte, wurde er kurzfristig vom Bennington College angestellt, danach von der Columbia-Universität. Letztere ließ zwar zu, daß eine Habilitationsschrift über seine Thesen geschrieben wurde, sie bot ihm jedoch lediglich den Posten eines stellvertretenden Professors an.[134]

Dieser Fall, wo eine Theorie sich verbreitet, indem sie sich zunächst auf eine mehr oder weniger genau definierte Gruppe von Intellektuellen stützt, ließe sich durch viele weitere Beispiele belegen. Das Interesse, das Althusser eine Zeitlang geweckt hat, ist nur dann erklärbar, wenn man sich vor Augen hält, daß «Lire le Capital» in vielen dem Marxismus nahestehenden Intellektuellenkreisen als Buch angesehen wurde, das der marxistischen Theorie zu einer wahren Verjüngungskur verholfen hatte und ihr damit von neuem Zugriff auf die moderne Welt sicherte. Dies geschah zu einem Zeitpunkt, zu dem es immer schwerer fiel, wie Sartre an den Marxismus zu glauben als an einen Horizont, über den man nicht hinausgelangen könne.

Ebenso kann der ansehnliche Erfolg, den die «Dependencia-Theorien» hatten und noch immer haben, zum großen Teil dadurch erklärt werden, daß sie nicht nur dazu beigetragen haben, die alte leninistische Theorie des Imperialismus zu verjüngen, sondern weil sie einen theoretischen Rahmen bilden, der zu vielen Forschungen auf den verschiedensten Gebieten anregt, so daß Historiker, Wirtschaftswissenschaftler, Soziologen und Politologen gleichermaßen auf ihre Kosten kommen. Ich werde später auf diesen meiner Ansicht nach für die Analyse der Ideologien interessanten Fall zurückkommen.

Eine Theorie gewinnt also oft deshalb an Einfluß, weil sie zunächst von einer oder von mehreren spezifischen Gruppen als *interessant* angesehen wird, was jeweils von der sozialen Position, der sozialen Rolle und von den Dispositionen der Mitglieder abhängt. In diesem Fall wird die Theorie wahrscheinlich nicht nur als interessant, sondern auch als *gültig* angesehen. Zunächst, weil Autoritätseffekte und «black box»-Effekte auftreten werden. Dann, weil diese Gruppen – obwohl es sich um Intellektuelle handelt – sich kaum darum kümmern werden, die Gültigkeit der Theorie durch eine kritische Betrachtung zu prüfen. Auch bei Gruppen von Intellektuellen kann es selbstverständlich zu «black

box»-Effekten kommen: Die Theologen, die Voegelins Theorie übernahmen, verfügten im allgemeinen nicht über die Mittel, sie «von
Grund auf», also auf Herz und Nieren, zu überprüfen.

Bei anderen Typen von Gruppen kommt es oft vor, daß sie die Theorien, zu deren Verbreitung sie beitragen, kaum bis ins Detail kennen.
Die Historiker haben zum Beispiel nachgewiesen, daß der «Gesellschaftsvertrag» nach seiner Veröffentlichung kaum gelesen wurde.[135]
Das ist nicht weiter verwunderlich, denn es handelt sich dabei um ein
ziemlich trockenes, dichtes, nüchternes und schwieriges Werk. *Man*
wußte jedoch einerseits, daß seine Schlußfolgerungen sich auf die Autorität der Wissenschaft beriefen, oder, wie man damals wohl eher
sagte, auf die *Vernunft*, und *man* kannte diese Schlußfolgerungen: Nur
die vom «Volke» ausgehende Macht ist legitim; eine von der Tradition
ausgehende Autorität kann nicht legitim sein.

Das «man» ist übrigens auch hier genau identifizierbar. Damit will
ich sagen, es entspricht spezifischen Gruppen. Wie Augustin Cochin[136]
gezeigt hat, sind es die Juristen, die Apotheker und die Mitglieder anderer «aufgeklärter» Körperschaften, die 1789 versucht haben, die Ideen
des «Gesellschaftsvertrags» zu verwirklichen, die meisten hatten ihn
nicht gelesen.

Ich begnüge mich hier mit dem Hinweis auf eine Hypothese, die man
zwar genau untersuchen sollte, bei der ich mich jedoch nicht lange aufhalten kann.

Die Mechanismen der Verbreitung, die ich eben kurz angerissen
habe, enthalten tatsächlich eine wichtige Konsequenz: Wenn eine
Theorie von einer oder von mehreren spezifischen Gruppen übernommen und zumindest teilweise als «black box» behandelt wird, kommt
es häufig vor, daß ihre Schlußfolgerungen vereinfacht, radikalisiert
oder verfälscht werden. Deshalb ist Marx ehrlich davon überzeugt, er
sei nicht «marxistisch», er hatte nämlich alle möglichen Vorbehalte
dem gegenüber, was später zur marxistischen «Vulgata» werden sollte
und dessen Entstehung er erlebte.

Es ist wohl auch unnötig, darauf hinzuweisen, was den Darwinismus
von den Weissagungen des «Sozialdarwinismus» trennt, oder darauf,
was Spencers Denken von den politischen Schlußfolgerungen trennt,
die man daraus ziehen wollte.

Ich möchte noch einmal auf Mannheim zurückkommen, den ich
weiter oben zitiert habe. Er genießt deshalb einen so guten Ruf, weil

ihm allgemein die Aussage zugeschrieben wird, die Ideen seien «gesellschaftlich determiniert». Deshalb ist das berühmte «Mannheimsche
Paradox» unzählige Male glossiert worden (Wie kann man sicher sein,
daß die Ideen gesellschaftlich determiniert sind, da Mannheims Theorie doch selbst gesellschaftlich determiniert ist?). Es genügt jedoch, sich
unsere Ausführungen des dritten Kapitels ins Gedächtnis zu rufen, um
einzusehen, daß das Paradox erst dann auftritt, wenn man Mannheims
Denken auf die Vulgarisierung reduziert, mit der sein Name verbunden
ist. Die Existenz des «Mannheimschen Paradoxes» bezeugt also ebenfalls die Überzeugungskraft dieser Vulgata.

  Man darf hierbei nicht übersehen, daß diese Verfälschungen, diese
Vulgata, die logischen Folgen von Kommunikationsprozessen sind,
durch die manche Theorien zu Ansehen und Einfluß gelangen.

Im vorangegangenen habe ich ohne weitere Differenzierung verschiedene Arten von Theorien betrachtet – exegetische und wissenschaftliche Theorien, auch solche, die wie Polanyis Theorie gleichzeitig in den
Bereich des wissenschaftlichen Vorgehens und in den des interpretati-
ven Vorgehens gehören, das die Geschichtsphilosophie kennzeichnet.
Der Fall Polanyi lenkt unsere Aufmerksamkeit jedoch auf einen wichtigen Punkt, den ich weiter oben nur kurz gestreift habe.

  In den Naturwissenschaften verbreitet sich eine Theorie normalerweise folgendermaßen: Zunächst wird die Theorie von der wissenschaftlichen Gemeinschaft bewertet, das heißt von denen, die – um bei
meinem Bild zu bleiben – fähig sind, sie «von Grund auf» zu beurteilen
und sie wie eine «white box» zu behandeln.

  Fällt diese Bewertung positiv aus, hat die Theorie Chancen, andere
Kreise zu erreichen. Die angewandte Forschung wird vielleicht praktische Verwendungsgebiete für sie finden. Wenn die Theorie für wichtig
genug befunden wird, wird sie durch allgemeinverständliche wissenschaftliche Zeitschriften vielleicht auch dem «gebildeten Laien» zugänglich gemacht.

  Dieser Prozeß kann anhand eines Schemas veranschaulicht werden:
Der Produzent (PROD) unterbreitet seine Theorie der wissenschaftlichen Gemeinschaft (WG). Ist das Ergebnis positiv, wird die Aufmerksamkeit von Vermittlern (VERM) erregt, die sie nun verschiedenen spezifischen Gruppen (SG) zugänglich machen: zum Beispiel den Lesern
der französischen Zeitschriften «Science» oder «Science et Avenir»
oder den Hörern von «France Culture».

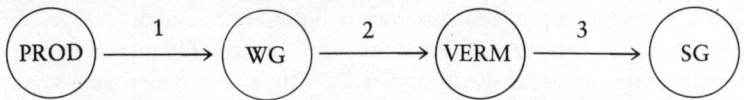

Der erste Teil dieses Kapitels legt nahe, daß die Struktur des Verbreitungsprozesses bei sozialwissenschaftlichen Theorien anders sein kann. Dort kommt es häufig vor, daß eine Theorie die Aufmerksamkeit von Vermittlern auf sich zieht, weil sie vorher das Interesse von bestimmten spezifischen Gruppen geweckt hat; die Vermittler geben sie in diesem Fall an andere spezifische Gruppen weiter (zum Beispiel an die Leser einer bestimmten Tageszeitung). Das Schema sieht dann folgendermaßen aus:

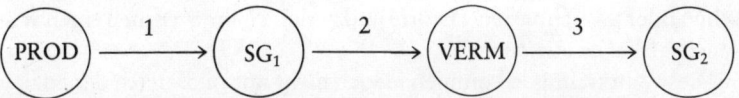

Die «exegetische Theorie» des Erasmus von Rotterdam hat sich zum Beispiel auf diese Art und Weise verbreitet: Schematisiert man die Analyse, so hatte sie zunächst in Geschäftskreisen Erfolg; sie wird in verschiedenen Kreisen besprochen; schließlich erregt sie die Aufmerksamkeit der «Gruppen von Denkern», die zu jener Zeit über religiöse Fragen diskutierten, und gewinnt an Einfluß. Die Theorie des Erasmus ist natürlich keine wissenschaftliche Theorie.

Handelt es sich um wissenschaftliche Theorien, so hat die entsprechende wissenschaftliche Gemeinschaft natürlich ein Kontrollrecht über sie. Dieser Ansicht waren übrigens die Wirtschaftswissenschaftler und die Wirtschaftshistoriker, als Polanyis «Great Transformation» erschien. Sie haben dieses Werk – wie schon erwähnt – ziemlich reserviert aufgenommen. Das konnte jedoch nicht verhindern, daß es an Einfluß gewann. Der Fall Polanyi kann im folgenden Diagramm schematisiert werden:

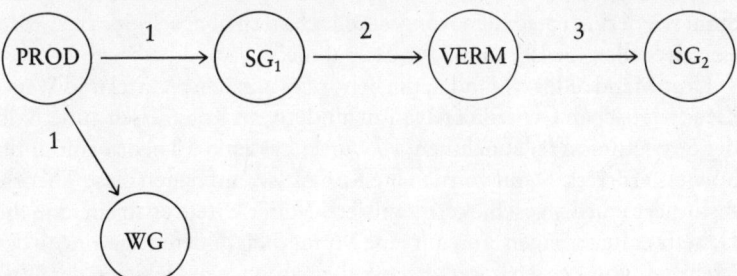

Die wissenschaftliche Gemeinschaft will die Theorie nicht verbreiten, die sich dann auf anderem Weg durchsetzt: Die von Polanyis Botschaft begeisterten Intellektuellengruppen bestätigen die Bedeutung seiner Theorien auf gesellschaftlicher Ebene und sorgen dafür, daß auch andere Gruppen von ihnen Kenntnis nehmen.

Im zweiten Teil dieses Kapitels möchte ich diejenigen Prozesse der Verbreitung genauer untersuchen, die sich durch eine Art «Kurzschluß» der wissenschaftlichen Gemeinschaft auszeichnen («wissenschaftliche Gemeinschaft» ist hier im Sinne Kuhns zu verstehen). Diese Prozesse sind für die Analyse des Phänomens der Ideologie von wesentlicher Bedeutung, denn sie ermöglichen die Verbreitung einer fraglichen, falschen oder zweifelhaften Theorie und verleihen ihr eventuell einen wissenschaftlichen Anstrich.[137]

Diese Kurzschlüsse kommen jedoch nicht nur im Bereich der Sozialwissenschaften vor, sie können sich auch – wenn auch seltener – im Bereich der Naturwissenschaften ereignen.

In diesem Zusammenhang fallen einem sofort Lyssenko und seine Lehre ein. Hier lohnt sich durchaus eine kurze, genauere Betrachtung, denn der Kurzschlußeffekt, durch den Lyssenkos Lehre (zumindest in der Sowjetunion) für eine Weile auf dem Gebiet der Genetik zur «Wahrheit» schlechthin erklärt wurde, ist sehr viel subtiler, als allgemein angenommen. Auf keinen Fall wurde sie allein durch die einschüchternde Macht des Stalin-Regimes durchgesetzt: Die Vergewaltigung der Meinungen ist niemals allein Sache der Polizei.

Das Stalin-Regime hat direkt nur in einem Punkt eingegriffen, nämlich dort, wo es immer eingriff und wo es für niemanden eine Überraschung war: bei der Organisation der wissenschaftlichen Kongresse. Wie viele andere Dinge ist ein wissenschaftlicher Kongreß in der Sowjetunion Sache des Staates. Er wird vom Staat finanziert. Und der Staat wiederum erteilt den Kongreßteilnehmern über seine dazu autorisierten Stellen die Erlaubnis zur Teilnahme.

Laut Mendvedev[138] fanden die Behörden zunächst Mittel und Wege, die sowjetischen Genetiker daran zu hindern, an Kongressen außerhalb der Sowjetunion teilzunehmen; so wurde Lyssenkos Theorie nur unter Sowjets erörtert. Dann wurden die Kongresse, auf denen diese Theorie diskutiert wurde, geschickt organisiert. Man richtete es so ein, daß die Genetiker im strengen Sinn nur eine Minderheit bildeten; sie ging in der Mehrheit von Leuten unter, die auf allen möglichen Gebieten der Wissenschaften vom Lebendigen beschlagen waren: Diplomlandwirte, Physiologen, Botaniker usw., allesamt in der eigentlichen Genetik wenig bewandert.

Als die Meinungen über Lyssenkos Theorie eingeholt wurden, ließen die Genetiker, die allesamt von ihrer Falschheit überzeugt waren, dies auch durchblicken. Die anderen hatten oft gar keine klar umrissene Meinung dazu, sie nahmen aber natürlich die Vorlieben des Regimes wahr: Eine Theorie, die wie diejenige Lyssenkos dem Lamarckismus eng verhaftet war, entsprach natürlich eher dem Geist der marxistischen Lehre als eine Theorie, die den genetischen Determinationen einen zu großen Platz einräumte. Da sie im Zweifel waren, schlossen sie sich Lyssenko an. Lyssenko machte überdies ganz und gar nicht den Eindruck eines Scharlatans, schließlich war er Diplomlandwirt.

Vielleicht hatten einige Nicht-Genetiker Schwierigkeiten, Lyssenko zuzustimmen. Die Geschichte sagt uns darüber nichts. Die Beweggründe, die Meinungen und auch die Fähigkeit beider Seiten, die Debatte zu beherrschen, waren zweifellos sehr unterschiedlich ausgeprägt. Wie dem auch sei, die Kongresse ergaben jedenfalls eine breite Mehrheit, die sich zu Lyssenkos Thesen bekannte.

Der wichtigste Punkt dabei ist jedoch folgender: Für das gebildete Publikum, für die Journalisten und allgemeiner für all diejenigen, die aus dem einen oder anderen Grund an der Diskussion interessiert waren, setzten sich diese Kongresse aus kompetenten Leuten zusammen. Waren sie schließlich nicht alle Spezialisten in den Wissenschaften vom Lebendigen? Für viele Beobachter von außen waren die Unterschiede innerhalb der Disziplinen der Biologie jedenfalls kaum wahrnehmbar. Deshalb akzeptierten sie es guten Glaubens, daß die Wissenschaftler sich für Lyssenkos Thesen aussprachen. Dies fiel ihnen um so leichter, als Lyssenko selbst alle möglichen Diplome besaß und über eine gewisse wissenschaftliche Autorität verfügte.

Der Fall Lyssenko kann durch das folgende Schema veranschaulicht werden:

Die wissenschaftliche Gemeinschaft wird hier von der Meinung einer spezifischen Gruppe – in diesem Fall von den Biologen, die keine Genetiker sind – kurzgeschlossen; von außen wird diese Gruppe von anderen spezifischen Gruppen (Journalisten, gebildete Leser usw.) als zu demselben Ganzen gehörig wie die Genetiker wahrgenommen.

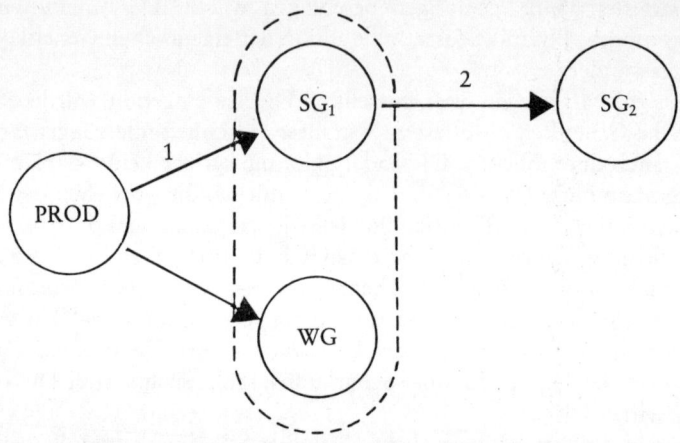

Die Manipulationen waren natürlich nur möglich, weil die Regierung über einen wirksamen Hebel verfügte, mit dem man jedoch erst einmal umgehen können muß: die Kontrolle über die Auswahl der Kongreßteilnehmer. Ich habe jedoch schon darauf hingewiesen, daß es allgemein bekannt war, daß der Staat sich immer das Kontrollrecht über die Zusammensetzung sämtlicher wissenschaftlicher Kongresse vorbehielt. Auf der anderen Seite war von außen die Zusammensetzung der Kongresse im Hinblick auf die Spezialisierung der Teilnehmer kaum erkennbar. Deshalb wurden die Manipulationen kaum bemerkt, außer von einer Minderheit eingeweihter Beobachter.

Ich habe diesen Fall erläutert, weil Kurzschlußeffekte desselben Typs auch auftreten können, wenn keine Manipulation vorliegt; bei den Naturwissenschaften ist dies natürlich seltener der Fall, bei den Sozialwissenschaften kommt es jedoch sehr viel häufiger dazu.

Ein sehr einfaches, aber häufiges Beispiel liefert der Fall, bei dem spezifische Gruppen aufgrund des Interesses (im intellektuellen Sinn), das sie an einer Theorie haben, nicht abwarten, bis diese ausgereift ist, das heißt, bis ihre Gültigkeit und ihre Grenzen festgelegt sind. Dieser Fall ist ganz besonders interessant, zeigt er doch, daß auch *streng wissenschaftliche* Theorien zu falschen Ideen führen können.

Max Webers «Protestantische Ethik»[139] ist zum Beispiel eine bekannte, fast schon populäre Arbeit. Warum? Weil das darin behandelte

Thema weit gefaßt und «interessant» ist: Es handelt von nichts Geringerem als von den Bedingungen, die die Entstehung des kapitalistischen Systems begünstigt haben. Außerdem besitzt die These eine philosophische und eine metaphysische Seite: Der hauptsächlich von Marx entwickelten, «materialistischen» Interpretation der Ursprünge des Kapitalismus stellt Weber insgeheim eine «idealistische» Theorie gegenüber, nach der die *Werte* keineswegs von den Produktionsverhältnissen bestimmt werden, sondern vielmehr dazu beitragen, sie zu bestimmen. Der Umfang der gestellten Frage, ihr «universelles» Interesse, der «subversive» Charakter einer Antwort, die den herrschenden Theorien zu diesem Thema widersprach, all das mußte die Aufmerksamkeit eines großen Publikums fesseln.

Diese Theorie ist allerdings nicht mehr als eine wissenschaftliche, aber dennoch schwache Hypothese. Die These der «Protestantischen Ethik» ist bekannt: Die Protestanten – genauer gesagt die Kalvinisten und die Protestanten kalvinistischer Tradition –, die an das Dogma der Gnadenwahl glauben, werden dazu angehalten, schon auf Erden nach Zeichen ihrer Aufnahme in die ewige Seligkeit zu suchen. Sie streben bei den Tätigkeiten, die sie in dieser Welt ausüben, nach Erfolg und Gelingen und neigen dazu, diesen Erfolg als Zeichen ihrer Aufnahme unter die Auserwählten zu werten. Diese Einstellung bewirkt, daß sie eher investieren als konsumieren und daß sie vom Unternehmergeist besessen sind, daß sie ihre Umwelt prägen und es zu etwas bringen wollen.

Dies ist vereinfacht und gerafft in etwa Webers Argumentation. Er argumentiert natürlich viel subtiler, als ich das hier tue. Selbstverständlich betont er, daß er keine Theorie der Entstehung des Kapitalismus formulieren will, es geht ihm vielmehr darum, die Übereinstimmung der kalvinistischen und vor allem der puritanischen Werte mit dem «Geist des Kapitalismus» herauszuarbeiten. Weber hat jedoch selbst zugegeben[140], die «Protestantische Ethik» setze voraus, daß die kalvinistische Denkweise die Entwicklung des Kapitalismus tatsächlich beeinflußt hat. Wie dem auch sei, die Theorie wurde formuliert, um die wichtige Rolle zu erklären, die die Kalvinisten bei dieser Entwicklung gespielt haben. Von dieser Tatsache geht Webers Theorie aus. Sie ist nicht von der Hand zu weisen und konnte von den gängigen Theorien über die Entstehung des Kapitalismus – vor allem von der marxistischen Theorie – so gut wie nicht erklärt werden.

Schon zu Webers Zeiten wurde diese Theorie von vielen Seiten angegriffen. Sombart bemerkte zum Beispiel, viele kapitalistische Unternehmer des 16. Jahrhunderts seien Katholiken oder Juden gewesen. Andere merkten an, es habe schon im 15. Jahrhundert, vor dem Aufkommen des Protestantismus, zahlreiche kapitalistische Unternehmer gegeben. Weber hatte übrigens versucht, diesem letzten Einwurf zuvorzukommen: Die Fugger – berühmte katholische Unternehmer des 15. Jahrhunderts –, die ein ebenso ausgedehntes wie komplexes Industrie- und Handelsimperium errichteten, waren seiner Ansicht nach eine Ausnahme bzw. Abenteurer.

Außerdem wurde sofort bemerkt, daß der von Weber hergestellte Zusammenhang zwischen dem Glauben an die Gnadenwahl und dem Unternehmergeist alles andere als *verständlich* war. Man hätte sogar eher *verstanden*, daß das Bedürfnis, Unternehmer zu werden und es zu etwas zu bringen, bei denen größer sein müßte, die die Gnade als widerruflich ansahen. Jedenfalls fällt die Einsicht schwer, der Glaube an die Unwiderruflichkeit der Gnade begünstige den Unternehmergeist mehr oder würde besser zu ihm passen als der Glaube an die Zumessung der Gnade abhängig vom jeweiligen Verdienst. Und man fragt sich, ob der von Weber hergestellte Zusammenhang zwischen dem Glauben an die Gnadenwahl und dem Unternehmergeist nicht ein Paradebeispiel für eine ad hoc formulierte Hypothese ist, die erklären sollte, warum die meisten Unternehmer des 16. Jahrhunderts Kalvinisten waren. Man muß indessen einräumen, daß seit Beza die kalvinistischen Theologen auf der Ebene der Pastoraltheologie versucht haben, die Auswirkungen dieses schrecklichen Dekrets zu mildern; sie lehrten, der Gläubige genieße das absolute Recht, sich seine Aufnahme in die ewige Seligkeit selbst zu sichern durch den Nutzen und den Erfolg seiner Aktivitäten.

Betrachtet man die psychologischen Implikationen in Webers Theorie, dann scheint sie auf schwachen Füßen zu stehen. Sie genügen kaum dem Kriterium des *Verstehens*, das für die individualistische Auffassung seiner Erklärung essentiell ist: Die Rekonstruktion kalvinistischer Mentalität ist nicht sehr überzeugend und läßt den Eindruck entstehen, sie sei willkürlich.

Eine Schwäche von Webers Theorie liegt auch darin, daß die Gegebenheiten, die sie erklärt, selten und ziemlich vage zu sein scheinen. Sie löst indessen ein Problem, das Weber beeindruckt hat: Im Florenz des 15. Jahrhunderts versuchen zwar einige Nominalisten, den dort blühenden Handel zu rechtfertigen, die herrschende Lehre sieht Geschäfte jedoch weiterhin als verwerflich an. In Pennsylvania ist dagegen im 18. Jahrhundert eine Ethik zu beobachten, die die kapitalistische Akkumulation begünstigt – und das in einem gesellschaftlichen Kontext, in dem die Wirtschaft aus Kapitalmangel auf das Niveau einer Tauschwirtschaft zurückzufallen droht und weder Banken noch große Unternehmen existieren. Der Schluß lag also nahe, die kapitalistische Ethik sei mit der asketischen Lebensweise der Protestanten eher vereinbar, als daß sie ein Produkt der Entwicklung des Geschäftslebens sei. Selbstverständlich kann dieser Vergleich nicht einmal als quasi-Experiment gewertet werden, und folglich können auch kaum Schlüsse daraus gezogen werden.

Viele Fakten scheinen darüber hinaus mit dieser Theorie nur schwer vereinbar zu sein. Deshalb geht Schumpeter, der ansonsten Weber sehr schätzt, so hart mit der «Protestantischen Ethik» ins Gericht.[141]

Webers Interpretation ist dennoch streng wissenschaftlich: Sie hat eine neue, wichtige Frage aufgeworfen. Sie hat das materialistische Paradigma, das maßgeblich bei der Analyse der wirtschaftlichen Prozesse verwendet wurde, geöffnet und erweitert. Sie hat darauf hingewiesen, daß die «Werte», die «kulturellen Faktoren» beim wirtschaftlichen Wandel eine Rolle spielen können. Sie hat eine traditionelle Denkweise radikal verändert und eine Diskussion angefacht, die ihre Tragweite zwar begrenzen mußte, ohne diese Theorie jedoch niemals zustande gekommen wäre.

Ich möchte auf dieses Thema nicht weiter eingehen, will aber festhalten, daß wir aufgrund der Literatur zu Webers Theorie heute in der Lage sind, die in Wirklichkeit sehr engen Grenzen ihrer Gültigkeit zu erkennen; dank der Fragen, die diese Theorie aufwirft, können wir außerdem die Gründe für den Einfluß des Protestantismus auf die Entwicklung des Kapitalismus viel besser verstehen: Der Kalvinismus hat vor allem in seiner puritanischen Form sehr wohl eine Rolle im sozialen Wandel gespielt, der sich in Europa seit dem 16. Jahrhundert vollzog. Der Hauptgrund für diesen Einfluß ist jedoch darin zu sehen, daß der *politische* Kontext der protestantischen Länder für politische und wirtschaftliche Veränderungen günstiger war als der politische Kontext in den Ländern der Gegenreformation.[142] Dynamische Bankiers gab es fast überall; in den katholischen Ländern blieben die Banken jedoch weiterhin ein Werkzeug in den Händen des Staates, während sie sich in den protestantischen Ländern aus dieser Abhängigkeit lösen konnten.

Darüber hinaus zogen die protestantischen Länder diejenigen Geschäftsleute an, für die sich das Klima der Gegenreformation eher ungünstig auswirkte. So emigrierten zum Beispiel viele von Antwerpen nach Amsterdam. Diese Migrationsbewegungen erklären zum einen, warum die Wirtschaft in den protestantischen Ländern blühte, und zum anderen, warum die wirtschaftliche Elite oft aus Kalvinisten bestand.[143] Die Geschäftsleute hatten sich nämlich oft dem Kalvinismus angeschlossen, einmal, weil er den menschlichen Aktivitäten auf dieser Erde Würde verlieh, und zum zweiten aufgrund seiner militanten Haltung und seiner erklärten Feindschaft der Gegenreformation gegenüber. Hier wird deutlich, daß die Fakten Webers Theorie ins Gegenteil verkehren: Sie sprechen dafür, daß die Geschäftsleute sich zum Kalvinismus hingezogen fühlten, und nicht dafür, daß die Kalvinisten eine Vorliebe für Geschäfte hatten.

Insgesamt kann der Zusammenhang zwischen dem Protestantismus und der Modernisierung der Wirtschaft eher durch *politische* als durch *kulturelle* oder *wirtschaftliche* Faktoren erklärt werden.

Das Interesse an Webers Theorie führte jedoch zu einem unmittelbaren Kurzschlußeffekt: Sie wurde von zahlreichen spezifischen Gruppen sofort als Bestätigung der Vorstellung gewertet, daß die «Werte» eine entscheidende Rolle beim wirtschaftlichen Wandel spielen und daß man einen direkten Kausalzusammenhang zwischen der protestantischen Kultur und der wirtschaftlichen Dynamik herstellen könne. Eine streng wissenschaftliche Hypothese brachte also eine vorgefaßte Meinung hervor. Diese Meinung wurde im folgenden so gut wie nicht korrigiert, denn der Bewertungsprozeß der wissenschaftlichen Gemeinschaft fand erstens kein Ende und lief außerdem auf eine besonders komplexe Schlußfolgerung hinaus:

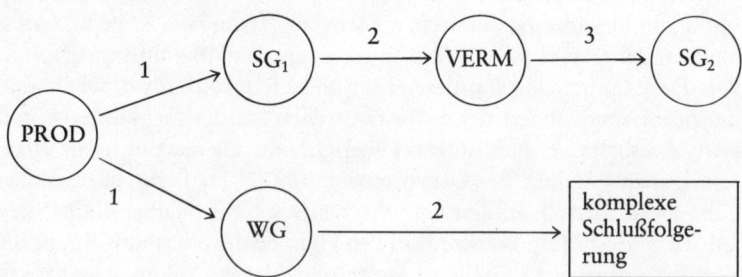

Kurzschlußeffekte können auch dazu beitragen, solchen Theorien wissenschaftliche Autorität zu verleihen, die von der «normalen» Wissen schaft abweichen. Ein Beispiel dafür ist Lyssenko. Wenn in den Naturwissenschaften solche Effekte nur unter ganz besonderen Umständen auftreten, so ist dies in den Sozialwissenschaften anders. Hier kommt es häufig vor, daß eine zweifelhafte Theorie akzeptiert wird.

In allen Fällen ist der Mechanismus jedoch derselbe: Eine oder mehrere spezifische Gruppen nehmen eine Theorie an, weil sie auf eine bei ihnen latent vorhandene Frage antwortet, die auf Positions- oder auf Dispositionseffekte oder auch auf beide Typen von Effekten zurückzuführen sein kann. Aus diesen Gründen haben diese Gruppen *Interesse* an dieser Theorie. Außerdem können Autoritätseffekte auftreten, wenn die Theorie für diese Gruppen zumindest teilweise eine «black box» darstellt. Die Vermittler haben in diesem Fall alle Aussicht, erfolgreich zur Verbreitung der Theorie bei anderen Gruppen beizutragen. Manche, weil sie glauben, die Schlußfolgerungen der Theorie lägen auf ihrer Wellenlänge (wobei sie die Theorie selbst als «black box» betrachten), andere einfach deshalb, weil sie der Meinung sind, als Vermittler hätten sie die Aufgabe, das Publikum über eine Idee oder über eine Theorie zu informieren, die «in aller Munde ist». Verbreitet sie sich schnell genug, kann die Theorie zum Gegenstand einer «kollektiven Überzeugung» werden, noch bevor sie von denen bewertet werden konnte, die am ehesten dazu befähigt sind, sie als «white box» zu behandeln.

Als Beispiel für diesen Fall habe ich Michel Foucaults «Überwachen und Strafen» gewählt. Das Buch, das 1975 in Frankreich erschien (deutsch 1976; Anm. d. Ü.), entwickelt eine glänzende Theorie. Vom Ancien Régime bis heute wurden die Strafen für Verbrecher immer milder; der große Einschnitt vollzog sich im 18. Jahrhundert. Nun wird nicht mehr gepfählt, gerädert oder verbrannt, sondern man verhängt Gefängnisstrafen. Warum, so fragt Foucault, einigt man sich allgemein auf die Einkerkerung, obwohl sie doch alles andere als befriedigende Ergebnisse zeitigt? Schon von der Mitte des 19. Jahrhunderts an und bis in unsere Tage geben alle ernsthaften Beobachter ein strenges Urteil über die Gefängnisse ab: Sie sind eine Schule des Verbrechens, sie bringen Gewohnheitsverbrecher hervor sowie soziale Randgruppen, die nichts Besseres zu tun haben, als den ehrbaren Bürger zu bedrohen, sobald man sie freiläßt. Tocqueville[144] beurteilte das amerikanische Strafvollzugssystem in diesem Sinne, obwohl dieses System «modern» war und die «fortschrittlichsten» Theorien auf dem Gebiet der Kriminologie zu berücksichtigen suchte. Foucault hat überzeugend belegt, daß seit Tocqueville dieselbe strenge Diagnose immer wieder von neuem gestellt worden ist.

Warum hat das Gefängnis diese Verurteilung durch Spezialisten überlebt? Die – zweifellos annehmbare – Antwort lautet ganz banal: Weil man nichts Besseres gefunden hat. Natürlich erhöht das Gefängnis die Rückfallquote, es wirkt aber auch abschreckend. Dank der Gefängnisse werden viele Verbrechen gar nicht erst begangen. Man kann diese Aussage natürlich nicht direkt belegen, sondern nur indirekt, indem man zum Beispiel zeigt, daß unter gleichen Voraussetzungen manche Verbrechen und Delikte weniger häufig begangen werden, wenn sie strenger bestraft werden.[145] Vielleicht ist das Gefängnis also nicht unbedingt die beste Lösung, da es einen gesellschaftlichen Preis verlangt; seine Auswirkung auf die Rückfallquote ist wohl der sichtbarste Teil dieses Preises, den die Gesellschaft bezahlen muß. Es läßt sich jedoch ziemlich schwer entscheiden, ob die Nachteile des Gefängnisses für die Gesellschaft seine Vorteile überwiegen oder ob vom Standpunkt des ehrbaren Bürgers aus die negativen Auswirkungen bedeutender sind als die positiven.

Foucaults Theorie scheitert an dieser Hürde zum erstenmal. Die Aussage, das Gefängnis verlange der Gesellschaft einen Preis ab, wird noch radikaler formuliert: Das Gefängnis hat (vom Standpunkt der Öffentlichkeit aus) nur negative Auswirkungen. «Die Gefängnisse tragen nicht zur Verminderung der Kriminalität bei: wie sehr man sie auch ausbaut, vervielfacht oder reformiert, die Zahl der Verbrechen und der Verbrecher bleibt stabil oder steigt sogar.»[146] Um diese Aussage zu untermauern, zitiert Foucault einen Kommentator von 1842, der feststellt, daß die Kriminalität zu seiner Zeit trotz Bagno, Schafott und Gefängnis zunehme. Diese Feststellung bestätigt natürlich *in keiner Weise* Foucaults gerade zitierten Kommentar, der glauben machen will, die Gefängnisse würden die Kriminalitätsrate nicht senken, sondern sie eher noch steigen lassen. Foucault greift diese Aussage, die eine Herausforderung für den gesunden Menschenverstand darstellt und sämtlichen Ergebnissen kriminologischer Untersuchungen zuwiderläuft, einige Male auf:

«Gehen wir davon aus, daß die Strafjustiz die vom Gesetz definierten Vergehen reduzieren soll und das Gefängnis das Instrument dazu ist, so ist der Mißerfolg nicht zu übersehen.»

Er fährt fort:

«Anstatt nun aber die Auswirkungen der Strafhaft auf das Gesamtniveau der Kriminalität zu ermessen, sollten wir uns die Frage stellen, wie es möglich ist, daß seit 150 Jahren die Erfolglosigkeit des Gefängnisses proklamiert wird und an diesem Gefängnis gleichwohl durchaus festgehalten wird.»[147]

Aus dem letzten Satz spricht ein methodisches Bemühen: Man müßte den speziellen Beitrag des Gefängnisses zur *Zunahme* der Kriminalität messen können. Dieses Bemühen ist jedoch einseitig. Foucault denkt nicht daran, daß man zur Aufstellung einer Gesamtbilanz auch den abschreckenden Effekt des Gefängnisses messen müßte; das heißt, man muß auch seinen Beitrag zur Verminderung der Kriminalität berücksichtigen.

Vom gesellschaftlichen Standpunkt aus ist das Gefängnis also eine Einrichtung, die nur Nachteile und keine Vorteile mit sich bringt. Nach dieser Aussage stolpert Foucault über eine zweite Hürde, diesmal noch schlimmer als beim erstenmal. Er fragt sich: «Vielleicht aber sollte man das Problem umkehren und sich fragen, wozu der Mißerfolg des Gefängnisses gut ist.» Die Ursachen für die negativen Auswirkungen des Gefängnisses sind vielfältig: «Fortbestand der Delinquenz, Rückfälligkeit, Umwandlung des Gelegenheitstäters in einen Gewohnheitsdelinquenten, Organisation eines geschlossenen Delinquentenmilieus». Wenn diese Einrichtung bestehen bleibt, muß sie doch vermutlich zu etwas gut sein. Foucault führt seine Hypothese, auf die das ganze Buch hinausläuft, vorsichtig ein:

«Man könnte dann annehmen, daß das Gefängnis und überhaupt die Strafmittel nicht dazu bestimmt sind, Straftaten zu unterdrücken, sondern sie zu differenzieren, sie zu ordnen, sie nutzbar zu machen (...). Und wenn man von einer Klassenjustiz sprechen kann, so nicht nur deswegen, weil das Gesetz oder seine Anwendung den Interessen einer Klasse dient, sondern weil die gesamte Feinabstimmung der Gesetzwidrigkeiten mit Hilfe der Justiz Herrschaftsmechanismen unterstützt.»[148]

Das Gefängnis dient also weder dazu, Verbrechen zu verhindern, noch dazu, ihre Zahl zu verringern. Es dient dazu, die Mechanismen der (Klassen-)Herrschaft zu unterstützen. Auf welche Art? Zunächst so: «Das Gefängnis läßt eine sichtbare, stigmatisierte und weitgehend unverwüstliche Gesetzwidrigkeit entstehen, die insgeheim nützlich weil zugleich widerspenstig und fügsam ist.»[149] Diese Gesetzwidrigkeit (Diebstahl usw.) ist für die Klassen des Volkes typisch. «Das Gefängnis bezeichnet, isoliert und unterstreicht eine Form der Gesetzwidrigkeit, (...) die es ihm aber gerade gestattet, die anderen Formen zu übersehen oder zu tolerieren.» (Wahrscheinlich die Wirtschaftskriminalität.) Der Dieb wird also ins Gefängnis gesteckt, damit der Betrüger in aller Ruhe seinem Gewerbe nachgehen kann. Natürlich bringt das Gefängnis Delinquenten hervor, gleichzeitig pfercht es diese zusammen, brandmarkt und überwacht sie. Doch «diese konzentrierte, kontrollierte und entwaffnete Gesetzwidrigkeit ist sogar nützlich».

Der direkte Nutzen ist anhand wohlbekannter Tatsachen leicht auszumachen: Ohne Gefängnisse keine Spitzel und keine Agents provocateurs. Also keine Polizei. Also keine soziale Ordnung, folglich keine Herrschaft:

«Aber nach der Revolution gewann diese Praxis [der Spitzel] ganz neue Dimensionen: die Unterwanderung von politischen Parteien und Arbeitervereinigungen, die Anwerbung von Helfershelfern gegen Streikende und Aufständische, die Organisation einer ‹Unterpolizei›, die mit der legalen Polizei zusammenarbeitete und zu einer Parallelarmee werden konnte – ein ganzer Bereich des außergesetzlichen Operierens der Macht wurde zum Teil durch eine Manövriermasse aus Delinquenten ermöglicht: Geheimarmee und Reservearmee der Macht. (...) Man kann sagen, daß die vom Gefängnissystem dingfest gemachte Delinquenz eine Ablenkungsanlage für die ungesetzlichen Gewinn- und Machtschleichwege der herrschenden Klassen ist.»[150]

Dies ist also die Lösung: Die herrschende Klasse hält am Gefängnis fest, weil sie dadurch über ein Reservoir wohlbekannter Delinquenten verfügt, unter denen die Polizei ihre Spitzel auswählen kann.

Foucaults Theorie hat ganz offensichtlich so viele schwache Stellen, daß sie einer ernsthaften Überprüfung nicht standhält. Sie geht von einer Hypothese aus, die jeglicher Grundlage entbehrt (das Gefängnis erhöht die Kriminalitätsrate auf jeden Fall). Diese Hypothese erlaubt es ihm, ein wissenschaftliches Pseudo-Rätsel zu stellen: Warum hielt man am Gefängnis fest, obwohl alle – eine Aussage, die aus den von Foucault zitierten Quellen nicht hervorgeht – der Ansicht sind, es trage keineswegs zur Verringerung der Kriminalität bei? Er löst dieses Rätsel schließlich unter Anwendung einer im allgemeinen bei wissenschaftlichen Arbeiten unzulässigen Methode, indem er nämlich eine Ursache durch ihre unbeabsichtigten Wirkungen erklärt: Das Gefängnis ist nützlich für die Polizei, die wiederum der herrschenden Klasse nützlich ist.

Dieser erkenntnistheoretische Einwand ist von entscheidender Bedeutung, wir werden also näher auf ihn eingehen müssen. Immer wenn ein Handelnder ein ganz bestimmtes Ziel erreichen will, kann die Folge seiner Handlung als Ursache dieser Handlung gewertet werden: Das Vergnügen, das ich empfinde, wenn ich ein Glas guten Weines trinke, erklärt, warum ich mein Glas leere. Ruft eine Handlung jedoch eine unbeabsichtigte Konsequenz hervor, kann diese – ohne Widerspruch – nicht als Ursache der fraglichen Handlung betrachtet werden: Ein Freund schleppt mich zu einem Konzert, ich gehe mit, um ihn nicht zu enttäuschen, und wider Erwarten gefällt es mir. Daß es mir letztendlich doch gefällt, kann natürlich nicht die Ursache für mein Nachgeben sein. Hier gibt es zwei generelle Möglichkeiten: Die Handlung hat unbeabsichtigte, für den Handelnden angenehme Folgen. In diesem Fall kann sie wegen dieser Folgen wiederholt werden, obwohl diese Folgen anfangs nicht die Ursache der Handlung waren. Weil ich bemerkt habe, daß ich gern ins Konzert gehe, kann ich aus diesem Grund wieder hingehen wollen.

Oder die Handlung hat unbeabsichtigte, für den Handelnden unangenehme Folgen. In diesem Fall werden diese niemals – weder anfangs noch später – die Ursache seiner Handlung sein. Wenn das Konzert mich erwartungsgemäß gelangweilt hat, werde ich nicht wieder hingehen, es sei denn, um einem Freund einen Gefallen zu tun.[151]

Viele soziologische Untersuchungen fallen unter die erstgenannte Möglichkeit. Wenn zum Beispiel in einem Unternehmen ein Angestellter seine Arbeit nicht mehr allein bewältigen kann, wird in vielen Fällen die Stelle geteilt, und dort, wo früher nur eine Person arbeitete, arbeiten nun zwei. Nehmen wir an, daß die beiden Personen sich die Aufgaben teilen, statt daß jeder die Hälfte der Arbeit des Vorgängers erledigt. Nach einer Weile ist dann vielleicht festzustellen, daß die beiden durch die *Arbeitsteilung* mehr Arbeit leisten: Es ist anzunehmen, daß die Differenzierung der Rollen dann durch den Arbeitgeber bestätigt und institutionalisiert wird. In diesem Fall können die positiven Auswirkungen der Arbeitsteilung zu Recht als Ursache dieser Differenzierung gewertet werden. Unter Verwendung dieses Modelltyps – des Modells der «unsichtbaren Hand» – erklären Autoren wie Adam Smith oder Herbert Spencer die Fortschritte der Arbeitsteilung.

Will man Foucaults Auffassung großzügig interpretieren, so kann man
darin eine Illustration folgender Hypothese sehen: Die herrschende
Klasse bemerkt, daß das Gefängnis ihr nützlich ist, daß es ihr erlaubt,
ihre Spitzel zu werben und daß es die Aufmerksamkeit der Öffentlichkeit von der Wirtschaftskriminalität ablenkt; sie beschließt folglich,
diese Einrichtung beizubehalten.

Steht man Foucault kritischer gegenüber, wird man einige Einwände
gegen diese Interpretation erheben. Sie setzt nicht nur voraus, daß die
herrschende Klasse über uneingeschränkte Macht verfügt, sondern
auch, daß sie die Macht hat, diese Macht zu verbergen. Wüßte nämlich
die beherrschte Klasse, daß die Gefängnisse nicht nur die Risiken erhöhen, denen sie ausgesetzt ist, sondern daß sie auch dazu beitragen, sie
zu gängeln, würde sie vielleicht zu murren beginnen. Wie sind außerdem diese nicht nur gewagten, sondern extremen Hypothesen mit der
von Foucault selbst erwähnten Tatsache vereinbar, daß die Kritiken am
Gefängnis oft aus der herrschenden Klasse kamen? Foucault stützt
seine Behauptung, die Gefängnisse seien regelmäßig kritisiert worden,
letzten Endes auf Berichte, die für die Regierungsseite angefertigt wurden. Muß man also noch eine Hilfshypothese aufstellen und behaupten, die herrschende Klasse hätte ihre Intellektuellen schlecht unter
Kontrolle, obwohl diese im Sinne des modernen Neomarxismus eine
«beherrschte Gruppierung der herrschenden Klasse» darstellen? Weshalb hätte sie dann aber ständig Berichte über die Gefängnisse verlangt? Oder muß man einräumen, daß die herrschende Klasse die Vorteile, die die Gefängnisse ihr boten, nur in den Tiefen ihres kollektiven
Unterbewußten wahrgenommen hat?

Foucaults rhetorische Vorsichtsmaßnahmen («vielleicht sollte
man...», «läßt sich darin nur ein Widerspruch sehen», «man könnte
dann...»)[152], die mit fortschreitender Argumentation immer mehr ver-
schwimmen, sind vielleicht ein Hinweis darauf, daß ihn selbst Zweifel
an seinen Ergebnissen überkamen.

Wie konnte eine solche Theorie nicht nur für originell, wissenschaftlich
fundiert und lehrreich für die Gesellschaft gehalten werden, sondern
auch in akademischen Kreisen Anerkennung finden?

Zunächst weil sie sich auf eine historische Dokumentation stützt, die
zwar manchmal kritisiert wurde, die aber dennoch beachtlich ist.[153]
Unter diesem Aspekt betrachtet genügt Foucaults Buch einem allseits
anerkannten Kriterium der Wissenschaftlichkeit. Und jeder, ob er nun

Fachmann auf dem Gebiet ist oder nicht, kann – wenn auch in unterschiedlichem Maße – beurteilen, ob diesem Kriterium entsprochen wurde. Unter einem rein historiographischen Gesichtspunkt *ist* es ein wissenschaftliches Buch. Auf der Ebene der Interpretation ist es zweifellos nicht mehr wissenschaftlich; um dies zu erkennen, muß man jedoch erst einmal die Logik der Argumentation herausschälen. Eine derartige methodische Leistung kann man natürlich von einer Buchbesprechung in einer Fachzeitschrift erwarten, von einem Zeitungsartikel zum Beispiel jedoch nicht. Hat man die Logik der Argumentation dann bloßgelegt, muß man sie richtig bewerten können, was wiederum eine methodische Vorbereitung voraussetzt. Für den normalen Leser ist es zunächst nicht einleuchtend, daß Foucault – wenn auch völlig zu Unrecht – die Hypothese aufstellt, die Beibehaltung des Gefängnisses sei auf das Vorhandensein eines «Gesamtheitseffektes» zurückzuführen, das heißt auf jenen Typ von Effekten, für die Adam Smiths «unsichtbare Hand» klassisches Beispiel ist.

Außerdem bringen die Gesamtheitseffekte eine komplexe Logik ins Spiel, die ein – zum Beispiel auf dem Gebiet der Spieltheorie – wenig geschulter Leser wohl kaum erkennen wird.

Das Buch hatte also aufgrund des reichhaltigen historiographischen Materials alle Aussichten, von vielen «gebildeten» Laien als wissenschaftlich ernst zu nehmendes Werk eingestuft zu werden. Weniger wahrscheinlich war, daß die Schwächen der logischen Argumentation vielen Lesern auffallen würden. Es konnte leicht einen «black box»-Effekt auslösen.

Zweitens stimmte Foucaults Theorie mit einem perspektivischen Effekt überein: Es ist leicht festzustellen und zu beweisen, daß das Gefängnis eine «Schule des Verbrechens» ist, daß es die Rückfälligkeit begünstigt, daß es den Delinquenten «brandmarkt» und zum Gewohnheitsverbrecher machen kann. Die abschreckende Wirkung des Gefängnisses ist – obwohl natürlich vorhanden – längst nicht so deutlich sichtbar. Schließlich zählt man eher wirkliche als potentielle Ereignisse auf. Ich habe schon angedeutet, daß diese abschreckende Wirkung nur indirekt belegt werden kann – und belegt worden ist: Dazu müssen die Variationen der Kriminalität in Abhängigkeit von der Schwere der Strafen analysiert werden, es wäre zu zeigen, daß die Kovarianz kausal interpretiert werden kann.

Das ist jedoch noch nicht alles. Will man die Komplexität des Problems, das die Bestimmung des *Netto*-Effektes von Gefängnissen auf die Kriminalitätsrate aufwirft, genau fassen, darf man nicht übersehen, daß die Lockerung der Strafverfolgung ebenfalls eine wichtige Ursache für Verbrechen und Rückfall sein kann. Ein Straffälliger, der kaum damit rechnen muß, gefaßt zu werden, und wenn er gefaßt wird, kaum mit Bestrafung rechnen muß, wird natürlich immer wieder straffällig werden.

Kommen wir auf Foucault zurück: Seine Theorie, die in Einklang mit einem starken perspektivischen Effekt stand[154], dem all jene ausgesetzt sind, die aufgrund ihrer Rolle täglich direkt oder indirekt mit dem Verbrechen konfrontiert werden, stieß sofort bei zahlreichen dieser Handelnden auf Interesse – unabhängig davon, welcher Überzeugung oder Ideologie sie anhingen.

Außerdem traf sie auf ziemlich verbreitete feindliche Dispositionen (im ethischen Sinn) gegenüber allen Formen von «Repression». Es scheint mir allerdings unnötig zu sein, auf diesen meiner Meinung nach offensichtlichen Zusammenhang näher einzugehen.

Man muß Foucault schließlich zugute halten, daß er einen durchaus richtigen Gedanken brillant herausgearbeitet hat, doch leider galt sein eigentliches Interesse nicht diesem Gedanken: Das Gefängnis ist als Mißerfolg anzusehen, wenn man seine Hauptfunktion in der «Rehabilitierung» oder der «Wiedereingliederung» sieht. Er hat damit zu einer Neuorientierung der Rechtspolitik beigetragen, die nun eher auf Verbrechensvorbeugung ausgerichtet ist. Dieser richtige Gedanke verleiht Foucaults Theorie natürlich noch lange nicht die Weihen der Wahrheit. Vom wissenschaftlichen Standpunkt aus ist seine Theorie im Gegenteil äußerst zweifelhaft und so gut wie unhaltbar. Es ist jedoch verständlich, daß sie bei jenen Aufnahme fand, die ich «spezifische Gruppen» nenne: Sie sprach *einen* Effekt an, der zweifellos existierte und dem gegenüber viele sozial Handelnde durch ihre Rolle oder durch ihre Dispositionen besonders aufgeschlossen waren.

Vielen erschien das Buch also als *interessant*. Das reichhaltige historische Material und seine genaue Bearbeitung ließen es als durch und durch wissenschaftlich erscheinen. Deshalb wurde es mit Beifall aufgenommen: Es schien unnötig zu sein, eine eingehendere Bewertung seiner Wissenschaftlichkeit abzuwarten, da diese unmittelbar erkennbar zu sein schien.

Außerdem richtete sich das Buch nicht an eine einzige, bestimmte wissenschaftliche Gemeinschaft, sondern an mehrere: Historiker, Soziologen, Kriminologen. In manchen Aspekten genügte es zwar dem

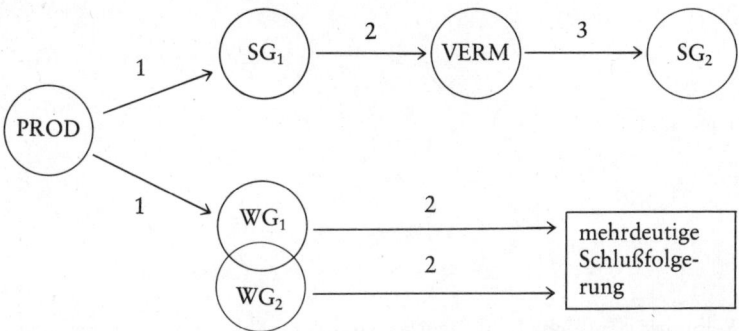

Anspruch der Wissenschaftlichkeit, in anderen jedoch nicht, deshalb waren die Meinungen geteilt und wurden oft nur vorsichtig ausgesprochen.

Es existiert noch eine dritte Art von Kurzschluß, die erwähnenswert ist. Der Urheber der Theorie wendet sich dabei direkt und ostentativ an spezifische Gruppen, die keiner wissenschaftlichen Gemeinschaft angehören. Er ruft bei ihnen Positions- und Dispositionseffekte hervor und kann auf diese Weise Ideen durchsetzen, die eventuell zu allseits bekannten Tatsachen im Widerspruch stehen. Das ist der Fall bei McLuhan[155], der unermüdlich das Thema der Allmacht der Medien ausspinnt, obwohl die gesamte Kommunikationssoziologie immer wieder auf die Grenzen ihres Einflusses hingewiesen hat: Der Empfänger ist kein weiches Material, in das die Mitteilung eingedruckt wird, sondern ein *Handelnder*; als solcher besitzt er die Fähigkeit, die ihn erreichenden Botschaften nicht nur zu selektieren, er kann sie auch interpretieren und bewerten: Die Medien haben daher keineswegs die Macht und den Einfluß, der ihnen oft zugeschrieben wird. McLuhans Thesen beruhen jedoch auf einem starken perspektivischen Effekt. Jeder Fernsehzuschauer weiß zwar, daß er diese oder jene Botschaft kritisch aufnimmt, er kann jedoch leicht die Befürchtung hegen, daß diese Botschaft, die durch das Fernsehen an Millionen von Haushalten weitergegeben wird, viele Leute unbewußt beeinflußt.

Dieses Fallbeispiel kann durch folgendes Schema veranschaulicht werden: Hier wird die wissenschaftliche Gemeinschaft schlicht und einfach übergangen:

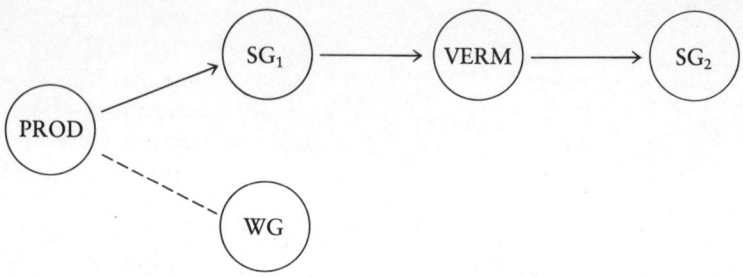

Selbstverständliche Dinge werden manchmal klarer, wenn man sie ausspricht. Ich möchte deshalb an dieser Stelle darauf hinweisen, daß die von mir bisher implizit verwendete Definition des Begriffs «wissenschaftliche Gemeinschaft» der Wirklichkeit nur annähernd entsprechen kann. Im Idealfall unterliegt eine wissenschaftliche Gemeinschaft einem Komplex von Regeln: den Regeln, die diese besondere Form der Tätigkeit – die wissenschaftliche nämlich – charakterisieren. Diese Regeln schließen zum Beispiel bestimmte Typen von Erklärungen aus, die vom Standpunkt der Wissenschaft aus als unzulässig gelten; sie verlangen, daß jede Theorie einer methodischen Untersuchung unterzogen, daß ihre Kohärenz überprüft, daß ihre Kompatibilität mit den bekannten Tatsachen festgestellt werden muß usw. Wie jede Gemeinschaft kann eine wissenschaftliche Gemeinschaft jedoch mehr oder weniger gut funktionieren und sich den Regeln und Zielen, die sie charakterisieren und rechtfertigen, in unterschiedlichem Maße unterwerfen. Der Grad, in dem sie sich ihrem Ideal nähert, hängt von verschiedenen Faktoren ab, hauptsächlich von der Qualität der Einrichtungen, auf die sie sich stützt, und von der Art, wie sie ihren Austausch mit ihrer Umgebung gestaltet. Berücksichtigt man die Komplexität und die Vielfalt dieser Bedingungen, dann kann es kaum verwundern, wenn die eine oder andere wissenschaftliche Gemeinschaft sich von der idealen Definition entfernt, die ich hier verwendet habe.

Diese Hinweise sollen unterstreichen, daß die von mir skizzierten Analysen Modelle sind, deren vereinfachenden Charakter man nicht vergessen darf.

In Wirklichkeit können weitaus komplexere Fälle auftreten als die von mir genannten. Weicht nun die wissenschaftliche Gemeinschaft, die einer bestimmten Disziplin oder einem Komplex von Disziplinen entspricht, von dem hier verwendeten Idealtyp ab – zum Beispiel zugunsten institutioneller Debatten –, und erweist sie sich als unfähig, die ihr von mir zugeschriebene kritische Funktion angemessen auszuüben, können die Kommunikationseffekte einen solchen Einfluß ausüben, daß die absurdesten Theorien ernst genommen und als absolute Wahrheiten angesehen werden. Hier kann man sozusagen der Institutionalisierung des Rechts beiwohnen, zu behaupten, was immer man will. Dieser chaotische Zustand kann unterschiedlich lange anhalten. Da in diesem Fall die Stimme der Vernunft aller Wahrscheinlichkeit nach völlig zum Schweigen gebracht wird oder zumindest nicht mehr durchdringt, verlangt man von einer Theorie lediglich noch, daß sie das *Interesse* (mancher Gruppen) weckt. Es genügt dann, daß das Recht, zu behaupten, was immer man will, wirkungsvoll theoretisch untermauert wird; das heißt, es wird zum Beispiel als eines der Grundrechte der Menschen im allgemeinen und der Intellektuellen im besonderen dargestellt; oder es wird als Grundbedingung zur Äußerung der wissenschaftlichen Kreativität in ihren (unterstellt) höchsten Formen beschrieben, damit der Kreis sich schließen kann und die falschen Ideen ihren Terror ausüben können. In einem derartigen Szenarium haben sich zum Beispiel im Frankreich der sechziger und siebziger Jahre eine Anzahl philosophischer, psychologischer oder soziologischer Ideen Ansehen verschafft, bei denen man nicht so recht weiß, was man mehr bewundern soll: ihre Absurdität oder ihre Einfachheit.[156]

Es existieren also auch Situationen, wo die Wahrheit – oder bescheidener das methodische Denken – anscheinend nur durch den Eingriff von Freischärlern wieder zu ihrem Recht kommen können, die nicht zur geschlossenen Gesellschaft gehören oder nur in loser Verbindung mit ihr stehen. Diese Freischärler können auch unentbehrlich sein, wenn es darum geht, die wissenschaftliche Gemeinschaft aus ihrer dogmatischen Erstarrung zu lösen.

Im letzten Teil dieses Kapitels habe ich alles in allem zu zeigen versucht, daß manche unwissenschaftlichen Theorien durch einen Kurzschlußeffekt als wissenschaftlich angesehen werden und auf diese Weise vorgefaßte Meinungen bestätigen können.

Jedoch auch streng wissenschaftliche Theorien können durch das Zusammenwirken von Kommunikations- und Situationseffekten einen ideologischen Einfluß ausüben. Als Beweis dafür mögen mehrere in diesem Kapitel genannte Beispiele dienen.

Um die entscheidende Rolle der wissenschaftlichen Theorien bei der
Entstehung von Ideologien in ihrem vollen Umfang ermessen zu können, müssen auch die von mir im fünften Kapitel erwähnten E-Effekte
(epistemologische Effekte) berücksichtigt werden. Ich werde mich im
folgenden Kapitel mit ihnen befassen.

Zum Schluß möchte ich folgendes betonen: Die vorangegangenen Betrachtungen erlauben es, eine Typologie der Intellektuellen bzw. intellektueller Aktivitäten zu entwerfen. Dieses Problem der Soziologie der
Intellektuellen berührt mein Thema zwar nicht direkt, ich möchte aber
trotzdem einige Worte dazu verlieren.

Die Intellektuellen können vor allem eine *Rolle* bei der Produktion
oder der Vermittlung spielen. Der Wirtschaftswissenschaftler ist zum
Beispiel ein Produzent. Der auf die Probleme der Wirtschaft spezia-
lisierte Journalist ist dagegen ein Vermittler.

Zweitens können sie sich an verschiedene *Adressaten* richten. Der
Exeget richtet sich per definitionem an jene, die an die Gültigkeit und
an die unbedingte Autorität der Texte glauben, die er auslegt. Der Wissenschaftler richtet sich dagegen im Prinzip an jeden. Sein Diskurs ist
von seiner Bestimmung her universell. Max Weber hat einmal gesagt,
ein Wissenschaftler müsse im Prinzip auch von einem Chinesen verstanden werden.

Ein Intellektueller kann schließlich mit verschiedenen *Sprachspielen*
umgehen: Die bemerkenswertesten Beispiele dafür sind wohl die Wissenschaft, die Rhetorik und die Exegese.

Miteinander kombiniert bieten diese drei Dimensionen die Möglichkeit, Typen von Intellektuellen bzw. Idealtypen zu definieren. In der
Praxis können nämlich alle möglichen Abweichungen und Kombinationen vorkommen. Durch die Rhetorik wird es möglich, daß eine
zweifelhafte wissenschaftliche Argumentation sich durchsetzt und vor
allem bei spezifischen Gruppen Erfolg hat. Die Exegese kann sich als
Wissenschaft präsentieren. Man kann so tun, als wende man sich an die
Chinesen, und dabei vor allem eine Gemeinde, eine Sekte oder eine
spezifische Gruppe meinen. Außerdem kann eine Theorie sich durch
ihre Form an ein allgemeines Publikum wenden und an einzelne Zuhö-
rerschaften durch das Interesse, das ihr Inhalt und ihre Schlußfolgerungen wecken.

Alle Beispiele in diesem Kapitel stammen aus dem Bereich der Sozialwissenschaften. Als Postskriptum möchte ich hinzufügen – auf diesen Punkt kann ich nicht näher eingehen, ohne den Rahmen zu sprengen, den ich mir gesteckt habe –, daß die Kommunikationseffekte, von denen hier die Rede ist, sich nicht nur aus den *Sozialwissenschaften* entwickeln, sondern allgemeiner aus den *Humanwissenschaften*. Man denke nur an die Medizin, die Psychologie oder die Pädagogik. Aufgrund des unvermeidlich öffentlichen Charakters dieser Disziplinen geschieht es häufig, daß eine nur zum Teil wissenschaftliche oder nicht mit Sicherheit bewiesene Wahrheit unter dem Einfluß der Kommunikationseffekte, die ich zu beschreiben versucht habe, den Status einer «absoluten Wahrheit» erlangt. So schwört man zum Beispiel eine Zeitlang nur auf eine ganz bestimmte Ernährungsweise oder auf eine ganz bestimmte pädagogische Praxis, «deren positive Auswirkungen die Wissenschaft bewiesen hat», in Erwartung dessen, daß die Wissenschaft später aufgrund ihrer eigenen Fortschritte oder vielleicht durch die Konjunktur bestimmter Theorien deren negative Auswirkungen hervorhebt.

8

Ideologie und Wissenschaft

Ich bin mir der Tatsache wohl bewußt, daß ich bisher lediglich Anhalts-punkte gegeben habe: Die Untersuchung der Positions-, Dispositions-und Kommunikationseffekte müßte sehr viel weiter ausgedehnt wer-den, als mir dies hier möglich war. Dasselbe gilt für den dritten Typ von Effekten, nämlich die epistemologischen oder E-Effekte. Auf be-schränktem Raum muß ich mich mit einigen wenigen Hinweisen be-gnügen.

Eine Theorie der Ideologie darf die Betrachtung dieses letzten Typs von Effekten nicht vernachlässigen, denn sobald man sich eine aktive Auf-fassung von Erkenntnis zu eigen macht, zieht man unmittelbar den Schluß, daß die wissenschaftliche Erkenntnis keineswegs sicher vor un-bewiesenen Überzeugungen ist, ja, sie könnte vielmehr ohne diese gar nicht existieren.

Aufgrund von Kuhns[157] Arbeiten ist diese Vorstellung heute schon relativ trivial geworden. Kuhn hat jedoch – wie schon erwähnt – eine Aussage mit historischen Beispielen veranschaulicht, die man nicht nur theoretisch machen könnte, sondern die auf theoretischer Ebene schon von Hume sowie von den Kantianern und den Neukantianern gemacht wurde. Es ist doch einleuchtend, daß der Begriff der Ursache nicht in-duktiv aus der Erfahrung gewonnen werden kann. Sehen wir uns dazu einfach irgendeine wissenschaftliche Theorie an. Sie enthält selbstver-ständlich immer einen Wortschatz und erste Aussagen, die man notge-drungen unbewiesen akzeptieren muß. Wollte man sie dennoch bewei-sen, würde man unweigerlich auf etwas stoßen, was Hans Albert in Anlehnung an Schopenhauer so schön ein «Münchhausen-Tri-lemma»[158] genannt hat. Man müßte nämlich zwischen drei gleichermaßen unbefriedigenden Lösungen wählen: 1. einem unmöglichen Regreß ins Unendliche; 2. den Regreß willkürlich an einem Punkt zu beenden; 3. an einem bestimmten Punkt zu beginnen, sich in einem Teufelskreis zu bewegen.

Das Münchhausen-Trilemma hat weder die Naturwissenschaften noch die Sozialwissenschaften daran gehindert, Fortschritte zu machen. Die Überzeugungen, auf denen im einen wie im anderen Bereich jegliche wissenschaftliche Tätigkeit beruht, wirken sich jedoch unterschiedlich aus; das ist hauptsächlich auf die Kommunikationseffekte zurückzuführen, von denen im vorigen Kapitel die Rede war.

Deshalb ist es für eine Theorie der Ideologie unerläßlich, auch diejenigen Effekte zu analysieren, die ich «E-Effekte» genannt habe. Da es kennzeichnend für die Gegenstände der Sozialwissenschaften ist, daß sie dem Beobachter sehr nahestehen, haben die für die wissenschaftliche Tätigkeit unerläßlichen Überzeugungen für den Theoretiker selbst sowie für seine verschiedenen Adressaten einen ganz anderen Sinn als in den Naturwissenschaften. Erstens werden sie dem Forscher nicht immer ausschließlich durch den Stand und die Notwendigkeiten seiner Disziplin eingegeben, zweitens kann er ihnen – aus komplexen Gründen, deren Natur ich zu beschreiben versuchen werde – mehr Vertrauen entgegenbringen, als sie eigentlich verdienen.

Thema dieses Kapitels ist also der Nachweis, daß eine Ideologie sich auch mitten in der wissenschaftlichen Tätigkeit entwickelt. Ich möchte hier nicht die pseudowissenschaftlichen Theorien aufs Korn nehmen, von denen es in den Sozialwissenschaften sicher mehr als genug gibt, sondern vielmehr die streng wissenschaftlichen Theorien. Die pseudowissenschaftlichen Theorien stellen übrigens oft selbst gefährliche Ausrutscher auf dem normalen Weg der Wissenschaft dar.

Bei den auf der Ebene des Wortschatzes lokalisierten Überzeugungen werde ich mich nicht aufhalten, zumal ich in Kapitel 5 ein in diesem Zusammenhang recht anschauliches Beispiel erwähnt habe, auf das ich an dieser Stelle verweisen möchte: Akzeptiert man den Rahmen der «Ökonomie der Entwicklung», so räumt man gleichzeitig ein, daß der Begriff der Entwicklung eine klare, distinkte Bedeutung hat. Wenn man von Entwicklung im Singular spricht, nimmt man außerdem an, daß man es mit einem einzigen Phänomen zu tun hat. Wenn man schließlich von «Ökonomie der Entwicklung» spricht, setzt man unweigerlich voraus, daß die Ursachen *der* Entwicklung und *der* Unterentwicklung im wesentlichen ökonomischer Natur sind. Hinter diesen drei scheinbar harmlosen Wörtern verbirgt sich ein ganzer Komplex von Überzeugungen.

Die gleiche Analyse ließe sich an so manchen anderen in den Sozialwissenschaften gängigen Begriffen wiederholen, die im allgemeinen sowohl von der Öffentlichkeit als auch von der wissenschaftlichen Gemeinschaft als «selbstverständlich» angesehen werden.

Wenn man zum Beispiel von *der* Dritten Welt spricht, wirft man nicht nur Gesellschaften in einen Topf, die sich im Hinblick auf ihre Geschichte, ihre Strukturen, ihre Institutionen, ihre Sitten und ihre soziale Organisation stark voneinander unterscheiden, man setzt vielmehr voraus, daß in der ganzen Welt ein System der sozialen Schichtung gilt, das dem des Ancien Régime in Frankreich entspricht (Dritte Welt = dritter Stand). Ein kühner Vergleich, kann man da nur sagen!

Auch andere, scheinbar noch harmlosere Wörter öffnen den Überzeugungen Tür und Tor. Der Historiker auf dem Gebiet der Geistesgeschichte, der zum Beispiel ein Buch über das «Denken von Karl Marx» schreiben will, wird versucht sein, dieses Denken als einheitlich zu betrachten. Normalerweise wird er zu zeigen versuchen, daß Marx von Anbeginn seiner Beschäftigung mit Philosophie oder Ökonomie an versucht hat, bestimmte Probleme zu lösen und daß jedes seiner Bücher eine Etappe und einen Fortschritt auf dem Weg zur Lösung dieser Probleme darstellt. Dieser einfache Ausdruck («das Denken von Karl Marx») genügt, um im Geiste des Historikers wie durch Zauberei eine komplexe Welt von «a priori gegebenen Formen» entstehen zu lassen, die ihm für das Kollationieren von Dokumenten und für seine Analysen die Richtung weisen. Ohne diese Formen wüßte er wohl nicht, wo er anfangen und wie er vorgehen sollte. Sie können ihn jedoch auch auf falsche Fährten führen und ihn Fakten vergessen lassen, die anderen evident erscheinen. So wird er vielleicht vergessen, daß das «Manifest» und «Das Kapital» nicht für dasselbe Publikum geschrieben wurden. Oder, daß Marx 1852 mit der Nationalökonomie vertrauter war als 1842. Ist er zudem Philosoph, so wird er versuchen, das Marxsche Denken als Ergebnis eines imaginären Dialogs mit Hegel zu interpretieren. Ist er Wirtschaftswissenschaftler, so wird er darin eher einen Dialog mit Adam Smith oder mit Ricardo sehen. Eines ist jedenfalls sicher: Es ist unmöglich, *das* Marxsche Denken – so wie es ist oder wie es war – zu rekonstruieren. Deshalb war es möglich, daß einige Erfolg mit ihrer Behauptung hatten, *das* Marxsche Denken hätte es gar nicht gegeben, sondern man müsse zum Beispiel zwischen dem alten und dem jungen Marx unterscheiden. Ebenso hatte Lukács nur Augen für «den jungen Hegel»[159]. Lucien Goldman seinerseits nur für den «jungen Lukács».

Nehmen wir ein anderes Beispiel: Wenn man verkündet, man wolle ein bestimmtes Phänomen *soziologisch* oder *ökonomisch* analysieren, dann ist das mit allen möglichen Mutmaßungen verbunden. Insbesondere setzt man dabei voraus, daß die Begriffe «Soziologie» und «Ökonomie» sich ebenso leicht definieren lassen wie der Begriff «Hund». Nun ist es zwar einfach, diejenigen Vierbeiner zu erkennen, auf die der Begriff «Hund» paßt, schwieriger ist es zu bezeichnen, was *die* Soziologie und was *die* Ökonomie eigentlich sind. Für manche reicht der Ursprung dieser Disziplinen bis in graue Vorzeit zurück. Andere – die oft ziemlich naiv sind oder nur schlecht verhehlen können, daß sie sich Sorgen um die Zunft machen – sind bereit, die Geburtsurkunde dieser Disziplinen beizubringen und sie, wenn man sie nur ein wenig drängt, auf aristotelische Art zu definieren: Den Wirtschaftswissenschaftlern ordnen sie die rationalen Verhaltensweisen zu und den Soziologen die irrationalen. Aber haben sie damit wirklich den Nagel auf den Kopf getroffen?

Manche Begriffe, die ursprünglich nur zu Zwecken der Analyse gebildet worden waren, sind ebenfalls zu Eckpfeilern der Ideologien geworden.

Das ist zum Beispiel der Fall bei dem berühmten Begriffspaar «Gemeinschaft – Gesellschaft». Ursprünglich wurde es von Tönnies[160] zur Beschreibung offensichtlicher soziologischer Unterscheidungen vorgeschlagen: Die sozialen Beziehungen zwischen den Mitgliedern einer Familie unterscheiden sich zum Beispiel von den Beziehungen, die man zwischen einem Postbeamten und seinem Kunden beobachten kann. Vater und Sohn sprechen miteinander über alles. Der Postbeamte spricht mit seinem Kunden nur über ganz bestimmte Dinge. Vater und Sohn unterhalten liebevolle Beziehungen. Beim Postbeamten und seinem Kunden ist dies im Prinzip nicht der Fall. Es ist unnötig, diese elementare Analyse noch weiterzuführen. Sie zeigt in ausreichendem Maße, daß Tönnies vorschlug, Unterschiede zu *benennen*, die nicht nur real, sondern offenkundig sind, als er die Begriffe «Gemeinschaft» und «Gesellschaft» einander gegenüberstellte. Er betonte immer wieder die Tatsache, daß in jeder Gesellschaft, ja sogar in jedem sozialen System – auch im kleinsten – immer Beziehungen gemeinschaftlicher Art (wie

sie zum Beispiel in der Familie vorherrschen) und Beziehungen gesellschaftlicher Art (wie sie zum Beispiel auf einem Postamt zu beobachten
sind) festzustellen sind. Denn sogar auf einem Postamt kann man ge-
meinschaftliche Beziehungen beobachten (zum Beispiel zwischen den
Beamten); und es kommt nicht selten vor, daß in den Familien über
Geldangelegenheiten diskutiert wird. Man kann die Wörter «Gemeinschaft» und «Gesellschaft» also nicht mit konkreten sozialen Gegenständen assoziieren, wie man zum Beispiel die Wörter «Amphibien»
oder «Wirbeltiere» mit ganz bestimmten Lebewesen assoziiert.

Trotzdem wurde diese begriffliche Unterscheidung bald realtypisch
interpretiert. Man vergaß, daß die beiden Wörter Idealtypen bezeichneten, die in komplexer Beziehung zur Wirklichkeit standen; man sah
in ihnen außerdem eine Klassifizierung von derselben Art wie die zoo-
logischen Klassifizierungen.

Einige machten sich also daran, die Gesamtheit der bekannten sozialen Systeme in zwei Kategorien aufzuteilen: Danach waren die «primitiven» Gesellschaften affektive *Gemeinschaften*, in denen Konflikte
nicht existierten und in denen es keinen Egoismus gab, wo das Individuum so eng mit der Gruppe verschmolz, daß es keine eigene Existenz
– außer einer physischen und biologischen – mehr hatte. Die modernen
sozialen Systeme waren danach *Gesellschaften*, in denen die sozialen
Beziehungen im Eishauch egoistischer Berechnung erstarrten und in
denen das Individuum angeblich jeglichen Sinn für Gruppenzugehörigkeit verloren hatte. Diese summarischen Oppositionen sind auch bei
Polanyi, Marcuse und bei vielen anderen zu finden, auch wenn diese
sich kaum auf Tönnies' Begriffe berufen.

Ich möchte nicht näher auf dieses Problem eingehen, denn die genannten Beispiele zeigen zur Genüge, daß der Wortschatz der Sozialwissenschaften reich ist an a priori gegebenen Formen, auch wenn es
sich um auf den ersten Blick so harmlose Ausdrücke handelt wie «das
Denken von X», «die Entwicklung» usw. Außerdem demonstrieren sie,
daß manche Bestandteile dieses Wortschatzes ausgereicht haben, um
ideologischen Vorstellungen die nötige wissenschaftliche Basis zu verleihen.

Eine wissenschaftliche Theorie ist natürlich nicht nur eine Abfolge von
Wörtern, und eine wissenschaftliche Disziplin kann nicht auf ihren
Wortschatz reduziert werden. Es findet sich dort auch das, was man
seit Kuhn *Paradigmen* zu nennen geneigt ist, das heißt geistige Rah-

men, theoretische oder methodische Orientierungen, über die man sich innerhalb der wissenschaftlichen Gemeinschaft bis zu einem gewissen Grad einig ist, weil sie ihr nützlich und fruchtbar erscheinen. Diese Rahmen geben dem Forscher eine Orientierung vor. Sie bieten ihm eine Sprache, ja sogar eine Art des Denkens oder Prinzipien der Erklärung an. Ich gebe zu, daß diese Ausdrücke ziemlich vage sind, ich kann mich hier jedoch nicht auf eine Diskussion des Begriffs «Paradigma» einlassen. Wenn man bisher vergeblich versucht hat, diesen Begriff in aller Form zu definieren, dann deshalb, weil diese geistigen Rahmen einfach sehr verschiedener Art und sehr verschiedenen Inhalts sein können. Um die Bedeutung dieses Begriffs zu unterstreichen, nennt man am besten einige Beispiele – die Logiker würden hier von «deiktischer Definition» sprechen.[161]

Was haben diese Paradigmen nun mit einer Theorie der Ideologien zu tun? Sie neigen ganz einfach unter normalen Bedingungen dazu, vom Forscher – ebenso wie der Wortschatz der Sozialwissenschaften – widerspruchslos akzeptiert zu werden. Das ist leicht zu verstehen. Kein Wissenschaftler hat Lust, sich im Münchhausen-Trilemma zu verlieren. Er kann jedoch versucht sein, einem Paradigma, das er für fruchtbar hält, dessen Richtigkeit er jedoch nicht überprüft hat, mehr Gültigkeit zuzuschreiben, als es verdient. Wenn ein Paradigma ergiebig ist, kann man in der Öffentlichkeit – jedoch auch innerhalb der wissenschaftlichen Gemeinschaft – seinen erkenntnistheoretischen Status einer a priori gegebenen Form vergessen und darin im Gegenteil ein getreues Abbild der Wirklichkeit sehen, *so wie sie ist.*

Ebenso wie die Wortschätze bringen natürlich auch die Paradigmen E-Effekte hervor.

Ich bediene mich zunächst eines einfachen Beispiels, nämlich des Paradigmas, das heute mit dem Begriff «Utilitarismus» bezeichnet wird. Dem Utilitarismus – im modernen Sinn dieses Begriffs – genügt es, die *Interessen* (im materiellen, nicht im intellektuellen Sinn) der Individuen zu erkennen, um ihr Verhalten zu verstehen. Jegliches Verhalten gehorcht einer Berechnung von Freud und Leid – um auf Benthams berühmte Formulierung anzuspielen.

Dieses Paradigma hat eine ganz besondere Form: Es beschränkt sich darauf, etwas zu formulieren, was man mit «Verhaltensprinzip» bezeichnen könnte. Wollen wir nun erklären, warum ein Handelnder sich für X und nicht für Y entschieden hat, dann sagt es uns, daß wir

beweisen müssen, daß für diesen Handelnden (unter dem Gesichtspunkt der Berechnung von Freud und Leid, oder moderner ausgedrückt, unter dem Gesichtspunkt des Vergleichs Kosten – Nutzen) X
besser war als Y.

Dieses Paradigma ist zweifellos sehr ergiebig und äußerst simpel; es
wird nicht nur – wie oft angenommen – von den Wirtschaftswissenschaftlern immer wieder verwendet, sondern auch von Historikern und
Soziologen.[162] Das genügt eigentlich, um den Schluß zuzulassen, daß es
nicht nur zur Analyse *individueller* Verhaltensweisen den nötigen
Interpretationsrahmen bietet, sondern daß es ebenfalls zur Analyse sozialer oder kollektiver Erscheinungen herangezogen werden kann,
gleichgültig, ob diese nun ökonomischer Natur sind oder nicht.

Diesen Punkt möchte ich durch ein einfaches historisches Beispiel
veranschaulichen. Als die Bolschewiken in Rußland die Macht übernehmen, versuchen sie eine verhaßte Institution abzuschaffen: die bürgerliche Ehe. Ihr geistiger Lehrer Friedrich Engels[163] hatte sie in der Tat
gelehrt, die Ehe sei für die Frau lediglich eine legale Form der Prostitu-
tion, die charakteristisch für die kapitalistische Gesellschaft ist. Da
man entschlossen war, mit dem Kapitalismus zu brechen, konnte man
gleich im Anschluß an diese Entscheidung auch die Ehe abschaffen.
Gesagt, getan. An die Stelle der von den Vertretern der Obrigkeit besie-
gelten Ehe trat die auf gegenseitigem Einverständnis beruhende freie
Verbindung.

Einige Zeit später standen die Bolschewiken einer schweren Krise
auf dem Wohnungsmarkt gegenüber: Von heute auf morgen übertraf
die Nachfrage das Angebot in bis dahin noch nie dagewesener Art und
Weise. Eine mögliche Lösung wäre der beschleunigte Bau neuer Wohnungen gewesen. Dies ließ der Staatshaushalt nicht zu. Außerdem wären die Wirkungen dieser Lösung erst im Lauf der Zeit eingetreten. Die
Krise auf dem Wohnungsmarkt war der Popularität der neuen Herren
jedoch nicht gerade zuträglich. Man mußte also schnell handeln.

Als gute Soziologen sahen die Bolschewiken sofort, daß sich ihnen
eine einfache, unmittelbar wirksame Lösung anbot, die zudem keine
Kosten verursachte und die ihnen vom politischen Standpunkt aus
kaum abträglich war: die Wiedereinführung der «bürgerlichen» Ehe.
Diese Maßnahme war ihrem politischen Image deshalb kaum abträglich, weil die bürgerliche Ehe nur in den Köpfen der Bolschewiken
selbst eine Schande war: Das Volk hatte im allgemeinen nichts gegen
diese Einrichtung. Die neuen Herren riskierten mit der Wiedereinfüh-

rung der Ehe allenfalls, daß der Eindruck entstand, sie wüßten nicht so recht, was sie wollten.

Die Bolschewiken hatten nämlich begriffen, daß die Abschaffung der bürgerlichen Ehe die direkte Ursache der Krise auf dem Wohnungsmarkt war: Da keiner der Partner eines Paares sicher sein konnte, beim anderen Unterschlupf zu finden – die bürgerliche Ehe existierte ja nicht mehr –, hatte jeder begriffen, daß es in seinem *Interesse* lag, im Fall einer Trennung über eine eigene Wohnung zu verfügen. Daher der *kollektive* Anstieg der Nachfrage nach Wohnungen.

Die ganze Geschichte kann nun mit dem vom utilitaristischen Paradigma vorgeschlagenen Vokabular wiedergegeben werden, zumindest ab dem Augenblick, wo die Ehe abgeschafft wird. Die «Jungverheirateten» haben begriffen, wo ihre Interessen liegen. Auch die Regierung wägt ihrerseits den zu zahlenden Preis und die zu erwartenden Vorteile gegeneinander ab: Vom Standpunkt ihrer eigenen politischen Interessen aus wählt sie die Lösung, die sie am wenigsten kostet und die ihr die meisten Vorteile verschafft. Nur der Anfang der Geschichte kann nicht durch das utilitaristische Paradigma erklärt werden: Die Bolschewiken schaffen die bürgerliche Ehe nicht unbedingt aufgrund von utilitären Betrachtungen ab. Die Rationalität, die dieser Entscheidung zugrunde liegt, ist weder zielgerichtet noch utilitär. Es handelt sich dabei vielmehr um eine Wertrationalität.

Ich habe schon gesagt, daß eine beträchtliche Anzahl soziologischer, historischer oder ökonomischer Forschungen und Arbeiten implizit oder explizit auf das zurückgreift, was ich hier «utilitaristisches Paradigma» nenne. Zum Beispiel wurde es in der Kriminalsoziologie angewandt, wo man – nicht ohne Grund – zu erklären versucht hat, daß die Kriminellen «Kosten» und «Nutzen» abwägen, wenn sie sich die schwächsten Opfer, die leichtesten Coups, die günstigsten Gelegenheiten oder jene Bereiche heraussuchen, in denen die Justiz am nachsichtigsten ist.[164] Dieses Paradigma wurde auch auf den Bereich der Politik übertragen, indem man Modelle entwickelte, wo allen Teilnehmern des Politikspiels nur ein einziger Beweggrund für ihre Handlungen unterstellt wird, nämlich ihr Eigennutz.[165] Analysen dieser Art sind zwar in jüngster Zeit immer beliebter geworden, in Wirklichkeit sind sie jedoch klassisch: Das utilitaristische Paradigma taucht in der politischen Philosophie häufig auf, Rousseau wendet es ebenso systematisch an wie Hobbes. Erinnern wir uns an den «Gesellschaftsvertrag»: «Wir können in der Person der Obrigkeit drei wesentlich verschiedene

Willen unterscheiden. Erstens den Eigenwillen des Einzelwesens, der nur auf dessen eigenen Vorteil abzielt; (...) der Einzelwille ist von allen der erste (...).»[166]

Die Wirksamkeit des utilitaristischen Paradigmas hat zu allen Zeiten gefährliche ideologische Ausrutscher verursacht. Es sind nämlich zwei ganz verschiedene Dinge, ob man versichert, dieses Paradigma könne zu einer fruchtbaren Darstellung des individuellen Verhaltens führen und ein Prinzip zur Erklärung kollektiver Erscheinungen darstellen, oder ob man verkündet, «der sozial Handelnde werde von seinen materiellen Interessen angetrieben». Im ersten Fall hält man das Paradigma für das, was es tatsächlich ist, nämlich eine a priori gegebene Form, die häufig zu fruchtbaren Hypothesen und zu richtigen Analysen führen kann; im zweiten Fall macht man daraus eine Darstellung des Menschen, *so wie er ist*: Die wissenschaftliche Fruchtbarkeit wird so zum Bürgen einer ideologischen Auffassung.

Simmel hat sehr richtig bemerkt, daß der Marxsche «Materialismus» ein sehr anschauliches Beispiel für diesen ideologischen Ausrutscher abgibt; er setzt im Prinzip nämlich voraus, daß nicht nur die Verhaltensweisen der sozial Handelnden, sondern auch ihre Ideen immer auf Fragen des Eigennutzes zurückzuführen sind.[167]

Als weiteres Beispiel für einen Ausrutscher würde ich das bezeichnen, was man heute zu Recht Sicherheitsideologie nennt. Die Vorstellung, nach der der Bürger von der Polizei und von der Justiz verlangt, *ausschließlich* seine *Sicherheit* zu garantieren, das heißt die Integrität seiner eigenen Person sowie der Person seiner Angehörigen und seiner Habe, ist bestimmt falsch. Schon seit Aristoteles ist bekannt und Durkheim folgt ihm darin: Die Bürger sind zwar auf ihre Sicherheit bedacht, sie haben jedoch auch ein Gefühl für Recht und Unrecht, das keinesfalls auf utilitaristische Beweggründe zurückgeführt werden kann. Dieses Gefühl ist an der Tatsache zu erkennen, daß der Bürger das Bedürfnis hat zu wissen, daß der Verbrecher gefaßt und bestraft worden ist, auch wenn er selbst von diesem weder angegriffen noch bedroht worden ist, oder wenn dieser gar nicht die Möglichkeit hat, ihn zu bedrohen. Und wenn er will, daß der Kriminelle bestraft wird, dann nicht, weil er sich von dieser Strafe eine abschreckende Wirkung verspricht, von der er *profitieren* könnte. Er möchte vielmehr, daß das Verbrechen gerecht bestraft wird. Deshalb ruft auch die Tatsache, daß «Kavaliersdelikte» nicht sehr streng bestraft werden, leicht *Empörung* hervor, die zu dem verursachten Schaden in keinem Verhältnis steht. Selbst wenn der

Dieb, der eben einer alten Dame ihre Handtasche entrissen hat, mich gar nicht bedroht, *empört* mich die Vorstellung, daß er seinem Gewerbe unbehelligt nachgehen kann. Die moralische Empörung kann also niemals – weder direkt noch indirekt – auf utilitäre Beweggründe zurückgeführt werden.

Die utilitaristische Ideologie ist jedoch so verbreitet, daß – wie man am Vokabular der politischen Verantwortlichen und oft auch an ihren Maßnahmen sieht – die moralischen Gefühle der Bürger entweder übersehen oder auf utilitäre Beweggründe zurückgeführt werden.

Ohne die bemerkenswerte wissenschaftliche Ergiebigkeit des utilitaristischen Paradigmas könnte man meiner Meinung nach nicht so einfach – oder anders: nicht so natürlich – die utilitaristische Interpretation von Verhaltensweisen übernehmen, die wie die Empörung über Verbrechen keineswegs in den Zuständigkeitsbereich dieses Paradigmas gehören.

Was ich eben über das Verbrechen gesagt habe, gilt genauso für andere Phänomene. Der uns umgebende Utilitarismus führt heute vielfach dazu, daß Gleichheit und Gerechtigkeit verwechselt werden. Entgegen dem, was viele Verantwortliche der «Sozialpolitik» glauben, stimmt es nicht, daß der sozial Handelnde utilitaristisch *ist* und daß er entweder immer «mehr» haben will als sein Nachbar oder zumindest genausoviel wie dieser. Alle Untersuchungen haben ergeben, daß er vor allem will, daß sein sozialer Beitrag und seine Entlohnung in einem gewissen Verhältnis zueinander stehen. Deshalb kann er tiefe *Empörung* empfinden, wenn er etwas weniger hat als sein Nachbar, obwohl er der Ansicht ist, etwas mehr getan zu haben. Deshalb dürften Gleichheit und Gerechtigkeit nicht miteinander verwechselt werden. Ebensowenig wie man das Gefühl der Lust oder das Verlangen nicht mit diesem Gefühl der Empörung in Verbindung bringen darf.

Heute ist der Begriff der «Gerechtigkeit» fast völlig aus dem Vokabular der Politiker verschwunden und hat einer «Gleichheit» Platz gemacht, die zweifellos bestimmte Intellektuelle weit mehr interessiert als den Bürger selbst. Der Grund dafür ist darin zu sehen, daß auf dem Gebiet der Sozialphilosophie wie auf dem Gebiet der Moralphilosophie heute eine utilitaristische Ideologie vorherrscht, die sich zum großen Teil zweifellos auf das Interesse am utilitaristischen Paradigma sowie auf dessen Erfolg stützt. Ein ergiebiges Paradigma kann nämlich leicht suggerieren, es biete eine realistische Darstellung der Welt, so wie sie ist. Politiker, Journalisten, ebenso wie viele Soziologen, Historiker oder Wirtschaftswissenschaftler, scheinen heute tatsächlich zu glauben, der Mensch würde nur aus Eigennutz handeln. Das Eingeständnis fällt schwer, ein «gängiges» Paradigma könnte die Wirklichkeit nicht so darstellen, wie sie ist.[168] Es kann sich auch allmählich in eine «Weltanschauung» verwandeln – wofür sich zahllose Beispiele finden ließen. Diese Verwandlung tritt aber nur dann ein, wenn der wissenschaftliche Ursprung des Paradigmas dem kollektiven Vergessen anheimfällt.

Ich möchte mich nun mit einem anderen Paradigma beschäftigen, dessen Name ebenfalls auf -*ismus* endet (bezeichnenderweise haben die in den Sozialwissenschaften verwendeten Paradigmen wie die Ideologien oft einen auf -*ismus* endenden Namen). Ich meine den *Funktionalismus*.

Wie der Utilitarismus bezeichnet dieser Begriff einen Rahmen des Denkens, der nicht nur annehmbar ist, sondern von nachweislich extremer wissenschaftlicher Fruchtbarkeit. Genau wie beim Utilitarismus sind mit ihm zahlreiche ideologische Ausrutscher verknüpft, wobei die Fruchtbarkeit des Paradigmas diesen Ausrutschern einen wissenschaftlichen Anstrich verliehen hat. Abgesehen von diesen globalen Übereinstimmungen unterscheiden sich die beiden Fälle jedoch im Detail so sehr, daß die Mühe sich lohnt, auf den Funktionalismus näher einzugehen – um so mehr, als einige seiner ideologischen Varianten ihrer Merkwürdigkeit wegen einen Umweg verdienen.

Angenommen, ich beobachte in einer Gesellschaft eine bestimmte politische Institution. Im Hinblick auf diese Institutionen kann man sich oft zwei Fragen stellen: die Frage nach ihrem Ursprung und die Frage nach ihrer Legitimität. Mit anderen Worten, man fragt nach ihrer *Entstehung* und nach ihrer *Funktion*: Zu welchem Zweck wurden diese Institutionen ins Leben gerufen? Weshalb gibt es sie noch?

Ein historischer Rückblick genügt oft nicht, um solche Fragen zu beantworten. Die Entstehungsgeschichte reicht im allgemeinen nicht zur Erklärung der Funktion aus. Häufig fehlt es auch an historischen Fakten. Seit langem – vor allem aber seit dem 17. und 18. Jahrhundert – greift die politische Philosophie des Abendlandes auf das zurück, was man mit unserem modernen Vokabular als «funktionale Analyse» bezeichnen könnte: Ich möchte die bestehende Institution D erklären; gelingt es mir nun zu zeigen, daß die Individuen aus freiem Willen der Schaffung der Institution D zugestimmt haben, habe ich dazu beigetragen, D durch ihre Funktion zu erklären.

Um die Wirksamkeit dieser Methode zu veranschaulichen, möchte ich zwei Beispiele aus dem Bereich der zeitgenössischen politischen Wissenschaft anführen:

In ihrem «Calculus of Consent» (wörtlich «Kalkül des Einverständnisses») fragen Buchanan und Tullock[169] nach dem Daseinszweck einer Anzahl von Institutionen, die in den modernen Gesellschaften häufig anzutreffen und uns vertraut geworden sind, deren Daseinsberechtigung jedoch nicht immer leicht einzusehen ist. Das ist zum Beispiel der Fall bei einem gängigen Prinzip zur Bestimmung der kollektiven Meinung eines Gremiums oder einer Versammlung: Dieses Prinzip besteht darin, die Meinung der Mehrheit als kollektive Meinung der ganzen Versammlung zu betrachten. Warum wird dieses Prinzip der einfachen Mehrheit so oft angewandt? Warum besteht man aber bei Verfassungsfragen auf der absoluten Mehrheit und läßt die einfache Mehrheit nicht gelten?

Zur Beantwortung dieser Frage könnte man zunächst folgende Methode anwenden: Man könnte die Geschichte nach den Bedingungen untersuchen, die zu einem bestimmten Zeitpunkt in einer bestimmten Gesellschaft zur Einführung dieser Regeln geführt haben. Diese Methode bestünde also darin, sich als Historiker zu betätigen.

Es gibt noch eine andere Methode, nämlich diejenige, die die Funktionalisten anwenden. Angenommen, eine aus N Personen bestehende Versammlung möchte ihre N individuellen Meinungen zu einem Thema in eine kollektive Meinung verwandeln. Stellen wir uns zum Beispiel vor, die Versammlung will darüber entscheiden, ob die Maßnahme A oder die Maßnahme B ergriffen oder ob die Politik A oder die Politik B verfolgt werden soll. Ideal wäre es natürlich, wenn jeder sich für dieselbe der beiden Optionen entscheiden würde. In diesem Fall würde die kollektive Meinung mit jeder der individuellen Meinungen übereinstimmen. Niemand müßte sich der Mehrheit beugen: Das Prinzip der Einstimmigkeit ist in der Tat das einzige, bei dem mit Sicherheit keine der von der Versammlung beschlossenen kollektiven Maßnahmen sich negativ auf ein Individuum auswirkt.

Dieses ideale Prinzip hat natürlich seinen Preis: Ist die Versammlung groß, kann es schwierig und langwierig sein, Einstimmigkeit herzustellen. In vielen Fällen ist das sogar unmöglich. Das Prinzip der Einstimmigkeit kann also den Entscheidungsmechanismus völlig lahmlegen. Will man dies vermeiden, dann muß n (die zur Bestimmung der kollektiven Meinung notwendige Stimmenzahl) kleiner sein als N.

Ist *n* jedoch kleiner als *N*, dann wird im Fall einer kollektiven Entscheidung *N – n* Personen eine Maßnahme aufgezwungen, mit der sie nicht einverstanden sind. Dies muß jedoch in Kauf genommen werden, da es eine Blockierung von Entscheidungen verhindert. Außerdem scheint die Annahme berechtigt zu sein, daß *N – n* (die Höchstzahl der Individuen, die sich im Prinzip einer kollektiven Entscheidung beugen müssen, mit der sie nicht einverstanden sind) nicht größer als *n* sein wird, also nicht größer als die Zahl derer, die die Entscheidung treffen.

Formal ausgedrückt: Die Verwandlung eines aus individuellen Meinungen bestehenden Ganzen in eine kollektive Entscheidung hat zwei Arten von negativen Begleiterscheinungen. Je größer *n* ist – je größer also die zur Annahme einer Maßnahme notwendige Stimmenzahl ist –, desto schwieriger ist die Entscheidung; je kleiner *n* ist, desto größer ist die Wahrscheinlichkeit, eine größere Anzahl von Individuen zu brüskieren. Die Wahrscheinlichkeit des ersten Typs von negativen Begleiterscheinungen (B_1) wächst mit *n*, die Wahrscheinlichkeit, daß der zweite Typ (B_2) auftritt, nimmt hingegen mit *n* ab, was aus der Abbildung deutlich hervorgeht.

Die beiden Typen negativer Begleiterscheinungen bei jeder kollektiven Entscheidung

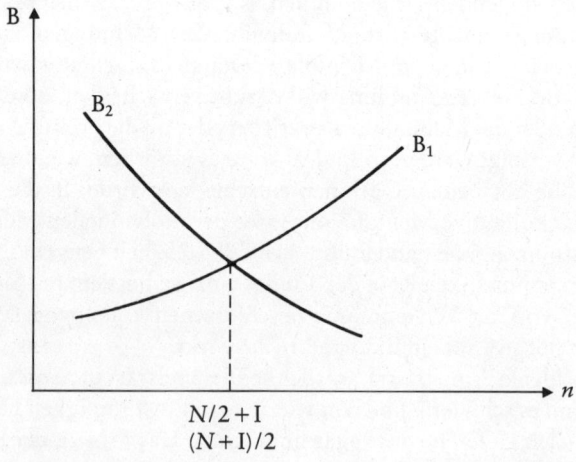

$$N/2 + I$$
$$(N + I)/2$$

Aus dieser Analyse geht hervor, daß die Summe der beiden Begleiterscheinungen im Normalfall gering ist, wenn *n* ungefähr bei *N/2* liegt.

Und da $N - n$ (die Höchstzahl derer, die sich gegen ihren Willen einer kollektiven Entscheidung beugen müssen) nicht größer als n sein kann, scheint das Prinzip der einfachen Mehrheit in den meisten Fällen die beste Lösung zu sein, das Problem zu lösen.

Je nach Art der Entscheidung kann die Kurve B_1 natürlich verschiedene Formen haben. In manchen Fällen kann es nachteilig erscheinen, einer größeren Minderheit eine kollektive Entscheidung aufzuzwingen. In einem solchen Fall wird man ein Prinzip der Auswertung wählen, das das Einverständnis einer größeren Anzahl von Personen verlangt.

Aber wie dem auch sei, diese Analyse legt den Schluß nahe, daß Gesellschaftsmitglieder, die ein Prinzip zur Bestimmung ihrer kollektiven Meinungen wählen müssen, im allgemeinen *gute Gründe* haben, sich für das konstitutionelle Prinzip der einfachen Mehrheit zu entscheiden. Auf einer anderen Ebene der Betrachtung heißt dies, daß das Prinzip hier durch seine Funktion erklärt wird: Es erlaubt, ohne Reibereien verschiedene individuelle Meinungen in eine kollektive Meinung zu verwandeln.

Ich möchte noch ein weiteres Beispiel streifen, das die vorangegangene Diskussion sinnvoll ergänzt.[170]

In vielen Agrargesellschaften, in den afrikanischen und vietnamesischen Dörfern der Jahrhundertwende zum Beispiel, ist zu beobachten, daß bei den meisten Versammlungen der Dorfbewohner kollektive Entscheidungen nicht auf der Basis einer einfachen oder einer absoluten Mehrheit getroffen werden, sondern nur einstimmig.

Diese Tatsache beschäftigt die westlichen Beobachter schon seit langem. Diese Beobachter hatten natürlich auch festgestellt, daß das Prinzip der einstimmig getroffenen Entscheidung fast immer zu nicht enden wollenden Diskussionen führte: Wie in dem berühmten amerikanischen Film «Die zwölf Geschworenen» gelangt man erst nach endlosen *Palavern* zu einer einstimmigen Entscheidung. *Palaver* und *Prinzip der Einstimmigkeit* gehören untrennbar zusammen: Keines von beiden tritt jemals allein auf. Das ist leicht durch die oben ausgeführte Analyse zu erklären: Die negativen Begleiterscheinungen B_1 der kollektiven Entscheidung nehmen mit n zu.

Diese Vorliebe der traditionellen Agrargesellschaften für das Einstimmigkeitsprinzip ist oft im Rückgriff auf Kulturtheorien erklärt worden: In diesen Gesellschaften sind die Individuen angeblich weniger autonom, mehr dem Druck der Allgemeinheit ausgeliefert, außerdem würden sie sich selbst als Teil eines großen Ganzen sehen. Ein Teil unter ihnen kann sich der Gesamtheit nicht gefahrlos widersetzen. In dieser Gesellschaftsform wären also nur diejenigen Entscheidungen rechtsgültig, die einstimmig getroffen werden. Das Ideal der einmütigen Gruppe würde also die Vorliebe für das Einstimmigkeitsprinzip erklären; der totalitäre Charakter der Gruppe verbiete es dem Individuum, sich ihr zu widersetzen.

Dieser Typ der Erklärung wird allgemein anerkannt. Man kann ihm dennoch einen *Einwurf* entgegenhalten und einen *Verdacht* äußern.

Der Verdacht: Gehört die Meinung, Bauern in traditionellen Gesellschaften besäßen nicht denselben Individualitätsgrad wie Bürger in modernen Gesellschaften, nicht in den Bereich dessen, was Piaget als «Soziozentrismus» bezeichnet hat? Findet sich hier nicht die «primitive Mentalität» wieder, an der dem frühen Lévy-Bruhl so viel lag?[171] Verrät diese Erklärung nicht ganz einfach eine herablassende Einstellung des Bürgers der Industriegesellschaften gegenüber solchen Gesellschaften, die ein schlecht verhehlter Evolutionismus gern als «archaisch» bezeichnet?

Der Einwurf: Wenn das Prinzip der Einstimmigkeit darauf zurückzuführen ist, daß die Einmütigkeit den einzig annehmbaren Zustand der Gruppe darstellt – zumindest nach den kulturellen Werten dieser traditionellen Gesellschaften –, wie ist es dann zu erklären, daß die Einstimmigkeit in den meisten Fällen erst nach endlosen Palavern erreicht wird, in denen die Individuen es sich nicht nehmen lassen, gegensätzliche Standpunkte vorzutragen und individuelle Meinungen zu vertreten? Diese Palaver können natürlich als symbolische und rituelle Phänomene interpretiert werden. Eine solche Interpretation verrät sich jedoch selbst: Keineswegs auf Fakten gegründet, ist sie nichts als eine ad hoc aufgestellte Hypothese, die die kulturbezogene Interpretation des Einstimmigkeitsprinzips retten soll.

Eine sehr viel einfachere und sehr viel überzeugendere Erklärung für die weite Verbreitung dieser Praxis in den traditionellen Agrargesellschaften erhält man durch eine Analyse ihrer Funktion.

Diese Gesellschaften zeichnen sich im allgemeinen durch folgende Merkmale aus:

1. durch eine auf unterstem Niveau funktionierende Wirtschaft, die in etwa dem gleicht, was man klassisch als «Subsistenzwirtschaft» bezeichnet;
2. durch eine hohe Unterbeschäftigung;

3. durch eine sehr ausgeprägte gegenseitige Abhängigkeit der Mitglieder der Gemeinschaft, wobei die eventuellen Einzelinitiativen bedeutende Auswirkungen auf das Wohlbefinden der Allgemeinheit zeitigen können. Entschließt sich X zum Beispiel, seine Methoden der Getreideernte zu verbessern, so kann das bedeuten, daß Y, der das Recht hat, auf diesem Feld Ähren nachzulesen, sich seines Lebensunterhalts beraubt sieht.

Nehmen wir nun einmal an, man würde ein Individuum danach fragen, welches Prinzip die Versammlung der Dorfbewohner anwenden solle, um die individuellen Meinungen ihrer Mitglieder in eine rechtsgültige kollektive Meinung zu verwandeln. Nehmen wir außerdem an, daß unser ideales Individuum nicht weiß, ob es in der fraglichen Gesellschaft reicher oder ärmer sein wird, ob es wie X vom Ertrag seiner Felder oder wie Y vom Nachlesen auf dem Feld von X leben wird.

Unter diesen Bedingungen wird unser Individuum natürlich ein Vetorecht gegen die Entscheidungen der Versammlung verlangen. Wenn es Y sein müßte und X würde beschließen, seine Erträge durch die Verbesserung seiner Erntemethoden zu erhöhen, so würden die Initiativen seines Nachbarn seinen Lebensnerv treffen. Es ist also normal, daß es auf seinem Recht besteht, dieser Art von Initiative Einhalt zu gebieten. Und da wir den Fall eines *idealen* Individuums, eines *beliebigen* Individuums betrachten, gilt für alle anderen, was für unser Individuum gilt. Zum Beispiel liegt es im Interesse jedes zukünftigen *Gesellschaftsmitglieds*, ein Vetorecht für sich zu verlangen. Demnach beschließen die zukünftigen Gesellschafter einstimmig, daß die kollektiven Entscheidungen der Versammlung einstimmig getroffen werden müssen, daß also kein anderes Prinzip zur Verwandlung der individuellen Meinungen in eine kollektive Entscheidung gelten darf. Mit anderen Worten liegt es – aufgrund ihrer Situation – im Interesse *aller* zu akzeptieren, daß die kollektiven Entscheidungen der Versammlung bindend für sie sind, vorausgesetzt, sie verfügen über ein Vetorecht.

Welche negativen Begleiterscheinungen treten nun bei einer kollektiven Entscheidung auf? Das Prinzip der Einstimmigkeit bringt lange Diskussionen mit sich (Palaver). In diesem sozialen Kontext ist Zeit jedoch längst nicht so kostbar wie in anderen: Die hohe Unterbeschäftigung bewirkt, daß jeder einen Großteil seiner Zeit dem Funktionieren des politischen Systems widmen kann, da er nur einen geringen Teil der ihm zur Verfügung stehenden Zeit mit Arbeiten verbringt.

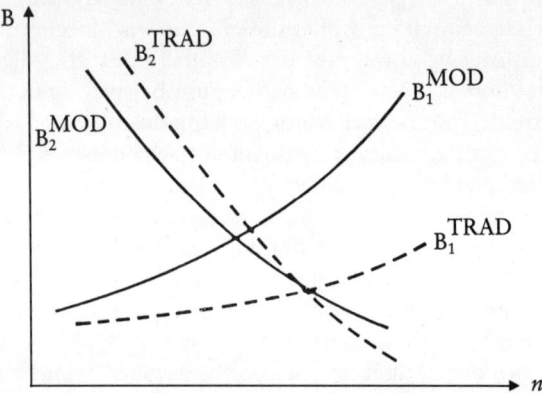

Die negativen Begleiterscheinungen einer kollektiven Entscheidung in einer traditionellen und in einer modernen Gesellschaft

Bei der graphischen Darstellung wurden zwei Kurvenpaare übereinandergelegt, die die Analyse zusammenfassen. Die durchgezogenen Kurven sind dieselben wie in Abbildung S. 208: Sie machen das Verhältnis zwischen den beiden von n (die zur Annahme der kollektiven Entscheidung notwendige Stimmenzahl) abhängigen Arten von Begleiterscheinungen (B_1 und B_2) sichtbar, und zwar für den Fall der «modernen» Gesellschaften, wo Zeit Geld ist und die Interdependenz zwischen Gesellschaftsmitgliedern nur gering. Die unterbrochenen Kurven geben dieselben Strukturen für den Fall einer «traditionellen» Agrargesellschaft wieder, wo Zeit im Überfluß vorhanden ist und wo eine enge Interdependenz zwischen den Gesellschaftsmitgliedern besteht. Im ersten Fall haben die zukünftigen Mitglieder einer Gesellschaft die Tendenz, einstimmig zu beschließen, sich künftig einer Entscheidung auf der Basis der *einfachen Mehrheit* zu beugen. Im zweiten Fall werden sie verlangen, daß die Entscheidungen einstimmig getroffen werden müssen. Das Prinzip der Mehrheit (im ersten Fall) und das der Einstimmigkeit (im zweiten Fall) erfüllen also auf angemessene Weise die *Funktion*, die individuellen Meinungen in eine kollektive Entscheidung zu verwandeln. Im zweiten Fall wäre dagegen das erste Prinzip *dysfunktional*, ebenso wie das zweite im ersten Fall.

Diese beiden Beispiele stellen anschaulich dar, worum es bei der funktionalen Analyse geht, nämlich um die Erklärung, warum eine bestimmte Institution in einem bestimmten sozialen Kontext *auftaucht*, warum sie *beibehalten* wird und warum sie von den Mitgliedern der Gesellschaft *akzeptiert* und für *berechtigt* gehalten wird; die historischen Fakten, die zur Entstehung der fraglichen Institution geführt haben, werden dabei überhaupt nicht berücksichtigt.

Natürlich gibt es noch andere klassische Beispiele für die funktionale Analyse. Mit dieser Methode hat Merton zum Beispiel die Existenz des politischen Apparats der demokratischen Partei in den USA erklärt. Zu einer Zeit, als das System der sozialen Sicherheit in den Vereinigten Staaten ziemlich unterentwickelt war, hat die demokratische Partei dessen Funktion übernommen: Als Gegenleistung für ihre Wählerstimmen übernahm sie bei den Wählern mit bescheidenem sozialen Status die Funktion einer Sozialversicherung für den Fall der Krankheit oder der Arbeitslosigkeit.[172] Der Parteiapparat genügte also einer leicht verständlichen Nachfrage, die der Staat nicht befriedigen konnte. Indem er die Aufmerksamkeit auf diese *Funktion* lenkte, ist es Merton gelungen, die Existenz des Apparats der demokratischen Partei zu erklären, ohne die Umstände ihrer Entstehung in irgendeiner Weise zu berücksichtigen.

Bei all diesen Beispielen birgt der Begriff «Funktion» nichts Geheimnisvolles: Die funktionale Analyse besteht im Nachweis, daß eine bestimmte Institution für eine Gruppe von Individuen sinnvoll ist, entweder weil sie in ihren Augen leicht verständliche Bedürfnisse oder eine Nachfrage befriedigt, oder weil sie es ihnen ermöglicht, ein sich der Gruppe stellendes Problem unter für alle Mitglieder annehmbaren Bedingungen zu lösen.

Auf der anderen Seite ist klar, daß diese Methode von entscheidender Bedeutung sein kann, nicht nur dann, wenn historische Fakten fehlen, sondern auch, wenn sie verfügbar sind. Denn selbst in diesem Fall kann sie die historische Analyse ergänzen und erklärbar machen, warum eine Institution als legitim angesehen wird. Die Philosophen des «Gesellschaftsvertrags» hatten dies begriffen; sie können als die Erfinder der funktionalen Analyse gelten.

Das funktionalistische Paradigma sollte ebenfalls allen möglichen Ausrutschern Vorschub leisten, die ihre Berechtigung aus seiner Ergiebigkeit und seiner Autorität ableiteten. Aus Begeisterung für diese Methode nahmen manche Soziologen widerspruchslos als selbstverständliches Postulat an, in einer Gesellschaft müsse *alles* eine Funktion haben. Ginge man von diesem Postulat aus, könnte man die Gesellschaften mit lebenden Organismen vergleichen. Die Fruchtbarkeit des funktionalen Paradigmas wurde so zum Bürgen einer «organischen» Anschauung der Gesellschaften: Ebenso wie die Organe zum reibungslosen Funktionieren des Organismus beitragen, tragen die einzelnen Institutionen zum reibungslosen Funktionieren des Ganzen bei. Auch hier verwandelte sich ein Paradigma in eine *Weltanschauung*.

In den sechziger Jahren tauchte eine neue, vom Standpunkt der Geistesgeschichte aus interessante Art von Ausrutscher auf, die den Funktionalismus mit dem Vulgärmarxismus verband. Hier war man nicht nur der Meinung, in den Gesellschaften habe *alles* eine Funktion, sondern diese Funktion wurde dahingehend definiert, daß sie die Macht der herrschenden Klasse über die beherrschte Klasse sichern sollte. Ein Beispiel für diesen Typ des Funktionalismus haben wir mit Foucaults «Überwachen und Strafen» kennengelernt, das ich im letzten Kapitel analysiert habe: Das Gefängnis wird beibehalten, weil es der herrschenden Klasse nützt, die in ihm unerläßliche Mittel zur Sicherung ihrer Macht findet. Ohne die Autorität des funktionalistischen Paradigmas kann man sich nur schwer vorstellen, daß eine solche Theorie die Aufmerksamkeit der wissenschaftlichen Gemeinschaft auf sich gezogen haben könnte.

In diesem Zusammenhang hat Pierre Bourdieu zweifellos eine der hervorragendsten Arbeiten vorgelegt: Wozu sind Kultur, Schule, Museen, Sprache, Religion oder Sport eigentlich gut? Zur Reproduktion der herrschenden Klasse.[173] Welcher Mechanismus ist dafür zuständig? Der *Habitus*. Der Habitus bewirkt, daß man in der herrschenden Klasse Beethoven liebt, auf die Ecole Polytechnique (renommierte Hochschule zur Ausbildung von Ingenieuren in Paris; Anm. d. Ü.) gehen will und sich gewählt ausdrückt, während man in der beherrschten Klasse Tango und billige Reproduktionen bevorzugt, sich nicht sehr gewählt ausdrückt und handwerkliche Berufe ergreift. So bleibt jeder an seinem Platz. Die Gesellschaftsordnung ist gerettet.

Frage: Aber worin besteht nun dieser Habitus?

Antwort: In einer «Art Programm (im Sinn der Computersprache)».[174]

F.: Wenn sie Sie hören könnten, hätten die Manen von Pawlow also mehr Anlaß zur Freude als die Manen von Thomas von Aquin.[175] Woran erkennt man aber, daß dieser Habitus existiert?

A.: Ich habe es Ihnen schon gesagt: Daran, daß man in der herrschenden Klasse Beethoven liebt usw.

F.: Wir treten auf der Stelle. Kann man nicht wenigstens annehmen, daß die Menschen sich ihres Habitus bewußt sind?

A.: Diese Annahme ist naiv. Nur ein unbewußter Habitus kann wirkungsvoll sein. Sehen Sie nicht, daß der Handelnde – oder eher das Agens – ständig trügerische Gründe für sein eigenes Handeln erfindet, daß er die «Not zur Tugend macht»?[176] Er glaubt, frei zu sein; in Wirklichkeit liegt er in Ketten.

F.: Ihr Habitus verbirgt sich also ebenso wie die einschläfernde Wirkung des Opiums?

A.: «Die Auswirkungen des Habitus verbergen sich am besten, wenn sie sich als Auswirkungen der Strukturen präsentieren (...), denn sie werden von Handelnden hervorgebracht, die nichts sind als ‹personifizierte› Struktur.»[177]

F.: Ich glaube, ich verstehe: Je weniger offensichtlich der Habitus ist, desto mehr ist dies ein Beweis dafür, daß es ihn gibt. In diesem Zusammenhang fällt mir ein Titel für unseren Dialog ein: «Bélise, die Diafoirus zu Hilfe eilt».[178] *

Die potentiellen komischen Effekte seiner Theorien schaltet Pierre Bourdieu wirksam aus, indem er vier klassische rhetorische Verfahren miteinander kombiniert: 1. die Rhetorik, die mit «wie» arbeitet (Gleichnisse), diejenige, die sich der Umschreibung «so als ob» bedient und der Anführungszeichen usw. (zum Beispiel: «die personifizierte Struktur», «eine Art Programm»); 2. die beabsichtigte Undurchsichtigkeit des Ausdrucks, wodurch Kritik mit dem traditionellen «Das wollte ich damit nicht sagen» abgewehrt wird und dennoch der Eindruck eines tiefschürfenden Gedankens erzeugt wird; 3. die Veranschaulichung der Theorie durch konkrete Analysen, die zwar an sich interessant sein können, aber als Beweise wertlos sind; 4. die vorgeblich wissenschaftliche Rhetorik: Man kann mit großem Aufwand Fakten sammeln und mehr oder weniger wissenschaftliche statistische Methoden anwenden, um zu beweisen, daß Opium einschläfernd wirkt oder daß die Geschmäcker je nach gesellschaftlicher Schicht verschieden sind, ohne deshalb den Sophis-

* Anspielung auf «Der eingebildete Kranke» von Molière (Anm. d. Ü.).

mus der einschläfernden Wirkung des Opiums oder den des Habitus als konditioniertem Reflex zu validieren.

Ohne die Autorität des Funktionalismus (und des Vulgärmarxismus) wäre es auch hier schwer verständlich, daß Bourdieus Synthese zwischen den beiden Paradigmen ernst genommen werden konnte.

Ich könnte noch viele andere Beispiele für Paradigmen anführen. Es wäre nicht schwer zu beweisen, daß sie meistens durch eine Idee definiert werden, die in wissenschaftlicher Hinsicht sehr fruchtbar ist. Sie können aber auch häufig das auslösende Moment für falsche Ideen sein. Vor allem, weil sie aufgrund des Münchhausen-Trilemmas vom Wissenschaftler normalerweise nicht in Frage gestellt werden, und weil sie a priori gegebene Formen darstellen, an denen er sich bei seiner Arbeit orientiert. Er kann also dazu neigen, sie als unbedingt wahre Repräsentationen der Wirklichkeit anzusehen. Und je fruchtbarer das Paradigma ist, desto eher kommt er zu dieser Überzeugung. Das ist übrigens nicht nur in den Sozialwissenschaften so. Descartes' Maschinentheorie des Lebendigen geht auf einen solchen Ausrutscher zurück: Das mechanistische Paradigma erschien Descartes auf dem Gebiet der Physik so effizient, daß er glaubte, es auf den Bereich des Lebendigen übertragen zu können.

Im Fall der Sozialwissenschaften werden diese E-Effekte jedoch leichter durch Kommunikationseffekte sowie durch Positions- und Dispositionseffekte überlagert. Deshalb scheint die utilitaristische Denkweise heute so selbstverständlich zu sein, daß sie sich sowohl in die Sozialphilosophie und die politische Philosophie als auch in das praktische politische Denken einschleicht. Deshalb setzt auch der übertriebene Funktionalismus der sechziger und siebziger Jahre seine Karriere – allerdings zögernder – fort. Durch die Kommunikationseffekte kann ein Paradigma nämlich leicht zu einer Weltanschauung werden: Sobald es die Aufmerksamkeit spezifischer Gruppen zu wecken beginnt, die nicht zur wissenschaftlichen Gemeinschaft gehören, wird es leicht als auf der Wissenschaft beruhendes Weltbild angesehen; sein logischer Status einer Hypothese, genauer einer a priori gegebenen Form, gerät dann oft in Vergessenheit.

Bisher habe ich zwei Ebenen der wissenschaftlichen Arbeit betrachtet: die Ebene des *Wortschatzes* und die Ebene der *Paradigmen*. Ich habe zu zeigen versucht, daß sich auf diesen beiden Ebenen falsche Überzeugungen leicht und auf ganz normalem Wege entwickeln können, ohne daß der Wissenschaftler deshalb als blind oder manipuliert gelten muß. Im folgenden werde ich mich mit der dazwischenliegenden Ebene der *Modelle* beschäftigen.

Ganz im Gegensatz zu dem, was man im allgemeinen annimmt, stellen die *Modelle* in den Sozialwissenschaften keineswegs eine Kuriosität dar. Dieser Begriff bezeichnet vielmehr ein wesentliches Moment der wissenschaftlichen Analyse; das gilt nicht nur für die Ökonomie oder die politische Wissenschaft, sondern auch für Soziologie oder Geschichte. So wie Molières Monsieur Jourdain in ungebundener Rede sprach, wenden alle Sozialwissenschaften die Methode der Modelle an. Diese Modelle haben natürlich nur manchmal eine mathematische Form. Die Form ist hier jedoch zweitrangig. Die Annahme, ein Modell müsse per definitionem eine mathematische Form haben, scheint mir jedenfalls gefährlich zu sein. Es kann dann nämlich passieren, daß man dieses wesentliche Moment jeder Analyse nicht erkennt, das meiner Ansicht nach am angemessensten durch den Begriff «Modell» bezeichnet wird.

Betrachten wir mit Simmel [179] den Fall des Historikers, der den Ausgang der Schlacht von Marathon erklären will. Diese Schlacht hat die Historiker verständlicherweise lange Zeit beschäftigt, war sie doch eine Entscheidungsstunde für den weiteren Gang der Geschichte des Abendlandes.

Welches sind nun die Ursachen für den Sieg der Griechen? Wir können sie ganz offensichtlich nur aus einer einzigen Quelle erfahren, nämlich aus dem Verhalten jedes einzelnen Teilnehmers: persische Feldherren, Offiziere und Krieger; griechische Feldherren, Offiziere und Krieger. Über die individuellen Verhaltensweisen der Teilnehmer wissen wir fast nichts. Aber selbst wenn wir annehmen, jeder Krieger hätte so objektiv wie möglich seine Memoiren verfaßt, über seine Erfahrungen berichtet und seine Stimmungen beschrieben, so gäbe dieses Korpus keine Erklärung für den Ausgang der Schlacht. Es würde die «Wirklichkeit» wiedergeben (sofern man annimmt, daß Memoiren objektiv sein können), wäre jedoch ein schwer verdauliches, unlesbares und undurchsichtiges Kompendium. Obwohl also die Ursachen für den Sieg der Griechen nur im Verhalten der betreffenden Handelnden liegen können, würde es uns nichts nützen, dieses Verhalten genau zu kennen, wenn wir diesen Sieg erklären wollen.

Die Erklärung bestünde wohl eher in der Konstruktion eines Modells: Der Historiker kommt zu dem Schluß, daß ein persischer und ein griechischer Befehlshaber eine ganz besonders wichtige Rolle gespielt haben (die *Bedeutung* der Rolle eines Handelnden ist natürlich nicht direkt aus der Wirklichkeit selbst ersichtlich). Und anstatt jeden einzelnen Krieger zu betrachten, wird er vielleicht versuchen, ein glaubhaftes Bild vom persischen und vom griechischen Krieger *im allgemeinen* zu entwerfen. Dadurch reduziert er eine komplexe Realität auf ein einfaches Bild: Er verschmilzt die griechischen Krieger zu einem *idealen* Kämpfer und versucht, diesem Gestalt zu geben, indem er ihm eine «Psychologie» zuordnet. Es handelt sich dabei jedoch um eine summarische, auf wenige Züge beschränkte Psychologie, die sicherlich wenig Ähnlichkeit mit den wirklichen griechischen Kriegern hat.

Der Historiker geht hier im Grunde genauso vor wie der Wirtschaftswissenschaftler, der zum Beispiel die Preisschwankungen eines bestimmten Produktes erklären will; er beginnt mit einer Verschmelzung *der* Produzenten und *der* Verbraucher zu zwei Idealtypen, *dem* Produzenten und *dem* Verbraucher, bevor er ihnen eine «abstrakte» oder «konventionelle» Psychologie zuordnet.

Man kommt also nicht um die Methode der Idealtypen oder Modelle herum. Das gilt für die Geschichte ebenso wie für die Wirtschaftswissenschaft. Es wird also verständlich, daß sie zwar durch und durch wissenschaftliche Erklärungen für bestimmte Phänomene liefern kann, daß sie aber ebenfalls allen möglichen Überzeugungen Raum geben und zu ihrer Legitimierung beitragen kann. Um so mehr, als der Idealtyp oder das Modell leicht als Abbild der Wirklichkeit angesehen werden kann.

Manche Modelle präsentieren sich nämlich unmittelbar als so abstrakte, im Verhältnis zur Komplexität der Wirklichkeit vereinfachte Gebäude, daß sie demjenigen, der mit ihnen umgeht oder sie benutzt, kaum die Illusion vermitteln, sie seien ein Abbild der Wirklichkeit.

Dies ist der Fall bei Ricardos «Theorie der komparativen Kosten», das Samuelson zu Recht als eine der spektakulärsten Erkenntnisse der gesamten Sozialwissenschaften betrachtet. Dieses Modell erklärt, warum es für ein Land mit internationalen Handelsbeziehungen unter Umständen von Nutzen sein kann, manche Güter zu importieren, *obwohl es sie im eigenen Land billiger herstellen kann*. Ricardos «Theorie» führt ein *Rätsel* (Warum kauft das Land A bei seinem Handelspartner die Güter b, die es selbst billiger produzieren könnte?) auf das

Zusammenwirken rationaler Verhaltensweisen zurück: Das Land A importiert die Güter b, weil ihm dies – *obwohl es nicht den Anschein hat* – von Nutzen ist.

Sehen wir uns Ricardos Beispiel an. Angenommen, in Portugal braucht man 80 Arbeitsstunden, um x Flaschen Wein zu produzieren, in England dagegen 120; und nehmen wir weiterhin an, in Portugal wären 90 Arbeitsstunden nötig, um 100 Meter Tuch herzustellen, in England dagegen 100. Portugal kann das Tuch und den Wein also mit geringerem Kostenaufwand produzieren als England. Trotzdem ist es für das Land *von Nutzen*, in England Tuch einzukaufen, ein Produkt, bei dem seine komparativen Kosten geringer sind. Ein in wirtschaftlicher Autarkie lebender Portugiese, der y Meter Tuch erwerben möchte, müßte seinem Partner in der Tat nicht x Flaschen Wein, sondern mehr anbieten: genau $1{,}125x$ Flaschen Wein ($^{90}\!/_{80} = 1{,}125$). Ein Engländer müßte $1{,}2y$ Meter Tuch ($^{120}\!/_{100} = 1{,}20$) für x Flaschen Wein liefern. Im internationalen Devisenverkehr müßte Portugal England vorschlagen, ihm zum Beispiel x Flaschen Wein für y Meter Tuch zu liefern; England wird annehmen, da es im eigenen Land für diese Menge Tuch nur $0{,}83x$ Flaschen Wein ($^{100}\!/_{120} = 0{,}83$) bekommen kann.

Ricardos Modell präsentiert sich wie eine abstrakte Konstruktion. Damit meine ich, daß es keinen Anspruch darauf erhebt, wirklichkeitsnah zu sein. Wer sich mit diesem Modell beschäftigt, weiß natürlich schon vorher, daß der Außenhandel sich nicht auf dieses *Schema* reduzieren läßt. Anders ausgedrückt heißt das, daß die im Modell enthaltenen vereinfachenden Hypothesen so offensichtlich sind, daß sie dem wachsamen Auge des Beobachters nicht entgehen können. Wer «vereinfachende Hypothesen» sagt, meint damit natürlich auch, daß das Modell der Wirklichkeit nur dann entspricht, wenn diese durch die vereinfachenden Hypothesen korrekt (wenn auch nur in groben Zügen) dargestellt wird. Im allgemeinen wird der Beobachter sich nicht darüber wundern, daß der Außenhandel – zum Beispiel zwischen dem Land A und dem Land B – sich trotz des Gesetzes der komparativen Kosten manchmal für das Land B nachteilig auswirken kann. Dazu genügt es schon, daß eine der Hypothesen des Modells zu diesem konkreten Fall im Widerspruch steht.

Auch wenn es sich um ein so offensichtlich idealisiertes Modell handelt, kommt es vor, daß manche an seine Allgemeingültigkeit glauben. Genug Leute hängen der Meinung an, die Theorie der komparativen Kosten habe endgültig bewiesen, daß der internationale Handel für alle

Beteiligten konkret nur von Vorteil ist. Eine solche Interpretation würde jedoch voraussetzen, daß es in einem Modell keine Hypothesen gibt. Dies steht zum Begriff «Modell» an sich im Widerspruch; in dem Fall, der uns beschäftigt, ist diese Interpretation *sichtlich* unhaltbar, da die vereinfachenden Hypothesen offensichtlich sind.

Aus diesem Beispiel folgt, daß Modelle einen typischen E-Effekt erzeugen können. Er ist an der Tatsache zu erkennen, daß man (der Wissenschaftler, sein Adressat oder seine Adressaten) die Tendenz haben kann, die Hypothesen zu vergessen oder zu übersehen, ohne die kein Modell zu keinem Thema vorstellbar ist. Ich muß noch auf das zurückkommen, was ich hier zur Verdeutlichung des Problems «Tendenz» nenne. Das Wort ist nämlich inhaltslos.

Alle möglichen Fakten bezeugen jedoch diese «Tendenz». Sehen wir uns ein Beispiel aus dem Bereich der Philosophie und der Wissenschaftssoziologie an. Zwei oder drei berühmte Auffassungen – die von Popper, die von Lakatos und die von Kuhn – teilen sich zur Zeit die Gunst derer, die in diesen Disziplinen tätig sind.[180] Und zumindest im Augenblick sieht es so aus, als ob Popper dabei am schlechtesten abschnitte.

Ich möchte mich nicht ausführlich mit dieser Diskussion befassen, sondern nur kurz versuchen, den Gegenstand dieser Debatte zu beschreiben.

Laut Popper – ich bin mir bewußt, daß ich hier lediglich die Quintessenz seiner Ideen wiedergebe – geht die Wissenschaft folgendermaßen vor: Eine Theorie wird aufgestellt; sie bringt gewisse Konsequenzen mit sich. Diese Konsequenzen können mit der Wirklichkeit oder eher mit Fakten konfrontiert werden, die durch Beobachtung oder Experiment gewonnen wurden. Nun gibt es zwei Möglichkeiten: Entweder stimmen alle Konsequenzen der Theorie – zumindest diejenigen, die man klar erkannt hat – mit der Wirklichkeit überein; oder sie stimmen nicht mit ihr überein. Im ersten Fall behält man die Theorie bei. Im zweiten versucht man, sie zu verbessern oder zu verändern, bis sie mit den Gegebenheiten übereinstimmt. Danach wird man auf immer neue Konsequenzen der Theorie und auf neue Fakten stoßen, die kongruent sind oder auch nicht. Im Endeffekt wird man immer auf einen Fall stoßen, wo die Fakten nicht mit der Realität übereinstimmen.

Aus dieser Auffassung ergeben sich zwei Vorstellungen: Erstens, daß eine wissenschaftliche Theorie in gewisser Weise von vornherein verur-

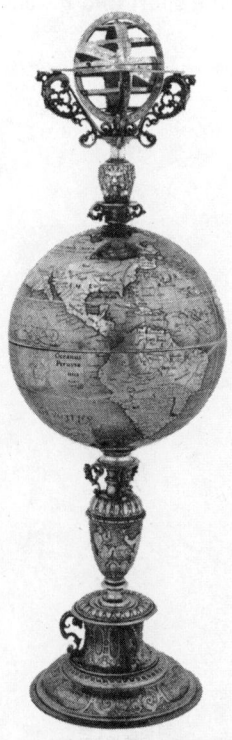

ITALIEN

«Ideologie ist der Versuch ...

... die Straßenbeschaffenheit zu ändern, indem man neue Wegweiser aufstellt.»

Carlo Manzoni

Sparen dürfte bestenfalls für den Geizigen eine Ideologie sein, alle anderen betrachten es eher als ein natürliches Bedürfnis, die eigene Existenz abzusichern. Man spart und beachtet vergleichend die Wegweiser.

Pfandbrief und Kommunalobligation

Meistgekaufte deutsche Wertpapiere - hoher Zinsertrag - bei allen Banken und Sparkassen

Verbriefte  Sicherheit

teilt ist. Sie kann heute als wahr und morgen als falsch gelten. Zweitens geht aus der Popperschen Auffassung hervor, daß der wissenschaftliche Fortschritt nur eine Bewegung ohne Ende sein kann.

Poppers Auffassung ist in der Tat eine Kombination aus zwei klassischen Ideen: dem *modus tollens* der Scholastik (die Falschheit einer universellen Aussage ist beweisbar, ihre Wahrheit dagegen nicht) und der Vorstellung, nach der eine Theorie, die immer das Produkt geistiger Tätigkeit ist, nur bewertet werden kann, wenn sich durch ihre Konsequenzen bestätigt, daß sie mit der Wirklichkeit in Einklang steht.

Durch einen interessanten Kommunikationseffekt, über dessen ironischen Charakter der Leser selbst urteilen möge, verdankt Popper seine augenblickliche Popularität wahrscheinlich der Tatsache, daß manche der Ansicht sind, seine Auffassungen bestätigten das Vertrauen, das man in die menschliche Vernunft und in den Fortschritt der Wissenschaft haben kann; andere dagegen meinen, sie seien eine Bestätigung dafür, daß es der Wissenschaft unmöglich sei, zu unbestreitbaren Wahrheiten zu gelangen.

Lakatos und Kuhn erscheint Poppers Auffassung sehr anfechtbar. Mit der Theorie der «wissenschaftlichen Revolutionen» Kuhns, mit Feyerabend, Feuer und mit Lakatos tritt die Soziologie mit großem Aufgebot an: Die einer bestimmten Disziplin entsprechende wissenschaftliche Gemeinschaft arbeitet «normalerweise» (vgl. die «normale Wissenschaft» bei Kuhn) im Rahmen von Paradigmen (Kuhn) oder von Programmen (Lakatos), deren Fruchtbarkeit und Gültigkeit im Idealfall Gegenstand eines Konsensus und einer kollektiven Überzeugung sind.

Nehmen wir nun an, es seien mit einer bestimmten Theorie schwer zu vereinbarende Gegebenheiten festgestellt worden. Laut Popper würde dieser Umstand die Theorie in Frage stellen. Laut Kuhn und Lakatos ist dieser Prozeß längst nicht so einfach: Zunächst, weil die Unvereinbarkeit zwischen Theorie und Gegebenheiten ein zweideutiger Begriff sein kann. Nehmen wir an, ein Physiker aus der Ära Newtons entdeckt, daß ein Planet von der Bahn abweicht, die er für ihn anhand einer Theorie T berechnet hat (Lakatos). Durch eine ergänzende Hypothese kann T dennoch beibehalten werden: Die Abweichung kann von einem unbekannten Planeten verursacht werden. Der zu Rate gezogene Astronom kann den fraglichen Planeten nicht entdecken. Vielleicht, weil er zu klein ist. Um diese neue Hypothese zu überprüfen, wird ein stärkeres Teleskop gebaut. Der hypothetische Planet ist noch immer nicht auszumachen. Genügt das, um *T* zu verwerfen? Nein, denn es ist möglich, daß der Planet durch kosmischen Staub unseren Blicken verborgen bleibt. Ein Satellit, der die neue Hypothese überprüfen soll, kann keinen kosmischen Staub ausmachen. Vielleicht liegt das daran, daß ein Magnetfeld die Aufzeichnungen des Satelliten stört, usw. Kurzum, es können Jahrzehnte, sogar Jahrhunderte vergehen, bevor ein mit *T* nicht zu vereinbarendes Faktum dazu führt, daß *T* verworfen wird.

Noch andere Gründe werden den Popperschen Prozeß der «invalidation», das heißt – je nachdem, welche Übersetzung man nun bevorzugt – der *Widerlegung* oder der *Falsifikation* jedoch daran hindern, rein mechanisch abzulaufen. Eine wissenschaftliche Gemeinschaft kann nur im Rahmen eines oder mehrerer Paradigmen arbeiten. Ohne Paradigmen ist es zum Beispiel unmöglich, über die Beobachtungen oder über die geeignetsten Experimente zu entscheiden. Um *T* zu verwerfen, genügt es also nicht, daß die Glaubwürdigkeit dieser Theorie durch die Anhäufung von mit ihr unvereinbaren Daten in Frage gestellt wird und daß diese Unvereinbarkeit anerkannt wird; es muß ebenfalls eine Theorie *T'* existieren – das heißt, sie muß schon aufgestellt sein –, die hier angemessener ist. Selbst wenn all diese Bedingungen erfüllt sind, wird *T* deswegen nicht einfach durch *T'* ersetzt; viele Wissenschaftler haben nämlich ein persönliches Interesse an der Beibehaltung von *T*. Sie sind mit anderen Worten den durch die *Widerlegung* von *T* und die *Einführung* von *T'* verursachten Begleiterscheinungen ausgesetzt: Diese können von Fall zu Fall verschieden sein, sie sind in jedem Fall komplex und vielseitig (das Erlernen eines neuen Vokabulars, die Aufgabe einer bestimmten Darstellung der Welt, das Veralten der veröffentlichten Arbeiten usw.).[181] Es ist also so gut wie sicher, daß viele versuchen werden, *T* am Leben zu erhalten und die Unvereinbarkeit zwischen *T* und den Daten des Experiments durch ergänzende Hypothesen zu beseitigen, deren Überprüfung (oder Entkräftung) beträchtliche zeitliche Aufschübe bewirken kann.

Die Existenz von Interessen, die mit der sozialen Position zusammenhängen, bildet auch einen der Eckpfeiler von Feuers Theorie, der zufolge der wissenschaftliche Fortschritt sich oft auf dem Umweg über den Generationenkonflikt vollzieht: Für einen jungen Forscher sind die durch die Widerlegung von *T* verursachten Begleiterscheinungen aus strukturellen Gründen meistens weniger schlimm als für einen «erfahrenen» Wissenschaftler. Diese Begleiterscheinungen wirken sich kaum aus, wenn der Forscher zugleich jung und im Hinblick auf die existierenden wissenschaftlichen Institutionen ein Außenseiter ist, wie es im Beispiel Feuers Albert Einstein war, als er die Relativitätstheorie aufstellte.

Bei näherem Überlegen ist die Diskussion zwischen Popper und den anderen schon etwas seltsam. Damit will ich sagen, daß die Tatsache an sich erstaunlich ist, darüber zu streiten, wer nun recht hat, und die Stimmen auszuzählen, die jedes der beiden Lager erhält. Alle schlagen nämlich lediglich *Modelle* vor, das heißt, idealisierte Beschreibungen der Prozesse, wie man zu wissenschaftlichen Erkenntnissen gelangt. Manche dieser Modelle lassen sich auf einige Fälle gut anwenden, andere lassen sich besser auf andere anwenden. So kann Poppers ideale Geschichte (das Modell) gut auf das Experiment von Michelson-Morley und Lakatos' Modell auf andere Episoden aus der Geschichte der Wissenschaften angewandt werden. Alle diese Modelle stellen nämlich Hypothesen auf, die je nach den untersuchten Episoden mehr oder weniger gut durchdacht sind. Ebenso unsinnig ist die Frage danach, «wer nun recht hat».

Daß diese Frage oft gestellt wird und die Diskussion darüber Hunderte von Seiten füllt, ist zum Teil zweifellos auf Positionseffekte zurückzuführen: Kuhn wollte sicher beweisen, daß er besser war als Popper, und Feyerabend, daß er «weiter» ging als Kuhn. Unter diesen Positionseffekten kann man auch die Rolleneffekte erwähnen. Die Soziologen bevorzugen zum Beispiel Modelle, die soziale Variablen enthalten, die Philosophen hingegen oft nicht.

Hinter dieser Diskussion verbirgt sich jedoch vor allem ein E-Effekt: Man vergißt nämlich oft, daß ein Modell notwendigerweise Hypothesen enthält. Hat man zwei Modelle vor sich, wird man normalerweise versucht sein, mit Beweisen festzustellen, welches das *richtige* ist. Erkennt man nun, daß die beiden Modelle auf unterschiedlichen Hypothesen beruhen, kann man sehr wohl zugeben – zumindest in einigen Fällen –, daß beide *richtig* sind, selbst wenn manche ihrer Hypothesen einander widersprechen. Sie sind beide in dem Sinne richtig, als das eine oder das andere ein bestimmtes Phänomen oder einen bestimmten Aspekt der Wirklichkeit besser erklärt.

Warum also diese Vergeßlichkeit? Ist es nicht ein erkenntnistheoretischer Gemeinplatz, daß ein Modell immer auf Hypothesen beruht?
Wie ist es dann möglich, daß diese Binsenwahrheit so oft übergangen
wird? Wäre das nämlich nicht der Fall, würde zum Beispiel niemand
danach fragen, ob Popper Kuhn aus dem Felde schlägt oder umgekehrt.
Ebenso würde jeder zugeben, daß Ricardo zwar ein genialer Kopf war,
daß der Außenhandel manchmal aber dennoch für einen der Handelspartner nachteilig sein kann.

Die Antwort auf diese Frage ist meiner Meinung nach ganz einfach.
Jedes Modell hat die Neigung, sichtbare und unsichtbare Hypothesen
zu umfassen: Oft muß man nach den unsichtbaren Hypothesen sogar
mühsam suchen. Im allgemeinen wird man sich also höchstens mit den
sichtbaren beschäftigen. Zu diesem E-Effekt, der auf dem Gegensatz
zwischen den beiden Arten von Hypothesen beruht, kommen noch Po-
sitions- und Dispositionseffekte hinzu, die den Wissenschaftler —
ebenso wie seine Adressaten — mehr oder weniger geneigt machen, die
unsichtbaren Hypothesen wahrzunehmen.

Zur Veranschaulichung dieser Idee möchte ich auf ein Beispiel zurückkommen, das ich an anderer Stelle schon erwähnt habe – ich habe für
meine Zwecke kein besseres gefunden. Ich möchte hinzufügen, daß dieses Beispiel mir aus einem besonderen Grund am Herzen liegt: Ich habe
nämlich lange gebraucht, um mir über die Schwächen eines Modells
klarzuwerden, dessen Effizienz ich anfangs bewundert hatte. Ich habe
durch dieses Beispiel am eigenen Leib erfahren, wie schwierig es sein
kann, die verborgenen Hypothesen eines Modells zu erkennen.

Bei meinem Beispiel handelt es sich um eine Studie,[182] die zu erklären
versucht, warum die Bauern in West-Bengalen sich hartnäckig geweigert
haben, eine Neuerung zu akzeptieren, die den Ertrag ihrer Felder ganz
sicher verbessert hätte. Ausgangspunkt der Studie ist also ein Rätsel:
Warum haben die Bauern sich geweigert, etwas zu tun, was ganz offensichtlich in ihrem Interesse lag? Die Studie ist um so faszinierender, als
der Autor – ein Marxist indischer Staatsangehörigkeit – es sorgfältig
vermieden hat, einen Fehler zu begehen, den viele Forscher angesichts
einer solchen Fangfrage machen: Sie schreiben den scheinbar irrationalen Charakter des Verhaltens der Irrationalität des Handelnden zu. Die
Studie, um die es hier geht, zeigt dagegen, daß die Bauern – *auch wenn es
nicht den Anschein hat* – die Neuerung aus rationalen Gründen abgelehnt haben.

Wir befinden uns in einer Agrargesellschaft mit geringer Produktivität und niedrigem Lebensstandard. Das Wirtschaftssystem ist jedoch eine Geldwirtschaft. Die Gesellschaft ist in zwei Klassen geteilt: Grundbesitzer und Pächter.

Die Pächter verdingen ihre Arbeitskraft und bringen manchmal ihr Werkzeug mit. Als Gegenleistung erhalten sie einen Teil der Ernte, dessen Umfang im Vertrag genau festgelegt ist. Dieses Einkommen reicht natürlich zum Leben nicht aus. Sie müssen also Schulden machen. Und weil sie nicht über die nötigen Garantien verfügen, um bei den Banken Kredite aufzunehmen, müssen sie bei ihrem Grundbesitzer Geld leihen. Da ihr Einkommen über Jahre hinweg gleichbleibt, sind sie chronisch verschuldet. Obwohl sie ihre Arbeitskraft frei verkauft haben, sind sie durch ihre Schulden an ihren Arbeitgeber gebunden. Man kann daher von einem halbfeudalen Gesellschaftssystem sprechen.

Warum wurde die Neuerung abgelehnt, obwohl sie die Produktivität mit Sicherheit gesteigert hätte?

Weil die Großgrundbesitzer befürchteten, ihr Einkommen könne schrumpfen. Die Steigerung der Produktivität hätte zwar den Anteil an Reis erhöht, der dem Grundbesitzer zustand, aber dadurch, daß auch der Pächter reicher werden würde, hätte sie diesem vielleicht dazu verholfen, seine Schulden abzuzahlen. Die Handelsgewinne des Grundbesitzers wären also größer geworden, aber diese Steigerung konnte das finanzielle Risiko, das er einging, nicht ausgleichen.

Die Beweisführung wird anhand eines mathematischen Modells vollzogen, das einen Schluß zu ziehen erlaubt, der über diese Argumentation hinausgeht und zu dem man auf rein intuitivem Wege kaum gelangen kann. An diesem Modell wird klar, daß der Grundbesitzer bei einer wahrscheinlichen Steigerungsrate der Produktivität von Jahr zu Jahr einen Barverlust erleiden kann, selbst wenn man annimmt, daß der Pächter einen großen Teil des zusätzlichen Einkommens aus der Produktivitätssteigerung verbraucht. Technisch ausgedrückt heißt das: Selbst wenn die Grenzneigung des Pächters zum Konsum groß ist und er demzufolge nur einen geringen Teil seines zusätzlichen Einkommens zur Tilgung seiner Schulden verwendet, können die finanziellen Verluste des Grundbesitzers in der Waagschale schwerer wiegen als die Gewinne, die er durch die Steigerung der Produktion erzielt.

Dieses Modell ist extrem leistungsfähig. Aus ihm ist ableitbar, daß bei Produktionsverhältnissen, wie sie in West-Bengalen existieren, jede Neuerung wahrscheinlich abgelehnt werden wird. Mit anderen Worten, in einem System mit Produktionsverhältnissen halbfeudaler Art besteht die Tendenz zur dauerhaften wirtschaftlichen Stagnation. Muß man daraus den Schluß ziehen, daß die wirtschaftliche Modernisierung West-Bengalens nur auf dem Weg der Abschaffung der herrschenden Produktionsverhältnisse durchführbar ist? Diese Meinung wäre wohl vorschnell.

Das Modell enthält nämlich sichtbare und unsichtbare Parameter sowie sichtbare und unsichtbare Hypothesen. Die sichtbaren Hypothesen betreffen ausschließlich die Produktionsverhältnisse. Die sichtbaren Parameter beschreiben den Teil des Ertrages, der jeweils dem Grundbesitzer und dem Pächter zusteht, die Grenzneigung des Pächters zum Konsum (die als konstant, das heißt vom Einkommen unabhängig, vorausgesetzt wird), den Zinssatz der Kredite und die Produktionssteigerung durch die Neuerung.

Innerhalb des durch diese Hypothesen und Parameter abgesteckten *theoretischen Rahmens* gelangt man zu dem Schluß, daß die Neuerung für den Grundbesitzer das Risiko von Barverlusten mit sich bringt, weshalb er versucht sein wird, sie abzulehnen.

Das Modell enthält jedoch auch unsichtbare Hypothesen und Parameter. Zum Beispiel:

1. Die *Konkurrenzverhältnisse* zwischen den Grundbesitzern werden nicht berücksichtigt, das Modell konzentriert sich ausschließlich auf die Beziehungen zwischen Grundbesitzern und Pächtern. Nun kann ein Grundbesitzer, der sich dazu entschließt, die Neuerung vor den anderen einzuführen, seinen Reis auf dem Markt billiger verkaufen, dadurch mehr Umsatz machen, neues Land kaufen und seine Position verbessern. Gleichzeitig würde er damit anderen Grundbesitzern den Anstoß geben, es ihm gleichzutun.

2. Die Machtverhältnisse werden ebenfalls nicht berücksichtigt. Vielmehr wird angenommen, daß jeder Grundbesitzer im Hinblick auf Einführung oder Ablehnung der Neuerung absolute Entscheidungsgewalt hat. Das Modell setzt also einerseits voraus, daß die Behörden über Mittel verfügen, die Grundbesitzer zu überzeugen, nicht aber über Druckmittel oder Lockmittel, und andererseits, daß die Pächter keine Möglichkeit haben, Druck auf die Grundbesitzer auszuüben.

3. Die betreffende Neuerung hätte Investitionen erfordert, wenn auch mit geringem Kostenaufwand. Freilich existieren auch andere Arten von Neuerungen, die keinerlei Investitionen erfordern und die den-

noch zu einer spürbaren Steigerung des Ertrags führen können (Neuordnung der Kolonnen, die mit Säen oder Ernten beauftragt sind, Veränderung der Anbaumethoden usw.). Diese kostenlosen Neuerungen spielen in den schwach entwickelten Agrargesellschaften eine wichtige Rolle. Trotz dieser Tatsache setzt das Modell voraus, daß Neuerungen immer mit Kosten verbunden sind. Damit führt es einen Parameter ein. Er ist jedoch unsichtbar, man muß ihn unter den Gleichungen ausgraben.

Im Fall einer kostenlosen Neuerung ist es dann schon viel schwieriger, eine andere schon einmal erwähnte unsichtbare Hypothese für wahrscheinlich zu halten, nämlich die Hypothese, daß die Pächter keine Möglichkeit haben, auf den Grundbesitzer Druck auszuüben. Diese Hypothese ist zwar im Fall einer mit Kosten verbundenen Neuerung von Nutzen, weniger stichhaltig ist sie, wenn die Neuerung den Grundbesitzer nichts kostet und ihre positiven Auswirkungen auf die Produktivität sicher sind.

4. Das Modell enthält auch unsichtbare Hypothesen über die Psychologie der Handelnden: Die Grundbesitzer würden das Risiko scheuen. Die Neuerung kann zwar tatsächlich Risiken für sie bergen, sie stellt aber auch eine Chance dar. Das Modell zeigt, daß die Neuerung bei bestimmten Kombinationen von zwei Parametern – nämlich der Steigerungsrate der Produktivität und der Grenzneigung des Pächters zum Konsum – im theoretischen Rahmen des Modells für den Grundbesitzer nachteilig sein kann; bei anderen Kombinationen ist sie für ihn jedoch von Vorteil. Dies merkt man schon intuitiv: Ist die Steigerung der Erträge bedeutend genug und die Grenzneigung des Pächters zum Konsum groß genug, dann werden die Handelsgewinne des Grundbesitzers größer sein als seine finanziellen Verluste. Nun ist zwar die zu erwartende Steigerungsrate der Erträge – wenn auch nicht genau – bekannt, die Grenzneigung des Pächters zum Konsum ist dagegen unbekannt; wahrscheinlich variiert sie von Individuum zu Individuum (und auch abhängig vom jeweiligen Einkommen).

Das Modell legt also nur dann eine Ablehnung der Neuerung nahe, wenn es eine Hypothese einführt, die zwar verborgen, aber zugegebenermaßen ziemlich gewichtig ist; sie versichert nämlich nicht nur, die Grundbesitzer seien insgesamt risikofeindlich, sondern sogar, daß *niemand* unter ihnen auch nur das kleinste Risiko einginge. Würde auch nur ein einziger die Neuerung einführen, so würden andere folgen, der erste hätte nämlich dann die Möglichkeit, den anderen ihre Kundschaft abspenstig zu machen, indem er seinen Reis auf dem Markt billiger anbietet.

Das Modell liefert also eine glänzende Erklärung der Gründe, warum die Neuerung abgelehnt wurde, die vielleicht *in dem betreffenden Kontext und unter diesen Bedingungen* stichhaltig ist; es läßt jedoch keinesfalls den Schluß zu, daß halbfeudale Produktionsverhältnisse unweigerlich eine wirtschaftliche Stagnation zur Folge haben oder daß wirtschaftliche Entwicklung nur um den Preis ihrer Abschaffung möglich ist.

Wenn man jedoch von der Gültigkeit des Paradigmas überzeugt ist, wonach vor allem die *Produktionsverhältnisse* die *Produktivkräfte* bestimmen, dann *denkt man nicht daran*, die implizit im Modell enthaltenen Hypothesen ausfindig zu machen. Ist man von der Gültigkeit dieses klassischen marxistischen Paradigmas dagegen nicht überzeugt, braucht es strenge Methodenkritik, um diese Hypothesen aufzustöbern.

An diesem Beispiel wird einsichtig, warum die von den Sozialwissenschaften entwickelten Modelle normalerweise als «realistisch» angesehen werden und warum man ihnen eine übertriebene Gültigkeit und Tragweite zubilligt. Um dieses Phänomen zu erklären, genügt es nämlich nicht, auf die «Tendenz» hinzuweisen, die diesen Modellen eine höhere Allgemeingültigkeit zuschreibt, als ihnen eigentlich zusteht. Der Ausdruck «Tendenz» trägt nicht eigentlich zur Erklärung dieses komplexen Problems bei, er dient eher dazu, ihm einen Namen zu geben. Meiner Meinung nach liegt der Schlüssel zu diesem Problem darin, daß jedes Modell per definitionem nicht nur einfach Hypothesen enthält, sondern Hypothesen, die in unterschiedlichem Maß sichtbar sind. Die Grenze zwischen den sichtbaren und den unsichtbaren Hypothesen ist von Fall zu Fall mehr oder weniger deutlich. In einem mathematisch formulierten Modell läßt sie sich im allgemeinen klarer erkennen. Aber um was für eine Art Modell es sich auch handelt, es sind immer beide Arten von Hypothesen vorhanden. Ein Modell kann nämlich erst dann existieren, wenn manche seiner Hypothesen explizit formuliert werden. Gleichzeitig vereinfacht es jedoch immer die Wirklichkeit. Um die Art dieser Vereinfachung exakt zu erkennen, müßte man das Modell mit der Wirklichkeit vergleichen können, die es verständlicher machen soll. Dieser Vergleich führt zwar scheinbar in einen Teufelskreis; aus der vorangegangenen Analyse geht jedoch hervor, daß er prinzipiell möglich ist. Die Analyse kann jedoch niemals als abgeschlossen gelten, denn die unsichtbaren Hypothesen befinden sich in dem Raum, der Modell und Wirklichkeit voneinander trennt. Um sie alle ausfindig zu machen, müßte man wie ein Gott die Wirklichkeit in ihrer ganzen Komplexität überschauen können.

Zu diesem meiner Meinung nach grundlegenden E-Effekt treten häufig noch andere Effekte.[183] Ein Modell wird normalerweise im Rahmen eines Paradigmas erstellt. Im vorangegangenen Beispiel ist das Paradigma klar erkennbar und kann leicht beschrieben werden: Die Produktionsverhältnisse bestimmen die Wirtschaft in der Gesamtheit ihrer Erscheinungen. Demzufolge hat derjenige, der an dieses Paradigma glaubt, größere Schwierigkeiten, manche unsichtbaren Hypothesen zu erkennen, die sich diesem Rahmen entziehen.

Wird nun ein solches Modell wie das eben von mir untersuchte auf den Markt gebracht, löst es Kommunikations-, Positions- und Dispositionseffekte aus. Ein Soziologe zum Beispiel, der an das marxistische Paradigma glaubt, in das das Modell sich einfügt, der aber die Bedeutung eines Ausdrucks wie «Grenzneigung zum Konsum» nicht klar erkennt, wird das Modell unweigerlich als «black box» behandeln. Er kann jedoch die Schlußfolgerungen daraus begrüßen, ebenso wie den glänzenden, streng wissenschaftlichen Charakter der Analyse.

Der vom Marxismus überzeugte Politiker kann darin die wissenschaftliche Bestätigung der Vorstellung sehen, die wirtschaftliche Entwicklung würde die Abschaffung archaischer Produktionsverhältnisse voraussetzen.

Zum Schluß möchte ich noch auf einen wesentlichen Punkt hinweisen, den ich schon mehrmals erwähnt habe: Im Unterschied zu den Naturwissenschaften neigen die Sozialwissenschaften dazu, in der Öffentlichkeit zu arbeiten und die Gegenstände ihrer Untersuchungen abhängig von augenblicklichen Bedürfnissen und internen Notwendigkeiten auszuwählen. Damit wecken sie das Interesse unterschiedlicher Gruppen. Die E-Effekte werden deshalb von den Kommunikationseffekten – von denen ich gesprochen habe – erheblich verstärkt. Schon dem Wissenschaftler kann es schwerfallen, die Grenzen des Paradigmas auszumachen, dem er zugestimmt hat, oder die unsichtbaren Hypothesen dieses oder jenes Modells zu finden; noch schwerer fällt dies seinem Publikum. Die Naturwissenschaften hingegen sind zwar den

E-Effekten genauso ausgesetzt, dem Phänomen der Verstärkung durch die Kommunikationseffekte jedoch weitaus weniger.

Ideologien können sich also genauso auf trügerische Theorien wie auf streng wissenschaftliche stützen. Der zweite Fall ist jedoch wichtiger und auch interessanter als der erste. Die Anfechtbarkeit einer sophistischen oder zusammengestückelten Theorie ist nämlich relativ schnell und leicht zu erkennen. Dagegen ist es sehr viel schwieriger, die ideologischen Effekte einer wissenschaftlichen Theorie auszuschalten: Um die Grenzen ihrer Gültigkeit festzulegen, bedarf es einer komplexen Operation, deren Resultate darüber hinaus nur schwer sichtbar gemacht werden können. Wenn man nun sieht, daß Ideologien sich auch auf streng wissenschaftliche Theorien stützen, wird leichter verständlich, warum der Glaube an zweifelhafte oder falsche Ideen so weit verbreitet ist.

Simmel[184] hat seinerzeit ganz deutlich gezeigt, daß der Einfluß des Marxismus zum großen Teil durch seine streng wissenschaftlichen Paradigmen und Modelle erklärt werden kann. Daher seine Überzeugungskraft. Er hat jedoch auch versucht, diesen Modellen und Paradigmen eine Gültigkeit und eine Reichweite zu verleihen, die ihnen in diesem Maß nicht zustanden. Daher der ideologische Charakter des Marxismus.

Zum Schluß möchte ich kurz einen Punkt erwähnen, auf den ich hier nicht näher eingehen kann.

In diesem Kapitel habe ich mich nur mit der *erklärenden*, nicht aber mit der *interpretierenden* Seite der Sozialwissenschaften befaßt.

Wenn man sich zum Beispiel fragt, aus welchen Gründen die Griechen in der Schlacht von Marathon gesiegt haben oder welche Ursachen an der wirtschaftlichen Stagnation einer bestimmten Gesellschaft Schuld tragen, hat man es mit Problemen der Erklärung zu tun. Die Fragen, die sich die Sozialwissenschaften stellen, sind jedoch nicht immer dieser Art. Ebenso wie die traditionelle Geschichtsphilosophie stellen sie Fragen, die man annähernd als Fragen nach dem *Sinn* bezeichnen könnte. Einige versuchen zum Beispiel, die Existenz von *Einschnitten* in Raum und Zeit zu beweisen (der «Einschnitt der Modernität», der «Einschnitt zwischen den modernen und den traditionellen Gesellschaften» und zwischen «holistischen» und «individualistischen» Gesellschaften) oder geschichtliche Entwicklungslinien aufzuzeigen.

Diese Entwicklungslinien und Einschnitte können natürlich nur dann deutlich gemacht werden, wenn bestimmte Probleme in den Vordergrund, andere in den Hintergrund gerückt, bestimmte Merkmale betont und andere unterschlagen werden. Das so entstandene Bild der Wirklichkeit kann mehr oder weniger überzeugend oder interessant sein. Ist es geglückt und überzeugend, kann es ideologische Effekte haben, wofür die evolutionistischen Monumentalschilderungen des 19. Jahrhunderts oder die modernen, von der Diskontinuität ausgehenden Geschichtsphilosophen (Karl Polanyi, Michel Foucault, Louis Dumont) [185] ein gutes Beispiel sind.

Die Beziehung zwischen der Erscheinung «Ideologie» und den Sozialwissenschaften ist – betrachtet man ihre interpretierende Dimension – viel einfacher und zugleich viel komplizierter. Einfacher deshalb, weil die Ideologie der Interpretation sozusagen innewohnt. Komplizierter, weil eine Interpretation – in etwa einem Kunstwerk vergleichbar – nur dann Einfluß ausüben kann, wenn sie dem Zeitgeschmack entspricht und demzufolge weit verbreitete Ideen ausdrückt. Heute glaubt man zum Beispiel eher an «Einschnitte» oder «Brüche» als an die großartigen evolutionistischen Visionen. Der ideologische Einfluß der Sozialwissenschaften ist also sehr viel schwieriger zu erkennen, da er in ihrer interpretierenden Dimension angesiedelt ist. Um dieses Problem angemessen zu behandeln, bedürfte es wahrscheinlich eines weiteren Buches. Der Hinweis auf seine Existenz war jedoch wichtig.

Natürlich sollte man nicht vergessen, daß die Begriffe «Interpretation» und «Erklärung» keineswegs geistige Tätigkeiten bezeichnen, die hermetisch voneinander getrennt sind. Ein gutes Beispiel dafür ist Diltheys Vorstellung von der Arbeit eines Biographen [186]. Er müsse, so sagte er, nach dem Endzweck suchen, den die Persönlichkeit, die er beschreibt, verfolgt hat. Wenn er einmal den *Sinn* erkannt hat, den sein Held in seinem Leben sah, kann der Biograph – zumindest im Prinzip – jede seiner Handlungen *erklären*...

DRITTER TEIL

9
Zwei Fallstudien

In diesem Kapitel werde ich skizzenhaft zwei Fallstudien über Ideologien unserer Tage ausführen, auf die ich schon hingewiesen habe: die Entwicklungstheorie und die Dritte-Welt-Theorie. Die Entwicklungstheorie besagt, daß allein der Westen für die Entwicklung der unterentwickelten Länder verantwortlich ist und daß nur er über die Mittel dazu verfügt. Nach der Dritte-Welt-Theorie müssen die armen Länder ihr Schicksal selbst in die Hand nehmen und sich vor einem immer noch kolonialismusverdächtigen Westen in acht nehmen. Obwohl diese gegensätzlichen Standpunkte einfach zusammenzufassen sind und unmittelbar ihren ideologischen Charakter preisgeben, beruhen beide auf einem imposanten Arsenal wissenschaftlicher Fakten. Ich werde zu zeigen versuchen, daß diese beiden Ideologien sich durch die drei Arten von Effekten verbreitet haben, die ich weiter oben analysiert habe, ohne auf diese im einzelnen einzugehen.

Meine erste Fallstudie stützt sich hauptsächlich auf die Untersuchung einer «Theorie», die ungefähr zwischen 1950 und 1970 so etwas wie ein kollektives Dogma war und die einen nicht unerheblichen politischen Einfluß ausgeübt hat: Die Rede ist von der Theorie, nach der die armen Länder sich ohne Hilfe von außen nicht wirtschaftlich «entwickeln» können. Diese «Theorie» bildet einen der Eckpfeiler des Ideensystems, das zu dieser Zeit die Geister beherrschte und das man als «Entwicklungstheorie» bezeichnet hat; diese hat die Entwicklungspolitik in hohem Maße beeinflußt. Für die Regierungen der entwickelten Nationen sowie die internationalen Organisationen und zahlreiche «einheimische» Regierungen lange Jahre eine Art «Credo».

Wie konnte es zu dieser kollektiven Überzeugung kommen?

In einer ersten Phase hat ein Team von Wissenschaftlern, die auf dem Gebiet der sozioökonomischen Entwicklung als Spezialisten galten, konvergierende Theorien formuliert, die wissenschaftlich die Notwendigkeit der Hilfe von außen begründeten.

Den Einfluß dieser Theorien sollte man sich erst einmal vergegenwärtigen. Dazu ist es notwendig, die Ursachen ihrer Überzeugungskraft zu analysieren: Warum galten sie nicht nur *außerhalb*, sondern auch *innerhalb* der eingeweihten Kreise als fundiert und mit der für wissenschaftliche Theorien charakteristischen Beweiskraft ausgestattet?

Um ihre Überzeugungskraft verstehen zu können, muß man einige dieser Theorien ausführlich betrachten. Ich werde mich daher im folgenden mit einer der bekanntesten dieser Theorien befassen, mit der Theorie vom «Teufelskreis der Armut». Ursprünglich wurde sie von dem Schweden Ragnar Nurske[187] aufgestellt. Ihr war eine lange Karriere beschieden, sie hat nämlich den Niedergang der Entwicklungstheorie überlebt: In einem seiner letzten Bücher legt Galbraith[188] eine neue, überarbeitete Version dieser Theorie vor, die den Verhältnissen der achtziger Jahre besser angepaßt ist.

Nurkses Theorie vom Teufelskreis der Armut kann folgendermaßen zusammengefaßt werden:

1. In einem armen Land ist die Sparkraft gering.
2. Ist die Sparkraft gering, ist auch die Investitionskapazität gering.
3. Produktionssteigerungen sind im allgemeinen das Ergebnis von Kapitalanlagen.
4. Ist die Investitionskapazität gering, kommt es folglich kaum zu einer Steigerung der Produktivität.
5. Die Erhöhung des Lebensstandards hängt von der Steigerung der Produktivität ab.
6. Weil eine Steigerung der Produktivität in einem armen Land unwahrscheinlich ist, stagnieren folglich auch der Lebensstandard und die Sparquote.
7. Die Entwicklung kann sich endogen nicht vollziehen, folglich muß sie durch Hilfe von außen oder durch das Zuschießen von ausländischem Kapital bewirkt werden.

Die Überzeugungskraft der Theorie vom Teufelskreis der Armut rührt vor allem daher, daß sie als *allgemeine* Theorie der Unterentwicklung präsentiert wird, die über große *erklärende* Kraft verfügt. Zweitens, weil sie aus einer Folge von Aussagen besteht, von denen jede als eine Art Evidenz gelten kann.

Diese Aussagen wirken wie *analytische Urteile* im Sinne Kants. Die erste Aussage ist zum Beispiel eine einfache Erklärung des Begriffs der Armut selbst: Kann man die Armut oder den Reichtum einer Nation nicht an ihrer Sparkraft messen? Oder betrachten wir die zweite Aussage: Muß man die Investitionskapazität nicht ganz natürlich an der Sparkraft messen? Und kann man ernsthaft annehmen, daß die dritte Aussage jeder Grundlage entbehrt, obwohl sie eher synthetisch als analytisch ist? Ist es nicht evident – selbst wenn diese Evidenz eher empirisch als analytisch ist –, daß eine Steigerung der Produktivität von Investitionen in Sachanlagen abhängt? Können wir nicht täglich in allen möglichen Bereichen beobachten, daß die Steigerung der Produktivität darauf zurückzuführen ist, daß immer leistungsfähigere Maschinen an die Stelle der menschlichen Arbeitskraft treten? Natürlich ist es ein weiterer Gemeinplatz der Wirtschaftstheorie, daß ein höherer Lebensstandard Ergebnis von Produktivitätssteigerungen ist.

Wir haben es hier also mit einer Theorie zu tun, die nicht nur stark erläuternd ist, sondern die sich außerdem aus einem Komplex von Aussagen zusammensetzt, von denen jede entweder als analytische Evidenz oder als empirischer Gemeinplatz gelten kann. Darüber hinaus erklärt die Theorie auf einen Schlag eine ungeheure Menge von Fakten, die selbst der oberflächlichste Beobachter nicht von der Hand weisen kann: Man könnte Dutzende von Nationen aufzählen, die zu einer nicht enden wollenden wirtschaftlichen Stagnation verurteilt zu sein scheinen. Kurzum, wir haben hier eine Theorie vor uns, die den traditionellen Regeln der Wissenschaftlichkeit entspricht. Deshalb wurde sie von breiten Kreisen der internationalen wissenschaftlichen Gemeinschaft übernommen.

Für diese günstige Aufnahme gibt es noch zwei andere Gründe, die erwähnt werden müssen. Erstens wurden zur selben Zeit viele andere Theorien aufgestellt, die – auf unterschiedlichem Weg zwar – zu denselben Schlußfolgerungen führten. Auf diesen Punkt kann ich nicht näher eingehen, ich werde jedoch kurz noch ein weiteres Beispiel streifen.

Eine dieser Theorien betont zum Beispiel, daß die Infrastrukturen im Bereich der Kommunikation und des Transports (*overhead capital*) eine Grundbedingung für die Entwicklung darstellen: Ist kein ausreichendes Straßen- oder Eisenbahnnetz vorhanden, bleiben die Märkte klein. Eine solche Situation veranlaßt die möglichen Unternehmer kaum zu Sachinvestitionen, selbst wenn man voraussetzt, daß sie über die Mittel dazu verfügen. In den Entwicklungsländern verfügen die Behörden auf der anderen Seite kaum über ausreichende Mittel zur Verbesserung der Infrastruktur. Auch bei dieser Folge von Aussagen – von denen jede leicht zu akzeptieren ist – gelangt man zu dem Schluß, daß zur Entwicklung Hilfe von außen unumgänglich notwendig ist.

Die Übereinstimmung bei den Schlußfolgerungen, die einen ganzen Komplex von Entwicklungstheorien charakterisiert, hat eine Art «Konvergenzeffekt» erzeugt: Jede dieser Theorien bestätigte die Glaubhaftigkeit der anderen. Dieser Effekt ist beim Entstehungsprozeß der meisten Ideologien zu beobachten, daher erscheint er mir durchaus erwähnenswert.

Man muß jedoch darauf hinweisen, daß dieser Konvergenzeffekt logische Probleme aufwirft. Die Theorie vom Teufelskreis der Armut geht zum Beispiel von einer Hypothese aus, die unvereinbar ist mit den Hypothesen der Theorie, nach der die Begrenztheit der Märkte investitionshemmend wirkt. Die erstgenannte Theorie setzt in der Tat voraus, daß die Sparmöglichkeiten gleich null sind. Die zweite nimmt im Gegenteil an, daß Sparmöglichkeiten durchaus vorhanden sind; sie will jedoch zeigen, daß sie kaum zu Investitionen führen. Ausgehend von unterschiedlichen Voraussetzungen gelangen beide Theorien also zu demselben Schluß.

Die beiden bisher von mir genannten Gründe für die positive Aufnahme der Entwicklungstheorien bei der wissenschaftlichen Gemeinschaft sind erkenntnistheoretischer Art: Diese Theorien wurden als fundiert und durchschlagend und gleichzeitig als konvergent angesehen.

Diese positive Aufnahme ist jedoch auch auf Gründe zurückzuführen, die man «soziologisch» nennen könnte und die starke Kommunikationseffekte bewirkt haben. Zu der Zeit, als diese Theorien formuliert wurden, schien die Welt von den westlichen Nationen beherrscht zu werden, hauptsächlich von der mächtigsten unter ihnen, den Vereinigten Staaten von Amerika. Die Dritte Welt wurde jedenfalls auf der internationalen politischen Bühne noch nicht als vollwertiger Handelnder anerkannt. Die auf der Hilfe von außen basierenden Entwicklungstheorien, die die Nationen im *Zentrum* für die *Peripherie* verantwortlich machten, paßten also zu diesem Weltbild.

Auf der anderen Seite besaß man in manchen Ländern – hauptsächlich in Lateinamerika – zwar eigene Vorstellungen über Entwicklungsprobleme, sie hingen jedoch stark von den Theorien ab, die die Wissenschaftler der entwickelten Welt aufstellten. Waren diese Vorstellungen zudem eigenwillig, übten sie kaum Einfluß aus. Einige lateinamerikanische Wissenschaftler hatten Themen angesprochen wie die Verschlechterung der «terms of trade» und zu zeigen versucht, daß der Außenhandel vor allem für die entwickelten Nationen *von Vorteil* war.[189] Die Zeit war jedoch noch nicht reif für die Diskussion dieser neuen Ideologie.

Die Entwicklungstheorien – für die die Theorie vom Teufelskreis der Armut ein gutes Beispiel ist – konnten sich also ungehindert von Station zu Station verbreiten. Samuelson gab Nurkses Theorie eine mathematische Form, wodurch er ihr Prestige und ihre Glaubhaftigkeit erhöhte.[190] Die politischen Schlußfolgerungen, zu denen die Entwicklungstheorien geradewegs führten – Hilfe von außen, Zuschießen von Fremdkapital –, wurden sowohl von den internationalen Organisationen als auch von den Regierungen weitgehend übernommen und in die Tat umgesetzt. Das lag daran, daß sie als auf wissenschaftlichen Theorien beruhend galten, die nicht nur tatsächlich fundiert und *konvergent* zu sein schienen, sondern die auch quasi eine *Monopolstellung* einnahmen.

Außerdem gab es noch einen weiteren Konvergenzeffekt: Gleichzeitig mit den Wirtschaftswissenschaftlern stellten die Soziologen «Modernisierungstheorien»[191] auf, von denen viele den Beweis zu führen versuchten, daß technische Neuerungen und die Entwicklung des Bildungswesens in den Entwicklungsländern Kettenreaktionen bewirken würden. Insbesondere die Soziologen waren der Ansicht, diese Faktoren könnten auf die wirtschaftliche Entwicklung fördernd einwirken.

Die Entwicklungstheorien besaßen jedoch weder die erklärende Bedeutung noch die solide Fundierung, die man ihnen zuschrieb. Natürlich waren sie ihrer Form nach wissenschaftlich genug, um die erste Station passieren zu können: die wissenschaftliche Gemeinschaft. Sie konnten dieses Hindernis auch deshalb so leicht überwinden und sich in allgemeinen wie politischen Kreisen verbreiten, weil sie dem Zeitgeist entsprachen. Warum wurden diese Theorien, die – wie wir noch sehen werden – nur beschränkt gültig sind, nicht nur auf der Ebene der Vermittler und der endgültigen Empfänger als allgemeingültig angesehen, sondern auch auf der Ebene der internationalen wissenschaftlichen Gemeinschaft?

Kommen wir kurz auf die Theorie vom Teufelskreis der Armut zu-

rück. Alle Aussagen dieser Theorie scheinen analytische oder syntheti-
sche Evidenzen zu sein – darin liegt ein großer Teil ihrer Autorität. Wer
jedoch etwas genauer nachdenkt, erkennt, daß diese Unanfechtbarkeit
nur eine Täuschung ist. Unter den Evidenzen dieser Theorie verbirgt
sich nämlich ein bedeutender Komplex von unsichtbaren Hypothesen
und Parametern.

Ein armes Land verfügt nur über eine geringe Sparkraft. Allerdings
nur dann, wenn das durchschnittliche Einkommen sehr niedrig ist. Die
Verteilung der Mittel kann sich aber gleichzeitig durch einen sehr niedrigen *Durchschnitt* und durch eine sehr große *Streuung* – das heißt
durch große Ungleichheit – auszeichnen. In diesem sehr häufig anzu-
treffenden Fall existiert per definitionem eine soziale Minderheit, die
über Sparkraft verfügt. Die grundlegende Aussage der Theorie vom
Teufelskreis der Armut präsentiert also in analytischer Form eine
Frage, die in Wirklichkeit in den Bereich der Beobachtung gehört. Dadurch verleiht sie ihr eine Überzeugungskraft und eine Allgemeingültigkeit, die ihr nicht zustehen. Sie stehen ihr um so weniger zu, als die
Ungleichheit in den sogenannten Entwicklungsländern oft sehr groß
ist, was aus der Beobachtung eindeutig hervorgeht.

Eine weitere grundlegende Aussage der Theorie vom Teufelskreis der
Armut lautet, daß eine Steigerung der Produktivität im allgemeinen nur
dann erzielt werden kann, wenn die menschliche Arbeitskraft durch
Maschinen ersetzt wird. Diese Aussage ist eine «empirische Verallgemeinerung», die wahrscheinlich auf Zustimmung stoßen wird: Ist es
denn nicht so, daß in *unseren Gesellschaften* eine Steigerung der Produktivität meistens das Resultat von Investitionen in Sachanlagen ist?

Die Theorie vom Teufelskreis der Armut soll jedoch nicht auf die
entwickelten Industriegesellschaften, sondern auf die Entwicklungs-
länder angewandt werden, das heißt auf Gesellschaften, bei denen im
allgemeinen der primäre Produktionsbereich vorherrscht. In diesem
Fall wird eine Steigerung der Produktivität meistens auf anderem Wege
erzielt als durch Sachinvestitionen: zum Beispiel durch eine Veränderung der Anbaumethoden oder durch eine Neuverteilung der Aufgaben. Obwohl mit der traditionellen japanischen Methode des Reis-
anbaus sehr viel höhere Erträge erzielt werden als mit der indischen
Methode, verlangt sie nicht mehr technische Hilfsmittel: Die beiden
Methoden unterscheiden sich nämlich nur in bezug auf die Organisation der Arbeit.

Kurzum, die dritte Aussage der Theorie vom Teufelskreis der Armut

– wonach eine Steigerung der Produktivität nur durch Sachinvestitionen erreicht wird – läßt tatsächlich an typische Phänomene denken, jedoch an Phänomene, die eher für die *Industriegesellschaften* als für diejenigen Gesellschaften typisch sind, von denen die Theorie handelt. Anders ausgedrückt beruht der Glaube an die Gültigkeit dieser Aussage auf einer *soziozentrischen* Referenz (Piaget).

Von einem Empfänger, der einer entwickelten Gesellschaft angehört, wird die Aussage wahrscheinlich als wahr angesehen; im Fall der von der Theorie angesprochenen Gesellschaften ist sie jedoch kaum stichhaltig. Wir haben es hier mit einem perspektivischen Effekt zu tun (wie wir uns erinnern, eine wichtige Kategorie der Dispositionseffekte), der zum Beispiel den Effekten vergleichbar ist, die ich für den Fall der Magie beschrieben habe.

Außerdem darf man nicht vergessen, daß auch in den entwickelten Gesellschaften und selbst im industriellen Bereich die Produktivität von allen möglichen anderen Faktoren abhängt als von der Kapitalakkumulation. Der Rückgang der Produktivität der amerikanischen Wirtschaft in den siebziger Jahren ist nicht allein auf geringere Investitionen zurückzuführen.

Weisen wir schließlich noch darauf hin, daß die Theorie vom Teufelskreis der Armut implizit zahlreiche andere Hypothesen einführt, von denen ihre Gültigkeit abhängt. Sie setzt zum Beispiel *stillschweigend* voraus, daß die ideale Gesellschaft, von der sie handelt, mit der Außenwelt keinen nennenswerten Austausch betreibt. Sonst könnte die besagte Gesellschaft nämlich von den sich außerhalb ihrer vollziehenden Steigerungen der Produktivität profitieren, selbst wenn ihre eigene Produktivität stagniert. Sie könnte in diesem Fall dieselben Güter von Jahr zu Jahr billiger importieren, und dieses Phänomen würde sich auf ihren Lebensstandard genauso auswirken wie eine Steigerung der Produktivität im eigenen Land.

Am Schluß dieser kurzen kritischen Analyse stellt man also fest, daß die Theorie in Wirklichkeit nur *unter äußerst speziellen Bedingungen* Gültigkeit hat. Sie setzt voraus, daß nur beschränkte Mittel vorhanden sind. Das schließt viele Gesellschaften von vornherein aus. Sie nimmt außerdem an, daß die Steigerung der Produktivität hauptsächlich auf Investitionen in Sachanlagen zurückzuführen ist, was wohl eher für die Industriegesellschaften als für die schwach entwickelten Gesellschaften zutrifft. Sie setzt außerdem eine Gesellschaft voraus, die keinen Austausch mit der Außenwelt unterhält, was wohl kaum jemals der Fall ist.

Insgesamt stellt die idealtypische Gesellschaft – um einen Begriff von
Max Weber zu benutzen –, von der die Theorie vom Teufelskreis der
Armut handelt, eine Art *patchwork* da. Sie kann nicht als vereinfachte
Beschreibung dessen gelten, was die schwach entwickelten Gesellschaften tatsächlich sind. Und dennoch: Durch soziozentrische Vorstellungen, die in sie einfließen, durch den quasi analytischen Charakter der
Aussagen, aus denen sie besteht, erweckt diese Theorie den Eindruck,
sie beschreibe getreu die «strukturellen» Merkmale, die allen vorindu-
striellen Gesellschaften gemeinsam sind. Dadurch lenkt sie die Benut-
zer wie die Urheber der Theorie von den unsichtbaren Hypothesen und
Parametern ab, die die Grundlage ihrer Gültigkeit bilden.

In diesem Zusammenhang möchte ich darauf hinweisen, daß der
Ausdruck «idealisierte Beschreibung *von* unterentwickelten Gesellschaften» an sich schon ziemlich verdächtig ist und in jedem Fall ein
Paradigma, das heißt eine a priori gegebene Auffassung ins Spiel bringt.
Was für ein Zusammenhang besteht denn zwischen Gesellschaften wie
der Gesellschaft Kolumbiens oder der des Kongos der fünfziger oder
sechziger Jahre? Bei beiden handelt es sich zwar um unterentwickelte
Gesellschaften, vor allem aber um zwei sehr verschiedene Gesellschaften. Die Tatsache, daß man sie unter demselben Idealtyp subsumieren
zu können glaubt, ist auf die *a priori gegebene Vorstellung* zurückzuführen, *die* Unterentwicklung sei ein grundlegendes politisches Problem. Diese Vorstellung reicht natürlich nicht aus, um dem Phänomen
der Unterentwicklung eine Einheitlichkeit zu verleihen, die es in Wirklichkeit nicht besitzt. Sie schafft jedoch bei dem, der sie teilt, die geistigen Voraussetzungen dafür, daß er Theorien gegenüber aufgeschlossen
ist, die Erklärungen *der* Unterentwicklung im Singular zu sein scheinen. Und sie verhindert, daß man sich der Tatsache bewußt wird, daß
es extrem viele verschiedene in Entwicklung begriffene Gesellschaften
gibt.

Schließlich könnte man gegen die Theorie vom Teufelskreis der Armut gleich zu Beginn einen *äußerlichen* Einwand erheben: Wenn sie
wirklich so wahr ist, wie es den Anschein hat, wie ist es dann zu erklären, daß zahlreiche arme Länder – angefangen mit dem England des
18. Jahrhunderts und mit Japan oder Preußen im 19. Jahrhundert –
sich ohne jede Hilfe von außen und ohne jegliches Fremdkapital so
spektakulär entwickeln konnten? Die Tatsache, daß dieser weitere evi-
dente Einwand keine Zweifel an der Theorie aufkommen ließ, ist außerdem durch die Stärke kollektiver Überzeugungen zu erklären, vor

allem durch die Überzeugung, die entwickelten Nationen seien verantwortlich für die Entwicklung derjenigen Länder, für die damals die Bezeichnung «Dritte Welt» aufkam.

Natürlich hatten sich schon in den fünfziger und sechziger Jahren Stimmen erhoben, die Zweifel anmeldeten an der Fundiertheit der Entwicklungstheorien im allgemeinen und der von mir hier behandelten Theorie im besonderen. Darauf hörte man damals jedoch kaum. Wenn man dennoch von diesen Theorien abkam, dann weniger unter dem Eindruck der Kritik als aufgrund der geopolitischen Veränderungen, die sich seit Anfang der sechziger Jahre vollzogen. Mit der zunehmenden Entkolonialisierung beanspruchte die Dritte Welt nämlich einen immer größeren Platz auf der internationalen politischen Bühne. Die Vorstellung, die den Entwicklungstheorien zugrunde lag und den westlichen Nationen eine Hauptrolle bei der Modernisierung dieser Länder zusprach, geriet in Mißkredit, nicht allein, weil sie bei spezifischen Gruppen als Ausdruck einer «neokolonialistischen» Haltung gelten konnte, sondern vielmehr, weil sie ein verzerrtes Bild von der Wirklichkeit wiedergab, und weil es *faktisch* unmöglich geworden war, diese Länder wie Versuchslabors zu behandeln.

Die Entwicklungstheorie mußte deshalb neuen Ideologien Platz machen, die wie diejenigen Ideologien, die auf den Dependencia-Theorien beruhen, das alte Erbe der Imperialismustheorie Lenins antraten und zu zeigen versuchten, daß der Hauptgrund für die Unterentwicklung das Abhängigkeitsverhältnis sei, das die Nationen des *Zentrums* – unter dem Vorwand der Interdependenz – den Ländern der *Peripherie* aufzwingen.

Diese neue ideologische Episode kann auf genau dieselbe Art und Weise analysiert werden wie die Episode der Entwicklungstheorie, und ich werde später darauf zurückkommen: Die Dependencia-Theorien erschienen zunächst als ein Komplex von wissenschaftlichen Theorien, mit denen ein guter Teil der internationalen wissenschaftlichen Gemeinschaft sich identifizierte. Sie verbreiteten sich dann über eine gewisse Anzahl von *Stationen*, wobei sie jene kollektiven Vorstellungen legitimierten, die mit dem Begriff der Dritte-Welt-Theorie zusammengefaßt werden können.

Diese Einzelfallstudie deutet darauf hin, daß die Verbreitung des Überzeugungssystems, das man als «Entwicklungstheorie» bezeichnet hat, als gehäufte Auswirkung von Verhaltensweisen analysiert werden muß, von denen jede als leicht *verständlich* im Weberschen Sinn des Wortes angesehen werden kann.

Wie viele andere auch versucht Nurkse mit seiner Theorie vom Teufelskreis der Armut ein *Problem* zu lösen, das als entscheidend gilt: Was sind die Ursachen für *die* Unterentwicklung und wie kann man ihnen begegnen? Er stellt die Frage natürlich so, wie *man* sie damals oft stellt, und akzeptiert ziemlich widerspruchslos die Vorstellung, man könne von *der* Unterentwicklung im Singular sprechen. Dieser verallgemeinernde Standpunkt entspricht jedoch der traditionellen Haltung in den Sozialwissenschaften, und er ist sicher insbesondere charakteristisch für die Wirtschaftstheorie. Die Vorstellung, es gebe ein Problem *der* Unterentwicklung, traf also mit den professionellen Gewohnheiten zusammen. Das ist auch einer der Gründe dafür, daß Nurkses Theorie – ebenso wie die zahlreichen anderen Theorien derselben Art, die damals vorgebracht wurden und die zu denselben Schlüssen gelangen – von der internationalen wissenschaftlichen Gemeinschaft und insbesondere von den Wirtschaftswissenschaftlern als interessant wahrgenommen wurde.

Wenn sie nicht nur als interessant, sondern auch als gültig angesehen wurde, so geschah dies aus leicht erkennbaren Gründen. Mit seiner Theorie vom Teufelskreis der Armut stellt Nurkse ein *Modell* auf. Dieses Modell ist ein nur unter äußerst speziellen Bedingungen gültiges Gebäude; wie wir gesehen haben, sind die Bedingungen so speziell, daß es nicht sicher ist, ob es überhaupt als idealisiertes Bild irgendeiner tatsächlich existierenden Gesellschaft gelten kann. *Verständlich* ist jedoch, daß sein Urheber kaum versucht hat, diese speziellen Bedingungen besonders zu betonen. Einerseits weil es für einen Wirtschaftswissenschaftler selbstverständlich ist, daß jedes Modell ein idealisiertes Gebäude ist; andererseits weil man von einem Wissenschaftler kaum erwarten kann, daß er sich über die Grenzen der Gültigkeit seiner Theorien verbreitet; und schließlich, weil die Verdeutlichung dieser Grenzen Betrachtungen verlangt, die eher in den Bereich der Geschichte als in den Bereich der Wirtschaftstheorie gehören; außerdem neigt der Theoretiker zu der Ansicht, daß historische Fakten nicht unter seine Kompetenz fallen. Insgesamt genügt es, triviale Hypothesen über die Arbeitsteilung innerhalb der wissenschaftlichen Gemeinschaft aufzustellen, um zu *verstehen*, auf welche Weise ein nur unter ganz speziellen Bedingungen gültiges Modell als *allgemeine Theorie der* Unterentwicklung präsentiert und in der internationalen Gemeinschaft der Wirtschaftswissenschaftler auch als solches angesehen werden konnte.

Ich habe schon erwähnt, daß natürlich schon sehr bald Einwände gegen diese Interpretation erhoben wurden. Sie kamen jedoch von Wissenschaftlern, die sich wie der Engländer P. T. Bauer [192] nicht so streng mit dem geistigen Rahmen identifizierten, der durch den Begriff «Wirtschaftstheorie» bezeichnet wird. Da Bauer direkt und länger mit der Materie in Berührung gekommen war, hatte er sehr bald erkannt, daß die Phänomene der Entwicklung nicht wirksam in Begriffen der Wirtschaftstheorie analysiert werden konnten und daß es nötig war, die Vielfalt der unterentwickelten Gesellschaften zu berücksichtigen. Seiner Meinung nach müßte der Wirtschaftswissenschaftler, der sich mit den Problemen der Entwicklung befaßt, sich auch als Historiker betätigen und dabei ganz besonders den Unterschieden und den Kontingenzen seine Aufmerksamkeit schenken. Mit dieser Meinung stand Bauer natürlich nicht allein. Dieser fächerübergreifende Standpunkt forderte jedoch seinen Preis: Er machte diejenigen, die ihn vertraten, zu Außenseitern. Man hörte daher kaum auf sie. Um so weniger, als der historisch-ökonomische Standpunkt häufig nicht nur den Eindruck erweckte, «unwissenschaftlich» zu sein, sondern weil er zum Skeptizismus führte und außerdem in einer Sackgasse zu enden schien: Mußte man bei dieser Einstellung nicht zu dem Schluß gelangen, es existiere kein Wundermittel gegen *die* Unterentwicklung im allgemeinen, das heißt, kein Mittel, das automatisch die erhoffte Entwicklung bewirkt? Derartige Schlußfolgerungen waren natürlich sowohl für den Politiker als auch für den politisch «bewußten» oder «engagierten» Bürger enttäuschend.

Die Argumente der Gegner hatten demzufolge kaum Einfluß. Umgekehrt setzten die Entwicklungstheorien sich durch, nicht nur weil sie genau in den geistigen Rahmen der Wirtschaftstheorie paßten, sondern weil sie zu optimistischen Schlußfolgerungen führten und dem politischen Handeln die Richtung wiesen. Um den Entwicklungsprozeß anzustoßen, genügte es, den Entwicklungsländern ausländisches Kapital zur Verfügung zu stellen oder den Ausbau der Infrastrukturen durch die berühmte «Hilfe von außen» zu erleichtern.

Nachdem sie von der internationalen wissenschaftlichen Gemeinschaft das Gütezeichen erhalten hatten, konnten die Entwicklungstheorien sich leicht von Station zu Station verbreiten. Verständlicherweise stießen sie bei den einheimischen Regierungen, bei den Regierungen der Länder des Zentrums, den internationalen Organisationen, den politischen Parteien oder bei der Presse auf großes Interesse. Wenn eine Theorie eine in ihren Augen einfache Lösung für ein wichtiges politisches Problem vorschlägt, sind *Vermittler* (zum Beispiel die Journalisten) und Verantwortliche nicht immer geneigt, sie kritisch unter die Lupe zu nehmen. Im System der Rollenverteilung kommt diese kritische Funktion eher der wissenschaftlichen Gemeinschaft zu. Diese hatte nun die Garantie für die Entwicklungstheorien übernommen. Die *Kritik* einer Theorie ist übrigens eine undankbare Aufgabe, die ihren Preis hat und spezielle kognitive und intellektuelle Ressourcen voraussetzt. Diese Ressourcen finden sich vor allem in der wissenschaftlichen Gemeinschaft, besonders wenn es sich um Theorien mit eher technischer Argumentation handelt.

Auch die positive Aufnahme bei der wissenschaftlichen Gemeinschaft ist leicht zu verstehen. Noch einmal: Eine Theorie wie die von Nurkse gilt nicht deshalb als schwach, weil sie unhaltbar, inkohärent oder sophistisch wäre. Ihre Schwäche besteht eher darin, daß ihre Gültigkeit von allen möglichen impliziten Bedingungen abhängt, die in der Realität gleichzeitig wohl nie erfüllt werden. Wir haben jedoch gesehen, daß diese Bedingungen nur selten eindeutig formuliert und auf sozialer Ebene sichtbar werden.

Deshalb nahm die Entwicklungstheorie für eine Weile eine Vorrangstellung ein; sie wurde erst entthront, als man gewahr wurde, daß sie zu den neuen kollektiven Vorstellungen im Widerspruch stand, die mit dem Erscheinen der Dritten Welt auf der internationalen politischen Bühne aufkamen.

Ihr Nachfolger, die Dritte-Welt-Theorie, stützt sich ebenfalls nicht nur – wie oft angenommen – auf Gefühle, sondern auf einen Komplex von wissenschaftlichen Theorien, den man allgemein als *Dependencia-Theorien* bezeichnet.

Da die Dependencia-Theorien heute den Status einer Art Paradigma bzw. eines theoretischen Rahmens besitzen, der sehr unterschiedliche Forschungen einschließt, verwundert nicht, daß sie in zahlreichen Varianten vorliegen. Die Version S. Amins und G. Francks unterscheidet sich zum Beispiel von der Version F. Cardosos.[193] Außerdem gibt es unendlich viele Nuancen und Unterschiede. Tatsächlich existieren so viele Versionen und Varianten der Theorie sowie der Forschungen, die sich an ihr orientieren oder ihr gelten, daß man leicht eine *gelehrte* Diskussion darüber führen könnte.

Vielleicht interessanter – jedenfalls zweckdienlicher für mich – ist es, die wichtigsten Leitlinien und die hauptsächlichen Aussagen oder Einsichten herauszuarbeiten. Die wichtigste dieser Einsichten besagt, einige Gesellschaften seien im Verhältnis zu anderen abhängiger, manche gehörten zur Peripherie, andere zum Zentrum; diese Dualität hat nun zahlreiche Konsequenzen, die den ersten zum Nachteil und den zweiten zum Vorteil gereichen. Im Vertrauen auf ein Modell, das sicherlich auf einer Reihe von Vereinfachungen beruht, hatte Ricardo mit seiner Theorie des internationalen Handels demonstriert, daß beide Handelspartner von ihren Handelsbeziehungen profitieren könnten, auch wenn einer von beiden Produkte importiert, die er im eigenen Land billiger als sein Partner produzieren kann. Dieses Modell habe ich weiter oben angesprochen, ich werde nicht darauf zurückkommen. Gegen den Optimismus der klassischen Anschauung des Außenhandels erheben die Anhänger der Dependencia-Theorien den Einwand, die abhängigen Gesellschaften neigten dazu, zu niedrigen Preisen Rohstoffe zu exportieren und unter hohem Kostenaufwand Endprodukte zu importieren. Im allgemeinen würden die Beziehungen zwischen den abhängigen Gesellschaften und den unabhängigen oder zentralen Gesellschaften die *Ausbeutung* der ersten durch die zweiten nach sich ziehen, außerdem *desintegrierende Effekte* (wenn zum Beispiel die Kapitalisten der abhängigen Gesellschaften sich mit den ausländischen Kapitalisten verbünden oder wenn man annimmt, die Ungleichheiten in den abhängigen Gesellschaften würden durch die Auswirkung der Abhängigkeit selbst noch vergrößert) sowie *Sperreffekte* (nach Francks berühmter Formulierung «die Entwicklung der Unterentwicklung»).

Diesen Dependenz-Hypothesen kann man kurz zwei Kategorien von Fakten gegenüberstellen. Zunächst die Häufung bestimmter Gegebenheiten. P. T. Bauer [194] betont zum Beispiel, daß laut den Statistiken der Wirtschaftskommission der Vereinten Nationen für Lateinamerika (abgekürzt ECLA, eine Kommission der UNO, in der einige Ideen großen Einfluß ausübten, die später von den Anhängern der Dependencia-Theorien übernommen wurden) das Bruttosozialprodukt in den lateinamerikanischen Ländern zwischen 1935 und 1953 jährlich um 4,2 Prozent gestiegen ist, also in bedeutenderem Maße als in den USA. Bauer betont nun, da Transaktionen in Lateinamerika weitgehend durch Barzahlung vorgenommen würden, hätten die Statistiken über das Bruttosozialprodukt in diesem Fall eine größere Bedeutung als in den meisten anderen unterentwickelten Ländern. In Südostasien exportiert man um

1900 kaum Kautschuk, im Jahre 1963 belaufen sich die Einnahmen aus dem Kautschukexport auf 400 Millionen Pfund Sterling. Zwei Drittel der Produktion stammen von Plantagen, die von Einheimischen bewirtschaftet werden. Mitte der fünfziger Jahre ist das Pro-Kopf-Einkommen in Ghana viermal so hoch wie zu Beginn des Jahrhunderts, obwohl sich in demselben Zeitraum auch die Bevölkerung vervierfacht hat. Zur Verschlechterung der «terms of trade» bemerkt A. Lewis, die «terms of trade» für Rohstoffe im Vergleich zu Fertigprodukten seien in den fünfziger Jahren höher als jemals in den achtzig Jahren zuvor. Das sei auf die durch den Koreakrieg hervorgerufene Nachfrage zurückzuführen. Zwischen 1955 und 1962 verschlechtern sich die «terms of trade», steigen danach aber wieder an. Im Jahre 1970, als die Dependencia-Theorien sich durchzusetzen beginnen, sind sie so gut wie nie zuvor in der Geschichte. Es ist jedenfalls unmöglich, von einer stetigen Tendenz zur Verschlechterung der «terms of trade» zu sprechen. Außerdem berücksichtigen die von Lewis[195] verwendeten Fakten weder die niedrigeren Produktionskosten für Rohstoffe noch die beträchtliche Steigerung des Exports von Rohstoffen, noch die bessere Qualität der importierten Güter und deren Auswirkungen auf den Wohlstand.

Man könnte also zahlreiche statistische Gegebenheiten anführen, die sich schwer mit der Ansicht vereinbaren lassen, die «Abhängigkeit» hätte unweigerlich Sperreffekte oder die «Entwicklung der Unterentwicklung» zur Folge.

Zweitens kann man den allgemeinen Ansichten der Anhänger von Dependencia-Theorien die Lehren aus Einzelstudien entgegenhalten. Ein Fall, der große Aufmerksamkeit bei den Wissenschaftlern erregt hat, ist Nigeria.[196] Erstens, weil die «Abhängigkeit» Nigerias auf den Beginn des 16. Jahrhunderts zurückgeht, denn dieses Land unterhielt schon zu jener Zeit Handelsbeziehungen zu Europa. Zweitens, weil die Kolonisierung hier nicht nur eine rasend schnelle Entwicklung der Landwirtschaft zur Folge hatte, sondern auch deshalb, weil sie der Entwicklung einer nigerianischen Unternehmerklasse im Bereich des (regionalen und nationalen) Transportwesens, des (regionalen und nationalen) Handels, der Verteilung der importierten Güter sowie von Banken und Industrie nicht nur nicht im Wege stand, sondern sie ganz sicher vereinfacht hat. Diese Fakten werden natürlich nur dann verständlich, wenn man die Geschichte Nigerias kennt. Es ist eine Tatsache, daß der Sklavenhandel manche Möglichkeiten der Entwicklung zerstört hatte, denn die Einkünfte aus dem Verkauf von Sklaven hatten in manchen Sektoren dazu geführt, daß Importe an die Stelle der einheimischen Produkte traten. Als der Sklavenhandel – dessen Unmenschlichkeit wohl kaum betont werden muß – abgeschafft wurde, verfügten andererseits jedoch viele Händler über die nötigen kaufmännischen Kenntnisse, um fortan mit Baumwolle oder mit Palmöl zu handeln und ein Netz von Handelsbeziehungen sowie kaufmännische Traditionen aufzubauen, die von Generation zu Generation weitergegeben wurden. Später vertrieb man über diese Beziehungen ohne Schwierigkeiten Kakao, Kautschuk und Holz, denn die nigerianischen Bauern hatten sich ihrerseits an die sich entwickelnde Nachfrage aus Europa angepaßt. Vor der britischen Kolonisierung zeichnet sich die Landwirtschaft Nigerias durch ihre Fähigkeit aus, einen beträchtlichen Überschuß produzieren zu können, außerdem durch einen Überschuß an Arbeitskräften und Ackerboden. Darüber hinaus hatten die Gemeinden aufgrund der sozialen Organisation in Nigeria sehr häufig die Möglichkeit, selbst zu bestimmen, was mit dem gemeindeeigenen Land sowie mit den Erträgen aus der Bewirtschaftung geschehen sollte. Diese Faktoren erklären, warum die nigerianische Landwirtschaft sich mit so großer Flexibilität an die Nachfrage von außen anpassen konnte. Zudem war der Handel nicht nur entwickelt, er wurde auch allgemein akzeptiert. Der Sittenkodex für den Handel war klar definiert und wurde auch respektiert.

Aufgrund dieser Gesamtsituation stellten die britischen Kolonisatoren folgende Diagnose: Einerseits waren die nigerianischen Bauern in der Lage, die Nachfrage der britischen Firmen zu befriedigen (wegen des Überschusses an Arbeitskräften und an Ackerboden, wegen der individuellen Entscheidungsfreiheit, die der Brauch ihnen zubilligte, wegen der Fähigkeit der Bauern, einen manchmal beträchtlichen Überschuß zu produzieren und sich – was sie in der Vergangenheit bewiesen hatten – an die sich entwickelnde Nachfrage anzupassen usw.); andererseits war ihnen klar, daß sie ein großes Risiko eingingen, wenn sie versuchten, die Bauern zu einfachen Landarbeitern zu degradieren.

Die nigerianischen Bauern kamen der Nachfrage aus dem Mutterland tatsächlich nach. Dies löste eine «ökonomische Revolution» aus. Die Bauern richteten ihre Produktion zwar am Bedarf der britischen Industrie und des britischen Marktes aus, aber obwohl Nigeria britische Kolonie war, muß man hier wohl eher von «Interdependenz» als von «Dependenz» sprechen. Die Bedürfnisse des Mutterlandes schafften für die Bauern und die anderen nigerianischen wirtschaftlich Han-

delnden nicht nur Opportunitäten, diese Interdependenz führte außerdem zu bemerkenswertem Wachstum und wirtschaftlicher Entwicklung. Im übrigen wurde die «Abhängigkeit» der Landwirtschaft
Nigerias von der britischen Nachfrage dadurch begrenzt, daß viele
Exportgüter – außer Kakao – gleichzeitig Konsumgüter waren. Als
nun die wirtschaftliche Entwicklung einen Prozeß der Verstädterung
einleitete, wuchs auch die inländische Nachfrage ständig. Und zwar
so stark, daß das System relativ gut gegen Schwankungen der Nachfrage von außen geschützt war. Außerdem führte die zunehmende Aktivität der Nigerianer in allen drei Wirtschaftssektoren zu einem An-
wachsen des flüssigen Kapitals. Schatz hat gezeigt, daß es nicht am
fehlenden einheimischen Kapital liegt, wenn die nigerianischen Unternehmer nicht so zahlreich sind, wie es wünschenswert wäre.[197]

Der Fall Nigeria ist deshalb so interessant, weil es sich um eine Gesellschaft handelt, die achtzig Jahre lang (bis 1960) unter Kolonial-
herrschaft stand. Trotz dieser politischen Abhängigkeit hat die wirtschaftliche «Abhängigkeit» sich zwar sicher negativ auf die Interessen
der nigerianischen Gesellschaft ausgewirkt, sie hat ihr Wachstum und
ihre Entwicklung jedoch auch unbestreitbar beschleunigt.

Handelt es sich dabei um eine Ausnahme? Es ist klar, daß die Kolo-
nialherrschaft hier eine besondere Form annahm, und zwar aus Gründen, für die die Geschichtswissenschaft zuständig ist. Bestimmt wäre es
jedoch gefährlich, den Fall Nigeria als Abweichung zu behandeln. Er ist
im Gegenteil ein Hinweis darauf, daß man im allgemeinen lieber von
Interdependenz als von Dependenz sprechen sollte und daß vom Standpunkt der «abhängigen» Gesellschaft aus gesehen – außer in Grenzfäl-
len – nicht *alle* Konsequenzen der Abhängigkeit negativ sind.

Der Fall Nigerias ist natürlich nicht der einzige, den man den Dependencia-Theorien entgegenhalten kann. In einem sehr interessanten
Artikel behandelt Bienefeld[198] erst seit kurzem industrialisierte Länder: Südkorea, Taiwan, Singapur, Hongkong usw. Das ungeheure
wissenschaftliche Wachstum dieser Gruppe von Ländern dementiert
ganz offensichtlich jene Version der Dependencia-Theorien, die besagt, mangels eines «Bruches» mit dem kapitalistischen System könne
eine Gesellschaft der «Peripherie» nur immer tiefer in der Unterentwicklung versinken. Bienefeld zeigt sehr anschaulich, daß dieses
Wachstum im Fall der erwähnten Länder auf eine ungünstige Entwicklung der Produktivität in den meisten seit 1970 industrialisierten
Ländern zurückzuführen ist sowie auf den daraus resultierenden

Abbau des Wettbewerbs. Gleichzeitig ging der wirtschaftliche Aufschwung weiter und führte zu einer steigenden Nachfrage nach Rohstoffen, was wiederum eine Verringerung der Gewinnspanne der Länder der OECD zur Folge hatte. Das Zusammenwirken dieser Faktoren löste in den Industrieländern das Bedürfnis aus, die Produktionskosten zu senken, neue Absatzmärkte für die Hersteller von Produktionsgütern zu erschließen und nach Gelegenheiten zur Investition zu suchen, die einen angemessenen Gewinn versprachen. Folglich haben Produzenten und Verkäufer sich den «neuen Industrieländern» zugewandt, die durch die Öffnung der Märkte in den Industrieländern eine Politik des wirtschaftlichen Aufschwungs wagen konnten.

Von unserem Standpunkt aus ist jedoch vor allem Bienefelds Weigerung interessant, in diesen Beispielen eine Widerlegung der Dependencia-Theorien zu sehen. Er versichert im Gegenteil, sie würden diese Theorie sogar bestätigen. Die Dependencia-Theorien, sagt er, hätten immer die Bedeutung des internationalen Kontextes betont. Die neuen Industrieländer würden diese Bedeutung nur bestätigen. Natürlich haben diese Länder die Gelegenheiten, die sich ihnen boten, prompt beim Schopf ergriffen. Auf der Grundlage dieser Gelegenheiten haben sie dann die Richtlinien einer voluntaristischen Politik bestimmt. Die Definition und die Verwirklichung dieser Politik wurden dadurch ermöglicht – oder zumindest erleichtert –, daß es sich um Länder handelt, deren Wirtschaftssystem vom Staat gelenkt wird. Laut Bienefeld ist also jeder Fall von Interdependenz ein Beweis für die Gültigkeit der Dependencia-Theorien... Das läuft darauf hinaus, daß die Theorie nur dann akzeptabel ist, wenn sie fast allen spezifischen Inhalt verloren hat! Natürlich brauchte es nicht die Dependencia-Theorien, um zu begreifen, daß wenn ein Land A an ein Land B eine Nachfrage richtet, diese Nachfrage für das Land B eine Gelegenheit darstellt, die es abhängig von zahlreichen Faktoren ergreifen oder nicht ergreifen kann und daß diese Nachfrage eine Interdependenzbeziehung zwischen A und B herstellt.

Da er sich zweifellos dessen bewußt war, daß seine durchaus interessante Analyse die Dependencia-Theorien gar nicht benötigt, versuchte Bienefeld, sich an folgende Feststellung zu klammern: das bemerkenswerte Wachstum der «neu-industrialisierten Länder» ginge Hand in Hand mit schweren politischen Verfolgungen. Niemand kann bestreiten, daß es in diesen Ländern tatsächlich viele politisch Verfolgte gibt. Man sollte sich jedoch wirklich fragen, ob die Verfolgung – wie er behauptet – tatsächlich als Bedingung des wirtschaftlichen Wachstums gelten kann. Sollte sie die Forderungen nach Lohnerhöhungen unterbinden? Nein. Um diese Hypothese zu widerlegen, braucht man lediglich die Entwicklung der Löhne zu verfolgen: Laut Bienefeld stiegen die Löhne der Facharbeiter Südkoreas und Taiwans in den letzten zehn Jahren in beträchtlichem Maße, und die Ungleichheiten wurden geringer. Der Fall Brasiliens, wo die Ungleichheiten nicht in demselben Maße abgebaut wurden, reicht also keinesfalls als Beweis dafür aus, daß ein starkes Wachstum in einem Land der «Peripherie» – das trotz der gegenteiligen Aussagen der Dependencia-Theorien nicht von der Hand zu weisen ist – nicht unbedingt von einer Aufrechterhaltung oder einer Verstärkung der Ungleichheit begleitet sein *muß*. Ebenso kann man Zweifel an der Behauptung anmelden, politische Verfolgungen seien eine Bedingung oder eine notwendige Konsequenz des Wachstums der «Peripherie».

Einige Dependencia-Theoretiker versichern, sie seien sowohl auf die Geschichte als auch auf «Konkretes» bedacht. Weil sie abstrakte Theorien ablehnen, verurteilen sie zum Beispiel die klassische Außenhandelstheorie. Wäre jedoch die Ablehnung der Dependencia-Theorien selbst nicht die logische Folge dieses Einlassens auf das «Konkrete»? Daß die Gesellschaften in unterschiedlichem Maß entwickelt sind und im internationalen System unterschiedliches Gewicht besitzen, ist eine Tatsache. Daß Abhängigkeit (sofern man diesen Begriff überhaupt klar definieren kann, da in gewisser Hinsicht Kanada mindestens ebenso «abhängig» von den USA ist wie zum Beispiel Argentinien) immer nur den herrschenden Gesellschaften Vorteile bringt, ist eine unhaltbare Behauptung. Für eine Gesellschaft existieren tausend verschiedene Arten der Interdependenz mit ihrer Umgebung, und die Auswirkungen dieser Interdependenz sind unendlich vielfältig.

Die Aussagen der Dependencia-Theorien werfen in der Tat eine radikale, methodologische Frage auf, die im vorliegenden Rahmen nicht in vollem Umfang analysiert werden kann: Ist es sinnvoll, nach den Folgen der *Abhängigkeit* zu forschen? Eine Aussage vom Typ «X ist die Folge von Y» hat in manchen Fällen zwar einen eindeutigen, klaren Sinn («der Brand ist die Folge von ausgetretenem Gas»), in anderen Fällen ist sie sinnlos: Von welchem Y ist die Tatsache X, nämlich daß meine Uhr die Zeit anzeigt, die Folge? Wer dächte zum Beispiel daran, nach den Konsequenzen der Erfindung des Rads für unsere modernen

Gesellschaften zu fragen? Die Folgen sind zwar allgegenwärtig, aber gleichzeitig nicht zu erfassen. Ähnlich verhält es sich mit den Folgen der Tatsache, daß Nigeria eine britische Kolonie war und Brasilien eine portugiesische. Die Dependencia-Theorien scheinen vielleicht deshalb so einzigartig zu sein, weil sie behaupten, die Frage nach den *Folgen* der «Abhängigkeit» beantworten zu können. In diesem Zusammenhang muß erneut auf das hingewiesen werden, was sie von der klassischen Außenhandelstheorie unterscheidet, die zwar auf offensichtlichen Vereinfachungen beruht, jedoch einen klar definierten Zweck verfolgt: die Untersuchung der Folgen des Übergangs von der wirtschaftlichen Autarkie zum Handelssystem unter bestimmten, genau definierten Bedingungen. Die Außenhandelstheorie hat jedoch niemals den Anspruch erhoben, an die Stelle der Geschichte zu treten. Bei den Dependencia-Theorien geht es hingegen darum, in abstrakter Form die «grundlegenden» Mechanismen der Geschichte wiederzufinden. Im Prinzip stellt sie nichts anderes dar als eine Rückkehr zur im 19. Jahrhundert blühenden «Geschichtsphilosophie»: Der einzige Unterschied zur Geschichtsphilosophie besteht darin, daß es sich bei den «Gesetzen», die man herausstellen möchte, nicht um Evolutionsgesetze, sondern um «strukturelle» Gesetze handelt.

Die Fragen der Dependencia-Theorien sind mit anderen Worten also nur dann verständlich, wenn man sich darüber im klaren ist, daß sie das Vorhandensein von Apriori in den Köpfen derer verraten, die sie stellen. Es ist jedoch leicht zu erkennen, wie unbegründet diese Apriori sind und auf welchen Dispositionseffekten sie beruhen.

Man sollte sich nun fragen, wodurch der Erfolg und der Einfluß der Dependencia-Theorien zu erklären ist. Sie waren unbestreitbar einflußreich und sind es noch immer. Noch heute ist die Behauptung ein Gemeinplatz, die Industriegesellschaften seien für alle Übel der Dritten Welt verantwortlich. Es ist nicht schwer zu verstehen, daß dieser Gemeinplatz sich durchgesetzt hat. Er liefert eine einfache Erklärung für alle möglichen Erscheinungen, die die Grundwerte der demokratischen Gesellschaften erschüttern und für die viele Bürger dieser Gesellschaften nun einmal empfänglich sind. Außerdem bezeichnet diese Erklärung Schuldige, die zumindest bei bestimmten spezifischen Gruppen Gegenstand schlimmster Vorurteile sind.

Daher ist die Frage, wie die Dependencia-Theorien von der wissenschaftlichen Gemeinschaft aufgenommen wurden, von weit größerem

Interesse. Ich habe schon erwähnt, daß sie inzwischen den Status und das Format eines richtigen Paradigmas im Sinne Kuhns haben: Viele Wissenschaftler aus aller Herren Länder orientieren sich an ihnen. Die Theorien stammen zwar ursprünglich aus Lateinamerika, heute berufen sich jedoch auch zahlreiche nordamerikanische, polnische, deutsche oder französische Veröffentlichungen auf sie. Wie konnten diese Theorien sich so leicht durchsetzen?

Zunächst muß darauf hingewiesen werden, daß die Dependencia-Theorien auf den Trümmern einer Anzahl anderer Paradigmen entstanden sind, die ich weiter oben erwähnt habe: die Theorie der Modernisierung und die Entwicklungstheorie. Diesen Punkt habe ich schon abgehandelt und begnüge mich daher mit einer kurzen Zusammenfassung der Analyse: Ende der sechziger Jahre werden diese Paradigmen, die in den Jahren zuvor die Sozialwissenschaften bestimmt hatten, in Frage gestellt; nicht nur, weil sie es hinnehmen mußten, von der Wirklichkeit dementiert zu werden, sondern auch – und vielleicht vor allem –, weil sie den Vorstellungen entgegenstanden, die sich in jener Zeit durchzusetzen begannen. Die Modernisierungstheorien begreifen ebenso wie die Entwicklungstheorien den sozialen Wandel unter technischem Aspekt. Außerdem scheinen sie einen soziozentrischen Standpunkt zu enthalten, der immer weniger akzeptiert werden konnte, seit die Dritte Welt ihren Platz auf der internationalen politischen Bühne beanspruchte.

Von anderer Seite her hatten die «Strukturalisten» der Wirtschaftskommission der Vereinten Nationen für Lateinamerika eine Anzahl von Themen zur Sprache gebracht wie zum Beispiel die sich verschlechternden «terms of trade» für Rohstoffe im Vergleich zu Fertigprodukten.[199] Der «Strukturalismus» übernahm also die Verantwortung für den Gegensatz zwischen entwickelten und unterentwickelten Gesellschaften, der als evident galt. Er erklärte jedoch nicht nur den Mechanismus der «terms of trade», sondern er wies auch auf eine neuartige Erklärung hin: Während die Theoretiker der Entwicklung und Modernisierung die Ursachen für die Unterentwicklung bei den unterentwickelten Gesellschaften selbst gesucht hatten, meinten die Strukturalisten, diese Ursachen seien eher in den *Beziehungen* zwischen entwickelten und unterentwickelten Ländern zu suchen. Als die Modernisierungs- und Entwicklungstheorien in einer Art Sackgasse zu stecken schienen, boten die Ideen einiger «Strukturalisten» andeutungsweise ein anderes Paradigma als Alternative an. Die Theorie der sich verschlechternden «terms of trade» stand zweifellos auf schwachen Füßen und lief Gefahr, von den Fakten widerlegt zu werden. Das Paradigma jedoch, das sich hinter der Theorie abzeichnete (die Unterentwicklung als Folge der *Beziehungen* zwischen entwickelten und unterentwickelten Ländern zu analysieren), war dagegen nicht so einfach zu widerlegen (ein Paradigma ist per definitionem nicht widerlegbar); außerdem unterschied es sich deutlich von den Paradigmen, die in den zwanzig Jahren zuvor benutzt worden waren und die erschöpft zu sein schienen. Man mußte diesem Paradigma also nur noch einen Namen geben: Der Begriff «Abhängigkeit» wies darauf hin, daß die Ursachen der Unterentwicklung in den *Beziehungen* zwischen entwickelten und unterentwickelten Nationen zu suchen seien; er ließ außerdem erkennen, daß diese Beziehungen asymmetrisch sind.

Das Paradigma, das sich hinter dem «Strukturalismus» abzeichnete und das man später «Dependencia-Theorien» nannte, entzog sich also völlig dem Vorwurf des Soziozentrismus, es verkehrte ihn sogar ins Gegenteil: Die entwickelten Nationen hatten nicht mehr den Schlüssel zur Entwicklung in der Hand, sie waren vielmehr verantwortlich für die Unterentwicklung. Das *paradigm shift* eröffnete nicht nur neue Forschungsgebiete oder wurde zumindest als fähig angesehen, zu einer Erneuerung der Forschung im Bereich der Entwicklung zu führen, es paßte darüber hinaus die Forschungsrahmen den Vorstellungen und Dispositionen an, die im Lauf der sechziger Jahre begonnen hatten, bei zahlreichen spezifischen Gruppen eine beherrschende Rolle zu spielen. Man muß jedoch auch betonen, daß das neue Paradigma über einen «Adelsbrief» verfügte: Es knüpfte an die alte geistige Tradition an, die den «Imperialismus» als Folge des Kapitalismus interpretiert hatte. Den Höhepunkt dieser Tradition bildete natürlich Lenins «Imperialismus als jüngste Etappe des Kapitalismus».[200]

Ohne im einzelnen auf eine komplexe Geschichte einzugehen, möchte ich nur daran erinnern, daß Adam Smith in seinem Buch «Wohlstand der Nationen»[201] heftig angegriffen hatte, was man später mit «Kolonialismus» bezeichnen sollte: Der Kolonialismus – ein Ausdruck des von Smith verabscheuten «Merkantilismus» – führt durch die Einschränkung des freien Handels schließlich dazu, daß das Mutterland Güter zu unnötig hohen Preisen einführt. Das liegt nicht allein an den Transportkosten, sondern vor allem daran, daß die Kolonie die Konkurrenz zwischen den Händlern abschafft. Die Kolonie ist also die Ur-

sache einer unfreiwilligen, ungerechtfertigten Subvention des Händlers
durch den Verbraucher.

Dasselbe Thema wird Anfang des 20. Jahrhunderts von dem englischen Nationalökonom Hobson aufgegriffen.[202] In einem allseits
beachteten Buch stellt er fest, nur Kaufleute und Spekulanten würden
von den Kolonien profitieren. Er spricht auch noch ein weiteres Thema
an: Die Ungleichheit in den Industrienationen ist derartig groß, daß
– würde der Kapitalüberschuß zur Steigerung der Produktivität und
der Produktion benutzt – die Produktion die Konsummöglichkeiten
überschreiten würde; die Kolonien haben also die Aufgabe, den Kapitalüberschuß aufzufangen, der im Mutterland durch die Auswirkungen der sozialen Ungleichheit nicht eingesetzt werden kann. Der berühmte österreichische Wirtschaftswissenschaftler Hilferding[203]
führte Hobsons Analyse weiter aus und betonte seinerseits die Tatsache, daß die Kolonien es vor allem ermöglichten, *Finanzkapital* aufzufangen, das im Mutterland nicht angelegt werden kann.

Lenins Buch ist eigentlich kaum etwas anderes als die Aneinanderreihung der Ideen Hobsons und Hilferdings, deren Namen er übrigens
ausdrücklich nennt.

Es war wichtig, kurz auf diese Punkte der Geschichte einzugehen,
denn sie erklären, warum die Leninsche Theorie des Imperialismus in
nicht-leninistischen Kreisen akzeptiert wird – ja sogar in Kreisen, die
dem Marxismus-Leninismus offen ablehnend gegenüberstehen. Ohne
diese Hinweise ist es zum Beispiel unverständlich, daß Hannah Arendt
in ihrem Buch über den Imperialismus[204] Lenins Thesen zu diesem
Thema kritiklos übernimmt. Sie hat klar erkannt, daß Lenin praktisch
nichts den Analysen Hobsons (auf die Hannah Arendt sich ausgiebig
beruft) und Hilferdings hinzugefügt hat.

Meiner Ansicht nach führen uns diese Anhaltspunkte auf die richtige
Fährte; sie liefert die Erklärung, warum Lenins Theorie des Imperialismus – nicht aufgrund ihrer einzelnen Thesen, sondern ihrer Gesamt-
richtung wegen (der Imperialismus als Folge des Kapitalismus) – in
weiten Kreisen als eine Art Gemeinplatz angesehen und deshalb sogar
von Leuten ohne Probleme akzeptiert wird, die kaum etwas für den
Marxismus übrig haben. Hier ist wohl nicht der richtige Ort, um auf
die Kritik zurückzukommen, die an Lenins Theorie geübt worden
ist.[205] Einige offensichtliche Fakten genügen indessen, um ihre Hinfäl-
ligkeit zu demonstrieren, so zum Beispiel die beträchtliche Ausdehnung

des britischen Reiches zwischen 1840 und 1870, also noch vor der Epoche – deren Beginn Lenin auf 1890 datiert –, wo das europäische Kapital in Europa selbst nicht mehr angelegt werden kann. Daß eine so informierte Autorin wie Hannah Arendt diese auf der Hand liegenden Einwände nicht erwähnt, beweist, daß die Theorie des Imperialismus tatsächlich den Status eines Gemeinplatzes hat, den sie aufgrund ihrer ökonomischen Herkunft schließlich angenommen hatte.

Die Dependencia-Theorien lieferten also gerade zu dem Zeitpunkt ein Ersatzparadigma, als die alten Paradigmen erschöpft zu sein schienen. Sie übten darüber hinaus eine doppelte Anziehungskraft aus: die des Klassizismus und die der Modernität. Dadurch, daß sie sich implizit auf eine weithin akzeptierte, fest etablierte geistige Tradition berufen, waren sie zugleich eigenständig und vertrauenerweckend. Sie präsentierten sich indessen nicht ausdrücklich als Rückkehr zu dieser Tradition. Obwohl sie sie ganz offensichtlich wiederaufnahmen und einen Teil ihrer Autorität aus ihr schöpften, präsentierten sie sich eher als Ergebnis der Kritik an den vorherigen Paradigmen.

Man muß zugeben, daß es dieser Kritik nicht an Schärfe mangelte. Sie unterstrich im Gegenteil sehr treffend eine große Schwäche einer Reihe von Entwicklungstheorien. Als Rostow[206] zum Beispiel die «Etappen des Wachstums» beschrieb, hatte er etwas Offensichtliches einfach ignoriert: Vorausgesetzt, diese Etappen entsprechen der Realität, dann befindet sich eine Gesellschaft, die die Etappe X erreicht hat, jeweils in einer ganz anderen Position – je nachdem, ob sie sie *vor* oder *nach* den anderen Gesellschaften erreicht. Mit anderen Worten ist eine Entwicklungstheorie, die die Gesellschaften als von ihrer Umwelt unabhängige Systeme betrachtet, ganz sicher anfechtbar. In seinen Analysen der Entwicklung Preußens und Frankreichs hat Gerschenkron[207] diesen Punkt ganz besonders hervorgehoben, und Gunder Franck hatte allen Anlaß dazu, das Argument aufzugreifen und zu verallgemeinern: Es stimmt, daß viele Modernisierungs- und Entwicklungstheorien implizit die fragwürdige Voraussetzung enthielten, die Gesellschaften könnten als geschlossene Systeme behandelt werden.

Einmal in Umlauf gebracht, funktionierten die Dependencia-Theorien tatsächlich wie ein Paradigma. Sie waren ziemlich vage, so daß sich viele Forscher auf dem Gebiet der Humanwissenschaften auf sie berufen konnten: Der Geschichtssoziologe Wallerstein[208] übernahm die Opposition Zentrum – Peripherie; der Wirtschaftswissenschaftler Em-

manuel[209] versuchte mit den Instrumenten der Wirtschaftsanalyse bestimmte Ideen der Dependencia-Theorien zu formalisieren; Soziologen[210] verwendeten das Arsenal der statistischen Analyse, um zu zeigen,
daß die – zum Beispiel mit dem von Galtung[211] zum Überblick über die
Struktur des Handels zwischen einer Gesellschaft und ihren Partnern
ausgearbeitete Index – gemessene Abhängigkeit sich auf das Wachstum des Bruttoinlandproduktes auswirkt. Alle Arten der Forschung –
von der Geschichtsforschung über statistische Untersuchungen, die den
Soziologen so vertraut sind, bis hin zum Entwurf von Modellen in den
Wirtschaftswissenschaften – konnten zu Ruhm und Verteidigung der
Dependencia-Theorien antreten.

Abgesehen von den schon erwähnten Gründen existiert ein weiterer
Grund dafür, daß die Theorie des Imperialismus sich so vollständig
durchsetzen konnte, daß sie zum Gemeinplatz wurde: Es kann ihr
keine *allgemeine* Theorie ernsthaft gegenübergestellt werden, außer
vielleicht diejenige Schumpeters[212], in der er die Hypothese vertritt, der
Imperialismus sei für den Kapitalismus keineswegs lebensnotwendig;
er sei im Gegenteil ein Überbleibsel aus der vorkapitalistischen Epoche.

Nun stimmt es zwar, daß sich leicht alle möglichen historischen Einwände gegen Lenins Theorie des Imperialismus vorbringen lassen und
daß sich zeigen läßt, daß sie zu einer Vielzahl offenkundiger Fakten im
Widerspruch steht, schwieriger ist es jedoch, ihr eine überzeugendere
allgemeine Theorie entgegenzuhalten. Wahrscheinlich, weil in diesem
Zusammenhang *jede* allgemeine Theorie zum Scheitern verurteilt
ist.[213] Weiter oben haben wir zum Beispiel gesehen, daß die Form, die
der britische Kolonialismus in Nigeria angenommen hatte, unverständlich erscheinen mußte, wenn man die *Besonderheiten* der nigerianischen Gesellschaft außer acht ließ.

Deshalb können die Theorien, die auf dem Begriff der Abhängigkeit
aufbauen, die Diskrepanzen zwischen den Nationen auch *im allgemeinen* nicht erklären; dasselbe gilt für die Entwicklung dieser Diskrepanzen. In dieser Hinsicht geht es ihnen weder besser noch schlechter als den
Wirtschaftstheorien, die mit dem Teufelskreis der Armut als Motto auf-
warten, oder als den soziologischen Theorien, die in der starken gegen-
seitigen Abhängigkeit der (politischen, religiösen, wirtschaftlichen und
familiären) Institutionen, die für die traditionellen Gesellschaften charakteristisch sind, einen der Hauptgründe für die wirtschaftliche Blok-
kierung und Stagnation sehen.

Trotzdem ist es nicht völlig unverständlich, daß das Paradigma der Abhängigkeit sich vorübergehend durchgesetzt hat. Seine Verbreitung beruht keineswegs nur auf vagen Gefühlen (Sympathie für die Dritte Welt, Abscheu vor dem Kapitalismus), sondern vielmehr auf komplexen Mechanismen. Wie jedes einflußreiche Paradigma bezieht es seine Autorität zum Teil aus seinem wissenschaftlichen Interesse. Man muß jedoch auch einräumen, daß die übertriebene Glaubwürdigkeit, die ihm von manchen spezifischen Gruppen zugeschrieben wird, das Vorhandensein von allen möglichen Situations- und Kommunikationseffekten sowie von E-Effekten verrät.

Ich werde mich an dieser Stelle darauf beschränken, auf ein paar Beispiele kurz einzugehen, auf die ich in meiner Untersuchung implizit schon hingewiesen habe. Ein Dependencia-Theoretiker (E-Effekt) stellt zum Beispiel selten die a priori gegebene Vorstellung in Frage, es sei möglich, eine allgemeine Theorie *der* Unterentwicklung aufzustellen. Diese Vorstellung ist nämlich eine logische Folge des Begriffs «Wirtschaftstheorie» selbst. Ebenso begreiflich ist es (Kommunikationseffekt), daß die Dependencia-Theorien leicht das Interesse vieler Intellektueller in der Dritten Welt finden und daß diese sie günstig beurteilen, selbst wenn sie sie von ihrer Position aus nicht als «white boxes» behandeln können. Ebenso leicht zu verstehen ist (Positionseffekt + perspektivischer Effekt), daß die Elite der Dritten Welt – wie viele Intellektuelle und Politiker in der entwickelten Welt auch – die Ungleichheiten bei der Entwicklung viel eher wahrnimmt als die positiven Auswirkungen der Interdependenz. Erstere sind nämlich sofort sichtbar, während es komplexer Analysen bedarf, um die zweiten ans Licht zu bringen. Und schließlich (Dispositionseffekt) akzeptieren viele sozial Handelnde widerspruchslos die Vorstellung, man müsse denjenigen finden, «der vom Verbrechen profitiert», um zu erklären, warum ein ungerechter und moralisch schockierender Zustand nicht geändert wird. Die Dependencia-Theorien haben immerhin den Vorteil, einen Schuldigen zu nennen.

EPILOG

10
Wider den Skeptizismus

Es liegt in der Natur der Sache, daß ein Buch über Ideologie nur respektlos sein kann. Will man nämlich das Wahrheitskriterium bei der Definition von Ideologie nicht ausklammern, sich gleichzeitig aber auf Beispiele stützen, dann muß man denjenigen Theorien kritisch gegenüberstehen, die man als Beispiele herangezogen hat und die den vorgefaßten Meinungen wissenschaftliche Autorität verleihen.

Man darf jedoch rationale Kritik nicht mit Polemik und Diskussion nicht mit Pamphleten verwechseln. Ich habe mich daher bemüht, das zuletzt genannte Genre zu vermeiden. Einen Punkt möchte ich ganz besonders betonen, der mir in einer Zeit, in der die Ideologie des «Alles geht» regiert, ungeheuer wichtig erscheint: Die rationale Kritik dient nämlich keineswegs dazu, alle Theorien auf denselben Nenner zu bringen, sie ermöglicht es vielmehr, sie unter dem Gesichtspunkt der Gültigkeit hierarchisch zu ordnen. Der ideologische Einfluß einer Theorie kann von ihrer Gültigkeit völlig unabhängig sein, das heißt aber nicht, daß alle Theorien gleich gut wären. Ich habe zu zeigen versucht, daß die Ideologien ihre Kraft u. a. aus dieser Verwechslung der *Gültigkeit* einer Theorie mit dem *Interesse* an ihr schöpfen. Die skeptische Ideologie des «Alles geht» («Anything goes») versucht lediglich, dieses Durcheinander gleichzeitig blind und paradoxerweise dogmatisch in einem System zu ordnen.

Jede Theorie – sei sie nun wissenschaftlich oder sophistisch – kann zwar durch die verschiedenen Effekte, die ich zu identifizieren und zu definieren versucht habe, als Träger von vorgefaßten Meinungen oder Ideologien dienen; die wissenschaftliche Qualität der Theorien, die ich im Laufe meiner Untersuchung angesprochen habe, bleibt jedoch sehr unterschiedlich.

Ohne eine «Siegerliste» aufstellen zu wollen, möchte ich nun einige meiner Beispiele nennen; sie sollen zeigen, daß man in diesem Zusammenhang leicht Hierarchien festlegen kann. So erscheint mir Max Webers Theorie der Magie unbedingt zuverlässig zu sein. Seine Theorie der «Protestantischen Ethik» stellt eine Hypothese auf, die in gewissem Maße verlockend, bedeutend und richtig ist. Spätere Forschungen haben ihre Reichweite jedoch eingegrenzt und ihren Sinn präziser formuliert. Die Theorie vom Teufelskreis der Armut ist ebenso eine streng wissenschaftliche Theorie wie die marxistische Theorie vom Einfluß der halbfeudalen Produktionsverhältnisse auf die wirtschaftliche Stagnation. Beide bergen jedoch ein Risiko, das schon ihrer Formulierung innewohnt: das Risiko, als realistisch angesehen zu werden, das heißt in diesem Fall als allgemeiner, als sie es sind.

Die Theorie der «Great Transformation» stellt eine heikle und schwach begründete Synthese dar. Sie enthält eine interpretierende Seite (der große Einschnitt der Marktwirtschaft, die These von der unmöglichen liberalen Gesellschaft), die mit ihrer erklärenden Seite verschmilzt. Die sie stützende Dokumentation ist jedoch umfangreich und genau, die Argumentation zwar bunt zusammengewürfelt, sie weicht aber nicht von den normalerweise bei der historischen Analyse verwendeten Verfahren ab. Die Willkür ergibt sich hier vor allem aus der Hypothese des großen Einschnitts, die eher in den Bereich der Geschichtsphilosophie als in den Bereich der Geschichtswissenschaft gehört. Aber schon Simmel hat gesagt[214], es gebe keine Geschichte, die nicht ein Quentchen Geschichtsphilosophie enthielte. Und die Qualität der Kombination sei eben eine Frage der Dosierung.

Die Habermassche Theorie einer reinen und vollkommenen Kommunikation ist ein *interessantes*, sympathisches *Modell*, das von den besten Absichten zeugt. Sie hat mich jedoch immer an die Geschichte jenes Experten der Verfahrensforschung erinnert, der gebeten wird, sich die beste Art zu überlegen, einen Elefanten auf ein Schiff zu verfrachten und der zunächst Betrachtungen über das Gewicht des Elefanten anstellt – was völlig belanglos ist.

Foucaults Theorien in «Überwachen und Strafen» verwenden Formen der Argumentation, die vielleicht mit bloßem Auge nicht zu erkennen sind, die jedoch von denen abweichen, die die Methodologie und die Soziologie als statthaft ansehen. Will man diese Theorie großzügig interpretieren und darin eine Anwendung des Modells der «unsichtbaren Hand» sehen, dann muß man, um die Theorie zu stützen, so phantastische Hypothesen einführen, daß sich sogar Foucault hinter einer diskreten Rhetorik des Konditionals und des «Vielleicht» verschanzt.

Nicht alle Theorien sind also gleich gut. Da ihr ideologischer Einfluß jedoch nur in begrenztem Maß von ihrer Gültigkeit abhängt, gewinnt man manchmal den Eindruck, sie seien alle gleichermaßen wahr. Daß sie alle einen ideologischen Einfluß ausüben können, bedeutet jedoch keineswegs, daß sie alle gleichermaßen vor einer rationalen Kritik bestehen können. Auf der anderen Seite können auch manche wissenschaftlichen Theorien einen ideologischen Einfluß ausüben, was jedoch auch nicht bedeutet, daß sie ideologisch *sind*. Manche der in den Sozialwissenschaften formulierten Theorien sind ganz sicher gleichzeitig nicht-wissenschaftlich *und* ideologisch. Viele andere können hingegen einen ideologischen Einfluß ausüben, obwohl sie streng wissenschaftlich sind. Unter dem Gesichtspunkt der Theorie der Ideologien ist der zweite Fall unendlich viel wichtiger als der erste. Eine vorgefaßte Meinung wird sich natürlich viel eher halten können, wenn sie auf einer streng wissenschaftlichen Theorie anstatt auf Sophismen beruht.

Es müßte meiner Ansicht nach hinreichend klar geworden sein, aber ich wiederhole es lieber noch einmal: Meine Untersuchung läuft in keiner Weise auf irgendeinen Skeptizismus hinaus, sie versucht vielmehr zu zeigen, daß der Skeptizismus des «Alles geht» zum großen Teil auf dem ideologischen Durcheinander von zwei wesentlichen Dimensionen einer jeden Theorie beruht: ihrer Gültigkeit und ihres Interesses.

Ich wollte in diesem Buch Ideologien *in statu nascendi* behandeln und nicht die schon bestehenden. Dafür gibt es einen sehr einfachen methodischen Grund, dessen Bedeutung schon Weber in seinen Arbeiten zur Religionssoziologie klar umrissen hat: Man kann die Bedeutung einer Idee sehr viel besser begreifen, so schreibt er in etwa, wenn man ihre Entstehung verfolgt. Ihr Zusammenhang mit den «alltäglichen Sorgen» kann nämlich auf diese Weise leicht deutlich gemacht werden: Erinnern wir uns in diesem Zusammenhang an seine Analyse der Magie. Dann kommt es aber sehr oft vor, daß die Idee komplizierter wird, daß sie zur Entstehung einer Deutung oder eines Dogmas führt, daß die Veränderungen der Deutung und des Dogmas plötzlich Sache von Spezialisten werden und daß sie schließlich ein halbes Eigenleben führt. Und weil sich parallel zu diesem Prozeß «materielle» Prozesse (wie Marx gesagt hätte) entwickeln, kann der Zusammenhang zwischen der ursprünglichen Idee und dem Zustand der Gesellschaft mit der Zeit immer schwieriger zu erkennen sein.

Ich habe versucht, hier eine methodische Idee ins Werk zu setzen, die mir ungeheuer wichtig erscheint. Anstatt zum Beispiel die Entwicklungstheorie und die Dritte-Welt-Theorie an sich zu untersuchen, habe ich zu zeigen versucht, wie und warum manche klar identifizierbaren, streng wissenschaftlichen Ideen so günstig aufgenommen wurden, daß sie eine Zeitlang als Dogmen galten und wie es passieren konnte, daß diese Theorien dazu beigetragen haben, manchen vorgefaßten Meinungen wissenschaftliche Autorität zu verleihen.

Eine vorgefaßte Meinung entsteht nämlich immer auf folgende Weise: Es ist fast unerläßlich, daß sie zumindest anfangs als wahr und als auf einer Autorität basierend angesehen wird. Die am breitesten anerkannte Autorität in unserer Zeit ist die Wissenschaft. Als nächstes entwickeln sich komplexe Prozesse der Verbreitung, die meiner Meinung nach hauptsächlich aus den verschiedenen Typen von Effekten bestehen, die ich kurz zu beschreiben versucht habe: Kommunikationseffekte, Situationseffekte und E-Effekte. Hat die vorgefaßte Meinung dann einen bestimmten Grad der öffentlichen Präsenz erreicht, ist die Aufgabe des Soziologen beendet, er muß dem Historiker das Feld räumen: dem auf die Ideengeschichte oder auf die Politik spezialisierten Historiker oder einfach dem Historiker schlechthin.

Ich habe zum Beispiel schon an anderer Stelle darauf hingewiesen[215], daß die besondere Form des Despotismus, die sich nach 1917 in der Sowjetunion durchgesetzt hat, nicht ernsthaft für eine direkte Konsequenz der marxistischen Lehre gehalten werden kann. Lenin hat sich nicht damit begnügt, das «Kapital» in die Praxis umzusetzen. Er hat die russische Sozialdemokratie auch deshalb nach dem Modell des demokratischen Zentralismus aufgebaut, weil er dies in einer Phase tun mußte, in der die in der vorangegangenen Periode sehr aktiven Arbeiterbewegungen völlig eingeschlafen waren, während unter den Intellektuellen von neuem Unruhe herrschte. Dieses neue soziale Klima brachte ihn vom Prinzip der «Spontaneität der Massen» ab, das er während der Periode der wirtschaftlichen Hochkonjunktur mit glühendem Eifer vertreten hatte; an seine Stelle trat das Prinzip vom «Führer und Aufklärer der Massen». In «Was tun?» entwickelte er schließlich die Idee, der beste Weg zur Diktatur *des* Proletariats sei die Diktatur der (sozialdemokratischen) Partei *über das* Proletariat. Den Begriff

«Diktatur des Proletariats» hatte er zweifellos von Marx übernommen. Lenins Interpretation wird jedoch nur unter Berücksichtigung der sozialen und wirtschaftlichen Lage von 1905 verständlich. Die Auswirkungen dieser Interpretation – die den gesamten Planeten betreffen sollten – wären ohne Lenins Machtübernahme ganz anders gewesen; es ist wohl kaum nötig, dies ausdrücklich zu betonen.

Ebenso klar scheint zu sein, daß der Kalvinismus an sich nicht direkt eine theokratische Auffassung des Staates enthält. Noch weniger setzte er voraus, daß sich tatsächlich despotische, theokratische Zustände einstellten und daß in Genf eine Aufsichtsbehörde geschaffen wurde, die das eventuelle Vorhandensein von Marmelade – einer verbotenen Süßigkeit – in den Vorratskammern der Bürger feststellen sollte.

Mit anderen Worten, man muß sorgfältig zwischen der gesellschaftlichen Verbreitung vorgefaßter Meinungen und Ideologien und ihrer politischen Nutzung unterscheiden. Das erste Problem gehört vor allem in den Bereich der Soziologie, das zweite eher in den Bereich der Geschichte. Wenn man diese beiden Aspekte durcheinanderbringt, geht man zwei Risiken ein: 1. den vorgefaßten Meinungen eine Macht zuzusprechen, die sie gar nicht haben; 2. den vorgefaßten Meinungen einen rein politischen Ursprung zuzuschreiben, obwohl sie – zumindest heute – meist wissenschaftlichen Ursprungs sind. Schreibt man ihnen diesen Ursprung zu, dann wird es schwierig, ihre Glaubwürdigkeit zu erklären – anders ausgedrückt, eine Antwort auf diese meiner Ansicht nach wichtigste Frage jeder Theorie der Ideologien zu finden.

Noch eine weitere Unterscheidung muß eingeführt werden. Manche Ideologien werden auf wissenschaftliche (Entwicklungstheorie) oder pseudowissenschaftliche (funktionalistischer Neomarxismus der sechziger Jahre) *Teiltheorien* aufgepfropft. In diesem Buch habe ich vor allem diese Teiltheorien berücksichtigt. In diesem Fall kommt es häufig zu einem Konvergenzeffekt, der darauf zurückzuführen ist, daß zahlreiche dieser Teiltheorien entweder zu konvergenten Schlüssen führen oder ein allgemeines Ursprungs-Paradigma bestätigen. In diesem Zusammenhang ist die Entwicklungstheorie bezeichnend; im Kapitel 9 habe ich darauf hingewiesen, daß die Theorien, die man im allgemeinen unter dieser Bezeichnung zusammenfaßt, in allen Richtungen konvergieren. Ähnliches läßt sich über die Dritte-Welt-Theorie sagen.

Ideologien können jedoch auch auf *totalisierende Synthesen* aufgepfropft werden. Im allgemeinen weisen diese Synthesen wissenschaft-

liche Kerne vor, diese sind mehr oder weniger geschickt durch eine Argumentation miteinander verbunden, die sich wieder eines anderen
Sprachspiels bedient. Marx gehört natürlich in diese Kategorie, aber
auch Spencer, auf den ich mich aus Gründen, die ich gleich nennen
werde, wohl eher stütze.

Der totalisierende Charakter ihres Werkes ist einer der Gründe dafür, warum sie ein so breites Publikum angesprochen haben: Auf dem
Gipfel seines Ruhmes hat Spencer so hohe Auflagen erreicht wie nur
wenige Philosophen im Lauf der Geschichte. In diesem Zusammenhang stellt er vielleicht einen Einzelfall dar.[216] Genau wie die Marxsche
Synthese enthält diejenige Spencers unbestreitbar wissenschaftliche
Kerne. In seinen «Social Statistics» [217] hat Spencer noch vor Darwin die
Mechanismen klar beschrieben und ihre Bedeutung nachgewiesen, die
die Grundlage für Darwins Hauptwerk «Über die Entstehung der Arten» bilden sollten. Gleichzeitig erkannte er, daß die offensichtlich ziel-
gerichteten Prozesse (zum Beispiel die Entwicklungsprozesse) nicht teleologisch, sondern teleonomisch interpretiert werden können, wie wir
heute sagen würden, also nicht als Auswirkung eines Willens, eines
Planes oder einer Absicht, sondern als ungewolltes Ergebnis von Mechanismen, die rein kausal analysiert werden können. Die Idee war
natürlich nicht ganz neu, Adam Smith hatte sie zum Beispiel bei seiner
Analyse der Arbeitsteilung eingesetzt. Der berühmte Ausdruck der
«unsichtbaren Hand» faßt eben jene Idee zusammen. Spencer war jedoch zweifellos der erste, der ihre entscheidende Bedeutung erkannt
und sie systematisch angewandt hat.

So systematisch sogar, daß er glaubte, die Hypothese aufstellen zu
können, die allgemeinen Mechanismen, die er in einem einzigen Ausdruck («Evolutionsgesetz») zusammenfaßt, seien in jedem Reich am
Werk – ob es sich nun um das Reich des Sozialen, des Lebendigen oder
des Unbelebten handelt. Zweifellos war ihm klar, wie komplex soziale
Phänomene sind und daß das Evolutionsgesetz in diesem Bereich mit
dem in Widerstreit gerät, was er als «Umstände» bezeichnete. Zum
Beispiel war er davon überzeugt, die Evolution verlaufe in Richtung auf
einen Verfall des Staates und auf einen Übergang der «militärisch-des-
potischen» Gesellschaften in «friedlich-industrielle» Gesellschaften. Er
erkannte jedoch auch an, daß die Geschichte rückwärtslaufen und zu
einer Stärkung des Staates und damit des «militärischen» (des-
potischen) Charakters der Gesellschaften führen könne. Trotzdem war
er der Ansicht, das Evolutionsgesetz wirke überall. Es schien ihm ein

Beweis für die Gegenwart Gottes zu sein. Zweifellos konnte Spencers Gott sich nicht mehr direkt in der Welt manifestieren[218], da die Evolution teleonomisch und nicht teleologisch aufgefaßt werden mußte, also als Resultat von kausalen Abfolgen und als beabsichtigtes Resultat eines Planes. Gleichzeitig verlieh der universelle Charakter des Evolutionsgesetzes dem Universum jedoch eine Einheit, die als Äußerung der Gegenwart Gottes interpretiert werden konnte.

Spencer ist ein außerordentlich interessantes Beispiel, denn es veranschaulicht viel besser als die Beispiele Marx oder Comte einen Fall, zu dem Marx und Comte, aber auch Saint-Simon oder Fourier gehören. Bei allen Genannten werden wissenschaftliche Kerne von totalisierenden Ambitionen überlagert. In Spencers Fall sind die unbestreitbar wissenschaftlichen Kerne jedoch ganz besonders leicht zu erkennen. Außerdem ist Spencers Synthese einfacher und freimütiger als diejenigen seiner beiden größten Konkurrenten, die auch in etwa zur selben Zeit lebten wie er.[219]

Im Gegensatz zum Denken von Marx und Comte hat sich Spencers Denken nicht in Institutionen niedergeschlagen; und im Gegensatz zu Marx wird es nicht von Staaten verkörpert. Spencers Synthese wurde nach und nach in den Hintergrund gedrängt, bis sie schließlich fast völlig verschwand, als die Krisen der zwanziger Jahre einen wachsenden Interventionismus der Regierungen auf das wirtschaftliche Geschehen auslösten. Da sie die Rolle des Staates noch stärkte, entsprach die Geschichte erstens nicht der Entwicklung vom «despotisch-militärischen» zum «friedlich-industriellen» Typ, zweitens wurde diese Evolution, die Spencer als Rückschritt bezeichnet hätte, hauptsächlich im Amerika des *New Deal* als Fortschritt gewertet.

Nur die wissenschaftlichen Kerne seines Werkes gingen nicht unter; niemand dachte jedoch mehr daran, sie ihm zuzuschreiben.

Heute scheint es so, als könnten nur die traditionellen Religionen totalisierende Synthesen hervorbringen – wenn man den Marxismus einmal beiseite läßt. Diese Bemerkung kann vielleicht mit der sogenannten «Rückkehr des Religiösen» in Zusammenhang gebracht werden. Denn die Ideologien unserer Zeit stützen sich zwar auf wissenschaftliche Kerne, die Entwicklung der Wissenschaft hat jedoch der Wissenschaftsgläubigkeit den Garaus gemacht. Deshalb scheint sie totalisierende Synthesen nur noch schwer hervorbringen zu können.

Außerdem zeichnen sich die von der Wissenschaft hervorgebrachten totalisierenden Synthesen durch große Strenge aus. Außerdem werden sie aufgrund ihrer Beschaffenheit irgendwann von der Realität dementiert – wofür Spencers Synthese ein gutes Beispiel ist. Das ist zweifellos auch einer der Gründe dafür, daß außer dem Marxismus keine von ihnen überlebt hat. Führt man die Hinweise Robert Bellahs[220] weiter aus, könnte man a contrario vorbringen, die religiösen Synthesen wären aufgrund der Sprachspiele, derer sie sich bedienen, und insbesondere deshalb, weil diese Sprachspiele etwas Übernatürliches einführen, eher fähig, sich zu verändern und sich anzupassen.

Der Hauptgrund für die Schwäche wissenschaftsgläubiger Synthesen liegt jedoch darin, daß die Wissenschaft – entgegen den Hoffnungen, die sie eine Zeitlang geweckt hat – die dringendste Frage der Metaphysik und der Religion nicht beantworten kann: die Frage nach dem Sinn des Lebens. Darüber hinaus wäre noch anzumerken, daß die Wissenschaftsgläubigkeit durch ihren totalisierenden Anspruch zur Natur der Wissenschaft in Widerspruch steht.

Die Ausnahme des Marxismus erklärt sich zum großen Teil dadurch, daß er als einzige Ideologie dieser Art in ideokratischen Staaten sich manifestiert.

Seit dem Ende der Wissenschaftsgläubigkeit kann es sich bei den von der Wissenschaft inspirierten Ideologien nur um *Teilideologien* nach dem Muster der Dritte-Welt-Theorie handeln. Das heißt natürlich nicht, daß ihr sozialer und politischer Einfluß gering wäre.

Ich glaube, ich bin einem weiteren meiner Vorhaben ebenfalls gerecht geworden: Ich wollte zeigen, daß man sich zur Erklärung der Verbreitung vorgefaßter Meinungen an die klassische Version des methodischen Individualismus halten kann, die vor allem von Max Weber vorgeschlagen wurde. Für ihn gelten zwei Prinzipien: 1. jedes kollektive Phänomen muß als Ergebnis individueller Handlungen betrachtet werden; 2. jede individuelle Handlung sollte als rational interpretiert werden, auch auf die Gefahr hin, die Existenz eines irrationalen Residuums anzuerkennen. Fanatismus, Verblendung und Verzerrungen sind zwar sicherlich an der Verbreitung von Ideologien beteiligt, ich glaube jedoch bewiesen zu haben, daß die Einbürgerung falscher Ideen sich weitgehend erklären läßt, ohne auf die Annahme zurückzugreifen, der sozial Handelnde sei irrationalen Kräften unterworfen, die sich seiner Kontrolle entziehen. Nur weil die Bankiers ökonomische Theorien anwenden, deren Begründungspunkte sie kaum jemals untersuchen, sind sie noch lange nicht irrationale Wesen.

Im Anschluß daran habe ich darauf hinzuweisen versucht, daß der Einfluß der dominierenden Theorie der Ideologien – der irrationalistischen Theorie nämlich – sich zumindest teilweise durch die Autorität und den unbestimmten Einfluß der klassischen philosophischen Theorie des Irrtums erklären läßt. Die heutigen Soziologen sind zwar selten philosophisch gebildet, sie sind jedoch von Durkheim und Marx beeinflußt, die ihrerseits ihre Anregungen aus der philosophischen Tradition schöpften.

Ich glaube natürlich in keiner Weise an die These vom Ende der Ideologien; Ideologien sind nämlich die Auswirkung von einfachen, trivialen – Durkheim hätte gesagt: «normalen» – sozialen Mechanismen. Den Pilzen im Unterholz vergleichbar sind diejenigen Ideologien, die man für alle Zeiten begraben wähnt, stets bereits, beim kleinsten warmen Regenguß wieder hervorzuschießen. Man muß sich jedenfalls vor der Behauptung hüten, es bestünde kein schlichter Kausalzusammenhang zwischen den allgemeinen Variablen, die man zur Beschreibung und Unterscheidung der Gesellschaften verwenden kann, und ihrer Empfänglichkeit für Ideologien. Weder die Modernität noch die demokratischen Einrichtungen der Weimarer Republik haben den ideologischen Tiefschlag auffangen können, den Hitler ihnen im Schutze der wirtschaftlichen und politischen Katastrophen jener Zeit versetzt hat. In der Zeit zwischen den beiden Weltkriegen hatten eugenische Mythen selbst in den solidesten Demokratien einen nicht unerheblichen Erfolg.

Der Hauptunterschied zwischen den Ideologien und den Pilzen besteht darin, daß die Ideologien in immer neuen *Formen* auftreten. Schon Pareto hat dies klar erkannt: Um sich erneut durchsetzen zu können, muß eine alte, in Mißkredit geratene Idee zunächst eine Metamorphose durchmachen. Sie muß als neue Idee gelten können. Deshalb handelt es sich zum Beispiel beim Marxismus der sechziger und siebziger Jahre nicht um denselben Marxismus wie zu Anfang des Jahrhunderts; wer nicht genau hinsieht, dem wird dies jedoch kaum auffallen.

Wenn ich sage, daß ich nicht an das Ende der Ideologien glaube, dann will ich damit natürlich nur betonen, daß einerseits eine Gesellschaft ohne Ideologie – in dem Sinn, in dem ich diesen Begriff verstehe – undenkbar ist, und andererseits jede Gesellschaft für totale Ideologien empfänglich sein *kann*. Schließlich war der Neomarxismus trotz seiner Schlichtheit noch vor kurzem in den westlichen Demokratien ziemlich verbreitet. Auch wenn es sehr unwahrscheinlich ist, daß er in näherer Zukunft mit starken Kräften (in einer unvermeidlich neuen Form) zurückkehrt, wäre es riskant zu behaupten, die Zurückhaltung in puncto Ideologie, die die westlichen Gesellschaften seit einigen wenigen Jahren charakterisiert, sei endgültig gesichert: Bei den Ideologien – mehr noch vielleicht als bei anderen sozialen Phänomenen – sollten deterministische Schemata sorgfältig vermieden werden.

Das soll weder heißen, daß die ideologischen Zyklen keine Ursache hätten, noch daß selbst sehr entfernte Ursachen aus dem Reich der *Ideen* keine ideologischen Folgen haben könnten. Der Neomarxismus der sechziger Jahre hat sich zum Beispiel im Schutze der hohen Wachstumsraten jener Zeit entwickelt (und nach dem Fallen dieser Wachstumsraten eine Zeitlang überlebt); die Steigerung der Produktion galt damals als natürlich und gesichert; man könnte sich daher einer klassischen Zielscheibe zuwenden: der Ungerechtigkeit der Verteilung. Genauer gesagt haben die hohen Wachstumsraten der sechziger Jahre zu einem erneuten Aufkommen egalitärer Aspirationen geführt, was wiederum ein gesteigertes *Interesse* an denjenigen Theorien nach sich zog, die die Illegitimität der sozialen Ungleichheit anprangerten, selbst wenn diese Theorien unhaltbar waren.

Die ideologischen Episoden der sechziger Jahre sind also ein gutes Beispiel dafür, wie auch eine auf den ersten Blick so harmlose Variable wie eine Wachstumsrate ideologische Folgen haben kann. Ist sie hoch, kann sie die Aufmerksamkeit auf die Probleme der *Verteilung* und der Ungleichheit lenken und den Geist der Gleichheit heraufbeschwören. Ist sie niedrig, lenkt sie die Aufmerksamkeit (um uns auf diesen Aspekt zu beschränken) wahrscheinlich eher auf die *Produktion* und schläfert diesen Geist ein. Es scheint fast so, als wäre dies heutzutage der Fall.

Für die Beschäftigung mit Ideologien ist jede deterministische Anschauung zwar gefährlich (wie im Hinblick auf jedes soziale Phänomen), das heißt aber nicht, daß die ideologischen Neuerungen unerklärlich oder jeder Ursache bar oder daß die Ursachen unzugänglich wären, sie sind lediglich vielfältig und verwickelt. Deshalb sind *Erklärungen* hier viel einfacher als *Voraussagen*: Diese beiden Begriffe, die in den Naturwissenschaften nicht nur miteinander verkoppelt zu sein scheinen, sondern die auch denselben Begriffsumfang aufweisen, müssen im Bereich der Sozialwissenschaften säuberlich getrennt werden. Zwar lassen sich unschwer die Auswirkungen der Wachstumsraten auf die Ideologien erkennen, andererseits ist es offensichtlich (muß man dies überhaupt betonen?), daß niemals ein Faktor allein die einzige und auch nicht die wichtigste Determinante einer Ideologie sein kann.

Eine (mögliche) Rückkehr zu hohen Wachstumsraten würde die egalitären Leidenschaften vielleicht von neuem schüren. Vielleicht würde der Marxismus erneut aufleben. Aus den weiter oben genannten Gründen ist der Marxismus nämlich die einzige wissenschaftsgläubige totalisierende Synthese, die bis heute lebendig geblieben ist. Deshalb stellt er eine Autorität dar, die sich von selbst jedem Theoretiker aufdrängt, der die egalitären Sehnsüchte unterstützen möchte. Andererseits ist es aber gar nicht sicher, daß die Dinge so ablaufen würden. Die Verbreitung der Werte des Egalitarismus in den dreißig Nachkriegsjahren hat nämlich auch einige ihrer Konsequenzen sichtbarer werden lassen, vor allem den unterdrückenden und demoralisierenden Charakter einer gleichmacherischen Politik sowie den Widerspruch zwischen Gleichheit und Billigkeit bzw. zwischen Gleichheit und Gerechtigkeit.

Im Hinblick auf dieses wie auch auf andere Kapitel der Sozialwissenschaften ist es wohl besser, nicht zu viele Voraussagen treffen zu wollen, außer auf kurze und vielleicht auf mittlere Sicht. Gott sei Dank kann man auf die ideologische Enthaltsamkeit hinweisen, die sich in Frankreich sowie in den westlichen Demokratien vorübergehend eingestellt zu haben scheint, man darf jedoch auch nicht vergessen, daß diese Situation von allen möglichen Faktoren abhängt, deren Entwicklung sich nur sehr unvollständig voraussagen läßt.

Ich habe gesagt, dieses Buch sei kein skeptisches Buch: Die Ideologien basieren oft auf wissenschaftlichen Theorien (das heißt, sie verwenden Verfahren, die in der gesamten Wissenschaft als normal gelten), und diese Theorien können durch «rationale Kritik» beurteilt werden.

Man darf die Ideologien jedoch nicht mit den wissenschaftlichen Kernen verwechseln, um die herum sie manchmal aufgebaut werden. Ideologien bestehen zwar aus harten Kernen – sonst wären sie ja nicht glaubhaft –, sie werden jedoch im wahrsten Sinne des Wortes zusammengebastelt. Foucaults Basteleien werden meiner Meinung nach nicht lange überleben können, da sie keinen harten Kern enthalten. Die Basteleien des «Kapitals» werden dagegen aufgrund ihrer harten Kerne noch lange zu exegetischen, wissenschaftlichen und rhetorischen Sprachspielen anregen. Übrigens tun sie das vor unserer Nase: Trotz der «konservativen Revolution» hat Marx heute in verschiedenen Intellektuellenkreisen in Amerika zweifellos zum erstenmal den Status eines banalisierten Klassikers.[221] Ich konnte feststellen, daß die Dependencia-Theorien eine Reihe von Forschungen angeregt haben und heute ein Paradigma darstellten, mit dem sich eine große Anzahl von Historikern, Wirtschaftswissenschaftlern, Soziologen und Politologen identifiziert.

Die harten Kerne der Ideologien (wenn sie wissenschaftlich sind) fallen zwar unter die rationale Kritik und damit unter das Wahrheitskriterium, die Ideologien selbst jedoch nicht. Raymond Aron dachte sicher auch an diesen Unterschied, als er erklärte, Ideologien fielen «nicht direkt» unter die Alternative wahr oder falsch.

Heißt das, daß alle Ideologien gleich gut sind? Ich glaube nicht. Da die Ideologien aber «nicht direkt» unter die Alternative wahr oder falsch fallen, kann man dies per definitionem nicht anhand von Verfahren beweisen, die man zur Bestimmung der Gültigkeit einer wissenschaftlichen Theorie anwendet. Die Kritik an den Ideologien als solchen kann mit anderen Worten nur über die direkte Bestätigung bestimmter Grundwerte vorgenommen werden.

Unter diesem Gesichtspunkt ist es nicht schwierig, gewisse Unterschiede zwischen den Ideologien zu erkennen, man kann sie sogar in Typen einteilen.

Manche Ideologien wollen den Menschen ändern und ihn gegen seinen Willen zu seinem Glück zwingen: Sie wollen das Individuum in den Dienst der Gemeinschaft stellen, notfalls auch gegen seinen Willen, oder indem sie auf ein späteres Einverständnis setzen, das nach dem großen Umbruch sicher vorhanden sein wird.

Wenn sie von einem mehr oder weniger offenen Soziozentrismus (Piaget) ausgehen, geben manche Ideologien direkt oder indirekt ihrer Verachtung des Anderen Ausdruck.

In diesem Zusammenhang muß darauf hingewiesen werden, daß mehrere Formen von Soziozentrismus existieren: der positive, der die Out-Group ablehnt, und der negative, der die In-Group ablehnt, indem er die Tugenden der Out-Group idealisiert, die er in dem Maße verachtet, in dem er sie idealisiert. Dabei kommen einem natürlich die Phantastereien von der Gesellschaft-Gemeinschaft in den Sinn oder, wie man manchmal sagt, von den «holistischen» Gesellschaften, wie sie jenseits der Meere oder jenseits der Zeit existiert haben sollen.[222] Andere Ideologien nehmen den Menschen so, wie er ist, das heißt, sie lehnen es ab, ihn zu richten. Sie vermeiden daher sämtliche Begriffe (wie «Entfremdung», «falsches Bewußtsein» usw.), die voraussetzen, daß der Beobachter sich über den Beobachteten erhebt und einen transzendenten Standort einnimmt, um zu richten und um eventuell die Präferenzen des Beobachteten zu korrigieren. Folglich erheben sie die individuellen Präferenzen zum höchsten Bewertungskriterium der sozialen und politischen Institutionen. Gleichzeitig erkennen sie durchaus die Komplexität der Gesellschaftssysteme. Sie lehnen es ab, jene Analogien ernst zu nehmen – zum Beispiel die Organismusanalogie –, die dazu verleiten, sie auf Systeme eines zu einfachen Typs zu reduzieren. Es ist ihnen bewußt, daß die individuellen Präferenzen zwar ein allerletztes Kriterium darstellen, daß die Erkenntnis und die Kombination dieser Präferenzen jedoch ein Ziel sind, das niemals zur vollen Zufriedenheit erreicht werden kann. Sie erkennen auch an, daß dieses Ziel außerdem niemals auf direktem Weg erreicht werden kann. Vielmehr setzt es die Vermittlung komplexer Institutionen voraus, die zwar immer noch verbesserungsfähig sind (das heißt fähig, die Funktion der Erkenntnis und Kombination der Präferenzen besser auszuüben), die jedoch nicht den Anspruch erheben können, vollkommen zu sein.

Die Überlegenheit der liberalen Ideologie beruht meiner Meinung nach vor allem auf diesen Unterschieden. Der Liberalismus ist nämlich ebenfalls eine Verbindung aus verschiedenartigen Elementen; er enthält Überzeugungen, die ihrerseits auf philosophischen, ethischen, anthropologischen, historischen, ökonomischen, soziologischen und politischen Theorien basieren. Locke, Montesquieu, Adam Smith oder Tocqueville – um nur einige große Namen des Liberalismus zu nennen – haben nicht viel mehr gemeinsam als diese wenigen Prinzipien, die ich eben genannt habe. Man wird jedoch zweifellos zugeben müssen, daß es sich dabei um grundlegende Prinzipien handelt.

Zusammenfassend kann man sagen, daß die wissenschaftlichen Kerne der Ideologien zwar unter das Wahrheitskriterium fallen, die Ideologien selbst aber eher unter das Kriterium der *Richtigkeit*.[223] Zwar kann ich keinen Beweis dafür vorlegen, handelt es sich doch hier – nach der berühmten aristotelischen Unterscheidung in der «Nikomachischen Ethik» – um eine Diskussion über die Prinzipien und nicht um eine Diskussion, die von Prinzipien ausgeht, ich würde jedoch sagen, daß die Theorien, die in den Rahmen der liberalen Tradition passen, von Prinzipien ausgehen, die besser begründet sind als zum Beispiel jene, die sich das Recht nehmen, die sozial Handelnden von einem transzendenten Standort aus zu richten und ihnen vorzuschreiben, was sie zu denken, zu glauben oder zu mögen haben und manchmal sogar, ihnen zu erklären, was sie *wirklich* denken, glauben oder mögen.

Ich möchte hinzufügen, daß nur in diesem Punkt von einer Überschneidung – manche würden wahrscheinlich von einem «heimlichen Einverständnis» sprechen – zwischen dem methodischen Individualismus und der liberalen Ideologie die Rede sein kann. Den Menschen als rational anzusehen bedeutet nicht nur, ein Postulat anzuführen, dessen wissenschaftliche Fruchtbarkeit wohl nicht mehr bewiesen werden muß, es bedeutet ebenfalls, den sozial Handelnden zu respektieren. Ganz im Gegenteil: Wenn man sagt, ein Individuum lege ein irrationales Verhalten an den Tag, dann mißt man dieses Verhalten häufig mit einem Maßstab, der von Vorurteilen und Verachtung des Beobachters gegenüber dem Beobachteten zeugt. «Irrational» ist nämlich oft nur ein höfliches und scheinbar neutrales Synonym für Adjektive, die weder das eine noch das andere sind.

Der *irrationale* Individualismus (der Webers Anschauung umkehrt und den Menschen zunächst als irrational betrachtet, das heißt, Kräften unterworfen, die ihm unbegreiflich sind und sich ihm zugleich entziehen) kann aufgrund der Logik seiner Postulate jedenfalls nicht umhin, den sozial Handelnden zur Marionette zu degradieren. Die holistischen Methoden[224] neigen – werden sie zum Ideal erhoben – dazu, ihn ganz einfach zu übergehen und ihn zum «Strukturträger» herabzuwürdigen. Der irrationalistische Individualismus und der Holismus können häufig schlecht unterschieden werden, weil die Kräfte, die bei der ersten Anschauung angeblich die Fäden der Marionetten in Händen halten, oft so aufgefaßt werden, als hätten sie ihren Sitz in *der* Gesellschaft (wie man im 19. Jahrhundert sagte) oder in den sozialen Strukturen (wie man im 20. Jahrhundert sagt).

In diesem Zusammenhang muß man sich daran erinnern, daß der sozial Handelnde – so wie ihn der methodische Individualismus sieht – nicht etwa über einer Art sozialem Abgrund schwebt, sondern gesellschaftlich verortet ist.[225] Er hat eine Erziehung genossen und verschiedene Gruppen durchlaufen. Er verfügt über eine soziale Position und über Dispositionen, aufgrund deren er Verhaltensweisen entwickelt, die in den Fällen, die den Soziologen interessieren, eine rationale Dimension enthalten. Diese Dispositionen müssen jedoch entweder als Gegebenheiten aufgefaßt werden (entweder kenne ich mich in der Physik aus oder nicht), die der Handelnde berücksichtigen muß, wenn er *sich* determiniert oder als richtungweisend für seine Handlungen (zum Beispiel die Disposition der Enthaltsamkeit). Sie sind immer mehr oder weniger unbestimmt und unterliegen in jedem Fall der Kontrolle des Bewußtseins.

Schließlich habe ich vielleicht den Eindruck erweckt, ich würde mich vor allem für die Eliten interessieren, weil ich die Rolle der Wissenschaft bei der Entstehung von Ideologien immer wieder betont habe. Schon Pareto hat festgestellt, daß die *Derivationen*, von denen die Eliten sich verführen lassen, oft eine andere Form haben als diejenigen, von denen andere soziale Schichten sich angezogen fühlen. Die Derivationen der Philosophie des Gesellschaftsvertrags des 17. und 18. Jahrhunderts, in denen er lediglich Rationalisierungen zur Bestätigung der Gefühle sah, schienen ihm aufgrund ihrer Beschaffenheit einem gebildeten Publikum vorbehalten zu sein. In diesem letzten Punkt hatte er sicher recht.

Seine Analyse ist dennoch falsch, weil sie den ersten Punkt nur summarisch behandelt. Sie läßt nämlich eine äußerst wichtige Tatsache völlig außer acht: Die Philosophie des Gesellschaftsvertrags enthält eine unwiderlegbare wissenschaftliche Neuerung von ungeheurer Wichtigkeit, auf die die Sozialwissenschaften immer wieder zurückkommen sollten: Wir haben gesehen, daß sie nichts Geringeres vorschlug als eine Methode zur Analyse der Existenzberechtigung von Institutionen, ohne dabei jedoch die Gegebenheiten ihrer Entstehung zu berücksichtigen. Anders gesagt ermöglicht es diese Methode, eine Institution zu erklären, auch wenn man über die Bedingungen ihrer Entstehung nichts weiß. Die Idee, die der Methode des Gesellschaftsvertrags zugrunde liegt, ist folgende: Wenn es zu beweisen gelingt, daß eine Gruppe in einer bestimmten Situation sich einstimmig für eine bestimmte Institution entscheiden würde, dann erklärt man damit zugleich, welchen Sinn diese Institution für die Gruppe hat. Die Philosophie des Gesellschaftsvertrags enthält also die wesentlichen Elemente dessen, was man später das Paradigma der funktionalen Analyse nennen sollte.[226] Die Offensichtlichkeit und der Erfolg der Philosophie des Gesellschaftsvertrags gründeten sich also zunächst auf ihre wissenschaftliche Bedeutung.

Allerdings trifft auch zu, daß die Philosophie des Gesellschaftsvertrags einerseits zwar einen ideologischen Einfluß ausgeübt hat, daß dieser Einfluß aber andererseits nur ein begrenztes Publikum erreicht hat.

Durch ihren wissenschaftlichen Kern richtete sie sich – mit Perel-
mans [227] Worten – wahrscheinlich an ein universelles Publikum (Max
Webers Chinesen), aufgrund ihrer scharfsinnigen Analysen konnte sie
jedoch nur einzelne Gruppen erreichen.

Wir haben indessen gesehen – als wir weiter oben auf den Einfluß
Rousseaus und der Analysen Cochins in diesem Zusammenhang hingewiesen haben –, daß eine Anzahl von Prinzipien dieser Philosophie
über mehrere Stationen hinweg schließlich die Aufmerksamkeit der
verschiedensten Gruppen erregt hat.

Ein geistiges Produkt, das bei seinem Urheber den Status einer *wissenschaftlichen Theorie* hat, nimmt also durch eine Kumulation von Kommunikationseffekten beim endgültigen Empfänger oft die Form eines
Mythos an. Die in der ursprünglichen Theorie enthaltenen Wahrheiten
verlieren ihren bedingten Charakter, nur die wesentlichen Merkmale
der Analyse werden beibehalten, und die wissenschaftliche Argumentation wird zunehmend durch eine rhetorische und exegetische Argumentation ersetzt. Die Überzeugungskraft dieser Varianten beruht jedoch
weiterhin auf der wissenschaftlichen Autorität der Theorie.

Die Tatsache, daß die zugkräftigsten Ideologien oft solide wissenschaftliche Kerne enthalten, die nur von einer ausgesuchten Elite als
«white boxes» behandelt werden können, steht also nicht im Widerspruch zu ihrer Fähigkeit, sich auf allen gesellschaftlichen Ebenen zu
verbreiten. Von Station zu Station verändert sich lediglich die Form der
Botschaft. Die Verbreitung der Ideologien ist nämlich kein mechani-
scher Prozeß. Sie ist vielmehr die Sache von Handelnden und Vermittlern, die natürlich die Botschaft auf ihr Publikum zuschneiden, so wie
sie es wahrnehmen.

Aus diesem Grund sind im allgemeinen auch die einfachsten Ideologien wissenschaftlichen Ursprungs. Beruht die Gleichsetzung von sozialen Prozessen mit Prozessen der natürlichen Auslese – der eventuell
ein wenig nachgeholfen werden kann – letzten Endes nicht auf einer der
sensationellsten Entdeckungen der Wissenschaft aller Zeiten? [228]

Im Gegensatz zu einer vorgefaßten Meinung – die von so hervorra-
genden Autoren wie Talcott Parsons oder Karl Popper übernommen
wurde – lassen die Ideologien sich vom wissenschaftlichen Standpunkt
aus nicht auf illegitime Argumentationen reduzieren. [229]

Wie dem auch sei, um die modernen Mythen – insbesondere die unserer Zeit – zu verstehen, muß man vielleicht davon Abstand nehmen,
es sich einfach zu machen und die symbolische und imaginäre Kompo-

nente des gesellschaftlichen Lebens künstlich zu isolieren. Genau wie bei der Magie muß man den Zusammenhang dieser Mythen mit den «Sorgen des täglichen Lebens» erkennen, ebenso wie die Auswirkungen der Arbeitsteilung und der sozialen Differenzierung auf ihre Entstehung und Verbreitung. Nur wenn man diese Zusammenhänge in ihrer Gesamtheit betrachtet, wird es verständlich, warum Märchen sich auf die «normale Wissenschaft» stützen können: Ohne die Dependencia-Theorien wäre der Mythos der Revolution in der Dritten Welt längst nicht so glaubhaft erschienen.

Zum Schluß möchte ich noch eines bemerken: Dieses Buch wird wahrscheinlich als pessimistisch angesehen werden. Zeigt es nicht, daß die sozial Handelnden oft die besten Gründe haben, an falsche oder zweifelhafte Ideen zu glauben? Meine gesamte Beweisführung beruht jedoch auch auf einem Postulat, das – zumindest in meinen Augen – keine Arbeitshypothese, sondern eine Evidenz darstellt, und diese berechtigt zu einer optimistischen Lektüre dieses Buches. Trotz der Krise der Werte, die man uns heute bis zum Überdruß vor Augen führt, bleibt nach diesem Postulat ein Wert (unter anderen) stabil und gewiß, so stabil und gewiß, daß er von jeglicher historischen und sozialen Konditionierung unabhängig zu sein scheint und in diesem Sinn als transzendent gelten kann. Dieser Wert drückt sich dadurch aus, daß die meisten Menschen uneingeschränkt die Wahrheit der Unwahrheit vorziehen.

Anmerkungen

1 Revue des sciences morales et politiques 2 (1983), S. 314.
2 Bei der Vorbereitung und der Fertigstellung dieses Buches waren Jacqueline Lécuyer und Béatrice Marin mir eine große Hilfe.

Kapitel 1

3 Entnommen aus: P. Berger: Pyramids of sacrifice: political ethics and social change, New York 1974.
4 Die Möglichkeiten des Widerspruchs zwischen individueller und kollektiver Rationalität wurden im Bereich der politischen Philosophie zum Beispiel von Rousseau («Gesellschaftsvertrag») erforscht und analytisch beschrieben, im Bereich der Ökonomie von den Theoretikern, die sich mit Fragen des Staatsvermögens befassen, außerdem von den Ökologen (G. Hardin, K. Boulding) oder von den Anhängern der Spieltheorie. Auch die Besten unter den Historikern (Thukydides zum Beispiel) und den Soziologen (Marx, Spencer) waren sich der Komplexität der Zusammenhänge zwischen individueller und kollektiver Rationalität bewußt. Im Gegensatz zum Studenten der Wirtschaftswissenschaft, der irgendwann ganz sicher mit der Theorie des Staatsvermögens konfrontiert wird, oder zum Philosophiestudenten, dem es kaum erspart bleiben wird, sich mit den Aporien zu befassen, die die klassische politische Philosophie ans Licht gebracht hat, wird der Anthropologie- oder Soziologiestudent kaum Gelegenheit haben, sich mit diesem Problem zu beschäftigen.
5 L'Inégalité des chances, Paris 1973.
6 K. Popper: Das Elend des Historizismus, Tübingen ⁵1979.
7 J. Watkins: Ideal types and historical explanation, in: H. Feigl, M. Brodbeck (Hrsg.): Readings in the philosophy of science, New York 1953, S. 723–743.

8 R. Boudon: La Place du désordre, Paris 1984.

9 R. Boudon: Effets pervers et ordre social, Paris 1979.

10 Im Sinn W. Diltheys. Siehe in diesem Zusammenhang auch Kapitel 8, Anm. 186.

11 T. Kuhn: Die Struktur wissenschaftlicher Revolutionen, Frankfurt/M. 1973.

12 Effets pervers, a. a. O., S. 84–93.

13 K. Mannheim: Die Bedeutung der Konkurrenz im Gebiete des Geistigen, in: Schriften der deutschen Gesellschaft für Soziologie, Bd. 6, Tübingen 1929.

14 K. Mannheim: Mensch und Gesellschaft im Zeitalter des Umbaus, Leiden 1935.

15 Unter den jüngsten Veröffentlichungen, von denen jede auf ihrem Gebiet als bemerkenswert gelten kann, sind zum Beispiel zu konsultieren: J. Baechler: Démocraties, Paris 1985; H. Lepage: Pourquoi la propriété, Paris 1985; A. Jardin: Histoire du libéralisme politique, Paris 1985; S. C. Kolm: Le Contrat social libéral, Paris 1985.

16 Ich habe die Auffassung von der Rationalität aufgezeigt, die ich hier in: L'acteur social est-il si irrationel (et si conformiste) qu'on le dit?, Colloque «L'individu», Royaumont-Le Seuil, Oktober 1985, vertrete. Das Postulat, nach dem das Verhalten des Handelnden erklärt wird, besteht in der Bestimmung seiner _guten Gründe_; es deckt als besondere Varianten die _Zweckrationalität_ und die _Wertrationalität_ Webers ab, aber auch andere Fälle. Das Wissen, über das ich im Hinblick auf eine bestimmte Frage verfüge, kann also meine Interpretation eines Phänomens in eine bestimmte Richtung lenken. Man könnte hier von _dispositionsabhängiger Rationalität_ sprechen. Ebenso kann meine Position meine Wahrnehmung und meine Erkenntnis eines bestimmten Phänomens steuern, so daß man auch von _positionsabhängiger_ Rationalität sprechen kann. Im Text finden sich zahlreiche Beispiele für diese beiden Punkte. Die verschiedenen Auffassungen der Rationalität lassen sich also wie folgt in Form von konzentrischen Kreisen darstellen:

Der kleinste Kreis entspricht der utilitären Rationalität oder Zweckrationalität, wobei der eine Fall nicht auf den anderen zurückgeführt werden kann: Man kann jemand anderem eine Freude machen wollen, ohne sich damit ursprünglich selbst eine Freude machen zu wollen; man kann ebenfalls versuchen, ein Ziel so gut wie möglich zu erreichen, ohne dabei in erster Linie an die materiellen oder symbolischen Belohnungen zu denken, die man zu erwarten hat. Der nächste Kreis, der den ersten einschließt, entspricht der «Weberschen» Rationalität, die zur Zweckrationalität die Wertrationalität hinzufügt. Der nächste Kreis schließt alle möglichen Arten von «guten Gründen» ein, aus denen ein Handelnder so handelt, wie er handelt, oder glaubt, was er glaubt. Ein Laie auf dem Ge-

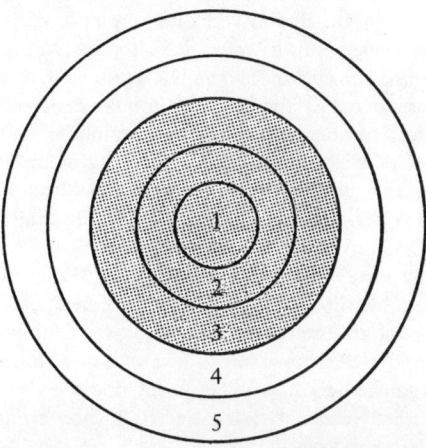

1 *utilitäre Rationalität und Zweckrationalität*
2 *«Webersche» Rationalität*
3 *verortete Rationalität: die «guten Gründe»*
4 *affektive, impulsive Handlungen usw.*
5 *irrationale Handlungen*

biet der Physik hat zum Beispiel gute Gründe, an die Wahrheit der Relativitätstheorie zu glauben. Dabei handelt es sich aber weder um eine Zweckrationalität noch um eine Wertrationalität. Der dritte Ring umfaßt also die beiden letzten Typen der Rationalität, die ich weiter oben genannt habe (positionsabhängige und dispositionsabhängige Rationalität). Danach kommen die impulsiven und affektiven Handlungen oder Reflexhandlungen, die laut Weber und Pareto *für den Handelnden* von entscheidender Bedeutung sind; bei der soziologischen Erklärung spielen sie jedoch nur eine untergeordnete Rolle. Zum Schluß kommen diejenigen Handlungen, die dem Handelnden von Kräften eingegeben werden, die sich der Kontrolle seines Bewußtseins entziehen und einen psychologischen Theorieansatz ins Spiel bringen, der sich am frühen Freud oder am Marx der Camera obscura orientiert (vgl. Kapitel 2). Der letzte Ring entspricht also dem irrationalen Handlungsmodell, dessen Nützlichkeit ich hier bestreite, selbst im Hinblick auf die Erklärung des Glaubens an falsche Ideen.

Der vierte Ring entspricht dem, was man als *klassische* Auffassung der Irrationalität bezeichnen könnte, der fünfte Ring entspricht der *moder-*

nen Auffassung. Bei der klassischen Auffassung ist die irrationale Handlung (zum Beispiel die impulsive Handlung im Zorn) gleichzeitig mehr oder weniger transparent: Ich weiß, ich habe aus Wut gehandelt, und die anderen nehmen dies ebenfalls wahr. Die irrationale Motivation wird hier leicht von der inneren Erfahrung sowie von der äußeren Beobachtung bestätigt. Bei den irrationalen Handlungen im modernen Sinn ist das ganz anders: Hier ist die irrationale Motivation ein *Konstrukt*, das sowohl für die innere Erfahrung als auch für die äußere Beobachtung unzugänglich ist. So können der «Nachahmungstrieb» (Tarde), der «Nachahmungswunsch» (R. Girard), die «Beharrungstheorie» (versch. Autoren), die «Verblendung durch Klasseninteressen» (K. Marx), die «unbewußten Triebe» des frühen Freud sowie das «falsche Bewußtsein» (F. Mehring, F. Engels) weder erfahren noch beobachtet werden, man kann lediglich auf sie schließen. Ich habe schon zu Beginn dieser Fußnote darauf hingewiesen, daß solche Begriffe schwierige methodische, psychologische und soziologische Probleme aufwerfen; auch in mehreren Passagen dieses Buches finden sich Hinweise darauf.

Kapitel 2

17 Die beiden Bände «Analyse de l'Idéologie», Paris 1980 und 1983, herausgegeben von G. Duprat, stellen eine wertvolle Dokumentation dar. Dieser Versuch, sämtliche Diskussionen über die Ideologie in den verschiedenen sozialwissenschaftlichen Disziplinen und den verschiedenen geistigen Traditionen vorzustellen, zeigt deutlich, was für ein Durcheinander in dieser Hinsicht herrscht.

18 K. Marx, F. Engels: Die deutsche Ideologie, Berlin 1953, S. 22.

19 Vgl. Kapitel 5.

20 Die Adjektive «Marxsch» und «marxistisch» verwende ich in folgender Bedeutung: «Marxsch» bezieht sich auf Karl Marx, «marxistisch» bezieht sich auf die von Marx begründete und von seinen Nachfolgern weiterentwickelte Lehre.

21 In diesem Zusammenhang kann man konsultieren: G. Labica, G. Bensussan (Hrsg.): Dictionnaire critique du marxisme, Paris 1982.

22 Zum Beispiel: «Kann nun einmal von einer selbständigen, von den Arbeitermassen selber im Verlaufe der Bewegung ausgearbeiteten Ideologie keine Rede sein, so kann die Frage *nur* so stehen: bürgerliche oder sozialistische Ideologie. (...) Darum bedeutet *jede* Herabminderung der sozialistischen Ideologie, *jedes Abschwenken* von ihr zugleich eine Stärkung der bürgerlichen Ideologie. (...) Aus dem einfachen Grunde, weil die bürgerliche Ideologie ihrer Herkunft nach viel älter ist als die sozialisti-

sche (...).» W. I. Lenin: Was tun?, Berlin 1945, II b, «Die Anbetung der Spontaneität», S. 67–69.

23 L. Althusser: Für Marx, Frankfurt/M. 1968, S. 181 f.

24 E. Durkheim verwendet es indessen beiläufig in seinen: Règles de la méthode sociologique, Paris 1950 (1895), S. 20–23 (dt.: Die Regeln der soziologischen Methode, Neuwied ⁵1976), in einer Bedeutung, die derjenigen, in der Engels es verwendet, merkwürdig ähnlich ist (vgl. Kapitel 3, Anm. 51): Laut Durkheim ist die soziologische Analyse zum Beispiel dann ideologisch, wenn sie die Sittengeschichte auf die Entwicklung der moralischen Vorstellungen reduziert.

25 R. Aron: Opium für Intellektuelle, Köln 1957, S. 287.

26 Man muß nämlich die von Prinzipien ausgehenden Argumentationen (οἱ ἀπὸ τῶν ἀρχῶν λόγοι) von den Argumentationen unterscheiden, die Prinzipien aufstellen wollen (οἱ ἐπὶ τὰς ἀρχάς), Nikomachische Ethik, I, 4.

27 Die zeitgenössische Wissenschaftsphilosophie neigt manchmal dazu, dem Begriff der Richtigkeit *(justesse, rightness)* einen unangemessen großen Platz einzuräumen, womit sie es selbst an Richtigkeit fehlen läßt. Vgl. dazu zum Beispiel: R. Rorty: Philosophy and the mirror of nature, Oxford 1980, oder N. Goodman: Ways of worldmaking, Cambridge 1984. Indem sie den Begriff der Wahrheit auf ein Minimum reduziert, beseitigt diese neue Philosophie in weitem Maße die Unterschiede zwischen Interpretation und Erklärung, Hermeneutik und Wissenschaft, aber auch zwischen Wissenschaft und Ideologie. Ich möchte im Schlußwort dieses Buches darauf hinweisen, daß die wissenschaftlichen Kerne der Ideologien zwar unter die Alternative wahr oder falsch fallen, die Ideologien selbst müssen jedoch in der Tat anhand des Begriffes der Richtigkeit beurteilt werden. Mir ist jedoch nicht ganz klar, wozu es gut sein soll, das Durcheinander zu organisieren. Diese neue Philosophie scheint mir auf die löbliche Absicht zurückzugehen, die Aporie zu überwinden, auf die die Erkenntnis hinausläuft, nach der «alles geht» *(anything goes)*. Stellt man nämlich die Richtigkeit über alles, dann ist es nicht mehr notwendig zuzugeben, daß «alles geht»; gleichzeitig umgeht man die Schwierigkeiten des Positivismus und des Neopositivismus. Für diese zeitgemäße Synthese muß jedoch mit der Abschaffung von klassischen Unterscheidungen ein unangemessen hoher Preis gezahlt werden.

28 E. Shils: The concept and function of ideology, in: International Encyclopedia of the Social Sciences, Bd. 7, S. 66–76.

29 Ibd., S. 73.

30 Ibd., S. 74.

31 R. Nisbet: The sociological tradition, New York 1966.

32 Vgl. Kapitel 9.

33 T. Parsons: An approach to the sociology of knowledge, in: Transactions of the fourth congress of sociology, Mailand 1959, S. 25–49.

34 C. Geertz: Ideology as a cultural system, in: D. Apter (Hrsg.): Ideology and discontent, Glencoe 1964, S. 47–76.

35 F. Sutton, S. Harris, C. Kaysen, J. Tobin: The American business need, Cambridge 1956, bringen zahlreiche Beispiele für die Anwendung ihrer Hypothese, die besagt, eine der Funktionen der Ideologie bestünde darin, die Spannungen abzubauen, mit denen das Individuum bei der Ausübung seiner Rolle konfrontiert wird. Der Geschäftsmann wird zum Beispiel seine Ethik der Verantwortlichkeit mit dem möglichen Scheitern seiner Unternehmen in Einklang bringen, indem er leicht Aussagen folgenden Typs Glauben schenkt: «Die Erträge sind nicht mehr das, was sie früher einmal waren», und: «Die Arbeiter sind heute mehr auf ihre Sicherheit bedacht als darauf, ihre Arbeit ordentlich zu machen» usw.

36 Ibd., S. 4–5.

37 In seiner «Philosophie der Geschichte» stellt Hegel – der diesen Ausdruck niemals zuvor benutzt hatte –, in einem Hinweis auf die Revolution von 1830 die *Ideologen* («Prinzipienmänner») den Staatsmännern gegenüber. Siehe Z. Pelczynski: The roots of ideology in Hegel's political philosophy, in: M. Cranston, P. Mair (Hrsg.): Idéologie et politique, Brüssel 1980, S. 65–74.

38 John Lockes Gedanken über Erziehung, Langensalza [3]1910, § 194, S. 286.

39 Montesquieu: Vom Geist der Gesetze, Stuttgart 1965, S. 97.

40 K. Marx: Das Elend der Philosophie, II, 2, Bonn 1978 (1847); J. M. Keynes: A treatise on money, London 1953 (1930).

41 A. Smith: Der Wohlstand der Nationen, München 1974, 4. Buch, Kapitel 7 und 8.

42 Die Mehrwerttheorie beruht in der Tat auf einem Modell des kapitalistischen Unternehmens, das zur Zeit der Entstehung des Kapitalismus zur Not als annehmbare Vereinfachung gelten konnte; in einer einigermaßen komplexen kapitalistischen Wirtschaft wird es durch seine Hypothesen jedoch zur Karikatur. Indem es zwei Klassen von Handelnden (den Kapitalisten und den Arbeiter) voraussetzt, billigt dieses Modell dem Unternehmer nur eine einzige Funktion zu, nämlich zu produzieren; folgende Funktionen läßt es völlig außer acht: die Koordinierung der Aufgaben innerhalb des Unternehmens, die Entwicklung neuer Produkte und allgemeiner die Anpassung des Angebots an die Nachfrage, den Vertrieb des Produktes sowie die Aufgabe, sich um die mit diesen Funktionen verbundenen Kosten und Löhne zu kümmern. Nur unter diesen Gesichtspunkten kann der Profit als Beschlagnahme interpretiert werden. Marx hatte übrigens gesehen, daß seine Theorie auf eine unangenehme Frage stieß: Warum wird diese Beschlagnahme hingenommen? Seine Antwort auf diese Frage ist durchaus interessant (vgl. Kapitel 5), sie setzt jedoch voraus, daß die Mehrwerttheorie wahr ist.

Man muß wohl nicht ausdrücklich betonen, daß die Mehrwerttheorie den Eckpfeiler der Marxschen Soziologie – insbesondere der Marxschen Klassentheorie – bildet. Deshalb hat die marxistische Tradition auch versucht, sie zu ersetzen, als durch die zunehmende Komplexität der kapitalistischen Unternehmen immer deutlicher wurde, wie mangelhaft sie war. Diese Neuerung äußerte sich entweder durch einen anderen *Maßstab* (vgl. bei Lenin und bei den modernen Dependencia-Theorien die Hypothese von der weltweiten Beschlagnahme durch den Außenhandel) oder durch eine andere Variable (die Beherrschung als Beschlagnahme von Macht und Kultur). Hier liegt ein Beispiel für einen der interessantesten Punkte von Paretos Derivationstheorie vor: Eine in Mißkredit geratene Idee muß eine neue Form annehmen, um sich auf dem Markt der Ideen durchsetzen zu können.

43 R. Nisbet: The sociological tradition, a. a. O.

44 R. Hofstadter: Social darwinism in American thought, New York 1959 (1944), analysiert sehr gut den Weg des Sozialdarwinismus in Amerika und seine Verbreitung mittels eines komplexen Systems von intellektuellen und politischen Stationen. Der Fall Summer ist ganz besonders interessant: begeisterter Anhänger Spencers, wettert er gegen Protektionisten und Sozialisten, wobei er sich auf den Ruf seiner «Folkways» stützt und immer eindringlicher für eine Gesellschaftsordnung plädiert, die auf einer Auslese der Besten beruht. G. Lemaine und B. Matalon: Homme supérieurs, hommes inférieurs, Paris 1985, zeigen ihrerseits sehr anschaulich, daß Darwin selbst im nachhinein dem Sozialdarwinismus Nahrung gegeben zu haben scheint.

45 Vgl. Kapitel 9.

46 Siehe dazu zum Beispiel die klassische Abhandlung von R. M. Hare: The language of morals, Oxford 1952, I, 2.

47 Mir ist heute aufgefallen, daß mein Artikel Le phénomène idéologique; en marge d'une lecture de Pareto, in: L'Année Sociologique 34 (1984), S. 87–126, den Eindruck erwecken könnte, ich würde mir Paretos Theorie der Ideologien voll und ganz zu eigen machen. Dieser Artikel ist das Resultat einer Konferenz in Paretos Geburtsstadt Turin. Bei dieser Konferenz habe ich vor allem zu zeigen versucht, wie interessant und aktuell Paretos Theorie der Ideologien ist; außerdem wollte ich sie aus der Versenkung hervorholen, in der sie – zum Teil sicher aufgrund des vehementen Stils des «Trattato» – verschwunden ist. Deshalb habe ich die positiven Aspekte dieser Theorie besonders hervorgehoben und die negativen trivialisiert.

Kapitel 3

48 K. Mannheim: Ideologie und Utopie, Frankfurt/M. ⁷1985, S. 58.
49 F. Bacon: Das neue Organon (Novum organon), Berlin 1962, § 38.
50 Ein Punkt, den J. Elster: Making sense of Marx, Cambridge 1985, klarge-
   stellt zu haben scheint. Im Gegensatz zu G. Cohen: Karl Marx's theory of
   history, London 1978, der glaubte, die Marxsche Geschichtstheorie axio-
   matisieren zu können, glaube ich, daß das Buch, das uns endlich den wahren Marx zeigen wird oder ihn zumindest in kaum anfechtbarer Weise
   darstellen wird, dasjenige sein wird, das ihn als durch und durch eklekti-
   schen Autor zeigen wird. Diese Hypothese würde zur Erklärung des Einflusses beitragen, den Marx ausgeübt hat und würde es ferner ermöglichen, die Existenz von verschiedenen Modalitäten festzustellen, die zur
   Annahme des Marxismus führen. Es gibt zwar orthodoxe Marxisten, die
   diesem oder jenem Aspekt der Lehre treu sind, es gibt als zweites Extrem
   jedoch auch fideistische Marxisten. In «La place du désordre», a. a. O.,
   S. 138 f., habe ich versucht zu zeigen, daß die beiden Analysen der Krise
   des Feudalismus in «Das Elend der Philosophie» und im «Manifest» –
   zwei Texte, die mit einem Jahr Abstand entstanden – absolut unvereinbar
   sind; ich habe die Hypothese aufgestellt, diese Unvereinbarkeit sei dadurch zu erklären, daß sie sich an verschiedene Leser richten. Ich habe
   außerdem darauf hingewiesen (Effets pervers, a. a. O., Kapitel 7), daß
   Marx zwar oft die individualisierende Methode angewandt hat, daß dies
   bei seiner Mehrwerttheorie zum Beispiel aber ganz sicher nicht der Fall ist.
   Die Hypothese vom Eklektizismus ist plausibel, wenn man sie auf einen
   Autor anwendet, der so belesen war, daß er Hegel, Smith sowie die gesamte Geschichte der Ökonomie – soweit sie seinerzeit verfügbar war –,
   außerdem Cervantes ebenso wie Camoens in- und auswendig kannte. Die
   marxistische Exegese, die im allgemeinen von Marxisten oder Antimarxi-
   sten in Angriff genommen wird, hat jedoch immer die Tendenz, die *Einheit* des Marxschen Denkens zu postulieren, oder zumindest des Denkens
   des «frühen» oder des «späten» Marx. Lediglich J. Elsters Buch scheint
   mir ein großer Schritt in die richtige Richtung zu sein.
51 Marx-Engels: Werke, Berlin 1968, Bd. 39, S. 97. Aus den folgenden Passagen geht hervor, daß die in diesem Text gemeinten Ideologen genauer gesagt jene sind, die glauben, die politischen Probleme könnten durch Diskussionen innerhalb einer bestimmten geistigen Disziplin gelöst werden:
   Recht, Theologie, politische Philosophie. Engels erwähnt in diesem Zusammenhang Luther und Calvin, die glaubten, den Katholizismus widerlegt zu haben, so wie Hegel glaubte, Kant zu widerlegen, oder wie die
   Physiokraten glaubten, die Merkantilisten zu widerlegen.
52 Ibd., S. 97.
53 Es ist interessant festzustellen, daß dieser enge Zusammenhang, wie er

sich im Fall der Marxschen Theorie der Ideologie zwischen der klassischen Philosophie und den Sozialwissenschaften abzeichnet, keineswegs einzigartig ist, sondern im Gegenteil ein sehr häufig zu beobachtendes Phänomen. Als Durkheim zum Beispiel versucht, in «Die elementaren Formen des religiösen Lebens» den Ursprung mancher in den Wissenschaften häufig verwendeten Begriffe und Verfahren festzustellen (zum Beispiel den Ursprung der Begriffe der Ursache oder der Kraft oder des Verfahrens der Klassifizierung), übernimmt er fast wörtlich Kants klassische Vorstellung: Diese Begriffe und Verfahren lassen sich nicht aus der Erfahrung ableiten; sie machen im Gegenteil die Erfahrung erst möglich. Dort jedoch, wo Kant in der menschlichen Natur oder im menschlichen Geist den Sitz oder den Ursprung seiner berühmten *a priori gegebenen Formen* sah, macht Durkheim sie zum Produkt der sozialen Erfahrung: Wenn wir uns mit Botanik, Physik, Chemie oder Astronomie beschäftigen, verwenden wir sozusagen ganz natürlich Begriffe wie «Kraft» oder «Ursache» oder Verfahren zur Klassifizierung. Diese Verfahren und Begriffe leiten sich jedoch nicht aus unserer Erfahrung mit chemischen, botanischen oder astronomischen Phänomenen ab. Sie ermöglichen uns im Gegenteil die Erkenntnis dieser Phänomene und erlauben es uns, ihnen einen Sinn zu geben. Bis hierher beschränkt sich Durkheim also darauf, Kants Ideen noch einmal zu formulieren. Er trennt sich von ihm genau dort, wo Marx sich von Bacon trennt, um seinerseits dieselbe Richtung wie Marx einzuschlagen: Der Begriff der Kraft wird uns vom Gefühl des Zwanges suggeriert, das das gesellschaftliche Leben in uns hervorruft; die Verfahren zur Klassifizierung werden uns von den sozialen Klassifizierungen suggeriert, die von Gesellschaft zu Gesellschaft stark variieren können, die jedoch jede Gesellschaft charakterisieren.

Diese Bemerkungen enthalten eine logische Konsequenz, nämlich daß die ziemlich weit verbreitete Überzeugung, die Sozialwissenschaften seien infolge eines – vollständigen – Bruches mit der philosophischen Tradition entstanden, ziemlich harmlos sei. Im Gegensatz zu einer vorgefaßten Meinung, die wir zum großen Teil dem außergewöhnlichen Einfluß von Auguste Comte verdanken, hat die Soziologie mit Bacon, Spinoza oder Kant ebensowenig «gebrochen» wie die Ökonomie mit Locke.

54 Die Analogie wird manchmal viergliedrig mit dem Verhältnis «*a* ist für *b*, was *c* für *d* ist», definiert. Diese Definition scheint mir jedoch nicht alle Verwendungen des Analogiebegriffes abzudecken.

55 P. Ansart: Idéologies, conflits et pouvoir, Paris 1977, S. 56f.

56 Außer man erkennt eine Aussage an, die von den Neomarxisten allgemein anerkannt wird und die man in der Tat aus manchen Texten von Marx entnehmen kann, auch aus dem, auf den ich mich hier beziehe und der in jedem Fall zur marxistischen Vulgata gehört: daß nämlich die Intellektuellen «der beherrschte Teil der herrschenden Klasse» seien. Entweder hat

diese Aussage einen Sinn, oder sie hat keinen Sinn. Ich persönlich glaube, sie hat keinen, sie unterschätzt nämlich in geradezu karikierender Weise die Vielfalt der Intellektuellen und die Unabhängigkeit der geistigen Produktionen von der gesellschaftlichen Konditionierung. Nimmt man jedoch an, sie habe einen Sinn, dann ist sie selbstzerstörerisch: Stünden die Intellektuellen nämlich im Dienst der herrschenden Klasse, könnten sie gar keine marxistischen Theorien produzieren, und diese hier schon gar nicht.

57 K. Marx, F. Engels: Die deutsche Ideologie, a. a. O., S. 44.
58 J. Elster: Making sense of Marx, a. a. O., S. 489 f. Zum Warenfetischismus siehe auch Ansart: Idéologies, a. a. O., S. 56.
59 R. Aron: L'Opium des intellectuels, Paris 1968 (1955), S. 9. (Das Zitat war in der deutschen Ausgabe nicht zu ermitteln; Anm. d. Ü.)
60 Die Analogie der Camera obscura stellt die Hypothese vom Vorhandensein eines Unbewußten auf, dem eine kausale Wirksamkeit zugesprochen wird. Diese Hypothese ist natürlich alles andere als wissenschaftlich und bleibt solange ein einfacher *flatus vocis*, wie die Existenz eines solchen Unbewußten lediglich durch seine angeblichen Auswirkungen bewiesen ist.
61 Warum führt Weber diese Hierarchie zwischen Rationalität und Irrationalität ein? Ich glaube, aus einem sehr einfachen Grund: Sobald ein Soziologe behauptet, eine Person oder eine Gruppe hätte aus Trägheit, aus Leidenschaft, aus Fanatismus, aus Verblendung oder aus Perversion auf eine bestimmte Weise gehandelt (was natürlich der Fall sein *kann*), macht er der Diskussion nicht nur abrupt ein Ende, die Erklärung, die er vorschlägt, wird – wenn er es dabei bewenden läßt – wahrscheinlich in eine Sackgasse führen. In diesem Zusammenhang genügt es, all jene Studien zu erwähnen, die die Ablehnung einer bestimmten Neuerung mit dem «Widerstand» der sozial Handelnden «Veränderungen gegenüber», mit ihrem unverbesserlichen Traditionalismus oder mit der Hypothese erklären, es existierten in ihren Köpfen Programme (im Sinne der Informatik), die ihr Verhalten bestimmen. Diese Programme sind natürlich nicht beobachtbar, zur Bestätigung ihrer Existenz kann also nur das Verhalten herangezogen werden, das sie erklären sollen.

Ich plädiere hier natürlich nicht für ein Modell, das auf einer absoluten Unabhängigkeit des Bewußtseins aufbaut: Man muß zugeben, daß der klassische Begriff der *Disposition* unerläßlich für die soziologische Analyse ist. Unannehmbar ist vielmehr, den sozial Handelnden auf ein *Dispositionssystem* zu reduzieren, das unabhängig funktionieren soll, das heißt unabhängig von den Absichten und Vorhaben der Handelnden. Ich glaube, Weber hat aus eben diesem Grund vorgeschlagen, zunächst damit zu beginnen, das Postulat der Rationalität zu verwenden, auf die Gefahr hin, im Unterschied dazu dann den Anteil des Irrationalen festzustellen.

62 K. Mannheim: Ideologie und Utopie, a. a. O., S. 4.

63 Ibd., S. 5.

64 Ibd., S. 72.

65 Ibd., S. 77.

66 Ibd., S. 72.

67 Ibd., S. 84.

68 Karl Mannheim stellt die beiden von mir erwähnten Fälle (das Tabu des verzinslichen Darlehens zu Beginn der kapitalistischen Ära und den Patriarchalismus der Junker) als Beispiele für das «falsche Bewußtsein» dar, ein Begriff, den wir nicht Marx, sondern Mehring verdanken und den Engels in dem berühmten Brief an Mehring verwendet, den ich am Anfang des Kapitels zitiert habe. Ebenso wie der Begriff des «Unbewußten» kann der Begriff des falschen Bewußtseins auf alle möglichen Arten verwendet werden, die begrifflich unzulässig sind, und er ist auch so verwendet worden (vgl. zum «Unbewußten» Kapitel 6, Anm. 115). Er kann aber auch zu einer durchaus annehmbaren Interpretation führen, wie es bei Mannheim der Fall ist.

69 C. Geertz: Ideology as a cultural system, in: D. Apter (Hrsg.): Ideology and discontent, a. a. O., Kapitel 2, S. 63.

70 Ibd., S. 71. Meine Diagnose, die Geertzsche Theorie würde im Vergleich zu Mannheims Theorie kaum Neues enthalten, weist auf einen interessanten Punkt hin – vorausgesetzt, man teilt diese Diagnose: Wissenschaftler und Forscher erkennen im allgemeinen ohne lange zu fragen eine Idee an, die oft nichts weiter als eine Ideologie ist, nämlich die Idee des wissenschaftlichen *Fortschritts*; jede bedeutende Theorie sollte demzufolge – zumindest teilweise – zu den vorangegangenen Theorien im Widerspruch stehen und über sie hinausgehen. Die Geertzsche Theorie wurde als solche angesehen: Sie stellte angeblich eine «bedeutende Wende» im Hinblick auf die Theorie der Ideologien dar. Meiner Meinung nach ist Geertz' Artikel zwar interessant, von einer «Wende» kann jedoch nicht die Rede sein, vielmehr erinnert sein Stil eher an alte, vergessene Ideen. Die *a priori gegebene Idee* des Fortschritts, die durch die Gleichung «bedeutend = neu» dargestellt werden kann, ist zwar vielleicht manchmal (wie hier) ideologisch, sie ist jedoch nicht irrational; man kann sich im Gegenteil kaum wissenschaftliche Forschung ohne den Glauben an diese Idee vorstellen. Sie stützt sich jedenfalls auf eine zugkräftige Hypothese, daß nämlich die Gegenwart alles bewahrt, was in der Vergangenheit an Interessantem gesagt worden ist. Daher führt sie oft dazu, daß eine unnötige Wiederholung als etwas Neues angesehen wird und daß neue Produktionen bevorzugt und die Bedeutung von alten Arbeiten vergessen werden. Die Idee vom Fortschritt kann deshalb den Fortschritt der Erkenntnis manchmal beeinträchtigen.

71 J. Baechler: Qu'est-ce que l'idéologie?, Paris 1976.

72 J.-P. Sartre: Das Sein und das Nichts, Hamburg 1952, S. 92–94: «Wir geben ohne weiteres zu, daß die Unwahrhaftigkeit eine Lüge ist (...). (...) Es bedarf einer ursprünglichen Absicht und eines Entwurfs der Unwahrhaftigkeit; dieses Entwerfen beinhaltet ein Verständnis der Unwahrhaftigkeit als solcher und eine präreflexive Erfassung des von der Unwahrhaftigkeit gestalteten Bewußtseins. Es folgt daraus, daß der, den man belügt, und der, der lügt, ein und dieselbe Person sind, was bedeutet, daß ich als Täuschender die Wahrheit kennen muß, die mir als Getäuschtem verborgen ist. Mehr noch, ich muß die Wahrheit sehr genau kennen, *um* sie vor mir sorgfältiger verstecken zu können – und dies nicht in zwei verschiedenen Momenten (...).»

73 A. C. MacIntyre: The unconscious, a conceptual analysis, London 1973 (1958). Wenn ich vom «frühen Freud» spreche, beziehe ich mich auf MacIntyres Hypothese, nach der Freud von einer *erklärenden* Konzeption des Unbewußten zu einer *deskriptiven* Konzeption gelangt ist.

74 D. Colas: Le Léninisme, Paris 1982.

Kapitel 4

75 E. Durkheim: Die elementaren Formen des religiösen Lebens, Frankfurt/M. 1980.

76 C. Lévi-Strauss hat aus guten Gründen von Sartre gesagt, er wirke geistreicher, als er eigentlich ist (R. Aron: Histoire et politique; textes et témoignages. Commentaires, Paris 1985, S. 122). In seiner Philosophie finden sich in der Tat viele Stilblüten: «Man stimmt sich traurig» (Das Sein und das Nichts, a. a. O., S. 108–109); die Juden existieren nur in den Köpfen der Antisemiten (Betrachtungen zur Judenfrage, Zürich 1948); man kann gleichzeitig an zwei gegensätzliche Aussagen glauben (Das Sein und das Nichts, a. a. O., S. 91 f.), usw. Seine absolutistische Auffassung von der Unabhängigkeit des Bewußtseins (man stimmt sich traurig, und man beschließt vielleicht auch, Hunger zu haben) ist Ausdruck einer Unmäßigkeit, die jener der Sensualisten des 18. Jahrhunderts und der Behavioristen des 20. Jahrhunderts symmetrisch entspricht. Gleichzeitig zögert er nicht, diesem unabhängigen Bewußtsein Erfahrungen zuzuschreiben, die kein Mensch je gemacht zu haben scheint.

77 V. Pareto: Allgemeine Soziologie, Tübingen 1955, § 154.

78 Ibd., Kapitel 2, § 180 ff.

79 Aristoteles: Nikomachische Ethik, 7. Buch, Kapitel 2.

80 M. Weber: Wirtschaft und Gesellschaft, Köln/Berlin 1964, Bd. 1, S. 323 f.

81 Ibd., S. 373 f.

82 Ibd., S. 317.

83 E. Durkheim: Les Formes élémentaires de la vie religieuse, Paris 1967, S. 527, Anm. 1 (dt.: Die elementaren Formen des religiösen Lebens, a. a. O.).

84 L. Lévy-Bruhl: Die geistige Welt der Primitiven, Düsseldorf/Köln ²1959. Lévy-Bruhl hat seine frühen Auffassungen bekanntlich in seinen «Carnets» (Les Carnets de L. Lévy-Bruhl, Paris 1949) stark differenziert.

85 K. Mannheim lehnt sich – jedoch in sehr differenzierter, angemessener und vorsichtiger Weise – an die klassischen Thesen des deutschen Historismus an (die Geschichte ist eine Folge von einzelnen Geschehnissen, deren Sinn sich für den Beobachter abhängig von seiner eigenen historischen Position ändert). Man darf den *Historismus* nicht mit dem *Historizismus* (im Sinn Poppers: die Erforschung der Gesetze der Geschichte) verwechseln, der das genaue Gegenteil behauptet. Dem Historismus zufolge könnte Gott kein Historiker werden, da die Geschichte nur für den historisch eingebundenen Handelnden einen Sinn ergibt. Dem Historizismus zufolge ist es die Aufgabe der Geschichte, im Lärm und in der Raserei der Geschichte Gottes Hand aufzuspüren.

86 Nach der von P. Lazarsfeld erläuterten Methode der Konstruktion von «Attributenräumen» (*attribute space*); vgl. R. Boudon u. P. Lazarsfeld: Le Vocabulaire des sciences sociales, Paris 1965, S. 147–170.

Kapitel 5

87 M. Merlau-Ponty: Phénoménologie de la perception, Paris 1945; La structure du comportement, Paris 1963.

88 A. Schütz: Der sinnliche Aufbau der sozialen Welt, Wien 1932.

89 P. Berger, T. Luckmann: Die gesellschaftliche Konstruktion der Wirklichkeit, Frankfurt/M. 1969.

90 R. Linton: Cultural and personality factors affecting economic growth, in: B. Hoselitz (Hrsg.): The progress of underdeveloped areas, Chicago 1952, S. 73–88.

91 Zu einer Kritik dieser kontemplativen Theorie vgl. T. Kuhn: Scientific development and lexical change, Thalheimer Lectures, Johns Hopkins University 1984 (mittels Matrize vervielfältigt).

92 Zum Historismus siehe Kapitel 4, Anm. 85.

93 Das Wort «Disposition» verwende ich hier im allgemeinen in demselben Sinn wie G. Ryle: The concept of mind, oder wie L. Wittgenstein: Philosophische Untersuchungen, in: Schriften, Bd. 1, Frankfurt 1969, § 149: «Wenn man sagt, das Wissen des ABC sei ein Zustand der Seele, so denkt man an den Zustand eines Seelenapparats (etwa unseres Gehirns), mittels welches wir die *Äußerungen* dieses Wissens erklären. Einen solchen Zu-

stand nennt man eine Disposition.» Dispositionen sind also kognitive Ressourcen bzw. das Wissen, das wir uns angeeignet haben und das wir mobilisieren können. Das Wort «Disposition» kann natürlich auch einen nicht kognitiven Sinn haben, zum Beispiel einen affektiven oder ethischen Sinn wie bei Aristoteles (die Disposition [ἕξις] zur Enthaltsamkeit).

94 Auch in anderen Texten der «Gesammelten Aufsätze zur Religionssoziologie» (1922–23). Ich möchte hier nur betonen, daß Webers Theorie der Magie interessant ist, und keinesfalls beweisen – und auch nicht bestätigen –, daß sie die anderen Theorien in Mißkredit bringt. Letzteres würde zu einer langen Diskussion führen, die nicht hierhergehört. Eines möchte ich jedoch betonen, daß nämlich die Theorien der Magie sich ähnlich nach Typen einteilen lassen wie die der Ideologien (vgl. meine Typologie in Kapitel 4); dies kann leicht an einigen Beispielen gezeigt werden. Für Frazer («The golden bough») ist die Magie eine falsche Wissenschaft; die magischen Rituale sind Träger falscher Überzeugungen, die auf Gefühlen beruhen (zum Beispiel die Angst vor höheren Mächten). Für Wittgenstein (Bemerkungen über Frazers *The golden bough*, in: Synthese, 17 (1967), S. 233–253) darf die Magie nicht wie eine Wissenschaft verstanden werden: Sie ist keine Darstellung der Welt, sondern ein Wunschbild («die Magie aber bringt einen Wunsch zur Darstellung; sie äußert einen Wunsch»). Wittgenstein begründet seine Interpretation mit einer wichtigen Bemerkung, nämlich daß dem Regenmacher keineswegs die Macht zugesprochen wird, Regen machen zu können, denn man bittet ihn nur in der Regenzeit, den Himmel um Regen anzuflehen. Für Evans Pritchard (Hexerei, Orakel und Magie bei den Zande, 1978) ist die Magie ein interpretierendes System, das über eine logische Kohärenz verfügt, jedoch nicht der für unsere Gesellschaften charakteristischen wissenschaftlichen Denkweise gehorcht. Fügt man zu diesen Beispielen Webers Theorie hinzu, gelangt man zu einer Typologie, die der in Kapitel 4 vergleichbar ist.

95 H. Von Wright: Explanation and understanding, London 1971.

96 D. Kahneman, A. Tversky: Subjective probability: a judgement of representativeness, in: Cognitive Psychology 3 (1972), S. 430–454; A. Tversky, D. Kahneman: Availability: a heuristic for judging frequency and probability, in: Cognitive Psychology 5 (1973), S. 207–232.

97 Die hier gestellte Frage geht eigentlich auf mein Konto. Ich habe versucht, damit den Geist und die Ergebnisse zahlreicher Experimente synthetisch zusammenzufassen, über die R. E. Nisbett und L. Roso: Human inference, Englewood Cliffs 1980, berichten.

98 Wie J. R. Tréanton: Faut-il exhumer Le Play? Ou les héritiers abusifs, in: Revue française de Sociologie XXV (1984), S. 465, sehr richtig bemerkt, können selbst erfahrene Wissenschaftler in diese Falle tappen: In ihrer «Invention de la France», Paris 1981, S. 38 f., beobachten H. Le Bras und E. Todd, daß zwischen dreißig und vierzig französische Departements sich

durch ein gutes Abschneiden der Linken bei den Wahlen und durch eine hohe Anzahl von Wohngemeinschaften (Zusammenleben von Familien derselben Generation) auszeichnen. Trotz der naturgemäßen Ähnlichkeit zwischen der Ursache und der angenommenen Wirkung (die Mitglieder einer Wohngemeinschaft legen mehr Wert auf Solidarität, es ist *daher* nicht schwer, sich vorzustellen, daß sie dazu neigen, links zu wählen) sind diese Übereinstimmungen kein Beweis für das Vorhandensein eines Kausalzusammenhanges im Humeschen Sinn (Korrelation). Um so weniger, da – weil es sich bei der beobachteten Einheit um eine Gruppe handelt (Departement) – eine Korrelation, selbst eine vorschriftsmäßig bewiesene, kein Beweis dafür wäre, daß die Mitglieder von Wohngemeinschaften häufiger links wählen als andere Individuen. Hieran kann man ermessen, wie unsinnig es wäre, der «primitiven Mentalität» ein so genaues statistisches Vorwissen zuzuschreiben, daß es den Primitiven davor bewahren würde, in die Fallen zu tappen, gegen die selbst die versiertesten Wissenschaftler nicht immer gewappnet sind.

99 J. Habermas: Erkenntnis und Interesse, Frankfurt/M. 1968; J. Habermas: Wahrheitstheorien, in: H. Fahrenbach (Hrsg.): Wirklichkeit und Reflexion, Pfullingen 1973.

100 Statt der Opposition *kontemplative/aktive* (Erkenntnis-)Theorie hätte ich die Opposition *realistische/idealistische* Theorie benutzen können, wenn ich nicht befürchtet hätte, das Wort «idealistisch» würde Verwirrung stiften. Diese Verwirrung geht, wie J. Freund: Philosophie et sociologie, Louvain-la-Neuve 1984, sehr richtig betont, zum großen Teil auf das Konto von Marx, der zwei klassische Oppositionen miteinander gekreuzt und so durcheinandergebracht hat: Materialismus/Spiritualismus und Realismus/Idealismus. Die klassische Philosophie des Irrtums – die weiterhin die Theorie der Ideologien inspiriert, worauf ich schon mehrmals hingewiesen habe – hängt natürlich mit der kontemplativen Erkenntnistheorie zusammen, das heißt grosso modo mit der vorkantischen Erkenntisphilosophie. Man darf jedoch nicht vergessen, daß die moderne Philosophie das klassische Modell der Erkenntnis, von der die klassische Theorie des Irrtums sich ableitet, weitgehend revidiert hat. Zunächst, wie wir gesehen haben, indem sie den aktiven Charakter der Erkenntnis hervorgehoben hat. Dann, indem sie darauf hingewiesen hat, wie wichtig die Sprache, die Vielfalt der Sprachspiele und die Fallstricke der Sprache bei der Erkenntnis sind (zum Beispiel die realistische Interpretation der Idealtypen oder die Überzeugung, wenn es ein Wort für etwas gebe, dann existiere auch die bezeichnete Sache). Und auch, indem sie darauf verzichtet, das erkennende Subjekt als solipsistisch darzustellen.

101 K. Popper: Die Logik der Forschung, Tübingen [7] 1981 (1934).

102 T. Kuhn: Die Struktur wissenschaftlicher Revolutionen, a. a. O.

103 T. Kuhn: Scientific development and lexical change, a. a. O.

104 In: Die elementaren Formen des religiösen Lebens, a. a. O.

105 Als er sein Buch «Les Suicides» (Paris 1975) nannte, wollte Jean Baechler
damit anzeigen, daß er mit dem von Durkheim in dessen Analyse des *Selbst-mords* aufgestellten Paradigma nicht einverstanden war.

Kapitel 6

106 Der Roman kann auf die Teleologie nicht verzichten. Man kann sich jeden-falls kaum vorstellen, daß der Romancier das Verhalten seines Helden
nüchtern mit einem *Sprachspiel* erklärt, was in der Wissenschaft als legitim
gilt. Ein *sozial Handelnder* muß nicht unbedingt ein Schicksal haben – ein
Romanheld muß indessen eines haben, da er den Leser sonst nicht fesseln
kann. Folglich ist es so gut wie unvorstellbar, daß der Romancier dieselben
Ursachen für einen Unfall (den des Sartoris zum Beispiel) annimmt, die der
Soziologe oder der mit der Untersuchung betraute Kommissar dafür ver-antwortlich machen würde: Jeder der drei Beobachter wird normalerweise
ein anderes Sprachspiel verwenden.

Ich möchte in diesem Zusammenhang und gegen manche absurden
Interpretationen des Begriffs «Sprachspiel» darauf hinweisen, daß es eine
Sache ist, die offensichtliche Vielfalt der *Sprachspiele* anzuerkennen, und
eine andere, darin das Zeichen für eine Spaltung des menschlichen Denkens
zu sehen. Außer vielleicht J. F. Lyotard (La Condition postmoderne) ist
wohl jeder in der Lage, einen Roman von einer wissenschaftlichen Demon-stration zu unterscheiden und diesen Unterschied auch zu beherrschen.

Wie dem auch sei, aufgrund des Reizes der normalerweise im Roman
verwendeten Sprachspiele – zum Beispiel in der Tragödie oder im Drama –
sind die Sozialwissenschaften der Versuchung ausgesetzt, in die Domäne
der Literatur überzuwechseln, was gelegentlich auch geschieht. In diesem
Zusammenhang müssen wir jedoch die Botschaft des späten Wittgenstein
respektieren, des Wittgenstein der «Philosophischen Untersuchungen»:
Das menschliche Gehirn ist komplex genug, um zahlreiche Sprachspiele zu
erlauben. Wichtig ist jedoch das Wissen, daß sie oft nicht aufeinander
zurückgeführt werden können; man muß also wissen, welches man be-nutzt. Mischungen haben hier keinen Wert. Deshalb kann die Soziologie,
die literarisch sein möchte, leicht in die Trivialliteratur abrutschen.

107 J. Elster: Making sense of Marx, a. a. O., S. 182, sowie das Zitat über die
Kooperation in Kapitel 1 über das «Kapital».

108 Sie beruht jedenfalls auf einer Hypothese, über die man sich nicht einigen
kann: die Arbeitswerttheorie, vgl. Kapitel 2, Anm. 42.

109 L. Coser: Les Fonctions du conflit social, Paris 1982 (1956), S. 140 f. (dt.:
Theorie sozialer Konflikte, Neuwied, Berlin 1965).

110 Coser stützt sich hier auf E. Hobsbawm: The machine breakers, in: Past and Present I (1952), S. 57–67, und auf E. Thompson: Die Entstehung der englischen Arbeiterklasse, Frankfurt/M. 1987.

111 A Sauvy: Théorie générale de la population, Paris 1963 (1952), I, Kapitel XIV; A. Sauvy: L'Economie du diable, Paris 1976, S. 33–34; A. Sauvy: La Machine et le chômage, Paris 1980.

112 La Place du désordre, Paris 1984. Es handelt sich um eine Studie von S. Epstein: Economic development and social change in South India, Manchester 1962.

113 W. Sombart: Warum gibt es in den Vereinigten Staaten keinen Sozialismus?, Tübingen 1906.

114 E. Chinoy: The tradition of opportunity and the aspiration of automobile workers, in: American Journal of Sociology 57,5 (1952), S. 453–459.

115 Der Begriff des «Unbewußten» ist sehr nützlich zur Bezeichnung aller möglichen deutlich auszumachenden Phänomene. Wir führen nämlich alle möglichen Handlungen aus (zum Beispiel gehen), ohne daß wir uns dessen überhaupt bewußt sind, oder höchstens sehr vage. Die Phänomenologie hat diese Phänomene eingehend untersucht (vgl. zum Beispiel A. Schütz: Das Problem der Relevanz, Frankfurt/M. 1971). Auch die *Gewohnheiten* sind (mehr oder weniger) unbewußt, auch wenn wir uns ihrer plötzlich bewußt werden können, sobald die kleinste Veränderung im Ablauf des gewohnheitsmäßigen Verhaltens eintritt. Und auch bei den sogenannten *Dispositionen* kann vom Unbewußten die Rede sein: ich weiß, daß zwei und zwei vier ist, selbst dann, wenn dieses Wissen mir nicht unmittelbar bewußt ist. Auch bei dem, was die Theologen als *impliziten Glauben* bezeichnet haben (ein Begriff, der im Bereich der Theologie eine berühmte Analyse von Platons «Menon» wiederaufnimmt) und bei ähnlichen Phänomenen können wir vom Unbewußten sprechen, wenn auch in einem ganz anderen Sinn: Ich kenne die Theorie *T* in- und auswendig, ihre Konsequenz *K* ist mir jedoch nicht bewußt, obwohl sie offensichtlich ist; oder: Ich kenne *T*, habe aber nicht bemerkt, daß *T* auf einem Prinzip *P* beruht; oder: Ich glaube an *T* und an *T*', obwohl diese beiden Theorien sich widersprechen, was ich aber nicht bemerkt habe (zum Beispiel: ein Egalitarist, der das utilitaristische Paradigma ablehnt). Wir können ebenfalls vom Unbewußten sprechen, wenn wir (bei uns oder bei anderen) Verhaltensmuster beobachten, die unserer Meinung nach zwar eine gemeinsame Bedeutung haben, die wir jedoch nicht unmittelbar ausmachen können. Das ist der Fall beim Traum, den Freud als *Rebus* behandelt, ohne dem Unbewußten in diesem Fall eine kausale Eigenschaft zu verleihen. Auch im Hinblick auf das *Herantasten* können wir vom Unbewußten sprechen, in einer Situation also, wo wir uns hin- und hergerissen fühlen, bis die Lösung eines Problems (der Aufbau eines Artikels, die Bedeutung eines Satzes usw.) uns wie eine Erleuchtung überkommt. Ebenfalls vom

Unbewußten kann man sprechen, wenn wir auf den Beobachteten – ohne es zu wissen – Fakten *projizieren*, die im Zusammenhang mit unserer Situation sachdienlich sind, nicht jedoch im Hinblick auf die seine (vgl. die Webersche Analyse der Magie). Oder wenn wir uns bei dem heiklen Unterfangen verhaspeln, den anderen glauben zu machen, wir dächten das Gegenteil von dem, was wir wirklich denken (Lapsus). Kurzum, man kann ohne Schwierigkeiten alle möglichen psychischen Phänomene als «unbewußt» bezeichnen.

Es scheint hingegen gefährlich zu sein, aus dem Unbewußten eine Büchse der Pandora und einen logischen Lückenfüller zu machen, die aus den unmöglichsten Prämissen die unmöglichsten Schlüsse zu ziehen erlauben. Erkennt man nämlich ohne weitere Präzisierungen an, daß ein Individuum das, was es sieht, nicht sehen kann, daß es sehen kann, was es nicht sieht, daß es glauben kann, was es nicht glaubt, dann nimmt der Zusammenhang zwischen dem Verhalten des Handelnden und seiner Interpretation notwendigerweise eine willkürliche Form an. Alles wird nun Sache der Rhetorik. Dem Egozentrismus und dem Soziozentrismus des Beobachters stehen Tür und Tor weit offen. Den Sozialwissenschaften ist es oft nicht klar, daß sie im allgemeinen eine *Bewußtseinstheorie* ins Spiel bringen, die mehr oder weniger annehmbar sein kann; zum Teil liegt das daran, daß sie mit der Philosophie *gebrochen* zu haben glauben. Die individualisierende Soziologie greift zum Beispiel ganz oder teilweise die Bewußtseinstheorie auf, die sich hauptsächlich in der deutschen Philosophie und Soziologie entwickelt hat (Simmel, Weber, Husserl), aber auch in der englischen Philosophie (Ryle, MacIntyre). Sie erkennt die Existenz eines Unbewußten zwar an, nimmt sich aber nicht das Recht, es zu einer Büchse der Pandora zu machen oder ihm eine kausale Wirksamkeit zuzuschreiben. In dieser geistigen Strömung erkennt man zum Beispiel die Existenz von Gewohnheiten an, man verbietet sich jedoch den Schluß, sie könnten aus dem sozial Handelnden einen Schlafwandler machen. Man erkennt die Lüge und die Unwahrhaftigkeit im allgemeinen Sinn an, aber nicht die Unwahrhaftigkeit im Sinn Sartres (die Fähigkeit des Subjektes, zugleich und genauso fest an zwei gegensätzliche Aussagen zu glauben). Man gibt zu, daß das Subjekt das, was es vor Augen hat, nicht sehen kann, aber nicht, daß es sehen kann, was es nicht sieht. Manche soziologischen Begriffe, die ihren Ursprung in der Psychoanalyse haben oder auf die Marxisten, aber auch auf Durkheim und seine Schule zurückgehen («Rationalisierung», «falsches Bewußtsein», «Kollektivbewußtsein»), bringen im Gegenteil eine Bewußtseinstheorie ins Spiel, die insofern unannehmbar ist, als sie die Existenz von Bewußtseinszuständen postuliert, die kein Mensch jemals erfahren hat. Es ist nicht einzusehen, warum man sich hier nicht auf die ureigenste Erfahrung berufen sollte: Wir wissen, daß man zwischen zwei gegensätzlichen Aussagen schwanken *kann*; dies ist ein Bewußtseinszustand, den man leicht nachvollziehen und vermitteln kann. Wir wissen ebenso, daß man *nicht* gleichzeitig an zwei unzweideutige, gegensätzliche Aussagen glauben kann: Dieser Typ von Bewußtseinszustand kann weder erfahren nach vermittelt werden. Ich habe schon weiter oben darauf hingewiesen, daß zum Beispiel Mannheim die Schwierigkeiten, die der Begriff «falsches Bewußtsein» mit sich bringt, klar erkannt hat; er gibt ihm daher eine sehr eingeschränkte, durchaus annehmbare Bedeutung (vgl. Kapitel 3, Anm. 68).

Ein Buch über die impliziten Bewußtseinstheorien in den Sozialwissenschaften wäre eine reizvolle Aufgabe. Denn beim Kapitel der Bewußtseinstheorien hat der angebliche Bruch der Sozialwissenschaften mit der philosophischen Tradition ausgesprochen unerwünschte Folgen gezeigt. Ohne die Verleugnung der philosophischen Tradition hätte eine Anzahl von Modellen des sozial Handelnden – insbesondere diejenigen, die ihn als mechanisches Produkt seiner Umwelt darstellen – sich nicht so leicht durchsetzen können.

116 H. Spencer: Einleitung in das Studium der Soziologie, Leipzig 1875.

117 J. Hintikka: Knowledge and belief, Ithaca/London 1962, 5.3, S. 106 f.

118 E. May: Lessons of the past, New York 1973.

119 V. Ferkiss: Futurology, London 1977, präsentiert ein ganzes Sammelsurium dieser falschen Voraussagen. Hier zwei ganz besonders schöne Beispiele: Im «Brockhaus» von 1880 ist unter dem Artikel «Automobil» zu lesen, es handle sich dabei um eine Bezeichnung, die manchmal einem seltsamen Gefährt gegeben werde, das sich mittels eines Verbrennungsmotors fortbewegt. Diese inzwischen in Vergessenheit geratene Erfindung sei bei den wissenschaftlichen Autoritäten nur auf Ablehnung gestoßen und hätte nur Fehlschläge erlitten. Nach Ferkiss zeigt die Untersuchung der demographischen Prognosen in England zwischen 1924 und 1932, daß das Problem der Überbevölkerung niemals angesprochen wurde; alle oder fast alle Prognosen beschäftigen sich ausschließlich mit der geringen Fruchtbarkeit der Eliten und deren Auswirkungen auf das genetische Erbe der Menschheit.

120 Dieser Fall bildet den Aufhänger für die Theorie der Ideologien von A. Downs: An economic theory of democracy, New York 1957.

121 Meiner Ansicht nach zu Unrecht, denn die Maßnahmen zu ihrer Beseitigung führen oft zu sozialen Kosten, gegen die sich die Mitglieder der Gesellschaft aussprechen würden, wenn sie ihnen bekannt wären. Ein gutes Beispiel dafür ist die egalitäre Gesamtschulpolitik, die schließlich allenthalben Unzufriedenheit erzeugt hat. Eine Maßnahme, gegen die man sich einstimmig ausspricht oder aussprechen würde, kann jedoch nicht als demokratisch gelten. Der Egalitarismus ist also keineswegs notwendigerweise eine logische Folge der demokratischen Werte.

122 In einem interessanten Bericht hat Antoine Prost (La Politique de démo-

cratisation de l'enseignement, essai d'évaluation, 1950–1980, vervielfäl-
tigtes Manuskript) gezeigt, daß die Bildungspolitik – die zwar, wie er bemerkt, zumindest teilweise zum Ziel hatte, diejenigen Schichten zu begünstigen, die bis dahin die geringste Schulbildung genossen hatten – die
Unterschiede in der Schulbildung zwischen den sozialen Schichten nicht
beseitigt hat. Sein Bericht beweist jedoch nicht, daß sie nicht dazu beigetragen hat, den unteren Bevölkerungsschichten zu einer besseren Schulbildung zu verhelfen. Siehe dazu den Artikel von O. Ekert-Jaffé: La scolarisation entre 17 et 20 ans. Démocratisation ou poursuite des inégalités?, in:
Population 3 (1985), S. 491–504, der die Tendenz der Demokratisierung
in Frankreich für den Zeitraum zwischen 1960 und 1970 bestätigt, der
jedoch auch darauf hinweist, daß diese vom Alter der Schüler abhängt (bis
17 ist sie stärker als danach) sowie von der Entwicklung der Verteilung der
Familien nach Größe.

123 A. Tversky, D. Kahneman: Judgement under uncertainty: heuristics and
biaises, in: Science, Bd. 185, S. 1124–1131.

124 R. Boudon: L'Inégalité des chances, a. a. O.

125 Zu den methodischen Fragen im Hinblick auf den Bewertungsmaßstab
der Chancengleichheit siehe J. P. Grémy: Les différences entre pourcen-
tages et leur interprétation, in: Revue française de sociologie XXV, 3
(1984), S. 396–420. Siehe auch Ekert-Jaffé: La scolarisation entre 17 et
20 ans, a. a. O.

Kapitel 7

126 M. Foucault: Überwachen und Strafen. Die Geburt des Gefängnisses,
Frankfurt/M. 1976.

127 H. R. Trevor-Roper: De la Réforme aux lumières, Paris 1972 (1956).

128 B. Groethuysen: Origines de l'esprit bourgeois en France, Paris 1977
(1927).

129 E. Voegelin: Die neue Wissenschaft der Politik, München 1959.

130 L. Coser: Refugee scholars in America, New Haven 1984.

131 K. Polanyi: The great Transformation, Wien 1977.

132 Siehe in diesem Zusammenhang das Vorwort von Louis Dumont zur französischen Übersetzung: La grande Transformation, Paris 1983.

133 K. Polanyi: The great Transformation, a. a. O. (Das Zitat war in der deutschen Ausgabe nicht zu ermitteln; Anm. d. Ü.).

134 M. Hechter: Karl Polanyi's social theory: a critique, in: M. Hechter
(Hrsg.): The microfoundations of macrosociology, Philadelphia 1983,
S. 159–189.

135 Siehe A. Jardin: Histoire du libéralisme politique, Paris 1985.

136 A. Cochin: La Campagne électorale de 1789 en Bourgogne, in: L'Esprit du jacobinisme, Paris 1979 (1904), S. 49–78.

137 In diesem Abschnitt stütze ich mich auf Ideen, die ich in folgenden Publikationen angesprochen habe: Anomie, contradictions et philosophy publique dans les sociétés industrielles, in: Contrepoint 22–23 (1976), S. 39–69; Effets pervers, a. a. O., S. 84–93; La Logique du social, Paris 1979, S. 206–207; The FMS Movement in France: Variations on a theme by Sherry Turckle, in: Revue Tocqueville 2 (1980), S. 5–24. Siehe auch F. Bourricaud: Le Bricolage idéologique, Paris 1980, S. 141–148, der zu Recht die Rolle der Vermittler bei der Verbreitung der Ideologien betont.

   In diesem Zusammenhang muß darauf hingewiesen werden, daß diese Vermittler nicht immer zur Gruppe derer gehören, die *aufgrund ihrer Rolle* (Journalisten usw.) eine Vermittlerfunktion ausüben. Künstler und Literaten können diese Funktion zum Beispiel ausüben, sie geben den auf anderem Gebiet entstandenen Ideen dann einen künstlerischen oder literarischen Ausdruck. Dabei denkt man natürlich gleich an den «engagierten» Sänger oder Schauspieler. Das ist jedoch nur ein Beispiel für ein viel allgemeineres Modell. Die literarischen Variationen des 19. Jahrhunderts über den *Fortschritt* wären sicher weniger inspiriert und weniger überzeugend gewesen, hätten sie sicher nicht mehr oder weniger bewußt und mehr oder weniger offen auf Comte, Marx, Spencer oder Darwin stützen können.

138 J. Mendvedev: Grandeur et chute de Lyssenko, Paris 1971.

139 M. Weber: Die protestantische Ethik und der Geist des Kapitalismus, in: Gesammelte Aufsätze zur Religionssoziologie, 2 Bde., Gütersloh 1981–82 (1920).

140 G. Marshall: In search of the spirit of capitalism, London 1982, S. 59.

141 J. Schumpeter: Konjunkturzyklen, 2 Bde., Göttingen 1961 (1939).

142 S. Eisenstadt: The protestant ethic thesis in analytical and comparative context, in: Diogenes 59 (1967), S. 25–46.

143 H. R. Trevor-Roper: De la Réforme aux lumières, a. a. O., Kapitel 1 u. 2.

144 M. Foucault: Überwachen, a. a. O.

145 G. Tullock: Does punishment deter crime?, in: The Public Interest, Sommer 1974, Nr. 136, S. 103–111. G. Becker: Crime and punishment: an economic approach, in: Journal of political economy 76, März–April 1968, S. 169–217. F. Jenny: La théorie économique du crime: une revue de la littérature, in: Vie et Sciences économiques 73 (1977), S. 7–20.

146 M. Foucault: Überwachen, a. a. O., S. 340.

147 Ibd., S. 349.

148 Ibd., S. 349 f. Man beachte: «wozu der Mißerfolg gut ist».

149 Ibd., S. 355. Man beachte das «insgeheim». Hier zeigt sich eine für den hyperbolischen Funktionalismus typische Struktur der Argumentation. Eine Institution hat abartige, unerwünschte Auswirkungen. Sie wird

trotzdem beibehalten, also *nützt* sie jemandem, *und* dieser jemand hat die Macht, sie der Gesellschaft aufzuzwingen. Wer kann aber dieser jemand sein, doch höchstens (per definitionem) die herrschende Klasse, deren Existenz dadurch zwar nicht bewiesen, zumindest aber bestätigt wird, wenn auch in der Art eines Zirkelschlusses? Hinzuzufügen wäre noch, daß diese Macht (um wirksam zu sein) unsichtbar sein muß und nur *insgeheim* ausgeübt werden darf. Siehe R. Boudon: The three basic paradigms of macrosociology: functionalism, neo-marxism and action analysis, in: Theory and Decision 6 (1976), S. 381–406. Über den Einfluß dieser Denkweise auf die zeitgenössische Reflexion über den Staat, siehe M. V. Cabral: L'Etat-providence et le citoyen, in: Encyclopaedia Universalis, les Enjeux, S. 788–795.

150 M. Foucault: Überwachen, a. a. O., S. 360.

151 Pierre Bourdieu ist noch kühner als Foucault und behauptet ohne mit der Wimper zu zucken, eine unerwünschte Wirkung könne als Ursache eines Verhaltens angesehen werden, selbst wenn diese Wirkung dem Handelnden schadet. Der geringe schulische Ehrgeiz der unteren Bevölkerungsschichten bewirkt zum Beispiel, daß sie statistisch gesehen im allgemeinen nur ein niedriges Bildungsniveau erreichen. Diese Konsequenz wird vom Autor der Reproduktionstheorie als Ursache für den geringen schulischen Ehrgeiz dieser Klassen angesehen, die in diesen Statistiken den Beweis dafür sähen, daß ihr Schicksal besiegelt ist. Dieselbe Argumentation läßt sich auch auf andere Beispiele übertragen: Man könnte zum Beispiel die Staus auf der Place de la Concorde in Paris im abendlichen Berufsverkehr folgendermaßen erklären: Die Autofahrer stellen fest, daß sie Staus verursachen (eine unangenehme, unerwünschte Wirkung); sie nehmen nun einen *Habitus* an, der sie annehmen läßt, sie seien zum Stau verurteilt; und weil sie sich – unbewußt natürlich – nach diesem Habitus richten, stehen sie jeden Abend aufs neue an der Place de la Concorde. «Soziologisch naiv» wäre natürlich die Annahme, die Staus entstünden deshalb, weil die Leute abends nach Arbeitsschluß nach Hause wollen. Ebenso wäre es «soziologisch naiv» anzunehmen, die ungleichen Bildungschancen seien darauf zurückzuführen, daß man in einer Arbeiterfamilie und in einer Familie von Rechtsanwälten nicht über dieselben Ressourcen verfügt, das Risiko einer langen Schulbildung unterschiedlich bewertet und nicht über dieselben Bezugsrahmen (im Sinn der Theorie der Bezugsgruppen) oder dieselben Dispositionen (im aristotelischen Sinn) verfügt. Diese naive Interpretation findet sich in meinem Buch: L'Inégalité des chances, a. a. O. Die «gelehrte» Interpretation ist dagegen nachzulesen bei P. Bourdieu und J. C. Passeron: La Reproduction, Paris 1970. Es ist wohl unnötig hinzuzufügen, daß der klassische Begriff der «Begründbarkeit des Wahrscheinlichen» nicht ausreicht, um diese gelehrte Interpretation wissenschaftlich zu machen.

152 M. Foucault: Überwachen, a. a. O., S. 249.
153 Siehe indessen J. Merquior: Foucault (erscheint demnächst).
154 S. Sieber: Fatal remedies, the ironies of social intervention, New York 1981, S. 70, führt ein anderes klassisches Beispiel für diese perspektivischen Effekte an, das ebenfalls in den Bereich der Strafrechtspolitik gehört: Die Auswirkungen des Drogenkonsums auf die Kriminalitätsrate sind so offensichtlich, daß die Handelnden, die diese Politik bestimmen, oft die Tendenz haben, die negativen Effekte ihres Verbots zu übersehen. Dieses Verbot ist nämlich für die Entstehung eines schwarzen Marktes verantwortlich und eröffnet dem organisierten Verbrechen ein neues Tätigkeitsfeld. Und da die Preise auf diesem Markt astronomische Höhen erreichen, veranlassen sie den Drogensüchtigen zu allen möglichen Straftaten. Wie im Fall der Auswirkungen des Gefängnisses sind die *Nettoeffekte* des Verbots der harten Drogen ausgesprochen schwer auszumachen. Durch einen perspektivischen Effekt, der jenem vergleichbar ist, dem auch Foucault und sein Publikum zum Opfer gefallen sind, neigt man dazu, diese Nettoeffekte (die komplex, abstrakt und schwer zu messen sind) mit den offensichtlichsten Bruttoeffekten zu verwechseln.
155 M. McLuhan: Die magischen Kanäle, Düsseldorf 1970.
156 Einige Beispiele dazu finden sich in dem sorgfältig recherchierten Buch von L. Ferry und A. Renaut: La Pensée 68, Paris 1985, deren Argumentation hieb- und stichfest ist. Ich habe es erhalten, als mein Buch gerade in Druck ging. Es wird sicher interessant sein zu verfolgen, wie es von den Kritikern aufgenommen werden wird: Seine Resultate sind zwar bilderstürmerisch, die Methode jedoch kritisch (im Sinne von «kritischem Geist») und analytisch. Vielleicht wird man versuchen, es in *Mißkredit* zu bringen, schwieriger dürfte es sein, es zu *widerlegen*.

Kapitel 8

157 T. Kuhn: Die Struktur wissenschaftlicher Revolutionen, a. a. O. Das Wort *Paradigma* übernehme ich hier nur zögernd. Es stellt sich in der Tat die Frage, ob der Begriff des Paradigmas immer noch so undurchsichtig wäre, würde man ihn durch den älteren Begriff des *Prinzips* (ἀϱχή) ersetzen. Die Idee, die Kuhn durch seinen Paradigmabegriff ausdrücken will, ist doch, daß jedes wissenschaftliche Vorgehen sich notwendigerweise auf Elemente stützt, die es nicht in Frage stellt. Diese Idee ist auch im Begriff des Prinzips enthalten, der darüber hinaus den Vorteil hat, sie schon in seiner Etymologie zu resümieren. Der Wirtschaftswissenschaftler, der sich mit der Entwicklung beschäftigt, geht also von dem *Prinzip* aus, daß das Wort «Entwicklung» einen Sinn hat, daß man es entsprechend im Singular ver-

wenden kann usw. Ich selbst gehe in diesem Buch von dem *Prinzip* aus, daß ich mich weigere, den Begriff des *Unbewußten* im Sinn des frühen Freud zu verwenden. Kurzum, ich behaupte *cum grano salis*, daß der Begriff *Paradigma* in *logischer* und *erkenntnistheoretischer* Hinsicht im Vergleich zum Begriff des Prinzips – außer Unannehmlichkeiten – nicht viel bringt, und daß man in Kuhns Buch fast überall «Paradigma» durch «Prinzip» ersetzen könnte. In *soziologischer* Hinsicht hätte Kuhn aber wahrscheinlich auf den Nutzen aus einem Schwall exegetischer Literatur verzichten müssen, die der Frage gilt, was der Begriff «Paradigma» wirklich bedeutet, und seine Analysen wären wahrscheinlich weniger beachtet worden (ich sage nicht, daß Kuhn dieses Resultat beabsichtigt hat, sondern nur, daß er es erzielt hat). Seine Analysen wären genauso interessant, vielleicht sogar klarer, dafür aber nicht so bekannt.

158 H. Albert: Traktat über kritische Vernunft, Tübingen 1975. Den Verweis auf Münchhausen verdankt er A. Schopenhauer: Über die vierfache Wurzel des Satzes vom zureichenden Grunde, Hamburg 1957 (1813), S. 25, wo der Philosoph Spinozas Begriff der *causa sui* mit einem berühmten Abenteuer des Barons Münchhausen in Zusammenhang bringt: Als er mit seinem Pferd in einen Morast gefallen war, schloß er sein Pferd fest zwischen seine Knie und zog sich an seinem eigenen Haarzopf samt dem Pferd aus dem Wasser.

159 G. Lukács: Der junge Hegel, Zürich 1948.

160 F. Tönnies: Gemeinschaft und Gesellschaft, Leipzig 1887.

161 C. Camic: The utilitarians revisited, in: American Journal of Sociology 85,3 (November 1979), S. 516–550, zeigt, daß die meisten großen Utilitaristen der Ansicht waren, das utilitaristische Paradigma ließe sich nur in sehr begrenztem Maß anwenden. Genau wie ich hier versteht Camic den Begriff «Utilitarismus» so, wie er heute allgemein verstanden wird; diese Bedeutung läßt sich durch das Postulat zusammenfassen, daß das individuelle Verhalten aus einem Abwägen der Vor- und Nachteile alternativer Verhaltensweisen resultiert. Der Begriff «Utilitarismus» bezeichnet jedoch auch klassisch die Sozialphilosophie, nach der die besten politischen Maßnahmen und die besten politischen Institutionen diejenigen sind, die die Gesamtmenge der Güter maximieren, die sie den Mitgliedern der Gesellschaft zur Verfügung stellen können.

162 In «Effets pervers», a. a. O., habe ich zu zeigen versucht, daß das utilitaristische Paradigma bei der Analyse *mancher* soziologischer Phänomene vorteilhaft an die Stelle anderer Paradigmen treten könnte. Auf diese Art wollte ich zeigen, daß dieses Paradigma zwar keinesfalls Anspruch auf Universalität erheben kann und daß es in der Wirtschaftswissenschaft eher am Platz ist als in den anderen Sozialwissenschaften, es kann jedoch auch dort von Nutzen sein, was zahlreiche sowohl klassische als auch moderne Arbeiten auf den Gebieten der Soziologie, der Politologie, der

Kriminologie und der Anthropologie beweisen. Es ist jedoch eine Sache zu behaupten, das utilitaristische Paradigma könne – je nach dem untersuchten Phänomen – zum Beispiel in der Soziologie und in der Geschichtswissenschaft eingesetzt werden, und eine ganz andere zu behaupten, das Modell des *homo oeconomicus* gelte uneingeschränkt für diese Disziplinen. Ich persönlich habe mich immer an die erste Behauptung gehalten. Ich gebe jedoch zu, daß ich mich damit gegen die von Parsons, aber auch von Durkheim und anderen entwickelte *gängige Meinung* stellte, die Soziologie sei aus einem angeblichen Bruch mit dem Utilitarismus entstanden. Es ist wohl unnötig zu betonen, daß dieser Bruch in Wirklichkeit niemals vollzogen wurde. Der sozial Handelnde wird zwar ganz offensichtlich von Werten und Mythen (zum Beispiel den ideologischen Mythen, von denen in diesem Buch die Rede ist) geleitet, es ist jedoch nicht ganz klar, wie man seine «materiellen Interessen» (Simmel) völlig unberücksichtigt lassen kann. Eine Soziologie wie diejenige Webers ist deshalb so effizient, weil sie diesen Bruch ablehnt und vermeidet. Wir haben gesehen, daß Weber ganz im Gegenteil sogar bei den religiösen Mythen und den magischen Praktiken betont, sie müßten als Antwort auf die nüchternsten «Sorgen des täglichen Daseins» aufgefaßt werden.

163 F. Engels: Der Ursprung der Familie, des Privateigentums und des Staats, Berlin 1953.

164 R. Cloward, L. Ohlin: Delinquency and opportunity, New York 1960.

165 A. Downs: An economic theory of democracy, New York 1957; B. Barry: Sociologists, economists and democracy, Chicago 1970.

166 J.-J. Rousseau: Vom Gesellschaftsvertrag, Stuttgart 1986, 3. Buch, Kapitel 2.

167 G. Simmel: Die Probleme der Geschichtsphilosophie, München [5] 1923.

168 Ich möchte hier nur zur Erinnerung den Fall derjenigen Soziologen erwähnen, die sich absolut widersprüchlich auf den Egalitarismus berufen (sie nehmen also an, der Mensch werde hauptsächlich von seinem Verlangen und seinen Bedürfnissen getrieben) und gleichzeitig gegen das utilitaristische Paradigma wettern. Dieser Widerspruch ist zunächst dadurch zu erklären, daß er nicht als solcher wahrgenommen wird. Er drückt eine auf Korpsgeist beruhende Reaktion der Abgrenzung gegen den Feind und Rivalen «Wirtschaftswissenschaft» aus. Ein ziemlich umstrittener, aber oft aufgegriffener Mythos besagt nämlich, die Soziologie hätte (im Vergleich zur Wirtschaftswissenschaft) «entdeckt», daß der Mensch nicht allein von seinen Interessen geleitet wird. Die Soziologie hat diese Binsenwahrheit natürlich nicht «entdeckt», von der alle Utilitaristen – angefangen bei Adam Smith selbst – überzeugt waren. Siehe in diesem Zusammenhang die Theorie der moralischen Gefühle bei Smith.

169 J. Buchanan, G. Tullock: The calculus of consent, Ann Arbor 1967. Um den Kontrast zu begreifen, der zwischen der *funktionalen* und der *histori-*

schen Analyse besteht, könnte man Buchanans und Tullocks Analyse mit den Arbeiten Léo Moulins vergleichen, die beweisen, daß die Wahl- und Beschlußverfahren in unseren Gesellschaften auf mittelalterliche religiöse Orden zurückgehen: Sanior et major pars. Etude sur l'évolution des techniques électorales et délibératives dans les ordres religieux du VIᵉ au XIIIᵉ siècles, in: Revue historique du droit français et étranger 3 u. 4 (1958); Les origines religieuses des techniques électorales et délibératives modernes, in: Revue internationale d'histoire politique et constitutionelle (April–Juni 1953), S. 106–148.

170 S. Popkin: The rational peasant, Berkeley 1979.

171 L. Lévy-Bruhl: Die geistige Welt der Primitiven, a. a. O.

172 R. Merton: Eléments de théorie et de méthode sociologique, Paris 1965, S. 126–138 (Orig.: Social theory and social structure, New York 1968).

173 P. Bourdieu, J.-C. Passeron: La Reproduction, Paris 1970; P. Bourdieu: Ce que parler veut dire, Paris 1982; P. Bourdieu: Die feinen Unterschiede, Frankfurt/M. 1982. Eine Forschungsrichtung und geistige Strömung, die sich auf internationaler Ebene – mehr noch vielleicht in Frankreich zwischen 1960 und 1970 – entwickelt hat, die man als «neomarxistisch» bezeichnen kann: Sie zeichnet sich dadurch aus, daß sie jede Institution anhand ihrer angenommenen makrosozialen Auswirkungen erklären will. «Erklären» heißt in dieser Strömung, eine Antwort zu finden auf die Frage «Wozu ist das gut?». Wozu ist das Gefängnis gut (Foucault), die Schule (Althusser, Bourdieu), die Kultur (Bourdieu), die Stadt (Castells), der Staat (Milband)? Die Antwort auf diese Frage ist im voraus bekannt: Es nützt der herrschenden Klasse. Man kann in diesem Zusammenhang von Neomarxismus sprechen, weil dieser Typ des Funktionalismus in manchen Analysen von Karl Marx vorhanden ist (siehe zum Beispiel seine Theorie vom Staat, seine Rechts- und Religionstheorie sowie seine allgemeine Theorie der Ideologien). Man muß mit Rücksicht auf das Andenken Marx' jedoch betonen, daß es sich hier um einen *Neo*marxismus handelt, denn es gibt bei ihm – wie ich mehrmals betont habe – auch Analysen, die mit diesem oberflächlichen Funktionalismus nichts zu tun haben. Natürlich existieren auch noch andere Formen des Neomarxismus.

174 Entretiens avec «Le Monde»: La société, Paris 1985, S. 110.

175 Die *hexis* (Disposition) des Aristoteles entzieht sich genausowenig dem Willen wie der *habitus* des Thomas von Aquin: Sie sind weder mechanisch noch in ihrem Inhalt festgelegt, noch ausschließlich sozial determiniert, noch *a fortiori* allein durch die Position im System der sozialen Schichtung. Bei Aristoteles ist die *hexis* eine Richtung, die das Subjekt *selbst* wählt (zum Beispiel: Nikomachische Ethik, II, 3). Wer sich also für die Enthaltsamkeit entscheidet, dem wird es ein Vergnügen sein, das dritte Glas nicht zu trinken; wer dagegen die Maßlosigkeit wählt (die entgegen-

gesetzte *hexis*), der wird nur dann auf seine Kosten kommen, wenn er sein Verlangen befriedigt. Bei Thomas von Aquin unterliegt der *habitus* ebenfalls der Kontrolle des Bewußtseins (*voluntas*), vgl. Summa theologica Q 49, Art. 3: «Commentator [Averroës; R. B.] dicit, in 3 *de Anima*, quod habitus est quo quis agit cum voluerit»; Q 50, Art. 1: «Objectio illa procedit de habitu secundum quod est dispositio ad operationem, et de actibus corporis qui sunt a natura: non autem de his qui sunt ab anima, quorum principium est voluntas»; Q 52, Art. 3: «Usus habitum in voluntate hominis consistit». Der klassische Begriff «Disposition» – so wie er von guten Autoren definiert wird, von Aristoteles und Thomas von Aquin bis zu Wittgenstein und den modernen Psychologen wie Nisbett – hat also rein gar nichts mit Programmen (im Sinne der Informatik) zu tun. Siehe auch J. Stoetzel, P. Lazarsfeld: Definition d'intention et espace d'attributs, in R. Boudon, P. Lazarsfeld: Le vocabulaire des sciences sociales, a. a. O., S. 189–193 – ein Text, der beweist, daß der Begriff der Disposition oder der Einstellung in der Sozialpsychologie in einer sehr ähnlichen Bedeutung verwendet wird wie in der klassischen Psychologie.

176 Eine Formulierung, die wiederholt zum Beispiel in: Die feinen Unterschiede, a. a. O., auftaucht.

177 P. Bourdieu: La Causalité du probable, in: Revue française de Sociologie XV (1974), S. 16–17. Im Hinblick auf eine Anwendung seiner Habitustheorie siehe Kapitel 7, Anm. 151.

178 J.-F. Revel: Le style du Général, Paris 1959, S. 69–72, hat gerade zur rechten Zeit auf die Bedeutung desjenigen rhetorischen Verfahrens hingewiesen, das er *argument de Bélise* («Béliseargument») nennt, ein Begriff, der sich auf breiter Ebene durchgesetzt hat («sie wußten mich so verehrt bis zu diesem Tage / so sie niemals wagten, mir ein Wort von ihrer Liebe zu sagen»).

179 G. Simmel: Die Probleme der Geschichtsphilosophie, a. a. O.

180 K. Popper: Die Logik der Forschung, Tübingen [7]1981; J. Lakatos, A. Musgrave: Criticism and the growth of knowledge, Cambridge 1970; L. Feuer: Einstein and the generation of science, New York 1974; T. Kuhn: Die Struktur wissenschaftlicher Revolutionen, a. a. O.

181 R. Wicklund, J. Brehm (Hrsg.): Perspectives on cognitive dissonance, Hillsdale 1976, S. 298–300, präsentieren eine interessante Studie über die Reaktionen der Chemiker auf die Entdeckung Lavoisiers. Viele versuchten jahrelang, diese Entdeckung mit der Phlogistontheorie in Einklang zu bringen. Sie übernahmen die Theorie Lavoisiers um so langsamer, als sie seit langem von der Phlogistontheorie überzeugt waren. Dieses Ergebnis wird mit der Theorie der kognitiven Dissonanz interpretiert. Einfacher ist es vielleicht, es ausgehend von den durch die «Widerlegung verursachten Begleiterscheinungen» zu interpretieren.

182 A. Bhaduri: A study of agricultural backwardness under semi-feudalism, in: Economic Journal LXXXIII, 329 (1976), S. 120–137.

183 Ich lasse einen E-Effekt beiseite, der auf die Arbeitsteilung in den Sozialwissenschaften zurückzuführen ist: Der Soziologe ist oft der Ansicht, jedes Phänomen sei durch «soziologische» Variablen zu erklären, beim Wirtschaftswissenschaftler sind es «ökonomische» Variablen.

184 G. Simmel: Die Probleme der Geschichtsphilosophie, a. a. O.

185 M. Foucault: Die Ordnung der Dinge, Frankfurt/M. 1971; L. Dumont: Essai sur l'individualisme, Paris 1983.

186 W. Dilthey: Der Aufbau der geschichtlichen Welt in den Geisteswissenschaften, Frankfurt/M. 1981 (1914), Plan der Fortsetzung zum Aufbau... 3 (Der Zusammenhang des Lebens) und 4 (Die Selbstbiographie), zum Beispiel S. 248: «Wir deuten das Leben als die Realisierung eines obersten Zweckes.» Die «a priori gegebene Form», der Dilthey die Arbeit des Biographen hier unterstellt, mag zwar ausreichen, wenn es sich um einen Olympiasieger handelt; im Falle vieler Schriftsteller oder Politiker wird sie sich hingegen als unzureichend erweisen. An diesem Beispiel wird der ausgesprochen zweideutige Charakter dessen klar, was ich hier unterschiedslos «Paradigma» nenne oder auch «a priori gegebene Form». Je nachdem, wie sie verwendet werden, können sie entweder nützen oder schaden: Sie können dazu beitragen, die Wahrheit zu erkennen und sie verständlicher zu machen, sie können aber auch dazu beitragen, sie zu verzerren und zu verschleiern.

Kapitel 9

187 R. Nurske: Problems of capital information in underdeveloped countries, Oxford 1953.

188 J. K. Galbraith: The Nature of Mass Poverty, Cambridge (Mass.) 1979.

189 Economic Commission for Latin America, the Economic Development of Latin America, New York 1950.

190 Zitiert von P. T. Bauer: Dissent on development, London 1971.

191 S. N. Eisenstadt (Hrsg.): Readings in social evolution and development, New York/London/Oxford 1970.

192 P. T. Bauer: Dissent on development, a. a. O.

193 F. Franck: Capitalism and underdevelopment in Latin America, New York 1969; F. Franck: Dependent accumulation and underdevelopment, New York 1979, 1980; S. Amin: Le Développement inégal. Essai sur les formations sociales du capitalisme périphérique, Paris 1973; F. Cardoso: Dépendance et développement en Amérique Latine, Paris 1978.

194 P. T. Bauer: Dissent on development, a. a. O.

195 A. Lewis: A review of economic development, in: American Economic Review. Proceedings and supplement, Bd. 55, Nr. 2, Mai 1965, S. 1–16.
196 J. Milewski: Capitalism in Nigeria and problems of dependence: some historical comments, in: D. Seers (Hrsg.): Dependency theory. A critical reassessment, London 1981, S. 109–118.
197 S. Schatz: Nigerian capitalism, Berkeley 1977.
198 M. Bienefeld: Dependency and the newly industrialized countries, in: D. Seers (Hrsg.): Dependency Theory, a. a. O., S. 79–96.
199 Economic Commission for Latin America, a. a. O.
200 W. I. Lenin: Der Imperialismus als jüngste Etappe des Kapitalismus, Wien, Berlin 1926.
201 A. Smith: Wohlstand der Nationen, a. a. O., 4. Buch, Kapitel 7 und 8.
202 J. Hobson: Imperialism, a study, London 1938 (1902).
203 R. Hilferding: Das Finanzkapital. Eine Studie über die jüngste Entwicklung des Kapitalismus, Wien 1920.
204 Hannah Arendt: Elemente und Ursprünge totaler Herrschaft, 3 Bde., Frankfurt/M., Berlin, Wien 1975, Bd. 2: Imperialismus.
205 J. Gallagher, R. Robinson: The imperialism of free trade, in: The Economic History Review VI, 1 (1953), S. 1–15.
206 W. W. Rostow: Stadien wirtschaftlichen Wachstums, Göttingen 1967 (1960).
207 A. Gerschenkron: Economic Backwardness in historical perspective, Cambridge 1962.
208 I. Wallerstein: Le Système du monde du XVᵉ siècle à nos jours, Bd. 1: Capitalisme et économie-monde (1450–1640), Paris 1980.
209 A. Emmanuel: L'échange inégal, Paris 1968. Siehe dazu die vernichtende Kritik von P. Samuelson: Illogisme de la théorie néo-marxiste de l'échange inégal, in: Commentaire V, 17 (1982), S. 52–62.
210 D. Dan Walleri: Trade development and underdevelopment, in: Comparative Political Studies XI, 1 (1978), S. 94–127.
211 J. Galtung: A structural theory of imperialism, in: Journal of Peace Research 2 (1971), S. 81–117.
212 J. Schumpeter: Imperialism and Social classes, 1951.
213 R. Boudon: Individual action and social change: a no-theroy of social change, 46ᵗʰ Hobhouse memorial lecture, London School of Economics, in: British Journal of Sociology, Bd. 34, Nr. 1, März 1983, S. 1–18.

Kapitel 10

214 G. Simmel: Die Probleme der Geschichtsphilosophie, a. a. O.
215 R. Boudon: La Place du désordre, a. a.O.
216 Bei Sartre liegen die Dinge natürlich anders. Hier profitiert der Philosoph von den Lorbeeren des Schriftstellers. Niemand oder fast niemand hatte «Das Sein und das Nichts» gelesen, diese oberflächliche Retusche von Husserl und Heidegger. Der Erfolg des Schriftstellers war jedoch dafür verantwortlich, daß man den Philosophen mit Nachsicht behandelte. Und die mehr als strengen Vorbehalte, die Heidegger öffentlich aussprach (Sartre? – Ein Schriftsteller vielleicht, ein Philosoph ganz sicher nicht), fanden keine Beachtung. Die Zukunft sollte Heidegger recht geben, ist Sartre doch anscheinend schon aus der Geschichte der Philosophie verschwunden. Bei Gustave Le Bon, dem einst berühmten Autor der «Psychologie der Massen» (1908), ist das jedoch anders. Hier handelt es sich um volkstümliche Philosophie (in dem Sinn, in dem man auch von volkstümlicher Literatur spricht).
217 H. Spencer: Social Statistics, London 1850.
218 H. Spencer: Grundlagen der Philosophie, Stuttgart 1875.
219 A. Comte (1798–1857), K. Marx (1818–1883), H. Spencer (1820 bis 1903).
220 R. Bellah: Religious evolution, in: American sociological Review 29 (1964), S. 358–374.
221 Wie es für den Fall der Soziologie von F. Chazel bewiesen wurde: Marx et la sociologie, in: Année sociologique (erscheint demnächst).
222 R. Horton: Lévy-Bruhl, Durkheim and the scientific revolution, in: R. Horton, R. Finnegan: Modes of thought, London 1973, S. 249–304, hat die Existenz dieses doppelten Soziozentrismus sehr anschaulich klargemacht: Die Ethnologen des Viktorianischen Zeitalters haben die Tendenz, die westlichen Gesellschaften im Vergleich zu den primitiven Gesellschaften zu idealisieren und somit endlos über die Diskontinuität zwischen diesen beiden Gesellschaftstypen und über den Bruch zwischen der primitiven und der modernen Mentalität zu philosophieren. Nach dem Zweiten Weltkrieg, als das sogenannte «schlechte Gewissen» des Westens sich zu regen beginnt, idealisieren zahlreiche Wissenschaftler nun die primitiven Gesellschaften im Vergleich zu den westlichen Gesellschaften und verbreiten sich erneut über die Diskontinuität zwischen den beiden Gesellschaftstypen und über den Bruch zwischen den beiden Denkweisen sowie über die beiden angenommenen Typen der Beziehung zwischen Individuum und Gesellschaft – diesmal allerdings unter Umkehrung der Werte. Horton betont jedoch auch, diese ideologischen Verzerrungen seien von den besten Soziologen vermieden worden. Durkheim zum Beispiel (ebenso wie Weber, den Horton nicht erwähnt) habe auf die Kontinuität zwischen

dem wissenschaftlichen und dem magischen Denken hingewiesen. Man könnte hinzufügen, daß seine Unterscheidung zwischen durch mechanische Solidarität und durch organische Solidarität charakterisierten Gesellschaften eher vorsichtig ist: Sie berücksichtigt die Entwicklung der Arbeitsteilung in den modernen Gesellschaften und ihre sozialen Folgen, sie regt aber keinesfalls dazu an, einen Gesellschaftstyp, bei dem das Individuum (in der Gesellschaft) aufgelöst erscheint, einem Gesellschaftstyp gegenüberzustellen, wo die Gesellschaft (im Individuum) aufgelöst zu sein scheint. Durkheim hat jedenfalls niemals anklingen lassen (weder direkt noch indirekt), man könnte «holistische» Gesellschaften und «individualistische» Gesellschaften einander gegenüberstellen.

Anläßlich dieses Beispiels möchte ich auf einen wichtigen Punkt hinweisen: auf die Komplexität der Kausalität bei der Produktion und der Verbreitung von Ideologien. Wie wir gesehen haben, hat die Anthropologie zwar dazu beigetragen, daß manche, von der Diskontinuität ausgehende Standpunkte anerkannt wurden, ihre eigene Interpretation dieser Diskontinuitäten, die sie sich herauszuarbeiten anheischig gemacht hat, scheint jedoch ebenfalls vom Zeitgeist beeinflußt zu sein.

223 Der Begriff der Richtigkeit wird in mehreren meiner vorangegangenen Diskussionen veranschaulicht, insbesondere in denjenigen Passagen, die sich mit dem Begriff «Paradigma» befassen. Ebenso wie von einer Ideologie kann man auch von einem Paradigma sagen, es sei richtig oder «falsch» (in dem Sinn, in dem ein Roman falsch klingt), aber nicht, daß es wahr oder falsch ist. Das utilitaristische Paradigma klingt zum Beispiel falsch, wenn man es auf die Reaktion dem Verbrechen gegenüber anwenden will. Andere Paradigmen sind an sich falsch, nicht nur dann, wenn man sie unsachgemäß anwendet. Das gilt zum Beispiel für das Paradigma, das das Verhalten auf die mechanische Wirkung von Dispositionen zurückführt, auf die das Bewußtsein keinen Einfluß hat, oder für das Paradigma, das besagt, in einer Gesellschaft hätte alles eine Funktion. Der Begriff der Richtigkeit ist allgemein unerläßlich zur Bewertung der *Prinzipien* sowie zur Bewertung der Anwendung von Prinzipien zu Erkenntniszwecken oder Handlungszwecken. Beide Bewertungen fallen unter die Bestimmungen des Münchhausen-Trilemmas. Und was für die von den Paradigmen verwendeten Prinzipien gilt, gilt ebenso für die von den Ideologien verwendeten Prinzipien, zum Beispiel für jenes Prinzip des Vulgärmarxismus, dem zufolge das Individuum nicht glauben kann, was es glaubt, und nicht mögen, was es mag; das ist angeblich auf die Verblendung zurückzuführen, für die sein «falsches Bewußtsein» verantwortlich ist. Die Grenzen der Richtigkeit überschreitet man auch, wenn man von dem Prinzip ausgeht, die Idealtypen könnten essentialistisch interpretiert werden, oder man könnte ein bestimmtes Modell als Abbild der wirklichen Welt interpretieren, ohne die Hypothesen zu berücksichtigen, von denen es ab-

hängt. Diese Hinweise sollen natürlich nicht als Ersatz für eine ordnungs-
gemäße Diskussion dieses so wichtigen Begriffes «Richtigkeit» dienen.

224 Man muß zwischen zwei sehr unterschiedlichen Bedeutungen des Adjek-
tivs «holistisch» unterscheiden. Der Ausdruck *holistische Gesellschaft*
wird manchmal zur Bezeichnung von Gesellschaften verwendet, die die
Fähigkeit aufweisen sollen, das Individuum in der Gesellschaftsordnung
aufzulösen, so wie Wasser die Eigenschaft besitzt, Zucker aufzulösen. Das
Wort «holistisch» ist hier also Träger einer Metapher, deren Richtigkeit
und Nutzen ziemlich zweifelhaft sind. Die *holistischen Methoden* unterscheiden sich von den individualisierenden Methoden dadurch, daß sie ein
soziales Phänomen analysieren, ohne zu berücksichtigen, daß es die auf
kollektiver Ebene hinterlassene Spur individueller Einstellungen, Verhaltensweisen und Überzeugungen ist. Diese Methoden sind oft berechtigt.
Es kann zum Beispiel interessant sein festzustellen, daß die Selbstmord-
oder Geburtenraten von Land zu Land verschieden sind oder sich im
Laufe der Zeit verändern, selbst wenn man nicht die geringste Ahnung
hat, worauf diese globalen Unterschiede auf der Ebene des einzelnen Handelnden zurückzuführen sind. Meistens wird man versuchen, den Dingen
weiter auf den Grund zu gehen. Dazu muß man zum Beispiel erklären, wie
ein unterschiedlicher Kontext unterschiedliche individuelle Einstellungen
und Verhaltensweisen hervorruft. Die holistischen Methoden entsprechen
also oft den ersten Schritten der Forschung: Sie haben eher einen heuristischen Wert als eine erklärende Funktion. Es existiert aber auch ein metho-
discher Holismus, den man «dogmatisch» nennen könnte (die Individuen
sind lediglich Teile einer Gesamtheit usw.) und der aus Prinzip die Ansicht
ablehnt, die Erklärung eines kollektiven Phänomens könne darin bestehen, es auf seine individuellen Ursachen zurückzuführen. In seinen dun-
kelsten Formen will er jegliche Psychologie aus den Sozialwissenschaften
verbannen, wobei er das, was gewohnheitsmäßig «Psychologismus» genannt wird, als Sünde wider den Geist (der Soziologie) behandelt.
Im Hinblick auf meine Diskussionen des methodischen Individualismus
würde ich zusammenfassend sagen, daß man in der Praxis der Sozialwissenschaften zwischen vier Paradigmentypen unterscheiden kann: 1. der
rationale und utilitaristische methodische Individualismus (MI): Die sozialen Phänomene sind das Resultat von individuellen Handlungen und
Einstellungen, die dem Handelnden von seinen Interessen diktiert werden; 2. der *rationale, aber nicht utilitaristische* MI: Großzügiger als der
zuerst genannte, verlangt er ebenfalls, daß die sozialen Phänomene (im
Prinzip) als das Resultat individueller Handlungen und Einstellungen interpretiert werden. Eine individuelle Handlung zu erklären bedeutet hier
jedoch zu zeigen, daß sie *für den Handelnden einen Sinn ergibt.* Eine
Handlung oder eine Einstellung können für den Handelnden deshalb
einen Sinn haben, weil sie seinen Interessen dienen, aber auch aus allen

möglichen anderen Gründen: zum Beispiel, weil sie einem Wert entsprechen, an den er glaubt (vgl. die Empörung des Handelnden gegenüber dem Verbrechen, das ihn nicht betrifft), oder weil sie einer Disposition entsprechen (vgl. die Einstellung des westlichen Beobachters der Magie gegenüber), oder weil sie den mit seiner Rolle verbundenen Anforderungen entsprechen, usw. Dieses Paradigma enthält eine wichtige Konsequenz: Sobald man nämlich verlangt, die Handlung müsse mit den mutmaßlichen *Gründen* des Handelnden erklärt werden, schließt man *ipso facto* aus, daß dieser von Kräften manipuliert wird, die sich seinem Bewußtsein entziehen; 3. der *irrationale* MI sieht im Individuum ebenfalls das Atom der Analyse, er nimmt sich jedoch das Recht, beim sozial Handelnden die Existenz eines Unbewußten zu postulieren, das mit einer kausalen Wirksamkeit ausgestattet ist. Dieses Unbewußte bestimmt a) das Verhalten des Handelnden, ebenso wie sein Adrenalinspiegel seine Stimmung beeinflußt – ohne daß er sich dessen bewußt ist –, und es wird b) selbst von sozialen Kräften determiniert. Dieses Paradigma besagt, der Handelnde selbst könne für sein Verhalten nur trügerische *Gründe* anführen, folglich ist es Aufgabe des Soziologen, für das Verhalten des Handelnden nicht *Gründe*, sondern *Ursachen* zu finden; 4. der *methodische Holismus*, der die Vorstellung von sich weist, das Individuum sei das Atom der Analyse, und der sich auf die Analyse von Variablen beschränkt, die auf überindividueller Ebene definiert werden, sowie auf ihre Beziehungen und auf die Formen und Strukturen, die diese Beziehungen aufweisen.

Das Paradigma 4 scheint mir – wie schon erwähnt – vor allem einen heuristischen Wert zu besitzen. Das wird am Beispiel von Durkheim klar. Nachdem er die Existenz von Korrelationen zwischen den globalen Gegebenheiten der Selbstmordzyklen und der Konjunkturzyklen festgestellt hatte, geht er einen Schritt weiter und stellt – gegen seine eigenen Prinzipien – *psychologische* Hypothesen auf über die Gründe, die die Menschen haben können, um sich in einer bestimmten Phase des Konjunkturzyklus umzubringen. Das Paradigma 1 hat nur lokale Gültigkeit, was allen großen Utilitaristen klar war. Das Paradigma 3 führt zu logischen Aporien (zirkuläre Erklärungen), zu psychologischen Aporien (es stellt eine unannehmbare Bewußtseinstheorie auf) und zu soziologischen Aporien (immaterielle soziale Kräfte sollen auf das Unbewußte des Handelnden einwirken). Warum schreibt man dem Paradigma 4 oft eine absolute statt einer heuristischen Gültigkeit zu? Warum mißt man dem Paradigma 1 eine Allgemeingültigkeit bei, die ihm eigentlich nicht zukommt? Warum schenkt man dem Paradigma 3 seine Aufmerksamkeit? Ich habe den Eindruck, die Theorie der Ideologien, die ich hier aufstelle, kann diesen Phänomenen gerecht werden. Da ich mich bei dieser Behauptung nicht aufhalten kann, werde ich mich damit begnügen, auf folgenden Punkt hinzuweisen: auf das Vorhandensein von «black box»-Effekten bei der

Entstehung dieser Phänomene. Das Paradigma 3 stützt sich auf die Autorität von Marx und Freud, deren umstrittenste Auffassungen es aufgreift (die Marxsche Camera obscura, das Unbewußte als Seelenapparat des frühen Freud); das Paradigma 4 beruft sich auf die Autorität Durkheims, dessen Nuancen und Unschlüssigkeiten es ignoriert; das Paradigma 1 stützt sich auf die Erfolge der Wirtschaftstheorie, die nur zu leicht den entscheidenden Platz vergessen lassen, den ihr Begründer den moralischen Gefühlen zugedacht hatte.

Meine Bemerkungen zum Paradigma 4 ermöglichen es mir endlich, folgenden Punkt klarzustellen: Die *kausale Analyse*, die Durkheim in «Der Selbstmord» verwendet und die später formalisiert wurde, ist bei der soziologischen Analyse eine große Hilfe. Ich möchte jedoch noch einmal betonen, daß sie eher eine *heuristische* als eine *erklärende* Funktion besitzt. Eine statistische Struktur ist nämlich noch nicht erklärt, wenn man den Einfluß der verschiedenen Variablen aufeinander bestimmt hat, sondern erst, wenn man von dieser Struktur mikroskopische Hypothesen über das Verhalten der Handelnden ableiten kann, eine Operation, die in der Praxis natürlich mehr oder weniger heikel ist. Die kausale Analyse ist deshalb von Interesse, weil sie auf derartige Hypothesen hinweisen kann, wie man es bei Durkheim selbst sieht, dessen kausale Analysen oft – im Widerspruch zu seinen sonstigen Prinzipien – anhand von mikroskopischen Hypothesen interpretiert werden. Da man sich jedoch eher von Gründen überzeugen läßt, die man selbst gefunden hat, gebe ich gern zu, daß mir dieser eher heuristische als erklärende Charakter der kausalen Analyse vor allem klargeworden ist, nachdem ich «Inégalité des chances» geschrieben hatte.

225 Man hat dem methodischen Individualismus also lediglich aufgrund eines totalen Widersinns vorgeworfen, er würde die Gesellschaft atomisieren oder auf eine Aneinanderreihung von «berechnenden Einsamkeiten» reduzieren. Auf der Grundlage dieser Analyse des Atomismus hat G. Gurvitch sich in seiner «Vocation actuelle de la sociologie», Paris 1950, dadurch lächerlich gemacht, daß er Max Weber aus dem Tempel der Soziologie ausschloß.

226 R. Boudon: Remarques sur la notion de fonction, in: Revue française de Sociologie VIII, 2 (1967), S. 198–206.

227 C. Perelman: L'Empire rhétorique, Paris 1977.

228 G. Lemaine, B. Matalon: Homme supérieurs, hommes inférieurs, Paris 1985, legen eine aufschlußreiche Analyse der geistigen Strömung vor, die im ersten Drittel des 20. Jahrhunderts zum Darwinismus und zu eugenischen Tendenzen führt. In jener Zeit herrschen sowohl in Deutschland als auch in den Vereinigten Staaten dieselben eugenischen Besorgnisse und Theorien, und sie haben hier wie dort denselben Erfolg. Dieser Punkt bestätigt die Annahme, daß man bei einer *soziologischen* Theorie der Ideologien die politischen Faktoren lieber nur beiläufig behandeln sollte.

229 Ich sollte in der Tat darauf hinweisen, daß die Theorie der Ideologien, die ich in diesem Buch aufstelle, in radikalem Gegensatz zu Karl Poppers Theorie in «Das Elend des Historizismus» steht. Für Popper stützen sich Ideologien auf Arten der wissenschaftlichen Argumentation, die schon rein formal unzulässig sind. Ich habe zu zeigen versucht, daß dieses Beispiel sehr speziell und keineswegs das interessanteste ist. Viel wichtiger ist der Fall, wo ideologische Überzeugungen auf die «normale Wissenschaft» übertragen werden.

Sachwortregister

Personennamenregister